ACCESO GRATIS *a la Lectura en la Nube*

Para visualizar el libro electrónico en la nube de lectura envíe junto a su nombre y apellidos una fotografía del código de barras situado en la contraportada del libro y otra del ticket de compra a la dirección:

ebooktirant@tirant.com

En un máximo de 72 horas laborales le enviaremos el código de acceso con sus instrucciones.

ÉLITES Y CIENCIA POLÍTICA
Estudios académicos en honor de Miguel Jerez Mir

Procedimiento de selección de originales, ver página web:
www.tirant.net/index.php/editorial/procedimiento-de-seleccion-de-originales

ÉLITES Y CIENCIA POLÍTICA

Estudios académicos en honor de Miguel Jerez Mir

Editores

JOSÉ REAL-DATO

RAFAEL VÁZQUEZ GARCÍA

tirant lo blanch

Valencia, 2024

En caso de erratas y actualizaciones, la Editorial Tirant lo Blanch publicará la pertinente corrección en la página web www.tirant.com.

Este libro ha sido posible gracias al generoso apoyo del Departamento de Ciencia Política y de la Administración de la Universidad de Granada; y del Departamento de Derecho de la Universidad de Almería.

EDITA: TIRANT LO BLANCH
C/ Artes Gráficas, 14 - 46010 - Valencia
TELFS.: 96/361 00 48 - 50
FAX: 96/369 41 51
Email: tlb@tirant.com
www.tirant.com
Librería virtual: www.tirant.es
DEPÓSITO LEGAL: V-3227-2024
ISBN: 978-84-1056-906-5
MAQUETA: Tink Factoría de Color

Si tiene alguna queja o sugerencia, envíenos un mail a: *atencioncliente@tirant.com*. En caso de no ser atendida su sugerencia, por favor, lea en *www.tirant.net/index.php/empresa/politicas-de-empresa* nuestro procedimiento de quejas.

Responsabilidad Social Corporativa: http://www.tirant.net/Docs/RSCTirant.pdf

Lista de autores

Francisco Javier Alarcón González es profesor titular en el Departamento de Ciencia Política y de la Administración en la Universidad de Granada.

Manuel Alcántara Sáez es catedrático emérito de Ciencia Política de la Universidad de Salamanca.

Alberto Bueno Fernández es profesor ayudante doctor en el Departamento de Ciencia Política y de la Administración de la Universidad de Granada.

Ángel Cazorla Martín es profesor contratado doctor en el Departamento de Ciencia Política y de la Administración de la Universidad de Granada.

Maurizio Cotta es catedrático emérito de Ciencia Política en la Universidad de Siena.

Santiago Delgado Fernández es profesor titular de Ciencia Política y de la Administración en la Universidad de Granada.

Alberto Díaz Montiel es profesor en el área de Ciencia Política de la Universidad de Granada.

Carlos Fernández Esquer es profesor permanente laboral de Derecho Constitucional en el Departamento de Derecho Político de la Universidad Nacional de Educación a Distancia (UNED).

Giselle García Hípola es profesora titular en el Departamento de Ciencia Política y de la Administración de la Universidad de Granada.

Gabriela Ilonszki es catedrática de Ciencia Política en la Universidad Corvinus de Budapest.

Francisco Javier Luque Castillo es doctor en Ciencia Política por la Universidad de Granada y profesor ayudante doctor en esa área en la Universidad de Jaén.

José M. Magone es Professor of Global and Regional Governance en la Berlin School of Economics and Law.

Iván Medina Iborra es profesor permanente laboral en el área de Ciencia Política del Departamento de Derecho Constitucional de la Universitat de València.

Joaquim M. Molins López-Rodó es catedrático de Ciencia Política y de la Administración en la Universitat Autònoma de Barcelona.

Juan Montabes Pereyra es catedrático de Ciencia Política y de la Administración en la Universidad de Granada. Desde 2022 preside la Asociación Española de Ciencia Política y de la Administración (AECPA).

José Ramón Montero Gibert es catedrático emérito de Ciencia Política en la Universidad Autónoma de Madrid.

Carmen Ortega Villodres es profesora titular y directora del Departamento de Ciencia Política y de la Administración de la Universidad de Granada.

María Angustias Parejo Fernández es profesora titular en el Departamento de Ciencia Política y de la Administración de la Universidad de Granada.

José Real-Dato es profesor titular de Ciencia Política en el Departamento de Derecho de la Universidad de Almería.

Antonio Robles Egea es catedrático de Ciencia Política y de la Administración en la Universidad de Granada.

Juan Rodríguez Teruel es profesor titular de Ciencia Política en la de la Universitat de València.

Christophe Roux es catedrático de Ciencia Política en la Universidad de Montpellier.

Aleksandra Sojka es doctora en Ciencia Política por la Universidad de Granada e investigadora postdoctoral Juan de la Cierva en el Departamento de Ciencias Sociales de la Universidad Carlos III de Madrid. También es profesora asociada en la IE University de Madrid.

José Manuel Trujillo Cerezo es profesor titular del Área de Ciencia Política y de la Administración en la Universidad Pablo de Olavide de Sevilla.

Kıvanç Ulusoy es catedrático de Ciencia Política en la Universidad de Estambul.

Rafael Vázquez García es profesor titular en el Departamento de Ciencia Política y de la Administración de la Universidad de Granada.

Luca Verzichelli es catedrático de Ciencia Política en la Universidad de Siena.

Índice

PARTE 2
EL ESTUDIO DE LA CIENCIA POLÍTICA COMO DISCIPLINA Y PROFESIÓN

PARTE 3
PROCESOS DE TRANSICIÓN Y (DE)CONSOLIDACIÓN DEMOCRÁTICA

PARTE 4
SISTEMA POLÍTICO ESPAÑOL

PARTE 5
OTROS TEMAS

Capítulo 1
Cuarenta años dedicados a la Ciencia Política: semblanza y trayectoria de Miguel Jerez

JOSÉ REAL-DATO

INTRODUCCIÓN

El libro que el lector tiene ahora entre sus manos (o ante sus ojos, en caso de leerlo en formato electrónico) refleja el reconocimiento de un grupo de investigadores y profesores universitarios a la trayectoria académica del profesor Miguel Jerez Mir, catedrático de Ciencia Política y de la Administración en la Universidad de Granada, en el momento de su jubilación formal (que no implica retiro de la actividad investigadora). Pero también, más allá de ese reconocimiento profesional, refleja los vínculos personales de respeto y amistad que el homenajeado ha ido acumulando a lo largo de más de 40 años de carrera.

Escribir una contribución a este tipo de obras requiere un esfuerzo adicional en las agendas de trabajo de todos los participantes, esfuerzo que sería difícil de explicar si ese vínculo de amistad y reconocimiento con el homenajeado no estuviera presente. Esta motivación interna se hace más importante, sobre todo en el caso de aquellos colegas cuyas carreras investigadoras se encuentran todavía en desarrollo y que saben muy bien que, en el contexto actual de la evaluación de la actividad científica, los incentivos materiales para participar en este tipo de obras colectivas son mínimos.

Por ello, y ya desde el principio, resulta obligado agradecer y reconocer a todos aquellos que desinteresadamente han querido contribuir a este homenaje al profesor Jerez (Miguel para los amigos). Estos provienen en su totalidad del ámbito académico de la Ciencia Política española y europea. Una parte importante son compañeros del Departamento de Ciencia Política y de la Administración de la Universidad de Granada (Juan Montabes, Antonio Robles, María Angustias Parejo, Santiago Delgado, Carmen Ortega, Giselle García Hípola, Javier Alarcón, Ángel Cazorla y Alberto Bueno). Otros son colegas con los que el homenajeado ha compartido, en uno u otro momento, intereses y/o proyectos de investigación. Este grupo incluye participantes de distintas generaciones, incluyendo coetáneos del profesor Jerez, como Manuel Alcántara, Maurizio Cotta, Gabriela Ilonszki, Joaquim Molins o José Ramón Montero; jóvenes investigadores como Carlos Fernández Esquer; y otros con carreras ya consolidadas (Jose Magone, Iván Medina, Juan Rodríguez, Christophe Roux, José Manuel Trujillo, Kivanç Ulusoy o Luca Verzichelli). Finalmente, un tercer grupo de los contribuyentes a esta obra colectiva podría clasificarse en la categoría de 'discípulos' a los que el homenajeado dirigió la tesis doctoral, y al que pertenecen los dos editores, el ya citado Javier Alarcón, así como Alberto Díaz, Javier Luque y Aleksandra Sojka.

En lo que queda de este capítulo, realizamos un breve repaso sobre la trayectoria académica e investigadora de Miguel Jerez y presentamos la organización y contenido del resto del volumen.

TRAYECTORIA ACADÉMICA Y TEMAS DE INVESTIGACIÓN

En el caso del profesor Jerez (Granada, 1952), el interés por la Ciencia Política se despertó durante los estudios de Derecho en la Universidad de Granada, en la primera mitad de la década de 1970. En la Facultad de Derecho de esta universidad se había desarrollado desde los años cincuenta del siglo XX, de la mano de figuras como Gómez Arboleya, Sánchez Agesta o Murillo Ferrol, uno de los núcleos principales de irradiación en España de los estudios que pretendían ir más allá del tratamiento meramente formal o legalista del fenómeno político (Cazorla Pérez, 2002). Este interés lo llevaría a realizar, a partir de 1975, la tesis doctoral sobre las élites políticas franquistas bajo la dirección de Manuel Ramírez, catedrático en la Universidad de Zaragoza y miembro de la red académica desarrollada en torno a Murillo Ferrol.

No obstante, la débil institucionalización de la disciplina en esos años conllevaba la carencia de un espacio propio dentro del conjunto de disciplinas universitarias (Jerez Mir, 2010), lo que obligaba a que el desarrollo de una carrera universitaria todavía debiera producirse en el seno del Derecho Político. En 1975, el profesor Jerez obtiene la posición de profesor ayudante de esta materia en la Universidad de Zaragoza. Tras la lectura de la tesis doctoral a principios de 1981 y una estancia postdoctoral en Estados Unidos (Universidades de Pennsylvania y Yale), en 1982 fue nombrado profesor adjunto de Derecho Político, también en la universidad zaragozana, ascendiendo dos años después a profesor titular, ya dentro del área de Derecho Constitucional. En este sentido, como el propio profesor Jerez ha subrayado en sus trabajos sobre la institucionalización de la Ciencia

Política en España (Jerez y Luque, 2016; Jerez Mir, 2010, 1999), fueron fundamentalmente profesores de estas áreas del Derecho quienes sentaron las bases del desarrollo y la independencia de esta disciplina a partir de mediados de la década de 1980.

En 1986, tras la reforma del sistema universitario de 1984 y la introducción de un nuevo catálogo de áreas de conocimiento, el profesor Jerez mudó su adscripción a la recién creada Área de Ciencia Política y de la Administración. En 1989, la apertura de una nueva facultad de Ciencias Políticas y Sociología en Granada (la cuarta en España, después de las de la Complutense, UNED y Barcelona) abrió la oportunidad para trasladarse de manera definitiva a su ciudad natal, donde llegó como profesor titular, logrando en 1992 la cátedra. Posteriormente, en 1999, fue profesor visitante en la Stetson University (Florida) y Catedrático 'Príncipe de Asturias' en la Universidad de Georgetown, también en Estados Unidos, durante el curso 2004-2005. Entre los puestos de gestión que ha ocupado, fue Director del Departamento de Ciencia Política y de la Administración de la Universidad de Granada entre 2008 y 2014.

En cuanto a los temas de investigación abordados durante su carrera, su principal foco de interés ha sido el estudio de las élites políticas, continuando la línea comenzada durante su tesis doctoral. Entre su producción en este campo, destaca la monografía publicada en 1982 por el Centro de Investigaciones Sociológicas, donde recoge los principales resultados de su tesis doctoral (Jerez Mir, 1982). Igualmente, el interés por las élites políticas sería la base sobre la que se asentó la relación de Miguel Jerez con el profesor Juan J. Linz. Catedrático de Sociología Política en la Universidad de Yale y referente de la Ciencia Política internacional, Linz acogió al profesor Jerez en esa universidad en 1981, durante su etapa como investigador postdoctoral. Desde entonces, Juan Linz se convirtió en una referencia intelectual y personal para Miguel Jerez, manteniendo un contacto continuado con él hasta su fallecimiento en octubre de 2013[1]. Con Linz colaboraría desde finales de la década de 1990 en diversos trabajos sobre las élites políticas españolas (parlamentarias y ministeriales) en perspectiva comparada, dentro de proyectos internacionales en los cuales también participaron varios de los autores que contribuyen a este volumen (Linz et al., 2000; 2003). Dentro de esta relación con Juan Linz, cabe destacar también el proyecto de investigación financiado por el Plan Nacional de I+D+I 'Élites, partidos y sistemas de partidos' (ELIPARSIS) y codirigido por José

---

1 Una crónica de esta relación puede encontrarse en Jerez Mir (2014).

Ramón Montero y Miguel Jerez, uno de cuyos resultados fue la edición de las obras completas de Linz (Montero y Miley, 2013).

Precisamente, este proyecto constituyó el punto de partida de una serie de proyectos de investigación y trabajos posteriores, centrados en el análisis empírico de las élites ministeriales y parlamentarias españolas (Jerez-Mir et al., 2018, 2016; Jerez Mir et al., 2019; Real-Dato y Jerez-Mir, 2009; Rodríguez-Teruel y Jerez Mir, 2018). También, entre 2006 y 2009, el profesor Jerez participó como representante español en el grupo de élites del proyecto europeo INTUNE que, entre otros objetivos, pretendía analizar las actitudes de las élites nacionales hacia el proceso de integración europea, y del que se derivaron varias publicaciones, entre ellas un libro colectivo sobre las élites políticas en la península ibérica (Jerez-Mir et al., 2015, 2009; Jerez Mir et al., 2010, 2008).

Las investigaciones del profesor Jerez se han interesado también por las élites económicas. Aparte de la encuesta a élites económicas españolas que dirigió en el marco del citado proyecto INTUNE, durante la década de 1990 y principios de los 2000 también publicó varios trabajos sobre esta cuestión, entre ellos una monografía sobre las Cámaras de Comercio en Andalucía, que constituyó la base de una parte del ejercicio de oposición con el que obtuvo la posición de Catedrático de Universidad en el Departamento de Ciencia Política y de la Administración de la Universidad de Granada, en 1992 (Jerez Mir, 1995; Jerez Mir y Real-Dato, 2002).

El segundo campo de investigación de Miguel Jerez lo ha constituido la propia disciplina de la Ciencia Política y, particularmente, su desarrollo institucional en España. El principal resultado de esta línea fue la publicación de la monografía *Ciencia Política: un balance de fin de siglo* (Jerez Mir, 1999), a la que siguieron varios artículos, incluyendo el dedicado a la obra sobre élites políticas de Juan Linz (Jerez y Luque, 2016; Jerez Mir, 2014b, 2010; Ortega-Ruiz et al., 2021).

Finalmente, cabe mencionar el interés del profesor Jerez por el estudio de los partidos, los regímenes políticos y los desafíos de diverso tipo que estos enfrentan en el mundo contemporáneo. No obstante, exceptuando una primera incursión en la organización del Partido Socialista de Andalucía (Jerez Mir, 1985), este interés se ha manifestado no tanto en su labor investigadora como en su faceta como docente en asignaturas como Sistema Político Español, Teoría del Estado o Fundamentos de Ciencia Política. En cualquier caso, los antes mencionados trabajos sobre élites políticas se han caracterizado habitualmente por una especial atención a las dimensiones institucionales y partidistas en la configuración de las élites parlamentarias y ministeriales.

ESTRUCTURA Y CONTENIDO DEL LIBRO

Los capítulos que conforman el resto de este volumen siguen mayormente las líneas de investigación presentadas en el apartado anterior, si bien, en algunos casos, los autores han prestado menos atención al encaje temático de los trabajos que al deseo de rendir homenaje al profesor Jerez.

Este es el caso del primer capítulo, donde Manuel Alcántara, catedrático emérito de la Universidad de Salamanca, evoca su amistad con Miguel Jerez en el marco de una carrera académica donde el interés de ambos por las élites políticas y la política como profesión ha constituido un punto crucial de conexión.

Precisamente, los siguientes capítulos recogen aquellas contribuciones centradas en este campo de estudio. El capítulo de Rodríguez Teruel y Real-Dato analiza el proceso de profesionalización de los presidentes autonómicos en España, paralelo al de consolidación del sistema autonómico en nuestro país. Por su parte, Gabriela Ilonszki, catedrática emérita de la Universidad Corvinus de Budapest, aborda el análisis comparado de la evolución de la presencia de las mujeres en los parlamentos de Hungría y España, un tema que ya en su momento interesó al profesor Jerez (Delgado y Jerez, 2008; Jerez y Delgado, 2011). La conclusión principal es que, a pesar de las similitudes generales entre ambos países (los dos habían experimentado recientemente un proceso de transición de un régimen dictatorial a uno democrático), las diferencias observadas en cuanto a los niveles de representación femenina en cada uno de ellos son resultado del distinto enmarcamiento ideológico del papel de la mujer en los regímenes no democráticos anteriores, así como la asunción por parte de los partidos de izquierda de la causa de la igualdad de género. Por su parte, María Angustias Parejo analiza las visiones programáticas y narrativas de las élites políticas de la oposición institucional marroquí sobre la monarquía, en el marco del segundo proceso de liberalización tras la Primavera Árabe (2011).

Otros cinco capítulos completan la sección del libro dedicada a los estudios de élites. De una parte, el capítulo de Antonio Robles reflexiona, utilizando como referencia la experiencia investigadora del autor en el estudio del liderazgo político, sobre la escasa conexión existente entre este campo y el, teóricamente próximo, de las élites políticas. En dicha reflexión, además, analiza posibles puntos de encuentro entre ambas temáticas. También enfocada en el tema del liderazgo, la contribución de Santiago Delgado analiza las características del liderazgo del Presidente del Gobierno Pedro Sánchez. Los autores de los tres capítulos siguientes elaboraron sus tesis doctorales bajo la dirección de Miguel Jerez. Francisco Javier Luque aborda el análisis de los procesos de selección de los ministros de Hacienda del período franquista, demostrando la necesidad de complementar la información sobre el perfil socio-biográfico y político de los candidatos con elementos del contexto político e histórico específico en el que se produce el nombramiento. Por su parte, Francisco Javier Alarcón analiza la influencia de la socialización política y el contexto socioeconómico en la edad de afiliación de los miembros de las organizaciones juveniles de los principales partidos en España. Y Aleksandra Sojka profundiza en los elementos definitorios de la identidad europea, contrastando los puntos de vista de élites y ciudadanos.

El bloque sobre élites se cierra con el capítulo de Iván Medina y Joaquim Molins, que cambia su foco a las élites económicas. En concreto, se centra en las actitudes mantenidas por los pequeños y medianos empresarios catalanes durante el proceso independentista. La conclusión es que, al igual que en el resto de la sociedad catalana, este sector aparecía también dividido en cuanto a su apoyo a la posibilidad de una secesión de Cataluña de España.

Respecto a las otras líneas de investigación en la obra del profesor Jerez, su interés por los procesos de desarrollo e institucionalización de la Ciencia Política en España resuena en tres capítulos. En el primero, los profesores Roux y Verzichelli comparan las trayectorias de desarrollo institucional de la disciplina en Italia y Francia. El texto propone una reconstrucción de la trayectoria histórica e institucional que ha llevado a que en estos dos países, pese a que las bases del desarrollo de la disciplina habían sido puestas en las décadas que siguieron a la Segunda Guerra Mundial, la disciplina no haya llegado a alcanzar ni el tamaño ni la presencia pública que obtuvo en otros países de Europa occidental, como Alemania o el Reino Unido. Por su parte, el capítulo de Alberto Bueno explora el reciente proceso de institucionalización dentro de la Ciencia Política española de los estudios estratégicos y de defensa, un subcampo en expansión. Por último, Rafael Vázquez aborda el desarrollo de los estudios de género dentro de la disciplina.

Los siguientes dos bloques de contribuciones conectan también con sendos focos de interés del profesor Jerez a lo largo de sus años de actividad docente e investigadora. Durante varios cursos académicos, el profesor Jerez impartió en el Departamento de Ciencia Política de la Universidad de Granada un curso de doctorado sobre procesos de transición y consolidación democrática. Igualmente, una buena parte de sus trabajos sobre élites políticas tiene como foco de interés principal las mutaciones que se producen en estos grupos durante el proceso de transición democrática, y cómo dichas mutaciones reflejan e impactan sobre la configuración del régimen democrático. Los capítulos de José Magone y Maurizio Cotta se encuadran en esta línea de investigación. En el primer caso, el capítulo analiza el apoyo de la entonces Comunidad Económica Europea a los procesos de democratización en España y Portugal durante la década de 1970 y la primera mitad de 1980, hasta el momento de incorporación de estos países al club europeo. En el capítulo de Maurizio Cotta, el foco de atención cambia de los procesos de democratización a los de involución democrática y, más concretamente, a cómo se produce la articulación de procedimientos supuestamente democráticos, como la celebración de elecciones parlamentarias, en contextos institucionales autoritarios, utilizando como caso de estudio las elecciones a la Duma rusa de 2021.

Por otra parte, una de las asignaturas predilectas impartidas por el profesor Jerez ha sido la de Sistema Político Español. Las contribuciones de los profesores José Ramón Montero y Carlos Fernández-Esquer, y la de Alberto Díaz, encajan en dicho interés sobre los procesos en el sistema político de nuestro país en la actualidad. El primero de esos capítulos analiza los rendimientos electorales del sistema electoral del Congreso de los Diputados a lo largo de más de cuatro décadas de funcionamiento, subrayando los cambios que se han producido desde 2015 en términos de incremento de las dificultades para generar gobiernos estables en un contexto fragmentado y polarizado. En línea con este capítulo, el trabajo de Alberto Díaz, otro doctorando de Miguel Jerez, se ocupa de los procesos de cambio e institucionalización en el sistema de partidos en España en los años que siguieron al estallido de la crisis económica de 2008.

El último bloque del libro agrupa dos capítulos de temática diversa. El del profesor Juan Montabes y colaboradores se centra en las conexiones entre el uso de internet y la participación política. Los resultados del análisis comparado de 29 países europeos demuestran que internet puede contribuir a reducir la tradicional brecha participativa derivada de las diferencias educativas. Por último, el capítulo de Kivanç Ulusoy, profesor en la Universidad de Estambul, reflexiona sobre los dilemas éticos que afectan a la política en el contexto de cambios y crisis globales, con especial referencia a la crisis del COVID-19.

Referencias

Cazorla Pérez, J. (2002). La Escuela Mudéjar: evocación de una experiencia personal de tres décadas (1950-1980). Revista Española de Investigaciones Sociológicas, 100(02), 39-59.

Delgado, I., y Jerez, M. (2008). Mujer y política en España: un análisis comparado de la presencia femenina en las asambleas legislativas (1977-2008). Revista Española de Ciencia Política, 19, 41-78.

Jerez Mir, M. (1982). Élites políticas y centros de extracción en España: 1938-1957. Madrid: Centro de Investigaciones Sociológicas.

Jerez Mir, M. (1985). Una experiencia de partido regional: el caso del Partido Socialista de Andalucía, Partido Andaluz. Revista Española de Investigaciones Sociológicas, 30, 201-244.

Jerez Mir, M. (1995). Corporaciones e intereses en la España actual. Un estudio de actitudes de los representantes y dirigentes de las Cámaras de Comercio, Industria y Navegación en Andalucía. Granada: Universidad de Granada.

Jerez Mir, M. (1999). Ciencia Política: Un balance de fin de siglo. Centro de Estudios Políticos y Constitucionales.

Jerez Mir, M. (2010). The Institutionalization of Political Science: the Case of Spain. En G. Castro y J. De Miguel (Eds.), Spain in América. The First Decade of The Prince of Asturias Chair in Spanish Studies at Georgetown University (pp. 281-329). Fundación ENDESA/Ministerio de Educación.

Jerez Mir, M. (2014a). Crónica de una relación académica y personal. De estudiante de Linz en Yale (1981) a colaborador en los estudios de élites. En H. Chehabi (Ed.), Juan J. Linz, Scholar, Teacher, Friend (pp. 132-149). Cambridge, Mass.: Ty Aur Press.

Jerez Mir, M. (2014b). Un Guadiana en la obra de Juan Linz: el caso de las élites políticas españolas. Revista de Estudios Políticos, 166 (Extra, 137-145).

Jerez Mir, M., Delgado Fernández, S., Real-Dato, J., Rafael, V. G., Alarcón González, F. J., y Alarcón, J. (2008). La percepción de la Unión Europea en la élite parlamentaria española. Una primera aproximación. Revista Espanola de Ciencia Politica, 18, 179-197.

Jerez, M., y Delgado, I. (2011). Mujeres y paramentos entre dos siglos. El caso de España. Psicología Política, 42, 89-116.

Jerez, M., y Luque, J. (2016). Treinta años de Ciencia Política en España: Profesionalización, expansión y ajuste. Revista Espanola de Ciencia Politica, 1(40), 179-215.

Jerez Mir, M., y Real-Dato, J. (2002). Las organizaciones empresariales andaluzas. En E. Moyano y M. Pérez-Yruela (Eds.), La sociedad andaluza [2000] (pp. 379-402). Córdoba: IESA-CSIC.

Jerez-Mir, M., Real-Dato, J., y Vázquez-García, R. (2009). Identity and representation in the perceptions of political elites and public opinion: A comparison between Southern and post-communist Central-Eastern Europe. Europe-Asia Studies, 61(6).

Jerez-Mir, M., Real-Dato, J., y Vázquez-García, R. (Eds.). (2015). Iberian Elites and the European Union: Perceptions Towards the European Integration Process of Political and Socioeconomic Elites in Portugal and Spain. Granada: Universidad de Granada.

Jerez-Mir, M., Rodríguez-Teruel, J., y Real-Dato, J. (2016). Les élites politiques en Espagne. En H. Peres y C. Roux (Eds.), La démocratie en Espagne (pp. 135-150). Rennes: Les Presses Universitaires de Rennes.

Jerez-Mir, M., Rodríguez Teruel, J., y Real-Dato, J. (2018). La élite parlamentaria y ministerial. En J. M. Reniú (Ed.), Sistema político español (2ª edición, pp. 207-226). Barcelona: Huygens.

PARTE 1

ÉLITES POLÍTICAS Y ECONÓMICAS

Capítulo 2
Miguel Jerez Mir. Entre la investigación sobre las élites y la introspección disciplinar desde la amistad y el reconocimiento

MANUEL ALCÁNTARA SÁEZ

Las relaciones humanas suelen articularse a través de lazos diferentes que muchas veces se superponen. Vínculos familiares, vecinales, laborales producen entramados sociales complejos en los que resulta difícil precisar cuál pesa más y, no solo eso, se invierte el orden que tuvieron en su origen para definir nuevas prelaciones. Quienes se conocieron en la adolescencia solidifican su relación muchos años después porque compartieron un lugar de trabajo. El mundo profesional y, más concretamente, la academia universitaria tiene recovecos que hacen que las compañías de viaje muestren facetas variopintas que no siempre siguen trazados rectilíneos y que, además, solapan roles o relaciones de ida y vuelta. Colegas de promoción se convierten en rivales por una plaza, maestros terminan siendo discípulos de quienes antes lo fueron de ellos. El peso de lo generacional como un denominador común que impone ciertos patrones se hace decisivo a la vez que resulta explicativo de muchas actitudes y comportamientos.

Tengo todo ello en mente cuando quiero ordenar mis ideas a la hora de escribir algo que plasme mi relación con Miguel Jerez Mir, a quien se le rinde un justo homenaje en un momento relevante de su trayectoria vital y académica. Alguien de mi edad que, como me ocurre a mí, se asoma a la inminente jubilación de la carrera universitaria administrativa, subrayo bien este último término, porque de la primera, la carrera universitaria, la jubilación es una opción ajena a reglamentos o disposiciones legales. En efecto, se trata de algo muy lícito por lo que algunos, para pesar de muchos, ¿o por qué no?, vergüenza ajena, optaron hace tiempo, estando lejos de la edad reglamentaria, y otros no lo asumirán jamás.

Repasar durante unos instantes la vida compartida para pergeñar un hilo conductor es un ejercicio mortificante por el tiempo que pasa frente a la memoria de uno, pero también es una tarea selectiva en la que se pondera lo que es relevante. Mientras que el tiempo llega a acumular más de cuatro décadas, los asuntos que se atesoran alcanzan la media docena. Ahora bien, uno y otros son inseparables, se entremezclan conformando espirales juguetonas que hacen vano el intento de establecer categorías a guisa de enunciados ordenados y de clasificaciones temáticas. Por otra parte, está la peligrosa tendencia empujada por la vanidad de usar al otro para hablar de uno, de resaltar lo que en el otro hay próximo para dar aliento al 'yoismo'. ¿Cómo evitarlo si el punto de partida es la percepción que uno tiene del otro? El pulso al subjetivismo es el principal reto que uno afronta con el temor de sentir desde el inicio que lo ha perdido.

Las vidas de los seres humanos siempre tienen paralelismos y en muchas ocasiones puntos de encuentro. El análisis en clave de 'vidas paralelas' es un clásico en la literatura y Miguel, que ha estudiado a las élites políticas y económicas, sabe mucho de ello. En la nebulosa de los primeros recuerdos de mi relación con Miguel viene a mi memoria que yo supe por primera vez de él antes que él de mí. El origen de ese conocimiento se encuentra en el hecho de que coincidiera en torno a 1978 con su hermano Fernando en el Colegio de Europa de Brujas en lo que hoy sería una estancia predoctoral. Él era un joven arquitecto que trabajaba en temas de patrimonio, y yo estaba integrado en un proyecto que analizaba procesos de integración regional fuera de Europa. Si bien el recuerdo es borroso, mi imaginación me lleva a pensar que Fernando me contaría de los primeros pasos formativos de Miguel y de su salida de Granada para iniciar su andadura. Luego hay más sombras que luces y no es sino en la segunda mitad de la década de 1980 cuando tengo conciencia más precisa de nuestra interacción. Ello es debido, posiblemente, a mi formación errática y poco canónica con apenas un pie por entonces en la Universidad Complutense, lo que se traducía en mi pobre participación en los procesos de socialización académica tan típicos de esos primeros momentos del proceso formativo.

Hay dos momentos que brillan especialmente en mi memoria, que se dan en la segunda mitad de la década. El primero tiene que ver con la ida de Miguel a Chapel Hill para hacer una estancia de investigación en la Universidad de Carolina del Norte en 1987, fruto de un convenio que habían impulsado Rafael López Pintor, que había hecho allí su doctorado, y Federico Gil. Rafael López Pintor había presidido el Centro de Investigaciones Sociológicas y, en connivencia con el entonces Instituto de Cooperación Iberoamericana (antecedente de la AECI), había gestado los mecanismos institucionales para la colaboración con aquella Universidad en la que Federico tenía gran predicamento. Él era un profesor cubano de origen español nacido en 1915 y radicado en Estados Unidos desde la década de 1940, que había impulsado los estudios latinoamericanistas desde la Ciencia Política. Miguel, a diferencia de lo que luego me pasaría a mí y después a Esther del Campo, Iván Llamazares, Fátima García Díez, Leticia Ruiz Rodríguez y Olga Gil, no tuvo su bautismo norteamericano en aquella Universidad, pero su paso por Chapel Hill tuvo un evidente impacto en su formación. La amistad con Federico Gil fue entonces un puente venturoso, así como el fervor como asiduos visitantes de Davis Library, el paraíso terrenal hecho realidad por sus cuantiosos recursos bibliográficos que nos anonadaban entonces a los pacatos españoles acostumbrados a trabajar en bibliotecas huérfanas.

El segundo momento tiene un carácter más festivo, aunque se inserte en el quehacer académico. En abril de 1988, asistimos juntos a las sesiones del European Consortium for Political Research (ECPR) que se celebraban en Rímini. En mi caso, se trataba de la primera puesta en escena en un foro de este cariz, y creo que a Miguel le pasaba lo mismo, donde participamos en mesas diferentes. Allí presenté un trabajo sobre las elecciones argentinas habidas en los años inmediatamente anteriores. La relevancia del recuerdo proviene, no obstante, de una circunstancia bien precisa ya que fuimos en coche, haciendo de seguido los 1.500 km que separan Zaragoza, que es de donde salimos, pues Miguel vivía entonces allí, de la ciudad adriática. En Rímini, la presencia de Federico Fellini lo invadía todo. Tanto es así que el cóctel que ofreció el ECPR a quienes asistíamos se celebró en el hotel majestuoso donde se habían rodado escenas de Amarcord. Las muchas horas pasadas dentro de un Peugeot 205 que duda cabe que contribuyeron a solidificar una relación de afecto mantenida hasta la fecha y que tuvo su punto y aparte cuando ambos obtuvimos la cátedra en Granada y en Salamanca en torno a la misma fecha del inicio de 1993.

Desde entonces, ninguno nos movimos de ambas universidades y son probablemente más las veces que he visitado Granada que las ocasiones en que Miguel ha venido a Salamanca. Así que hay un desbalance claro del que me he beneficiado. Posiblemente ello deba explicarse por el hecho de que, precisamente en la oposición a cátedra en la que competí con Javier Roiz, Francisco Vanaclocha y Francisco Bobillo, llegó a mis oídos que yo era el candidato 'granadino' a pesar de que los cuatro veníamos de la Complutense. Una consideración a la que yo era ajeno por completo y que solo tiempo después entendí al conocer las dinámicas internas de la historia reciente de la entonces muy joven área de Ciencia Política y de la Administración en la que me integré en 1995. Sin comérmelo ni bebérmelo, me vi entonces vinculado a una ciudad que adoro y a un grupo humano que siempre me ha tratado de maravilla.

El hecho de que mi actividad investigadora y, por ende, publicística se centrara de manera casi total en América Latina hizo muy difícil que Miguel y yo colaboráramos en proyectos editoriales conjuntos. Solo tengo registrada la participación de Miguel, junto con Pepe Real, en un libro que edité en el año 2000 sobre los sistemas políticos de la Unión Europea, en el que ambos escribieron el capítulo referido a Grecia. El que hayamos andado en temáticas diferentes, no obstante, no ha impedido colaboraciones venturosas como, por ejemplo, la incorporación de Miguel como docente al proyecto de Maestría Iberoamericana impartida por la Universidad Internacional de Andalucía en su sede de La Rábida, que tuve el placer de codirigir durante una década con Ludolfo Paramio. En el orden de cosas investigador, tampoco nada frenó de mi parte que siguiera los trabajos de Miguel. En este sentido, hay dos campos en los que él ha centrado con mayor intensidad y dedicación su vida profesional que valoro enormemente.

Me refiero al estudio de las élites, fundamentalmente las políticas, aunque no solo, y a la preocupación por la institucionalización de nuestra disciplina en España y a su inserción en el contexto internacional. Sendas líneas de trabajo constituyen un campo en el que Miguel es un maestro, constituyendo lo que ha publicado un bagaje imprescindible y de referencia obligada para quienes se ocupan de esos temas, además de suponer un ejemplo sobresaliente de compromiso institucional.

Así, Miguel comenzó su andadura en el terreno de las élites en 1975 cuando empezó a desarrollar algunas ideas, sobre una temática que al principio consideraba 'antipática' por ser ajena a sus ideas, pero sobre la que luego se impuso el pragmatismo. Ello constituyó la línea maestra que culminaría en su tesis defendida en Zaragoza bajo la dirección de Manuel Ramírez, con quien mantuvo una estrecha relación y que luego supondría su más ferviente caudal intelectual. Aquella decisión también estuvo en el origen de su aproximación a alguien de una enorme talla humana y científica que tanta influencia tendría en su vida: Juan J. Linz. En efecto, conoció a Juan en marzo de 1976, y aquella temprana relación se tradujo en una amplia lista de colaboraciones que se proyectaron en su cv e, igualmente importante, alentó su primera estancia en Estados Unidos, país con el que Miguel siempre va a tener una estrecha relación.

Posiblemente la ida de Miguel a la Universidad de Yale en enero de 1981 y su estancia de nueve meses bajo la tutela de Linz sea uno de los puntos más relevantes en su biografía como universitario. Allí, Miguel vivió el golpe del 23F participando en las discusiones que se plantearon, conoció a un importante elenco de académicos como David Apter, Alfred Stepan y Allen Barton, logró terminar el manuscrito de su tesis doctoral y pudo incorporar al pequeño, pero siempre jugoso, anecdotario personal el hecho de haber ido con Linz al Metropolitan Opera House en Nueva York para asistir a una representación de La traviata. Desde entonces, Miguel se ocupó de mantener surtido a Linz de Ducados, el precio de la amistad que el maestro solicitaba a sus discípulos hasta que la salud le impidió seguir fumando.

El estudio de las elites por parte de Miguel ha supuesto en mi trayectoria profesional un referente indudable que, sin embargo, apenas he podido incorporar a mis estudios fuera del meticuloso seguimiento de los diferentes marcos teóricos que él siempre analiza con esmero. Creo que hay dos razones explicativas de ello; la primera tiene que ver con el hecho de que la metodología adoptada desde el inicio del proyecto de elites parlamentarias latinoamericanas (PELA), que se inició en la Universidad de Salamanca en 1994, fue la realización de entrevistas personales al personal de los congresos latinoamericanos. PELA buscaba (y busca) sobre todo capturar las opiniones y actitudes de sus integrantes en torno a un amplio número de temas. Dicho de otra manera, las personas entrevistadas generaban datos (variables independientes) para explicar otras cosas (el estado de la democracia en el país, ciertas políticas públicas, dinámicas partidistas, …), aunque, con seguridad, siempre quedaba espacio para preguntar sobre su propia trayectoria personal. Sin embargo, los datos gestados de esta manera tenían un fuerte sesgo subjetivo fruto de la interpretación dada por el sujeto a, digamos, su carrera política o su proceso formativo.

Por otra parte, cuando inicié mi línea de trabajo sobre el oficio de político, dejé explícitamente de lado su condición de gente que formaba parte de una élite para centrarme en la práctica de la política desde una perspectiva, si se quiere, más funcional. Indudablemente, quienes se dedican de manera profesional a la política forman parte de una determinada élite, pero a mí esa parte de su mundo me interesaba menos y daba por hecho que constituía un elemento constante. Elementos como su imbricación con los estímulos institucionales o cuestiones derivadas de su corporalidad (por ejemplo, lo relativo al mundo neurológico), me llamaban más la atención. No obstante, los trabajos de Miguel no fueron dejados de lado en mi entorno, pues hubo discípulos a los que sirvieron de gran inspiración en sus tesis doctorales defendidas en Salamanca.

El segundo campo en el que Miguel desplegó (y sigue desplegando) una fértil labor se refiere al estudio de la evolución y presencia de la ciencia política en España en su proceloso devenir entre el Derecho y la Sociología, fundamentalmente. Los orígenes, los planes de estudio, los programas docentes y sus bibliografías recomendadas, las tesis defendidas, las líneas de investigación, las publicaciones, constituyen caladeros en los que ha venido llevando a cabo una minuciosa y encomiable tarea de rastreo, de acopio de datos y de sistematización. Tratándose de alguien de una generación que termina su licenciatura universitaria justo cuando el franquismo agoniza, es lógica su preocupación a la hora de entender los vericuetos que siguió una disciplina entonces absolutamente desnortada, que comenzó a orientarse a partir de 1984 y que hoy, cuarenta años después, ya se encuentra perfectamente institucionalizada. En aquellos tiempos, las ciencias políticas, que era la apelación usual, apenas si pivotaban sobre la lánguida Facultad de Ciencias Políticas de la Complutense y sobre algunos departamentos próximos principalmente al mundo del Derecho o de la Economía en Barcelona y a la diáspora que Granada había propiciado nutriendo otros lugares como la Universidad Autónoma de Madrid, la de Zaragoza y la de Santiago.

La propia carrera de Miguel es epítome de una ciencia política muy consolidada que cuenta con numerosos programas de grado y de posgrado, una asociación nacional con congresos periódicos y reuniones de sus grupos de trabajo y una revista. Miguel refleja en su andadura tres rasgos que se extienden a colegas de su generación y posteriores y que son fundamentales para entender no solo su aporte sino de dónde venimos y cómo ha sido el proceso evolutivo. En primer lugar, se encuentra la influencia de la disciplina desarrollada en Estados Unidos, de la que él se empapará gracias a estancias realizadas allí en los centros ya referidos, así como en la Universidad de Georgetown, donde fue titular de la cátedra Príncipe de Asturias. Una influencia que se extenderá al ECPR, espacio en el que Miguel gestará redes con colegas de diferentes países europeos, pero fundamentalmente de Portugal, con la permanente presencia de Pedro Tavares, y de Italia, con Maurizio Cotta como claro puntal. En segundo término, Miguel tendrá una orientación claramente empírica, basando su conocimiento en bases de datos minuciosamente elaboradas a través de cuestionarios y de entrevistas en profundidad o de la acumulación de casos, llevando a cabo un proceloso rastreo en las fuentes o mediante informantes clave. Ello le permitirá llevar a cabo taxonomías y avanzar en explicaciones acerca del significado de sus presupuestos. Finalmente, y al hilo del punto anterior, en Miguel late el comparativista por excelencia. De lo que se trata es de encontrar patrones que se den en ámbitos diferentes y que permitan explicaciones robustas del acontecer. Algo que inevitablemente le ha conducido al universo latinoamericano, donde hace ya tiempo se lleva a cabo un proceso similar de introspección. Una prueba fehaciente de ello es la relación con Pablo Bulcourf de Argentina y con toda la red que al amparo de la Asociación Latinoamericana de Ciencia Política (ALACIP) analiza el proceso de institucionalización de la disciplina allí. Algo que le ha permitido a Miguel proyectar su trabajo en buen número de países de la región, donde su magisterio es bien conocido.

Si Max Weber, alguien a quien todo aquel que se acerca a los dos grandes temas recién abordados es de consulta obligada, señala en "La ciencia como vocación" que "en el campo de la ciencia solo tiene personalidad quien está pura y simplemente al servicio de la causa", no cabe la menor duda de que Miguel lo ha estado (y lo está) y que su entrega a un propósito y sólo a él "eleva a quien así obra hasta la altura y dignidad de la causa misma".

Como el propio Weber subraya, todos sabemos que lo que hemos producido habrá quedado anticuado en un lapso relativamente corto, siendo éste el destino del trabajo científico. Atrás quedará la satisfacción por el gozo que pudiera emanar de la labor realizada o por la constatación de que el deber se ha cumplido, pero, por encima de todo, será satisfecho el sentido de la ciencia al que sirve la vocación científica. Sí, al igual que en la actividad de la política se confronta la profesión con la vocación y las correspondientes éticas de la responsabilidad y de la convicción, lo mismo sucede en el mundo académico. La vocación aquí no es otra cosa que el camino emprendido que permitirá enseñar "cuál es el modo justo de comportarse en la vida, y, sobre todo, de comportarse como ciudadano", y todo ello gracias al experimento racional como medio de una experiencia controlada y digna de confianza, sin la cual no sería posible la ciencia empírica actual.

Miguel Jerez se inserta en esa lógica y su trabajo, así como su actitud vital, es epítome de una vocación consecuente y de un buen quehacer en su trabajo. Mi amistad con él, y por tanto el sesgo que invade a estas líneas, es un asunto que mezcla complicidades generacionales con inquietudes similares. No sé si el afecto está por encima del reconocimiento, quizá vayan a la par. Quede, en cualquier caso, este texto como homenaje a parte de su vida.

Capítulo 3

La profesionalización de la élite gubernamental: los presidentes autonómicos en España (1980-2022)

JUAN RODRÍGUEZ TERUEL
JOSÉ REAL-DATO

INTRODUCCIÓN[1]

Los procesos de descentralización que se han producido en las últimas décadas en varios países de Europa Occidental han dado lugar a la creación de niveles regionales y al reforzamiento de los gobiernos locales (Harvie, 1994; Keating, 1998). Esta transformación ha tenido efectos profundos sobre el funcionamiento del sistema político y, en particular, sobre las características de sus élites políticas. Entre otras consecuencias, los cambios han reforzado el papel de los notables locales y les han conferido un liderazgo e influencia mucho mayor del que habían tenido tradicionalmente (Steyvers et al., 2008). Paralelamente, ha ido emergiendo una élite política de carácter regional, cuyas experiencias, perfiles e intereses han tendido a diferenciarse de la élite política nacional (Laurent, 2009; Stolz, 2003).

La literatura académica va aportando progresivamente nuevas evidencias sobre las consecuencias para el sistema político que puede generar las nuevas élites territoriales (Coller, Jaime-Castillo, y Mota, 2016; Jerez, Real-Dato, y Rodríguez-Teruel, 2019; Oñate, 2018). La realidad política resulta mucho menos paciente: las nuevas instituciones se han convertido a menudo en un contrapoder del gobierno nacional, especialmente cuando partidos diferentes han gobernado simultáneamente en niveles de poder

---

1 Esta investigación fue financiada por los proyectos SEJ2006-15076-C03-02, del Ministerio de Educación y Ciencia, y SEJ-4032, de la Junta de Andalucía. Una versión inicial de este trabajo fue presentada en el Congreso de IPSA en Santiago de Chile (2009) y en la General Conference de Potsdam (septiembre 2009). Los autores agradecen las aportaciones realizadas por los asistentes, así como los comentarios de Régis Dandoy durante la redacción del trabajo.

distinto, y sus élites se han esforzado por erigirse en los representantes más visibles de las aspiraciones de sus ciudadanos, atribuyéndose un rol de *tribunos territoriales* ante el poder central (Botella y Rodríguez Teruel, 2010). En gran medida, este resultado se encuentra profundamente entrelazado con el fenómeno de profesionalización de estas élites, por el cual dirigentes de partidos políticos, dedicados a tiempo completo a la política, se han convertido en los representantes principales, en detrimento de los perfiles profesionales tradicionales (Cotta y Verzichelli, 2007; Guérin y Kerrouche, 2008: 426-428).

Diversos trabajos se han dedicado a observar el alcance de la profesionalización entre los representantes parlamentarios de las instituciones regionales (Liñeira y Muñoz, 2016; Moncrief, 1994; Squire, 1992, 1993; Stolz, 2001). Las élites de gobierno han recibido menos atención, aunque comienzan a aparecer evidencias que sugieren la aparición de líderes profesionales al frente de los ejecutivos regionales europeos (Botella, Rodríguez Teruel, Barberà, y Barrio, 2011; Grimaldi y Vercesi, 2018).

La descentralización española constituye indudablemente un caso ejemplar de este fenómeno. La consolidación de las Comunidades Autónomas ha convertido las élites autonómicas en actores relevantes del sistema político. Los parlamentarios autonómicos presentan fuertes rasgos de profesionalización y de homogeneización (Coller y Santana, 2009; Oñate, 2014; Oñate y Viera Berriel, 2019). A ello se une el fuerte peso de los partidos políticos en la selección de los representantes en las instituciones, que han restringido enormemente la entrada de *outsiders* a la vida política, alimentando la profesionalización de las élites nacionales (Matuschek, 2003; Morán, 1999).

Desde esta perspectiva, una de las preguntas centrales a plantearse es qué efectos ha producido la descentralización sobre la profesionalización de las élites políticas autonómicas. Para contribuir a su respuesta, este capítulo analizará las carreras políticas y la experiencia en el gobierno de los jefes de gobiernos autonómicos de España desde sus primeras elecciones hasta mayo de 2022. El capítulo se organizará en tres partes. En el próximo apartado estableceremos un marco de análisis de la profesionalización de las élites regionales. Posteriormente, se ofrecerá un esbozo del proceso de descentralización y de la figura de los presidentes autonómicos. En la tercera parte analizaremos los datos sobre la carrera política y gubernamental de estos individuos, a fin de dar respuesta a las preguntas planteadas.

PROFESIONALIZACIÓN Y DESCENTRALIZACIÓN

Uno de los fenómenos modernos que mejor definen los sistemas políticos democráticos es la sustitución de las élites dirigentes tradicionales que vivían para la política por individuos que viven de la política (Weber, 1991; Schumpeter, 1962: 285). Las exigencias de la gobernación moderna y de la competición partidista han favorecido que las instituciones democráticas estén gobernadas por individuos que se dedican por completo a su responsabilidad institucional y que hacen de la política la principal, y a menudo única, actividad profesional a lo largo de su vida (Buck, 1963; Cotta y Tavares de Almeida, 2007; Gaxie, 1973). La particularidad del cargo de representantes y gobernantes ha llevado en algún caso a plantear hasta qué punto podemos referirnos a la política como una verdadera profesión o más bien como una dedicación o *métier* (Lehingue, 1999). A pesar de ello, sí podemos reconocer en ella unas habilidades específicas relacionadas con la representación ciudadana, el manejo de los asuntos públicos y la competencia política cuya ausencia ha ido desalojando de los principales puestos de poder político a políticos *amateurs* centrados preferentemente en otras actividades profesionales y con menos ambición política (Herzog, 1975; King, 1981; Offerle, 1999; Schlesinger, 1966). Para adquirir estas habilidades, los aspirantes han debido superar un sinuoso proceso de reclutamiento político y han desarrollado una carrera legislativa o gubernamental a través de las instituciones (Garraud, 1989; Herzog, 1975: 181; Norris, 1997; Rose, 1971).

La ocupación de las posiciones de liderazgo gubernamental por profesionales de la política no solamente ha transformado las características y la selección de las élites dirigentes, sino que tiene consecuencias importantes sobre el funcionamiento del propio sistema político. A pesar de la imagen negativa que suele generar la consideración de la política como una profesión, varios autores han llamado la atención sobre los efectos positivos que la profesionalización genera en términos de representación y de estabilidad del sistema político (Beckman, 2007; Cotta, 1991; Maestas, 2000). En otro sentido muy distinto, se ha considerado la profesionalización de las élites como un factor potente de generación de relaciones e intereses comunes entre sus miembros, lo que puede haber reforzado la identidad colectiva de la clase política y un eventual alejamiento de sus bases tradicionales (Borchert y Zeiss, 2003).

La preocupación por los efectos que la profesionalización política puede tener para el sistema político ha conducido a preguntarse por las implicaciones que la creación de sistemas multinivel acarrea para los políticos que las encabezan (Rodríguez Teruel, 2010; Stolz, 2001). Diversos trabajos han puesto de manifiesto cómo la profesionalización se ha ido abriendo paso progresivamente entre las élites políticas de los niveles territoriales inferiores (Fihel, 1972; Guérin y Kerrouche, 2008; Pound, 1992; Sabato, 1978; Squire, 1992). La profesionalización de los parlamentos regionales y de las élites locales se ha manifestado principalmente en el auge de los políticos de carrera (*careerism*) que han ido prolongando la duración de sus cargos políticos (Moncrief, 1994: 34).

Sin embargo, la profesionalización de la élite política no es un proceso homogéneo, e incluso puede experimentar indicios de regresión (Beckman, 2007). Tampoco el impacto de la descentralización debe plantearse de forma rígida. En países con sistemas federales más antiguos, la profesionalización se ha producido posteriormente, no siendo, pues, una consecuencia inmediata ni necesaria. Para dar cuenta de las diferencias que se pueden dar en esta evolución, se han propuesto dos explicaciones distintas, formuladas generalmente a partir del estudio de los parlamentarios regionales. Por un lado, se ha observado mayor profesionalización allí donde las instituciones ofrecen mayor nivel de incentivos económicos y ponen más recursos a disposición de los representantes políticos (Moncrief, 1994). El impacto de los recursos económicos sobre el grado de profesionalización puede incrementar las desigualdades en la prestación del cargo político entre parlamentos subnacionales de un mismo país y entre diferentes grupos sociales (Squire, 1992), lo que, por extensión, puede condicionar la forma en que los ciudadanos ven y valoran a sus representantes (Squire, 1993). Una segunda propuesta de explicación, que no es incompatible con la anterior, presta mayor atención al impacto de las identidades territoriales y a la dinámica centro-periferia que puede manifestarse en las carreras políticas de la élite regional (Stolz, 2003). En particular, Stolz ha distinguido los fenómenos de diferenciación social, relacionado con la *profesionalización* de la élite política, y el de diferenciación territorial, referido a la creación de un nuevo grupo de políticos regionales distintos del resto de políticos nacionales. Ambos fenómenos se encontrarían estrechamente vinculados de modo que la forma en que se relacionan podría afectar a la integración de la élite política nacional (Stolz, 2001a: 91-2). La aportación de Stolz resulta especialmente útil para entender los efectos en países de reciente descentralización.

Los jefes de gobierno de las entidades federales o regionales son un objeto propicio para observar los efectos de la descentralización sobre la profesionalización de la élite política regional. En los sistemas federales, los jefes de gobierno subnacionales han recibido escasa atención hasta el momento, sin estudios comparados. Entre los trabajos más relevantes, cabe destacar los dedicados a los gobernadores en Estados Unidos (Sabato, 1978) y a los *ministerpräsident* alemanes (Schneider, 2001). Otros trabajos han optado por analizar la influencia de la figura de los *premier* canadienses sobre el funcionamiento y resultados de los gobiernos provinciales de Canadá (Pal y Taras, 1988). En Italia, un trabajo reciente muestra cómo el cambio en el sistema electoral ha favorecido una mayor personalización del cargo (Grimaldi y Vercesi, 2018).

No obstante, los parámetros de análisis de las élites parlamentarias no pueden trasladarse automáticamente a las élites de gobierno. La propia naturaleza de los cargos gubernamentales establece los elementos favorables y las limitaciones que debemos tener en cuenta al considerar la profesionalización política de sus titulares. Por un lado, los miembros de gobierno cuentan con un nivel especialmente alto de recursos diversos a su disposición, lo que amplía la capacidad de influencia sobre el proceso político y favorece *a priori* un intenso reclutamiento político (Blondel y Thiebault, 1991). Por el contrario, los cargos de gobierno tienden a experimentar una elevada fragilidad política, resultado de la variedad de factores que *conspiran* para que la carrera gubernamental resulte breve (Blondel, 1985: 165), aunque este condicionante es menor entre los jefes de gobierno.

Para analizar el grado de profesionalización de las élites gubernamentales, existen diversas aproximaciones para medir empíricamente la intensidad en la dedicación de los políticos. Entre estas se ha recurrido al salario de los políticos, los recursos disponibles (personal de asistencia, presupuesto, etc.), duración en el cargo, nivel de recambio, peso de los partidos, carrera política o experiencia gubernamental (Best y Vogel, 2018; Blondel y Thiebault, 1991; Borchert y Zeiss, 2003; Liñcira y Muñoz, 2016; Oñate y Ortega, 2019; Squire, 1992; Verzichelli, 2010). Todos estos indicadores en su conjunto reflejan el grado de dedicación política de un individuo a lo largo de su vida. Para el análisis de los presidentes, vamos a adoptar una definición basada en el grado de acumulación de experiencia política de los individuos (Beckman, 2007: 70), medida con dos grupos de indicadores: experiencia política previa (medida a través de la duración de la carrera previa y el número y tipo de arenas políticas por las que ha pasado cada individuo) y desempeño del cargo presidencial (medido por medio de la duración en el puesto, el número de legislaturas, la forma de entrada y de salida). Con estos indicadores, queremos comprobar si la profesionalización política resulta más intensa en la medida en que los individuos poseen mayor experiencia política previa, una mayor duración en las instituciones representativas, un mandato más prolongado y un mayor control político sobre el desempeño de su responsabilidad (manifestado a través de la tendencia a acceder al gobierno tras las elecciones y no mediante mecanismos excepcionales, así como a dejar el cargo por voluntad propia y no por destitución del partido o por derrota electoral). Deberíamos esperar que el nivel de profesionalización de los gobernantes autonómicos haya ido en paralelo con el proceso de consolidación del Estado de las autonomías. Las comunidades autónomas han adquirido un peso crucial en el sistema político español. Al frente de ellas, los presidentes autonómicos poseen una posición muy influyente. Dirigen un ejecutivo, encabezan una administración con un presupuesto público importante y encarnan la máxima representación del Estado en la Comunidad Autónoma. Ello les sitúa en una posición más ventajosa, presumiblemente, para ejercer influencia sobre las demandas de los ciudadanos. Estas circunstancias se convierten en incentivos que orientan la ambición de los políticos hacia estos cargos. De acuerdo con ello, hemos de esperar que el acceso a la presidencia de las autonomías se encuentre, cada vez más, en manos de políticos profesionales con una extensa carrera política. Esto debería reflejarse en un aumento tanto de la duración de sus carreras políticas previas como de su permanencia en el cargo gubernamental.

Además, el establecimiento inicial de dos niveles de autonomía debería dar lugar a diferencias en la profesionalización de sus presidentes, de modo que los líderes de comunidades con mayor autonomía tuvieran un perfil de mayor profesionalización política. No obstante, dado que los dos niveles de autonomía iniciales se han ido igualando, especialmente desde finales de los años 90 hasta la actualidad, deberíamos poder observar una reducción en el tiempo del diferencial de profesionalización entre Comunidades.

LA DESCENTRALIZACIÓN Y LOS PRESIDENTES AUTONÓMICOS EN ESPAÑA

España emprendió su descentralización en las últimas dos décadas del siglo pasado. Las bases del futuro Estado autonómico se establecieron en paralelo al proceso de transición a la democracia, y quedaron recogidas en la Constitución de 1978. Se crearon 17 Comunidades Autónomas con un patrón institucional común: una Asamblea con competencias legislativas, un ejecutivo y un Presidente elegido por la Asamblea. No obstante, la Constitución de 1978 también estableció dos tipos de comunidad según el grado de autonomía, por el cual un grupo reducido de Comunidades (Cataluña, País Vasco, Galicia y Andalucía) disponía de mayor número de competencias y de atribuciones políticas que el resto. Con el tiempo, las diferencias entre ambos grupos han ido desapareciendo y todas las Comunidades han tendido a tener el mismo grado de autonomía. Asimismo, no todas las Comunidades celebran elecciones al mismo tiempo. Las primeras elecciones se celebraron en el País Vasco y Cataluña en el año 1980. En 1983 se realizaron las elecciones autonómicas para las comunidades del régimen común. El resultado ha dado lugar a un elevado nivel de pluralismo político y territorial, con patrones diversos de comportamiento electoral (Alcántara y Martínez, 1998; Botella, 1989; Pallarés y Keating, 2003). Los presidentes autonómicos poseen un destacado lugar en el sistema institucional autonómico, siguiendo la pauta del Presidente del Gobierno en el ejecutivo central. La Constitución española establece esta figura y sus características principales (art. 152 CE). Así, el presidente de la Comunidad ha de ser elegido por el parlamento autonómico y es responsable político ante este. Además, el presidente es el representante ordinario del Estado en la Autonomía, lo que le confiere una posición de predominio político sobre el resto de instituciones en el ámbito autonómico. Al margen de su estatus institucional, los presidentes autonómicos también han ganado centralidad como agentes que aportan una ventaja electoral a sus partidos en elecciones generales, con la que ejercen un papel de apoyo o de oposición al gobierno central.

Todo ello explica la relevancia política que han adquirido los presidentes autonómicos en el marco de la política española, más allá de los límites de sus comunidades respectivas. Casi todos los presidentes han pertenecido al partido de gobierno[2], del que a menudo han sido el máximo líder organizativo en la comunidad. Muchos de ellos se convirtieron en aspirantes a líderes nacionales de sus partidos y uno de ellos, José María Aznar, alcanzó la presidencia del Gobierno español.

Entre 1980 y 2022 fueron elegidos 108 individuos para ocupar la presidencia de las 17 comunidades autónomas. Solo en seis casos, estos regresaron al cargo tras haberlo perdido en las elecciones. Durante este tiempo, se pueden identificar diversos momentos y períodos en la evolución política de las comunidades autónomas. Para comparar tenporalmente los indicadores utilizados para medir la profesionalización, vamos a escoger tres puntos en el tiempo:

---

2 Las dos únicas excepciones corresponden a los presidentes de Cantabria, Juan Hormaechea y José Antonio Rodríguez. Aunque se presentaron como candidatos de Alianza Popular, habían pertenecido a UCD y luego declinaron entrar a AP. Su condición de independientes resultó muy conflictiva, hasta el punto de que ninguno de ellos culminó una legislatura completa al frente del gobierno.

a) establecimiento de las instituciones (1980-1991)

b) alternancia de liderazgos y reforma de los Estatutos de Autonomía (2003-2011)

c) crisis y cambio de los sistemas de partidos autonómicos (2015-2022)

Los datos utilizados para el análisis empírico proceden de una base de datos que contiene la información de los 108 presidentes autonómicos nombrados entre 1980 y mayo de 2022. La matriz se ha elaborado a partir de las biografías oficiales de los individuos, provistas por fuentes oficiales y por la prensa.

LA PROFESIONALIZACIÓN DE LOS PRESIDENTES AUTONÓMICOS

La carrera política hacia la presidencia de la Comunidad

En primer lugar, vamos a observar cómo es la carrera política de los presidentes antes de acceder al cargo, analizando tres variables diferentes: la duración de esa carrera previa, el número de arenas políticas por las que se ha transitado, y el tipo de arena. Compararemos ese cambio a través del tiempo, y entre comunidades de vía rápida y de vía lenta. Los resultados aparecen en la Tabla 1.

Tabla 1. La carrera política de los presidentes autonómicos

			Tiempo		Tipo de Comunidad	
	Todos	*Leg. I-III*	*Leg VI-VIII*	*Leg. IX-XIII*	*Vía rápida*	*Vía lenta*
Tiempo carrera política previa (%)						
1-5 años	23,3	47,6	16,2	6,6	25,0	22,6
6-10 años	19,6	28,6	5,4	16,7	17,4	20,2
11-20 años	33,7	21,4	48,6	36,7	21,7	36,9
+ 20 años	23,3	2,4	29,7	40,0	34,7	20,3
Media	15,3	7,4	16,0	24,5	13,7	15,7
Desv. típ.	*24,7*	*5,8*	*8,4*	*43,4*	*9,5*	*27,4*
Número de arenas políticas (%)						
Ninguna	4,6	9,5	2,7	3,2	13,0	2,4
Una arena	37,0	47,6	32,4	29,0	21,7	41,2
Dos arenas	25,9	26,2	24,3	25,8	30,4	24,7
Tres arenas	26,9	14,3	29,7	38,7	26,1	27,1
Cuatro arenas	5,6	2,4	10,8	3,2	8,7	4,7

Mandatos públicos (%)						
Municipal...	52,8	35,7	56,8	58,1	43,5	55,3
...Alcalde	26,9	11,9	35,1	32,3	21,7	28,2
Supramunicipal	36,3	28,6	50,0	44,4	28,6	47,1
Autonómico...	67,6	45,2	70,3	87,1	60,9	69,4
...diputado regional	59,2	38,1	59,4	83,9	60,8	58,8
...consejero regional	30,5	21,4	37,8	38,7	30,4	30,6
Nacional...	48,1	59,5	48,6	41,9	52,2	47,1
...diputado o senador	47,2	57,1	48,6	38,7	52,2	45,9
...ministro o alto cargo	13,0	9,5	27,0	9,7	30,4	8,2
(N)	108	42	37	31	23	85

Fuente: Base de datos *regpm80-21v8_2,* a partir de prensa y biografías oficiales.

La extensión de la carrera política para acceder a la presidencia autonómica resulta muy ilustrativa del grado de profesionalización política de quienes desempeñan esa responsabilidad: han pasado una media de quince años en cargos políticos gubernamentales o de representación, lo que supone más de cuatro legislaturas haciendo política institucional intensamente. Durante este tiempo, los individuos han acumulado capital político y han ido preparándose para disputar la jefatura del gobierno autonómico. No obstante, existe una notable disparidad interna al respecto, entre aquellos con menor experiencia y el grupo de individuos que superan la media con creces. Esta disparidad indica pautas diferentes de reclutamiento de los presidentes a lo largo del tiempo.

La consolidación de la descentralización autonómica ha intensificado la competencia por el cargo, exigiendo con ello una mayor acumulación de bagaje político previo. Se ha triplicado la duración de la carrera política de los presidentes, de siete a casi 25 años. En particular, aumenta el grupo de presidentes con más de 20 años de experiencia política: eran casi el 30% en la primera década del siglo XXI, y pasan al 40% en el período 2015-2022. Uno de cada tres jefes de gobierno que han gobernado desde de 2003 estuvieron más de veinte años en cargos antes de acceder a la presidencia autonómica. Esta extensión del tiempo de formación política previa refleja también la consolidación de la democracia, después de que los primeros presidentes fueran a menudo políticos nuevos que habían accedido a la política institucional durante la transición.

Igualmente, los presidentes de las Comunidades con más autonomía poseen carreras políticas más extensas. Las diferencias en este indicador se encuentran principalmente en el grupo de líderes de larga carrera, puesto que los individuos con carreras superiores a los veinte años suelen pertenecer generalmente a las Comunidades de mayor autonomía.

No hace falta decir que no estamos precisamente ante *outsiders* políticos, sino todo lo contrario: políticos con extensa experiencia política y, en muchos casos, en diferentes arenas del sistema político. Para la mayoría de presidentes, las largas carreras políticas previas se realizan ejerciendo responsabilidades en más de una arena. En este indicador, también se manifiestan diferencias según lo previsto por nuestras hipótesis. Aunque la experiencia institucional es un rasgo de casi todos los presidentes desde la primera legislatura, los nuevos presidentes han incrementado el número de arenas transitadas. Como indica la Tabla 1, el 40% de los presidentes desde 2003 han pasado por tres arenas políticas o más. En buena medida, este es el resultado también de una descentralización que amplía la oferta de cargos públicos y favorece carreras multinivel. Además, estas son ligeramente más comunes entre los presidentes de las Comunidades con mayor autonomía, de los cuales más de un tercio ha pasado por casi todas las arenas del sistema político.

La observación de los patrones de carreras revela con mayor nitidez el tránsito de los presidentes por los diferentes niveles de gobierno, como ya han apuntado trabajos comparados (Pilet, Tronconi, Oñate, y Verzichelli, 2014). No todas las arenas políticas poseen la misma relevancia para la élite autonómica. La experiencia autonómica previa se ha convertido casi en una credencial necesaria para dirigir el gobierno de la Comunidad[3]. Hasta cierto punto, no resulta sorprendente que en la lógica parlamentaria de los ejecutivos autonómicos el máximo líder del gobierno tenga experiencia previa como parlamentario. No obstante, existe un elevado número de jefes de gobierno que no habían pasado previamente por la cámara regional (cuatro de cada diez individuos), aunque su número es cada vez menor. Además, la experiencia previa en las instituciones autonómicas, como parlamentario o consejero, es relativamente corta en el

---

3 Por experiencia regional previa, nos referimos a la experiencia, como parlamentario o ministro regional, en una legislatura anterior, en caso de acceder al gobierno al inicio de una legislatura, o la experiencia desde el inicio de la legislatura presente, para aquellos que acceden al cargo durante la legislatura. En el momento del nombramiento, todos los jefes de gobierno regionales estudiados son a su vez miembros de la asamblea parlamentaria, ya que este es un requisito imprescindible para poder obtener la confianza del parlamento en la mayoría de las Comunidades.

tiempo, entre siete y once años. Esto muestra simultáneamente el crecimiento del patrón de reclutamiento endógeno (presidentes autonómicos que surgen de la élite autonómica) y su debilidad, puesto que la experiencia en otras arenas puede suplir la ausencia de experiencia autonómica. En contraposición, el grado de autonomía de las comunidades no genera diferencias.

Entre las arenas transitadas, la experiencia en instituciones locales aparece como una credencial de primer orden, ya sea en ayuntamientos o bien en entidades supramunicipales (las entidades insulares o forales de algunas comunidades). En este escenario, el cargo de alcalde adquiere un valor ascendente. Este patrón de reclutamiento puede relacionarse con el fenómeno de bifurcación de la élite regional, puesto que la creación del nivel autonómico ha ampliado las oportunidades de ascenso de la élite política local en detrimento de la élite política nacional (Botella et al., 2011). La importancia de la experiencia local ha crecido con el tiempo. El nivel de autonomía de las comunidades genera algunas diferencias: en las autonomías con mayor poder político, los presidentes vienen menos del mundo local y, cuando lo hacen, suelen ser sus líderes más relevantes, los alcaldes.

La trayectoria a través de la arena nacional, principalmente parlamentaria, también aparece como una credencial relevante. La mitad de los jefes de gobierno fueron parlamentarios nacionales y uno de cada ocho tuvieron un cargo en el gobierno[4]. La responsabilidad parlamentaria tiene lugar principalmente en la cámara baja[5]. Por otro lado, el mandato nacional ocupa menos tiempo en las carreras que los mandatos locales: los presidentes españoles apenas estuvieron cuatro años de promedio en el parlamento nacional. Esto podría sugerir un peso menor de la arena, pero probablemente significa lo contrario: la arena nacional permite acumular un capital político suficiente para alcanzar el liderazgo regional en menos tiempo que la arena local.

4 Cinco presidentes autonómicos habían sido ministros antes de acceder al cargo regional: M. Chaves, J.A. Griñán. J. Montilla, E. Aguirre y M. Fraga, que había sido ministro durante el Franquismo y luego fue líder de Alianza Popular durante el período democrático. J. Matas fue ministro entre su primer y su segundo mandato como presidente de las Baleares.

5 Resulta destacable la minoría significativa de individuos que pasaron por la cámara alta en España (uno de cada tres presidentes que fueron parlamentarios nacionales provenían del Senado), lo que contrasta con la pauta existente en la élite gubernamental nacional (Rodríguez Teruel, 2011).

El peso de la experiencia parlamentaria resulta declinante, en contraste con las otras que habíamos visto, de acuerdo a la hipótesis de la bifurcación (Botella et alt., 2010). Sin embargo, este punto marca una diferencia según el grado de autonomía de las Comunidades: en las que poseen mayor autonomía, la experiencia en la arena estatal es mayor, especialmente el paso por el Gobierno. Finalmente, cabe señalar la nula importancia de la credencial europea en el *cursus honorum* de los líderes regionales[6]. Esto se corresponde en gran parte con el patrón de carreras europeas emergente, que aparece como destino final de un determinado grupo de políticos nacionales, y cada vez más como una arena restringida a un patrón de carrera específico (Scarrow, 1997; Stolz, 2001; Real-Dato y Jerez, 2008).

La evolución de la experiencia por los diversos niveles de los presidentes españoles se puede observar con más atención en el Gráfico 1. La experiencia regional se convierte en un requisito fundamental para acceder al frente del gobierno, de forma paralela a la experiencia municipal. Por el contrario, la experiencia en el parlamento nacional se encuentra en continuo retroceso, en contraste con el crecimiento estable de la presencia exministros que acceden a la presidencia autonómica, especialmente en las últimas legislaturas. Esto alimenta la hipótesis de la profesionalización progresiva de la presidencia autonómica, manifestada en una notabilidad requerida en ascenso: a medida que se consolida un patrón propio de carrera política para ser presidente autonómico, solamente los líderes nacionales que han estado en el Gobierno se encuentran en disposición de competir para dirigir el gobierno autonómico, mientras que los parlamentarios nacionales sin más credenciales encuentran cada vez más dificultades.

---

6 M. Fraga ha sido el único presidente autonómico que pasó por las instituciones europeas antes de llegar a la presidencia. Accedió a la presidencia autonómica desde su cargo de eurodiputado obtenido dos años antes. No obstante, el peso de la experiencia europea resulta menor en el conjunto de la extensa carrera política de Fraga.

Gráfico 1. Evolución de la experiencia política en las diferentes arenas (porcentajes)

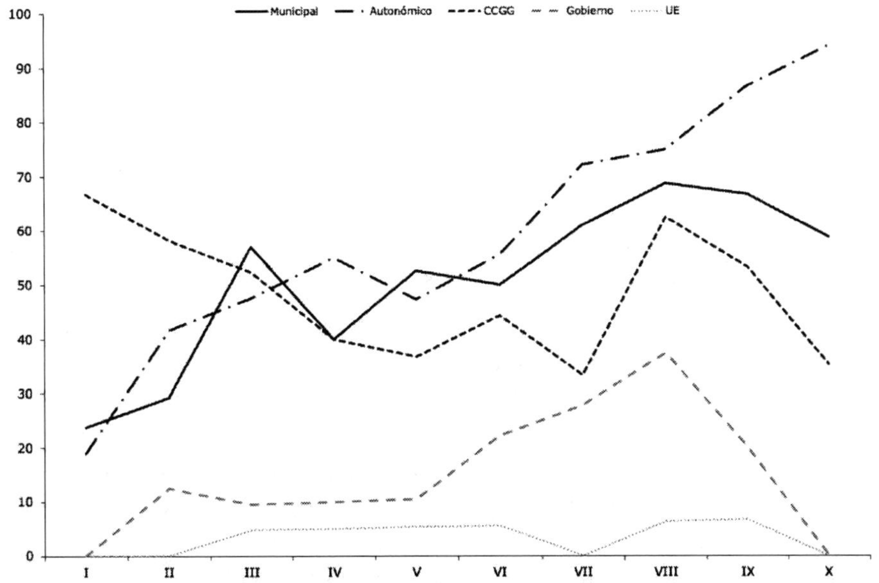

Fuente: Base de datos *regpm80-21v8_2,* a partir de prensa y biografías oficiales.

De acuerdo con estos indicadores, la profesionalización de los presidentes autonómicos tiene un claro reflejo en sus carreras políticas: necesitan más tiempo haciendo política para llegar al gobierno, y han de pasar por más arenas políticas. Ello ha dado lugar a un alto grado de diversidad en las carreras políticas previas. No existe un patrón de carrera política mayoritario que conduzca a la presidencia autonómica en España. Por un lado, existen carreras de carácter totalmente o predominantemente local (35,6%), una parte de ellas pasando también por el parlamento nacional. En segundo lugar, existe una carrera de predominio nacional (34,3%), en la que casi nunca se pasa por el nivel local. Finalmente, va ganando peso las carreras realizadas exclusiva o predominantemente en el parlamento o en el gobierno regionales (23,2 %). Estos datos sugieren que una descentralización más profunda, combinada con una estructura de oportunidades más amplia, favorece hasta cierto punto que la profesionalización pueda ir vinculada a una eventual diferenciación territorial entre los líderes políticos regionales (Stolz, 2001). Esta diferenciación surge de carreras exclusivamente regionales o locales-regionales, en las que los dirigentes regionales se apartan de los canales tradicionales que transcurren por la arena nacional.

La carrera gubernamental

La segunda dimensión de la profesionalización está referida a las características del mandato de presidente, medidas mediante cinco variables: la edad de acceso, los años en el cargo, el número de legislaturas, la forma de entrada y el motivo de la salida del cargo (Tabla 2). Tomando estos diferentes aspectos, obtenemos una imagen bastante ajustada: la noción del político profesional no sólo surge de un reclutamiento intenso y estructurado, sino que adquiere su significado completo en el ejercicio de su responsabilidad institucional. La presencia en el gobierno profundiza y amplía la condición profesional de los políticos (Beckman, 2007: 72).

El primero de los indicadores se refiere al momento en que se inicia el ejercicio de la presidencia. La edad permite ubicar el cargo político en el itinerario vital de los individuos (Cohen, 1988; Schlesinger, 1966). Los jefes de gobierno suelen alcanzar por primera vez este cargo por encima de los 45 años, una edad superior a la que entran en el parlamento los diputados autonómicos en España (Coller, 2008). De esta forma se refleja el mayor nivel de experiencia política exigido por el cargo, tal como sucede con jefes de gobierno nacionales (Müller y Philipp, 1991). No obstante, los presidentes españoles acceden al cargo significativamente más jóvenes que otros jefes de gobierno regionales (Botella, Rodríguez Teruel, Barberà, y Barrio, 2010; Jäckle, 2013). Se trata de un patrón típico de las élites políticas españolas de la actual democracia, que ya se ha observado tanto en cargos de gobierno como en parlamentarios nacionales (Jerez, Linz, y Real-Dato, 2013; Real-Dato y Jerez, 2009; Rodríguez Teruel, 2011). Cabe señalar que en esta variable se detecta el efecto de recambio de los gobernantes que produjo el cambio en los sistemas de partidos del período 2015-2022, lo cual no se refleja en el promedio de edad sino en la distribución de edades: aumentan los presidentes menores de 40 años y bajan significativamente los mayores de 60 años.

Si adoptamos la edad de entrada como un indicador aproximado de la profesionalización, con el cual se manifestaría la exigencia de un grado de *madurez* política para el cargo, deberíamos esperar mayor edad a medida que se consolida y se incrementa la autonomía. Efectivamente, la edad media aumenta seis años de promedio entre los primeros y los últimos presidentes, y tres años entre las Comunidades con mayor autonomía respecto a las que tienen menos competencias. Los individuos han acabado accediendo más tarde al cargo de presidente, después de haber realizado el *aprendizaje* necesario de la profesión, y sucede lo mismo en las cuatro Comunidades que accedieron por la vía reforzada a la autonomía.

Tabla 2. El mandato de los presidentes autonómicos

			Tiempo		Tipo de Comunidad	
	España	*Leg. I-III*	*Leg VI-VIII*	*Leg. IX-XIII*	*Vía rápida*	*Vía lenta*
***Edad de acceso en el primer mandato** (%)*						
Menos de 40 años	21,3	33,3	8,1	12,9	21,7	21,2
40-49 años	41,7	45,2	43,2	35,5	26,1	45,9
50-59 años	29,6	16,7	29,7	45,2	34,8	28,2
60 años o más	7,4	4,8	18,9	6,5	17,4	4,7
Edad de acceso media	47,2	44,8	50,0	49,6	49,4	46,6
Desv. típ.	8,1	8,5	8,6	*7,7*	*9,3*	*7,7*
***Años en el cargo** (%)*						
1 año o menos	7,4	11,9	2,7	3,2	0,0	9,4
> 1 y < 4 años	36,1	40,5	21,6	41,9	39,1	35,3
> 4 años	56,5	47,6	75,7	54,8	60,9	55,3
Media (años)	6,1	6,6	9,4	5,5	7,1	5,9
Desv. típ.	5,3	6,2	6,9	4,1	6,0	5,0
***Número de legislaturas** (%)*[1]						
1 legislatura	55,6	52,4	40,5	58,1	43,5	58,8
2 legislaturas	23,1	21,4	16,2	25,8	26,1	22,4
3 legislaturas	8,3	9,5	13,5	3,2	4,3	9,4
4 o más legislaturas	12,9	16,6	30,7	12,9	26,1	9,5
***Momento de entrada** (%)*						
Inicio de legislatura	75,0	66,7	78,4	80,6	73,9	75,3
Substitución (mismo partido)	16,7	21,4	16,2	12,9	13,0	17,6
Substitución (otro partido tras moción)	8,3	11,9	5,4	6,5	13,0	7,1
(N)	*108*	*42*	*37*	*31*	*23*	*85*
***Motivo de la salida** (%)*[2]						
No se presenta a la reelección	26,1	19,0	40,0	20,0	21,1	27,4
Dimisión para optar a otro cargo político	6,5	9,5	8,6	0,0	5,3	6,8
Pierde la reelección tras derrota electoral	41,3	33,3	45,7	46,7	42,1	41,1
Pérdida de la confianza parlamentaria (moción)	5,4	11,9	0,0	0,0	5,3	5,5

			Tiempo		Tipo de Comunidad	
	España	*Leg. I-III*	*Leg VI-VIII*	*Leg. IX-XIII*	*Vía rápida*	*Vía lenta*
Dimisión por escándalo público, Inhabilitación	16,3	16,7	5,7	20,0	15,8	16,4
Dimisión por crisis de partido	4,3	9,5	0,0	0,0	10,5	2,7
(N)	*92*	*42*	*35*	*15*	*19*	*73*

Fuente: Base de datos *regpm80-21v8_2,* a partir de prensa y biografías oficiales.
Notas: 1. Número de legislaturas distintas en el cargo (ver indicaciones en el texto del capítulo).
2. No se incluyen los que no están en el cargo en octubre de 2022.

En segundo lugar, se ha considerado la duración de los jefes de gobierno como un indicador de rendimiento institucional del profesional político, puesto que, teóricamente, menos duración implica menos capacidad para influir decisivamente en las políticas públicas (Berlinski, Dewan, y Dowding, 2007: 247; Müller y Philipp, 1991). Desde este punto de vista, muchos presidentes autonómicos poseerían, en comparación con los más duraderos, una menor capacidad de incidencia política al frente del gobierno, puesto su media de duración apenas se encuentra entorno a los seis años y medio. Un tercio de los presidentes han estado cuatro años o menos en el cargo. Esta corta duración marca límites el carácter profesional del cargo gubernamental, cuyo ejercicio reviste mayor fragilidad y menor permanencia que el de un cargo parlamentario, como habíamos indicado anteriormente. Con todo, existe una importante variación entre individuos. Por un lado, el cargo de presidente autonómico ha adquirido estabilidad a medida que se han consolidado las instituciones autonómicas. La duración se incrementó tres años desde en el período 2003-2011. A ello ha contribuido en parte la desaparición de los mandatos cercenados anticipadamente, como había sucedido en algunos de los primeros presidentes autonómicos. No obstante, la renovación de los sistemas de partidos en el período posterior ha hecho caer su duración, con la llegada de nuevos dirigentes que tienen por delante la oportunidad de consolidar sus carreras gubernamentales. En segundo lugar, los presidentes de las Comunidades con mayor autonomía duran más que en el resto de autonomías. Ello no impide que haya habido casos de longevidad en el cargo en ambos grupos de Comunidades[7].

---

[7] Entre los individuos con mayor duración en el cargo encontramos algunos de los líderes territoriales más relevantes. En España, J.C. Rodríguez Ibarra (24 años), Jordi Pujol (23), José Bono (21) o Manuel Chaves (19), constituyen verdaderos modelos de notables regionales surgidos de la descentralización.

Un indicador complementario sobre la circulación es el número de legislaturas reales en el gobierno. Con ello se observa de forma aún más clara el alcance institucional que implica la duración del cargo de líder regional. La mitad de los individuos permanece en el cargo durante una única legislatura, tiempo a partir del cual podemos identificar a los líderes regionales con más capacidad de influencia. Esta proporción es mayor entre las Comunidades que accedieron por la vía lenta, mientras que en aquellas que comenzaron con un mayor grado de autonomía existe un grupo relevante de líderes que han estado gobernando durante tres o más legislaturas. En general, la consolidación autonómica ha favorecido que los presidentes permanezcan durante más legislaturas al frente del ejecutivo, con la salvedad del último período analizado.

La profesionalización también puede manifestarse en el grado de predominio del individuo en el cargo, eliminando la incertidumbre y favoreciendo la estabilidad de la dedicación en el gobierno. Una forma de observar este fenómeno corresponde a la forma de acceso a la presidencia. El primer nombramiento como jefe de gobierno regional suele obtenerse según la vía ordinaria, a principio de legislatura, por la mayoría parlamentaria surgida tras unas elecciones. En cambio, existe un número relevante de presidentes que accedieron al cargo substituyendo a un cargo del mismo partido durante la legislatura (16,7%). Resulta mucho más excepcional que se produzca al mismo tiempo un cambio de líder y de partido en medio de legislatura (8,3%), lo que sin duda favorece la estabilidad política. El cargo se desempeña de forma continua, sin que apenas existan interrupciones[8], hasta que se pone fin debido a una derrota electoral o a la renuncia del jefe de gobierno a presentarse a una nueva reelección. Por otro lado, la estabilidad del cargo, en ausencia de cambios de titular o de partido en medio de la legislatura, se redujo a medida que se consolidó la descentralización y es menor en las Comunidades con más autonomía política.

El fortalecimiento de la presidencia autonómica también se observa a través de las formas de salida del cargo. La derrota electoral es el motivo

---

8 Solamente seis presidentes han vuelto al cargo después de dejarlo en su primera ocasión: Jaume Matas, Francesc Antich, Jerónimo Saavedra, Juan Hormaechea, Guillermo Fernández Vara y Miguel Ángel Revilla. Todos ellos habían sido desplazados por mociones de censura o por derrotas electorales ajustadas, que habían dado lugar a gobiernos de coalición inestables durante una plazo de tiempo de cuatro años o menos. Todos recuperaron el liderazgo del gobierno en la siguiente legislatura.

más frecuente, junto con la decisión del presidente de no repetir en el cargo. En uno de cada quince casos, el presidente dimite para acceder o mantener un cargo en otra arena política. Este dato puede servir para indicar indirectamente el valor que tiene la jefatura de gobierno regional en la carrera política. En España los presidentes autonómicos sólo abandonan el gobierno para convertirse en ministros o aspirar a la presidencia del gobierno central[9]. Algunos jefes de gobierno fueron apartados del cargo tras perder la confianza de la cámara autonómica[10]. Al margen de las motivaciones inherentes a la circulación de las carreras políticas, existen otros motivos de carácter menos frecuente o excepcional, que detienen abruptamente la carrera política de los jefes de gobierno. Uno de ellos es la dimisión provocada por una crisis política (ocho casos) o por un escándalo personal (trece casos) o bien la destitución por decisión judicial (tres casos), entre los que cuentan Carles Puigdemont y Quim Torra, destituidos en el contexto de crisis política en Cataluña. Este tipo de salida comporta siempre el fin de la vida política[11]. En España, donde los líderes son más jóvenes, hasta ahora ningún presidente ha finalizado nunca su mandato gubernamental por motivos de salud.

La reducción de la incertidumbre en el ejercicio del cargo, que asociamos a la idea de profesionalización, varía en el tiempo. A medida que se han consolidado los gobiernos autonómicos, se reducen drásticamente las formas de salida del gobierno, limitándose a aquellas propia de la profesión política: la derrota electoral o la retirada del cargo al final del

---

9 Cuatro presidentes autonómicos renunciaron a su cargo para convertirse en ministros nacionales (Zaplana y Lucas en el PP, Bono y Chaves en el PSOE). Estos casos son distintos de aquellos que fueron nombrados ministros tras ser derrotados en las elecciones autonómicas (Joan Lerma, Jaume Matas o Jerónimo Saavedra). Casos aparte son los de José María Aznar y Alberto Núñez Feijoo (PP), que dimitieron como presidentes autonómicos para competir por la presidencia del gobierno nacional.

10 Seis presidentes perdieron una moción de censura que les apartó del cargo (E. Eiroa, J. Saavedra, F. Fernández Martín, X. Fernández Albor, J. Espert y J. Hormaechea). Solamente este último consiguió recuperar la presidencia en la legislatura siguiente.

11 De los jefes de gobierno que dimitieron por crisis política, sólo algunos de ellos continuaron durante algún tiempo como parlamentarios (Garaikoetxea, Rodríguez Martínez, Gómez de las Roces). De los que dimitieron por escándalos o acusaciones de corrupción, solamente Demetrio Madrid continuó como parlamentario, tras demostrarse su inocencia. En ningún caso los dimitidos o destituidos pudieron recuperar protagonismo en la vida política regional.

mandato o para ascender a un ministerio, como culminación de la carrera profesional, o la dimisión por escándalos. El resto de las adversidades desaparecen. De este modo, la profesionalización no solamente favorece la estabilidad de los presidentes del gobierno, sino que convierte a muchos de ellos en figuras inexpugnables, notables políticos con elevada capacidad de proyección en influencia más allá del escenario autonómico.

¿Se diluyen las diferencias entre Comunidades?

El análisis de los presidentes autonómicos ha mostrado cambios en el tiempo y entre Comunidades, en la línea esperada. Con todo, la concatenación de ambos factores podría haber neutralizado algunos de los efectos esperados. A medida que se ha consolidado la descentralización, las reformas estatutarias que se han dado en las Comunidades con menos competencias han tendido a difuminar muchas de las diferencias en los techos competenciales y en los instrumentos de autonomía política que habían separado inicialmente los dos grupos. Aunque ello no ha comportado una homogeneización completa, poco a poco el grado de autonomía se ha ido igualando en muchos aspectos. En consecuencia, deberíamos observar una tendencia a la reducción de las notables diferencias detectadas entre el grado de profesionalización de los presidentes de unas comunidades y otras (según su carrera política y su estabilidad al frente de los gobiernos).

Gráfico 2. Duración de la carrera política (izquierda) y del mandato como Presidente autonómico (derecha) según período y tipo de Comunidad (años)

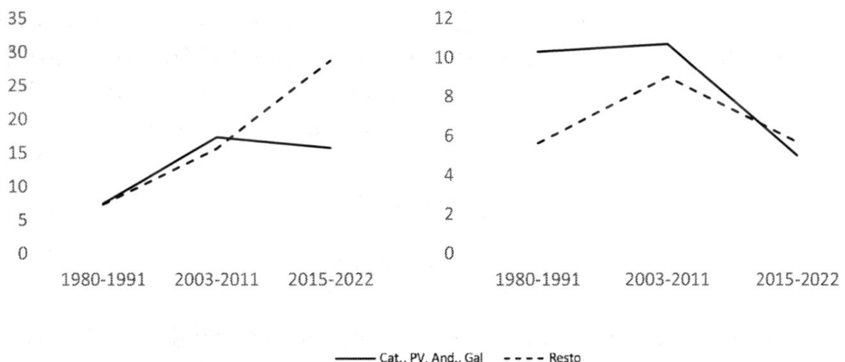

Fuente: Base de datos *regpm80-21v8_2*, a partir de prensa y biografías oficiales.

El Gráfico 2 apunta una evidencia contrapuesta. Por un lado, las diferencias en la duración de las carreras políticas se han ampliado en estos años (Gráfico 2 izquierda). En todas las Comunidades el reclutamiento se ha intensificado, de modo que las carreras políticas antes de acceder al gobierno se han prolongado notablemente. Pero esto ha ocurrido con más fuerza en las Comunidades con menor autonomía en los últimos años. Si los primeros presidentes de todas las Comunidades poseían carreras de duración similar (sin distinción según el tipo de Comunidad), en el último período las diferencias se han ampliado en casi más de diez años. Esta evolución reflejaría la institucionalización del sistema de reclutamiento de las élites políticas de una forma más genérica. Entre los primeros presidentes, difícilmente podía haber grandes diferencias en la duración de sus carreras políticas previas, debido a la breve existencia del nuevo sistema democrático y a la renovación de la élite política, que impidió el acceso a la cabeza de las nuevas instituciones autonómicas de dirigentes políticos del franquismo. Los líderes autonómicos de las primeras legislaturas fueron, en general, individuos que entraron en política durante la transición. Por eso, apenas hay distinción entre presidentes según tipo de Comunidad, y casi todos ellos poseían alrededor de ocho años de experiencia política. A medida que la democracia se ha consolidado y se han institucionalizado los canales de reclutamiento de las élites, el impacto de las dinámicas internas de competición política en cada comunidad se manifiesta con más fuerza. Como consecuencia de ello, las diferencias en la duración de la carrera política se han ampliado entre presidentes.

Por el contrario, la duración de la carrera gubernamental (Gráfico 2 derecha) es ajena a esta influencia del grado de autonomía o de su dinámica interna. En consecuencia, las diferencias en la estabilidad del mandato de los presidentes según el tipo de comunidad se han ido reduciendo. En consecuencia, la homogeneización progresiva del grado de autonomía ha diluido el efecto diferencia del tipo de comunidad sobre la duración del mandato.

CONCLUSIONES

Los datos recogidos de los jefes de gobierno regionales en España reflejan trazos de cómo se ha producido la profesionalización de nuestras élites políticas. El valor político que ha adquirido la Comunidad Autónoma como espacio político ha elevado el precio del *cursus honorum* necesario para alcanzar su liderazgo. Ello ha intensificado el reclutamiento de las élites dirigentes, restringiendo el acceso a los gobiernos autonómicos. Los presidentes no sólo son políticos profesionales con larga carrera, sino que probablemente son el grupo más profesionalizado de la élite política regional.

Este capítulo ha comprobado el alcance de la profesionalización de la élite autonómica a través de diversos indicadores, relacionados con las carreras políticas de los individuos y de las características del ejercicio de sus mandatos gubernamentales. Siguiendo nuestro argumento, la profesionalización de los políticos es una condición variable, que se intensifica especialmente a medida que se eleva el valor del cargo político. De acuerdo con ello, las diferencias en el grado de autonomía entre territorios y a lo largo del tiempo deberían generar efectos sobre los individuos. Esta relación debería manifestar un incremento estable de los indicadores de profesionalización a medida que se consolida la descentralización y entre las Comunidades con mayor autonomía política. En todos los casos hemos encontrado diferencias variables entre presidentes según dos factores principales y siguiendo las pautas previstas.

Por otro lado, la consolidación del Estado autonómico ha coincidido con reformas institucionales que han aproximado los grados de autonomía y la distribución de competencias entre Comunidades. La combinación de ambos fenómenos ha tenido efectos dispares en el grado de profesionalización de las élites dirigentes. Mientras que aún no ha transcurrido tiempo suficiente para que las consecuencias se manifiesten en las carreras políticas previas de los individuos, la estabilidad de los presidentes autonómicos y su predominio político sobre el ejecutivo se ha ido igualando entre todas las Comunidades.

Los resultados de esta investigación arrojan evidencias sobre uno de los principales fenómenos de la democracia española, el monopolio de los profesionales políticos, dirigentes de partidos con elevada experiencia en diversos ámbitos del sistema político. Aunque este fenómeno es común en las democracias contemporáneas, probablemente el caso español se encuentra entre los que se registra una mayor intensidad de la profesionalización. La descentralización, en general, y la consolidación de las instituciones autonómicas, en particular, no sólo no han debilitado el fenómeno, sino que pueden haber contribuido a intensificar sus consecuencias.

Referencias

Alcántara, M., y Martínez, A. (Eds.). (1998). Las elecciones autonómicas en España. Madrid: Centro de Investigaciones Sociológicas.

Beckman, L. (2007). The professionalisation of politics reconsidered. A study of the Swedish Cabinet 1917-2004. Parliamentary Affairs, 60(1), 66-83.

Berlinski, S., Dewan, T., y Dowding, K. (2007). The Length of Ministerial Tenure in the United Kingdom, 1945-97. British Journal of Political Science, 37(02), 245-268.

Best, H., y Vogel, L. (2018). Representative élites. En H. Best y J. Higley (Eds.), The Palgrave Handbook of Political Elites (pp. 339-362). London: Palgrave.

Blondel, J. (1985). Government Ministers in the Contemporary World. London: Sage.

Blondel, J., y Thiebault, J.-L. (1991). The Profession of Government Minister in Western Europe. London and New York: St. Martin's Press.

Borchert, J., y Stolz, K. (2011). Institutional Order and Career Patterns: Some Comparative Considerations. Regional y Federal Studies, 21(2), 271-282.

Borchert, J., y Zeiss, J. (2003). The Political Class in Advanced Democracies: A Comparative Handbook. Oxford University Press.

Botella, J. (1989). The Spanish "New" Regions: Territorial and Political Pluralism. International Political Science Review, 10(3), 263-271.

Botella, J., y Rodríguez Teruel, J. (2010). Hommes d'État ou tribuns territoriaux? Le recrutement des Présidents des Communautés Autonomes en Espagne. Pôle Sud, 33, 7-25.

Botella, J., Rodríguez Teruel, J., Barberà, O., y Barrio, A. (2010). A new political elite in Western Europe: the political careers of regional prime ministers in newly decentralised countries. French Politics, 8(1), 42-61.

Botella, J., Rodríguez Teruel, J., Barberà, O., y Barrio, A. (2011). Las carreras políticas de los jefes de gobierno regionales en España, Francia y el Reino Unido (1980-2010). Revista Espanola de Investigaciones Sociologicas, 1333, 3-20.

Buck, P. W. (1963). Amateurs and Professionals in British Politics 1918-59. Chicago: Chicago University Press.

Cohen, J. E. (1988). The Politics of the U.S. Cabinet. Representation in the Executive Branch, 1789-1984. Pittsburgh: University of Pittsburgh Press.

Coller, X. (2008). El sesgo social de las élites políticas. El caso de la España de las autonomías (1980-2005). Revista de Estudios Políticos, 141, 135-159.

Coller, X., Jaime-Castillo, A. M., y Mota, F. (Eds.). (2016). El poder político en España: parlamentarios y ciudadanía. Madrid: Centro de Investigaciones Sociológicas.

Coller, X., y Santana, A. (2009). La homogeneidad social de la élite política. Los parlamentarios de los PANE (1980-2005). Papers: Revista de Sociologia, (92), 29-50.

Cotta, M. (1991). Conclusions. En J. Blondel y J.-L. Thiebault (Eds.), The Profession of Government Minister in Western Europe. London: Macmillan Publishing Company.

Cotta, M., y Tavares de Almeida, P. (2007). From servants of the State to Elected representatives: public sector background among members of parliament. En M. Cotta y H. Best (Eds.), Democratic Representation in Europe. Diversity, Change, and Convergence. Oxford: Oxford University Press.

Cotta, M., y Verzichelli, L. (2007). Paths of institutional development and elite transformation. En M. Cotta y H. Best (Eds.), Democratic Representation in Europe. Diversity, Change, and Convergence (pp. 417-473). Oxford: Oxford University Press.

Fihel, J. (1972). Parliamentary Candidates and Party Professionalism in Western Germany. The Western Political Quarterly, 25(1), 64.

Garraud, P. (1989). Profession, homme politique. Paris: L'Harmattan.

Gaxie, D. (1973). Les professionels de la politique. Paris: PUF.

Grimaldi, S., y Vercesi, M. (2018). Political careers in multi-level systems: Regional chief executives in Italy, 1970-2015. Regional and Federal Studies, 28(2), 125-149.

Guérin, É., y Kerrouche, É. (2008). From amateurs to professionals: The changing face of local elected representatives in Europe. Local Government Studies, 34(2), 179-201.

Harvie, C. (1994). The rise of regional Europe. London: Routledge.

Herzog, D. (1975). Politische Karrieren. Selektion und Professionalisierung politischer Führungsgruppen. Opladen: Westdeutscher Verlag.

Jäckle, S. (2013). Ministerial turnover in the German Länder (1991-2010). Zeitschrift Für Vergleichende Politikwissenschaft, 7(1), 27-48.

Jerez, M., Linz, J. J., y Real-Dato, J. (2013). Los diputados en la nueva democracia española, 1977-2011: pautas de continuidad y de cambio. En J. R. Montero y T. J. Miley (Eds.), Juan J. Linz, Obras escogidas, vol. 6. Partidos y élites políticas en España (pp. 807-888). Madrid: Centro de Estudios Políticos y Constitucionales.

Jerez, M., Real-Dato, J., y Rodríguez-Teruel, J. (2019). Las élites políticas en España: quiénes son, cómo son, qué hacen. En J. Montabes y A. Martínez (Eds.), Gobierno y Política en España (pp. 585-614). Valencia: Tirant lo Blanch.

Keating, M. (1998). The new regionalism in Western Europe. Territorial restructuring and political change. Cheltenham: Edwar Elgar.

King, A. (1981). The Rise of the Career Politician in Britain — And its Consequences. British Journal of Political Science, 11(03), 249-285.

Laurent, G. (2009). Des élus régionaux à l'image des électeurs? L'impératif représentatif en Allemagne, en Espagne et en France. Paris: L'Harmattan.

Lehingue, P. (1999). Vocation, métier ou proféssion? Codification et étiquetage des activités politiques. En M. Offerle (Ed.), La profession politique. XIXe-XXe siècles. Paris: Belin.

Liñeira, R., y Muñoz, J. (2016). Profesionalización y trayectorias parlamentarias. En X. Coller, A. M. Jaime-Castillo, y F. Mota (Eds.), El poder político en España: parlamentarios y ciudadanía (pp. 105-120). Madrid: Centro de Investigaciones Sociológicas.

Maestas, C. (2000). Professional Legislatures and Ambitious Politicians: Policy Responsiveness of State Institutions. Legislative Studies Quarterly, 25(4), 663.

Matuschek, P. (2003). Spain: A Textbook Case of Partitocracy. En J. Borchert y J. Zeiss (Eds.), The Political Class in Advances Democracies (pp. 336-351). Oxford: Oxford University Press.

Moncrief, G. F. (1994). Professionalization and Careerism in Canadian Provincial Assemblies: Comparison to US State Legislatures. Legislative Studies Quarterly, 19(1), 33-48.

Morán, M. L. (1999). Spanien: Übergang zur Demokratie und Politische Professionalisierung. En J. Borchert y J. Zeiss (Eds.), Politik als Beruf. Reihe Europa- und Nordamerika-Studien (pp. 439-455). Wiesbaden: VS Verlag für Sozialwissenschaften.

Müller, W. C., y Philipp, W. (1991). Prime Ministers and other Heads of Government. En J. Blondel y J.-L. Thiebault (Eds.), The Profession of Government Minister in Western Europe. London: St. Martin's Press.

Norris, P. (1997). Theories of recruitment. En P. Norris (Ed.), Passages to Power. Legislative Recruitment in Advanced Democracies (pp. 1-14). Cambridge: Cambridge University Press.

Offerle, M. (Ed.). (1999). La proféssion politique. XIXe-XXe siècles. Paris: Belin.

Oñate, P. (2014). Parlamentarios profesionales: élite política autonómica en España tras las elecciones de 2011 y 2012. En F. Pallarés (Ed.), Elecciones autonómicas 2009-2012 (pp. 385-412). Madrid: Centro de Investigaciones Sociológicas.

Oñate, P. (2018). Political Careers in Spain: Mobility Between Political Arenas in a Multilevel System. En G. Lachapelle y P. Oñate (Eds.), Borders and Margins. Federalism, Devolution, and Multi-Level Governace (pp. 245-258). Opladen: Barbara Budrich Publishers.

Oñate, P., y Ortega, C. (2019). Committee Parliamentary Specialization Index. Explaining MPs' specialisation in the Spanish Congreso de los Diputados. Journal of Legislative Studies, 25(3), 394-408.

Oñate, P., y Viera Berriel, A. (2019). Los perfiles de las élites parlamentarias tras las elecciones autonómicas de 2015 y 2016: nuevas caras, viejas tendencias. En N. Lagares, C. Ortega, y P. Oñate (Eds.), Las elecciones autonómicas de 2015 y 2016 (pp. 389-408). Madrid: Centro de Investigaciones Sociológicas.

Pal, L. A., y Taras, D. (1988). Prime Ministers and Premiers: Political Leadership and Public Policy in Canada. Scarborough, Ont.: Prentice-Hall.

Pallarés, F., y Keating, M. (2003). Multi-Level Electoral Competition: regional elections and party systems in Spain. European Urban and Regional Studies, 10(3), 257-269.

Pilet, J.-B., Tronconi, F., Oñate, P., y Verzichelli, L. (2014). Career patterns in multilevel systems. En K. Deschouwer y S. Depaw (Eds.), Representing the People. A Survey among Members of Statewide and Substate Parliaments (pp. 208-226). Oxford: Oxford University Press.

Pound, W. (1992). State Legislative Careers: Twenty-five Years of Reform. En G. F. Moncrief y J. A. Thompson (Eds.), Changing Patterns in State Legislative Careers. Ann Arbor: University of Michigan Press.

Real-Dato, J., y Jerez, M. (2008). Patrones de reclutamiento en los europarlamentarios españoles (1986-2008). En J. Montabes y R. Ojeda (Eds.), Estudios de Ciencia Política y de la Administración (pp. 329-351). Valencia: Tirant Lo Blanch.

Real-Dato, J., y Jerez-Mir, M. (2009). Cabinet dynamics in democratic Spain (1977-2008). En K. Dowding y P. Dumont (Eds.), The Selection of Ministers in Europe: Hiring and Firing (pp. 101-124). London: Routledge.

Rodríguez Teruel, J. (2010). ¿Gobierno parlamentario sin ministros parlamentarios? La influencia de la descentralizacion en las carreras de la élite ministerial española. Revista Española de Ciencia Política, 24, 83-105.

Rodríguez Teruel, J. (2011). Los Ministros de la España democrática: reclutamiento político y carrera ministerial de Suárez a Zapatero (1976-2010). Madrid: Centro de Estudios Políticos y Constitucionales.

Rose, R. (1971). The Making of Cabinet Ministers. British Journal of Political Science, 1(04), 393-414.

Sabato, L. (1978). Goodbye to Good-time Charlie: American Governor Transformed, 1950-75. Washington DC: CQ Press.

Scarrow, S. E. (1997). Political Career Paths and the European Parliament. Legislative Studies Quarterly, 22(2), 253.

Schlesinger, J. A. (1966). Ambition and Politics: Political Careers in the United States. Chicago: Rand McNally y Company.

Schneider, H. (2001). Ministerpräsidenten. Profil eines politischen Amtes im deutschen Föderalismus. Opladen.

Squire, P. (1992). Legislative Professionalization and Membership Diversity in State Legislatures. Legislative Studies Quarterly, 17(1), 69.

Squire, P. (1993). Professionalization and Public Opinion of State Legislatures. The Journal of Politics, 55(2), 479

Steyvers, K., Bergström, T., Bäck, H., Boogers, M., De La Fuente, J. M. R., y Schaap, L. (2008). From princeps to president? Comparing local political leadership transformation. Local Government Studies, 34(2), 131-146.

Stolz, K. (2001). The political class and regional institution-building: A conceptual framework. Regional and Federal Studies, 11(1), 80-100.

Stolz, K. (2003). Moving up, moving down: Political careers across territorial levels. European Journal of Political Research, 42(2), 223-248.

Verzichelli, L. (2010). Vivere di politica. Come (non) cambiano le carriere politiche in Italia. Bologna: Il Mulino.

Capítulo 4
Éxitos y fracasos en la representación de la mujer. España y Hungría en el contexto de la democratización[1]

GABRIELA ILONSZKI

UNA INTRODUCCIÓN PERSONAL

Fue un placer aceptar la invitación para contribuir al volumen que rinde tributo a Miguel, a quien conozco desde la época en que los científicos sociales húngaros pudieron participar libremente en la comunidad académica internacional. Ese fue un período fantástico, y fue evidente desarrollar una relación amistosa con colegas que tenían experiencias sobre lo que significa ganar libertad en términos académicos, ya que estaban familiarizados con problemas similares y con las salidas, así como las limitaciones potenciales y obstáculos, en el proceso de democratización.

Estaba claro que el marco analítico de las élites tenía gran fuerza explicativa en el desarrollo democrático de nuestros países. El interés común en este marco, y en varios grupos específicos dentro de esas élites; la perspectiva a largo plazo que ayudaría a comprender por qué las cosas se desarrollan de cierta manera; y la atención dedicada al desarrollo de nuestra profesión, nos han unido.

Estuvimos involucrados en numerosos proyectos, volúmenes, números especiales, conferencias, marcos de diferente índole. Sin embargo, aunque hemos cooperado en numerosos proyectos, nunca escribimos un artículo comparativo sobre los casos de nuestros países. Esta vez, como tributo a nuestro interés común y amistad académica, intentaré combinar algunos de nuestros intereses comunes y tal vez de una manera demasiado audaz, esbozaré algunas ideas sobre el éxito y el fracaso en nuestros dos países con un enfoque especial. El tema central es el desarrollo de la representación

---

1 Título original: *Success and Failure in Women's Representation. Spain and Hungary in the Context of Democratization.* Traducido por José Real-Dato.

de la mujer en política. Este tema permite indagar en el ámbito de las élites (principalmente partidistas y parlamentarias) y, como en una gota, podemos ver el mar por un minuto. En definitiva, la pregunta que planteo es: ¿por qué trayectorias aparentemente similares tienen éxito en un caso y desembocan en fracaso en el otro?

Debo admitir que un borrador preliminar de esta pieza ha estado "guardado en un cajón" (de hecho, en uno de los viejos archivos en mi computadora) durante mucho tiempo, teniendo su origen en un plan elaborado con un candidato a doctorado que finalmente eligió una carrera diferente[2]. Sin embargo, la pregunta y el enfoque son más actuales que nunca. Esta es también una excusa para justificar cómo me atrevo a trabajar en esta comparación cuando la mayoría de los lectores de este breve artículo están mucho más informados sobre el desarrollo político de España de lo que yo podría estar.

Interpretaré las historias de representación femenina de los dos países en el marco del éxito y el fracaso. Aparentemente, la política ha tenido algunos giros problemáticos en España durante más de una década, por lo que algunos podrían cuestionar la "interpretación del éxito". Aun así, está lamentablemente claro que, a diferencia de España, la democracia en Hungría se ha visto gravemente dañada, y esto es muy visible también en cuestiones de género, lo que justifica el contraste con España y la interpretación de fracaso. En una vista instantánea, otros ya han reflexionado con referencia al contexto de género de los parlamentos (Delgado y Jerez, 2008). Mi objetivo es seguir esta línea colocando la presencia política de las mujeres en el contexto de la democratización, incluyendo el impacto potencial de las regulaciones de cuotas de género. El contexto son las décadas iniciales después de la transición en ambos países. Y esto por dos razones. En primer lugar, parece que la función de ese período es decisiva. Si bien siempre ha estado claro que la democratización es un proceso largo (de hecho, interminable), este período parece decisivo para tener un impacto a largo plazo. En segundo lugar, esta historia de desarrollo se detuvo con el estallido de la crisis financiera en 2008 que puso el tema de género bajo una nueva luz, más oscura.

A primera vista, resulta evidente que un sistema político democrático abriría más oportunidades para las mujeres que un sistema no democrático, ya sea autoritario (como solía ser España) o post-totalitario maduro (como lo era Hungría antes de 1989). Aun así, y esta es una pregunta de

2 Con agradecimiento y deseando éxito a M. Serfőző en su nueva carrera elegida.

investigación intrigante, las enormes diferencias en evolución requieren atención y posibles explicaciones.

UNA INTRODUCCIÓN ACADÉMICA: LOS CASOS Y LAS PREGUNTAS

El enfoque comparativo de los dos países parece justificado. Las experiencias históricas no democráticas aparentemente similares plantean, con razón, la pregunta: ¿por qué diferentes regímenes de género en el período posterior a la transición? Claramente, los cambios de régimen en los dos países se introdujeron con frecuencia en un contexto similar: la academia húngara enfatizó persistentemente la naturaleza similarmente negociada de la democratización (Szilágyi, 1996; Ágh, 2002) y esto también se convirtió en la corriente principal en la literatura académica internacional (Colomer, 1991; Maxwell, 1991).

Tanto Hungría como España tenían un largo pasado no democrático. En España, entre finales de la década de 1930 y finales de 1975, existía un régimen político autoritario de derechas que se oponía severamente al avance de los derechos de las mujeres y aplicaba políticas restrictivas hacia las niñas y las mujeres. Hasta 1975, el Código Civil establecía que el marido debía proteger a su mujer, la mujer obedecer al marido y la mujer casada pedir permiso al marido para firmar un contrato de trabajo o dedicarse al comercio. La participación femenina en la fuerza laboral en 1960 era del 26% (como porcentaje de la población femenina de 15 a 64 años), uno de los niveles más bajos del mundo occidental. Se criminalizaron la anticoncepción y el aborto y se abolió el divorcio. A partir de finales de la década de 1950, se adoptaron algunas medidas de liberalización para mejorar la situación de la mujer en cuanto al empleo remunerado, pero esta liberalización no se refería a la regulación de la sexualidad y la reproducción (Valiente, 2009).

En Hungría, entre las dos guerras mundiales se estableció un régimen autoritario con algunas características similares a las descritas anteriormente. Una sociedad tradicional y patriarcal que, entre las condiciones de la democracia de fachada, no brindaba oportunidades para las mujeres, ni siquiera en el ámbito social, por no hablar de la política. Sin embargo, 1945 trajo consigo cambios fundamentales. Paradójicamente, entre las condiciones de un régimen totalitario (hasta 1956) y luego de un régimen post-totalitario (hasta 1989) (Linz y Stepan, 1996), el sistema comunista introdujo la igualdad de hombres y mujeres, mientras que las libertades fueron abolidas. En la fase totalitaria del régimen, las mujeres tenían derecho y se las alentaba a convertirse en mineras o conductoras de locomotoras, ya que, debido a la industrialización intensiva, la mano de obra femenina era muy necesaria. A partir de los años 60, la presión política se relajó, pero las condiciones económicas y sociales siguieron siendo duras. Se colocó una doble carga sobre las mujeres (Corrin, 1994), quienes luchaban tanto en el "frente del trabajo como en el hogar", un eslogan popular del régimen. Por otro lado, el empleo total de mujeres iba en paralelo con el derecho al aborto abierto entonces.

Al igual que la oposición política al régimen autoritario, la segunda ola de activismo colectivo feminista en España apareció durante las décadas de 1960 y 1970, compartiendo espacio principalmente con partidos políticos y sindicatos (ilegales) de izquierda, aunque ramas no feministas del movimiento de mujeres también estuvieron presentes. Este tipo de actividad no existía en absoluto en Hungría en el período anterior a la transición. Hungría no pudo experimentar la segunda ola de feminismo, solo existía una organización oficial de mujeres (Consejo de Mujeres Húngaras, MNOT) y, aunque las mujeres disfrutaban de nuevas oportunidades en la educación y en el mercado laboral, los temas de igualdad de género no estaban en la agenda. En el post-totalitarismo maduro (finales de los 70 y 80) el interés por la igualdad de género no parecía ser una prioridad: la libertad estaba ausente para todos y todas.

EN EL CAMINO HACIA EL ÉXITO Y EL FRACASO

Tanto España como Hungría pasaron por transiciones negociadas, la primera entre 1975-77 y la segunda entre 1989-90, en las que la vieja élite gobernante y las nuevas fuerzas y partidos de oposición llegaron a un acuerdo pactado sobre los cambios constitucionales, políticos y de personal. Este período no cogió desprevenidas a las mujeres en España, mientras que, en Hungría, como se ha señalado a menudo, las mujeres estaban "haciendo café" mientras los hombres discutían y luego implementaban las decisiones importantes. En principio, ambos países parecían lugares ideales para acelerar el desarrollo de la igualdad de género y disminuir las desventajas de las mujeres con regulaciones de cuotas. Sin embargo, el contexto de esta regulación evolucionó de manera diferente desde el principio. Se pregunta, con razón, qué aspectos podrían haber impactado los diferentes escenarios y, en última instancia, los regímenes de género en evolución que perduran hasta el día de hoy. Esta breve contribución no se centrará en los aspectos institucionales señalados con frecuencia, como el sistema electoral, para explicar las posibles diferencias, sino que seguirá el enfoque de los actores: quiénes fueron los principales actores y cómo su comportamiento influyó en los acontecimientos.

Mujeres en contexto

Los cambios sistémicos tienden a estar llenos de nuevos desafíos. Sin embargo, por encima y más allá de la ventaja general que traería un giro democrático, las ventanas de oportunidad podrían abrirse de manera diferente para diferentes grupos —por no mencionar en diferentes países. Parece que en España el nuevo sistema creó nuevas oportunidades para las mujeres. Una nueva Constitución dio la oportunidad al movimiento de mujeres de introducir el tema de la desigualdad de género como un problema importante en el proceso de democratización. Esto fue apoyado por movimientos de mujeres que, a menudo, se originaron en el período predemocrático. A pesar de algunas divisiones internas entre ellos (como si cooperar con los partidos políticos o permanecer al margen de estos, o qué estrategia adoptar respecto a los actores del mercado laboral), la actividad del movimiento de mujeres fue una fuerza crucial en el desarrollo de la presencia política de las mujeres. Los movimientos de mujeres pronto lograron desarrollar contactos con grupos de mujeres y organizaciones de mujeres en Europa y otros países del extranjero.

Paradójicamente, en Hungría fue difícil para las mujeres notar ventajas inmediatas en el régimen democrático recién establecido. Por ejemplo, en el ámbito de la política, el énfasis del régimen comunista en la representación descriptiva desapareció rápidamente. Anteriormente, las mujeres estaban presentes en gran número en cargos políticos, incluso si esta presencia descriptiva a menudo era solo simbólica —pero lo simbólico importa en muchos aspectos. El Consejo Nacional de Mujeres Húngaras (MNOT) fue eliminado en el verano de 1989 y, aunque se establecieron varios pequeños grupos de mujeres, ninguna organización de mujeres parece ser capaz de alcanzar la difusión nacional y la influencia de esa organización "predemocrática". Para cuando se asentó el polvo sobre el cambio sistémico, las mujeres que estuvieron presentes en el proceso de transición quedaron virtualmente borradas de la "alta política". Además, la transición económica también afectó a las mujeres. A diferencia del pleno empleo, que era la ideología y la práctica política durante el período comunista, la mercantilización afectó primero a las mujeres. La transición democrática provocó una profunda crisis económica, y frente al desempleo que se avecinaba, era fácil, y durante algún tiempo incluso estuvo de moda, enviar a las mujeres de vuelta a la cocina. Para muchos, con el deterioro de los antiguos servicios de cuidado infantil, no había otra opción. Los pocos y desintegrados grupos de mujeres no pudieron ejercer influencia y hacer oír la voz del colectivo.

La posición de la izquierda

El principal partido de izquierda en Hungría, el MSzP (Partido Socialista Húngaro, Socialistas) fue un partido sucesor del período comunista. Este fue un conglomerado inusual que incluía a los ganadores y perdedores del cambio sistémico al mismo tiempo. El partido prometió representar los valores tradicionales de izquierda al tiempo que tenía una agenda clara a favor del mercado. La orientación reformista del partido comenzó mucho antes del cambio sistémico, y el MSzP fue un claro caso de "comunismo de reforma" (reform-communism) debido a su agenda económica y de incorporación a la UE. Aunque había varias mujeres políticas fuertes en el rango superior del Partido Socialista, se las puede considerar como "políticas profesionales" cuyo objetivo era mantener su posición ajustándose a la jerarquía del partido (B. Kelemen, 2008) y no estaban particularmente interesadas en profundizar en temas de género. Esta condición va en contra de la expectativa académica de que una fuerte presencia femenina en la jerarquía del partido es un detonante para aumentar la representación femenina (Caul Kittilson, 2001). En la segunda década después de la transición, la mayoría de estas mujeres políticas socialistas perdieron sus posiciones e influencia, por lo que este desencadenante potencial se desvaneció de todos modos. La izquierda se mostró poco dispuesta a perseguir la causa de la representación de las mujeres en el período de observación de este capítulo.

Como contraste, los avances reales en las políticas de género en España se pueden atribuir mayoritariamente a los partidos de izquierda, más particularmente al Partido Socialista Obrero Español (PSOE). Durante el gobierno del PSOE, desde 1982 hasta mediados de la década de 1990, se produjeron cambios sustanciales. Un éxito claro y evidente en este camino fue la creación del Instituto de la Mujer (IM) ya en 1983, lo que demuestra que la igualdad de género se colocó con éxito en la agenda. La creación del IM se debió en gran medida a la actividad de las feministas del PSOE, que también gozaron del apoyo internacional; de hecho, aprovecharon bien la presión internacional para poner en escena los temas de las mujeres. El IM, con presupuesto propio, elevó el rango político de otras instituciones gubernamentales dedicadas a la mujer. Este fue un momento muy importante porque las políticas de igualdad de género pasaron a formar parte de la agenda del gobierno. El Instituto de la Mujer se convirtió también en el principal impulsor de las políticas de feminismo e igualdad de género del Estado español. (Bustelo y Ortbals, 2007; Valiente, 2005).

Otros actores

La izquierda en España fue un actor poderoso y muchos otros partidos siguieron adelante en temas de género tanto a nivel nacional como a nivel regional. Curiosamente, incluso el conservador Partido Popular (PP), que se opuso formalmente a varias iniciativas relacionadas con el género y llevó (sin éxito) la Ley de Igualdad al Tribunal Constitucional, no pudo resistir la presión electoral y la presión de las mujeres. De hecho, en candidaturas y, en ocasiones, en puntos porcentuales de representación parlamentaria de las mujeres, el PP no se desempeñó peor que la izquierda. Esto muestra el efecto combinado de varios actores: el compromiso de la izquierda, los movimientos de mujeres y las inclinaciones de voto del electorado.

Aparentemente, estos aspectos/motivaciones eran vagos en Hungría. La sociedad civil siempre ha sido relativamente débil en el país, y esto también se aplica a los grupos de mujeres (Fábián, 2009). Además, el electorado no es lo suficientemente sensible a las cuestiones de género como para anular las simpatías de los partidos y, como se mencionó anteriormente, los perfiles de los partidos eran vagos en el período posterior a la transición en términos de igualdad de género. Ocasionalmente se ha señalado que la congelación temprana del sistema de partidos fue un gran obstáculo frente a la representación política femenina (Ilonszki, 2008). Después de la transición pactada, el sistema de partidos se congeló en Hungría. No aparecieron nuevos partidos en escena hasta 2010, ya que los "guardianes del sistema de partidos", a través de regulaciones particulares, no permitieron la entrada de nuevas formaciones. En este sentido, Hungría fue excepcional, ya que en la mayoría de los países poscomunistas la consolidación de los partidos fue un proceso más largo, que dio tiempo y oportunidad para que los grupos de mujeres se organizaran, establecieran su marco y presentaran su agenda. Por lo tanto, este aspecto de la consolidación del sistema de partidos tiene poder explicativo al comparar a Hungría con los otros países poscomunistas, pero parece irrelevante con respecto a España. Aparentemente, el escenario político-partidista, al menos a nivel nacional, era bastante estable en las primeras décadas posteriores a la transición en España. Incluso si la formación de nuevos partidos o un marco de sistema de partidos más flexible pudiera poner en primer plano nuevas agendas feministas o más mujeres políticas, esto parece solo una explicación parcial.

Sin embargo, existe otra dimensión del sistema de partidos que podría tener una ventaja comparativa relevante entre España y Hungría: el sistema de gobierno multinivel de España funcionó a menudo como mecanismo de apoyo, ya que los partidos regionales demostraron estar más abiertos a las regulaciones de paridad sensibles al género. Por el contrario, Hungría es un estado altamente centralizado con partidos igualmente centralizados, donde las ramas territoriales no están en condiciones de tomar una iniciativa que no cuente con el apoyo, o incluso el permiso, de la organización central del partido. Los mecanismos altamente centralizados de selección/ nominación de candidatos aparecen como una amenaza desde arriba.

En vista de lo anterior, no sorprende que las políticas relacionadas con el género de los gobiernos también fueran diferentes en los dos países. En España, los gobiernos observaron la cuestión de género desde el principio: los 'Planes de Igualdad', aprobados por el gabinete, articularon las políticas de igualdad de género desde el principio y se planificaron y establecieron en una dimensión temporal concreta. Como señala Bustelo (2014), tanto a nivel nacional —incluidos los periodos de gobierno conservador del PP— como a nivel regional, existían sólidos mecanismos de política de igualdad, y más cerca del final de nuestro período de observación, en 2004 se creó la Secretaría General de Políticas de Igualdad y luego el Ministerio de Igualdad, en 2008. Con la participación de "fémócratas" políticamente activas, y la influencia de las políticas europeas (muy bien aprovechadas), la elaboración de políticas dejó de pertenecer exclusivamente a las instituciones de igualdad de género. Este tipo de marco duradero, orientado a políticas e institucionalizado, no existía en Hungría. Justo antes de 2004, es decir, antes de la entrada a la UE, hubo un breve período de tiempo en el que el gobierno implementó algunas innovaciones institucionales y la igualdad de género pareció importar. Temporalmente, entre mayo de 2003 y junio de 2004, existió una Oficina Gubernamental de Igualdad de Oportunidades encabezada por un ministro sin cartera, pero los cambios posteriores erosionaron primero, y luego eliminaron, esta institucionalidad.

REPRESENTACIÓN DE LAS MUJERES: EL CONTEXTO DE LAS CUOTAS

Del análisis anterior se podría esperar que encontrásemos contextos de cuotas muy diferentes, tanto con respecto a la función como a la introducción de las cuotas. Como se señaló anteriormente, los dos países con antecedentes predemocráticos y regímenes de género atrasados eran lugares ideales para resolver los problemas del legado heredado con la ayuda de una cuota de género y aumentar así la presencia y representación de las mujeres. Las cuotas de género toman diferentes formas. La mayoría de las veces comienzan con una cuota de partido cuando un solo partido, normalmente en la izquierda de la escena política, regula la composición de género en varios asuntos, desde la selección de candidatos hasta los puestos en la jerarquía del partido. Este primer paso sería seguido por otros partidos si las normas del partido y la respuesta electoral positiva lo convierten en una opción beneficiosa. El nivel más alto de acción de cuota positiva de género es la cuota legal (o incluso la cuota establecida constitucionalmente) cuando la acción positiva relacionada con el género se convierte en una regulación general y legalmente obligatoria. En términos generales, se espera un impacto positivo de cada paso. Este es siempre un proceso doloroso ya que hay varios intereses políticos en juego.

España: aumento continuo del nivel de representación con pasos de cuota intermitentes

En España, como era de esperar, el PSOE dio el primer paso para instaurar las cuotas. Gracias a la presión de las mujeres feministas del partido, en 1988 se aprobó una cuota del 25 por ciento de mujeres para cargos internos y en las listas electorales del partido (que se elevó al 40 por ciento en 1998). Mientras tanto, Izquierda Unida (IU) también inició sus debates sobre la participación política de las mujeres, y en 1989 alcanzó el compromiso de incluir un 30 por ciento de mujeres en los cargos internos del partido y en las listas electorales de la coalición. Este porcentaje se elevó al 35 por ciento en 1990 y siete años después, en 1997, se aprobó una cuota del 40 por ciento. Por el contrario, el PP mostró una clara posición en contra de las cuotas, argumentando que las mujeres con méritos alcanzarían de todos modos posiciones de poder sin este tipo de intervención. En 2001, cuando estaba en el gobierno y gozaba de una posición de mayoría absoluta en el Parlamento, el PP rechazó un proyecto de ley presentado por el PSOE que proponía introducir una cuota obligatoria del 40 por ciento en todos los partidos.

Un cambio importante ocurrió en 2007 cuando se promulgó la Ley de Igualdad. El principal objetivo de la ley era hacer realidad el principio de igualdad y prevenir la discriminación de género. Entre otras normas (como la implementación de planes de igualdad en empresas de más de 250 empleados, o la promoción de la igualdad en los medios públicos) la ley impuso una cuota obligatoria en las listas electorales para todos los partidos. En particular, no debe haber más del 60% ni menos del 40% de candidatos en las listas de uno u otro sexo. Excepto el PP, todos los grupos parlamentarios apoyaron el proyecto de ley. Aparentemente, esta historia está muy en armonía con las expectativas con respecto a la evolución de las cuotas, tal como se resumió anteriormente. Sin duda, la creciente presencia de mujeres en la toma de decisiones políticas no puede explicarse sin las cuotas aprobadas por los partidos de izquierda (Valiente 2009) y luego por otros partidos a nivel regional. Aún así, no fue la Ley de Igualdad (que es el paso legislativo "final" de la cuota) la que llevó a resultados convincentes (Verge, 2012), como demuestra la Tabla 1. El proceso de cómo se desarrolló la presencia descriptiva de las mujeres involucró varias etapas de discusiones públicas bien preparadas y publicitadas. El tema de la igualdad de la mujer, y no solo en su contexto político, se colocó repetidamente en la agenda. Estos desarrollos corroboraron las regulaciones de cuotas y contribuyeron al éxito de la representación de las mujeres.

En Hungría, la presencia descriptiva de las mujeres en el parlamento se estancó durante todo el período y los tres pasos fallidos de la cuota brindan solo una fuente de explicación (véase la Tabla 2). Seguiremos los tres pasos examinando las fuentes potenciales de los fallos.

Tabla 1. Proporción de mujeres diputadas en el Parlamento de España, 1982-2012

Legislatura	1982-1986	1986-1989	1989-1993	1993-1996	1996-2000	2000-2004	2004-2008	2008-2012
% de mujeres	4,6	6,3	12,9	15,7	22,0	28,3	36,0	36,3

Fuente: elaboración propia.

Hungría: estancamiento del nivel de representación con tres pasos inconclusos hacia la cuota

Tabla 2. Proporción de mujeres parlamentarias en el parlamento húngaro (1990-2010)

Legislatura	1990-1994	1994-1998	1998-2002	2002-2006	2006-2010	2010-2014
% de mujeres	7,3	11,1	8,3	9,1	10,6	9,1

Fuente: elaboración propia.

Como en otros lugares, la primera regulación de cuotas se introdujo en la izquierda, en el Partido Socialista en 2002. La cuota del partido era muy modesta, del 20%. Además, la cuota de género se combinó con una cuota de jóvenes, por lo que el impacto potencial de género podría haber sido menos pronunciado. Aún más importante, el requisito de la cuota numérica no se puso en contexto: en el sistema electoral mixto, que incluía tanto listas de partidos como distritos uninominales (DUs), las mujeres generalmente se colocaban al final de las listas, sin posibilidad de ser elegidas, y no había ninguna regulación sobre su ubicación en el nivel DU del sistema electoral. La izquierda no movilizó la oferta y no visibilizó a las mujeres candidatas.

El segundo paso ocurrió en 2007, cuando un proyecto de ley parlamentario inició una cuota legislativa general en las listas de los partidos que se centró nuevamente en el nivel de lista del sistema electoral, y dejó intacto el nivel DU. La cuota legislativa habría prescrito un equilibrio de género del 50-50% en las listas, con un método de cremallera. Dado que no se formularon requisitos con respecto a los DUs, esto habría implicado aproximadamente una participación femenina del 30% en el parlamento (de 386 diputados, 176 fueron elegidos en DUs).

Frente al contexto de género de la escena húngara, donde las desventajas para las mujeres y la falta de posibles actores pro-género eran igualmente obvias, la primera pregunta sobre esta iniciativa debería ser: ¿quién la situaría en la agenda? En 2007, los socialistas estaban en el gobierno en coalición con la liberal de izquierda Alianza de los Demócratas Libres (SzDSz). La coalición estuvo plagada por varios conflictos y la popularidad de SzDSz estaba claramente en declive. No es infundado afirmar (Magyar, 2010) que fue básicamente un intento de maximizar el voto de algunos políticos en el SzDSz lo que trajo la cuota a la agenda. La idea de la cuota posiblemente surgió a través de encuestas de opinión que el SzDSz inició en 2006 y 2007, y que mostraron un apoyo mayoritario a la cuota de género entre el público húngaro. Esto es algo sorprendente si se considera la aparente falta de sensibilidad de género, y advierte que el activismo cívico y el comportamiento electoral no necesaria y directamente se conectarían con actitudes sociales. Sin embargo, en el ámbito de la política, el activismo y el comportamiento político importarían más que los juicios de valor. De este modo, los iniciadores de la propuesta no pudieron obtener el apoyo de ningún partido parlamentario. Los políticos liberales que presentaron el proyecto de ley no disfrutaron siquiera del apoyo de su propio partido, por lo que el proyecto de ley funcionó como un proyecto de miembros privados.

Al final, los partidos ordenaron un voto de conciencia sobre el proyecto de ley, que terminó en fracaso. En total, solo un tercio de todos los diputados (entre ellos, el 52 % de los diputados socialistas) apoyaron el proyecto de ley (Papp, 2008). Todos los contraargumentos y bien conocidos estereotipos aparecieron en este proceso. Incluso la única líder femenina de un partido, la del conservador Foro Democrático de Hungría (MDF) hizo campaña en contra del proyecto. Algunos parlamentarios, incluso, esbozaron como argumento su temor a la pérdida de calidad de la profesión política si las mujeres eran elegidas solo por razones simbólicas.

El tercer impulso a la cuota, la iniciativa del Referéndum por las mujeres, se conecta con los movimientos civiles. Los iniciadores del proyecto de ley de 2007 se volvieron hacia los grupos civiles y trataron de hacer campaña con su apoyo. Fue un verdadero éxito que todas y cada una de las organizaciones civiles con perfil de género apoyaran el proyecto de ley (había 97 de ellas en la lista de apoyo). El apoyo de las organizaciones de género no dependió de la ideología: organizaciones conservadoras y de izquierda se identificaron por igual con la iniciativa. Esto fue un verdadero éxito, pero no pudo revertir el fracaso parlamentario. En esa línea se inició una iniciativa de referéndum para lanzar una nueva iniciativa de implantación de las cuotas de género, pero solo se recogieron 65 mil firmas, en lugar de las 100 mil requeridas.

Las circunstancias y el fracaso del proyecto de ley confirman nuestras declaraciones anteriores sobre la naturaleza de los principales obstáculos frente a la igualdad de género en la nueva democracia húngara. La falta de sensibilidad de los partidos —en particular, debe enfatizarse el papel de los socialistas— y la neutralidad o la oposición abierta de las principales mujeres políticas son ejemplos de esos obstáculos. La campaña recibió una tibia cobertura mediática y el apoyo internacional tampoco ayudó. La carta del Comité para la Eliminación de la Discriminación contra la Mujer de las Naciones Unidas (CEDAW), que llegó justo en el punto álgido de la campaña y alentó la aceptación de la ley, y que tenía en cuenta el informe elaborado sobre el país que revelaba un panorama desfavorable sobre las condiciones de género en Hungría, no fue bien recibida o pasó desapercibida.

Los tres intentos de implantación de la cuota no fueron concluyentes y es difícil notar algún cambio positivo sustancial desde entonces. En las últimas elecciones de 2018, la proporción de mujeres en el parlamento era prácticamente la misma que antes (13%)[3]. El giro autoritario con un

---

3 Según los datos de Parline-Global Data on National Parliaments (https://data.ipu.org/node/75/data-on-women?chamber_id=13415, consultado el 11/02/2022).

partido populista de derecha en una posición dominante es una poderosa restricción a la igualdad de género. La única novedad es que algunos de los nuevos partidos posteriores a 2010 han introducido una cuota de género interna, pero dada su posición parlamentaria limitada, esto no tendría mucho impacto en la presencia parlamentaria de las mujeres.

CONCLUSIÓN: TRAYECTORIAS DISÍMILES

El marco temporal del análisis finaliza en 2010 para Hungría por dos razones. En ese año posterior a las elecciones parlamentarias, el proceso de "democratización" finalizó y se inició un giro autoritario; además, ese fue el último año en que, a través de la iniciativa del Referéndum por las mujeres, se puso en agenda el tema de género. Esta fecha de finalización no es tan concluyente para España. Aun así, el enorme impacto de la crisis económica trajo consigo nuevos retos también en este país. Sin embargo, los logros y desarrollos relacionados con el género permanecieron intactos, mientras que en Hungría el contexto de género de la segunda década se ha deteriorado aún más desde después de 2010 (Vajda e Ilonszki, 2021).

En España, a diferencia de Hungría, el sistema democrático claramente creó oportunidades para las mujeres. Los debates sobre la nueva Constitución dieron la oportunidad al movimiento de mujeres de introducir la desigualdad de género como un problema central del proceso de democratización y como una herencia del régimen anterior que debía ser borrada. Este proceso estuvo acompañado continuamente por un debate reformista. La creación del Instituto de la Mujer, la participación de "femócratas" políticamente activas y la influencia de los actores políticos europeos aseguraron que la atención a las políticas de género siguiera siendo generalizada en todos los niveles políticos. El problema de la igualdad de género se notó ampliamente entre el público, y la sociedad civil estuvo atenta a las cuestiones de género. Todos estos aspectos faltaban en gran medida en Hungría.

En cuanto a las fuentes de "éxito y fracaso", la diferencia en el estatus de la sociedad civil es un importante factor explicativo. Las diferencias prevalecían a este respecto ya en el período predemocrático. El sistema autoritario en España y el sistema post-totalitario en Hungría ofrecieron oportunidades muy diferentes. En Hungría, el feminismo no pudo establecerse ya que la falta general de libertad junto con las consignas de igualdad de género que propagó el régimen comunista, disfrazaron la cuestión del género, que parecía secundario o incluso inexistente. Luego, en el proceso de democratización, el comportamiento de los partidos de izquierda también contribuyó a las diferencias. En España, los grupos de mujeres del Partido Socialista fueron precursores de la igualdad de género y fueron seguidos por muchos actores partidistas, mientras que en Hungría la izquierda permaneció neutral o, en el mejor de los casos, mostró un apoyo tibio. Como resultado, apenas se implementaron mecanismos de apoyo institucional y, los que hubo, fueron solo temporales debido a la proximidad de la adhesión a la UE. Esta comparación confirma los hallazgos académicos sobre la función de los partidos de izquierda en la promoción de la igualdad de género (Belashitskaya, 2021). Sin embargo, en esta comparación entre casos de éxito y fracaso, sigue siendo una cuestión cómo los actores y movimientos del partido interactúan y, posiblemente, se refuerzan entre sí.

A pesar de estas diferencias fundamentales, la investigación de género en ambos países demuestra que las restricciones a la participación de las mujeres se originan en el lado de la oferta (y no en la demanda). Es decir, los partidos siguen siendo un cuello de botella en la búsqueda de la igualdad de género hasta el día de hoy (Valiente, Ramiro y Morales, 2005 para España; Montgomery e Ilonszki, 2016 para Hungría) y los partidos aún discriminan entre mujeres y hombres en el proceso de selección (Verge y Wiesehomeier, 2019).

Las diferencias explicativas también se pueden observar en un marco más amplio. Los desarrollos en España aparecieron con frecuencia en el contexto internacional y fueron apoyados por desarrollos similares en Europa Occidental, sin mencionar las conexiones vivas y estimulantes entre los grupos feministas socialistas y los actores de la UE. El impacto de la UE y la atención y el apoyo del lobby de mujeres llegó relativamente tarde en Hungría: en la primera década crucial, se perdieron en gran medida. Tampoco hubo conexiones positivas entre los países de la Europa Central y del Este (ECE) en este campo. Los principales actores potenciales en cada país de la ECE permanecieron aislados con sus propios problemas, aparentemente "internos", sin darse cuenta de las ventajas potenciales del aprendizaje mutuo y la cooperación.

Como destacó el análisis comparativo de los pasos concretos de las cuotas, ni el éxito ni el fracaso en la representación política de las mujeres puede limitarse al éxito/fracaso de la regulación de las cuotas. La implementación/falta de implementación de las cuotas se siguieron de desarrollos más amplios que demuestran que las cuotas no son una panacea para curar las posiciones desventajosas o corregir la mala gestión anterior. La vía rápida que Hungría trató de seguir en la implementación de cuotas resultó infructuosa.

El camino incremental seguido en España ha producido cambios positivos en la representación de las mujeres. Pero no fue la Ley de Igualdad *per se* la que condujo a los resultados espectaculares, sino una amplia gama de actores dedicados, el compromiso social y los mecanismos de apoyo institucional.

A pesar del alcance y el enfoque necesariamente limitados de esta contribución, también se pueden extraer algunas conclusiones académicas más amplias. Si bien las comparaciones Este-Oeste todavía son relativamente raras en la Ciencia Política, parece que merecen más atención, ya que podrían señalar el trasfondo explicativo de las diferencias y similitudes e incluso añadir nuevos aspectos para comprender un solo caso. Este análisis también confirma la complejidad de la democratización. Está incrustado en lo que, en términos generales, puede llamarse 'el legado': la democratización no es una página en blanco en la que se pueden escribir los desarrollos del nuevo régimen. Además, es un proceso interminable, con altibajos potenciales, pasos hacia atrás y hacia adelante. Y, por último, parece que en nuestros tiempos el enfoque de agencia para entender la democratización es más relevante que nunca.

Referencias

Ágh, A. (2002). Demokratizálás és europaizálás. A korai konszolidáció keservei Magyarországon. (Democratization and Europeanization. The Woes of Early Consolidation in Hungary). Budapest: Villányi Úti Könyvek.

Beloshitzkaya, V. (2021). Affirmative gender equality policies in Central and Eastern Europe: Moving beyond the EU requirements. Party Politics, 27(5), 953-964.

Bustelo, M. (2014). Three Decades of State Feminism and Gender Equality Policies in Multi-governed Spain. Sex Roles, 74(3), 107-120.

Bustelo, M. y Ortbals, C. (2007). The Evolution of Spanish State Feminism. A Fragmented Landscape. En J. Outshoorn y J. Kantola (Eds.), Changing State Feminism (pp. 201-223). Basingstoke: Palgrave Macmillan.

Caul Kittilson, M. (2001).Political Parties and the Adoption of Candidate Gender Quotas: A Cross-national Analysis. The Journal of Politics, 63(4), 1214-29.

Colomer, J. M. (1991). Transitions by Agreement: Modeling the Spanish Way. The American Political Science Review, 85(4), 1283-1302.

Corrin, C. (1994). Magyar Women. Hungarian Women's Lives: 1960s-1990s. New York: St. Martin's Press.

Delgado, I. y Jerez, M. (2008). Mujer y política en España: un análisis comparado de la presencia femenina en las asambleas legislativas (1977-2008). Revista Española de Ciencia Política, 19, 41-78.

Fábián, K. (2009) Contemporary Women's Movements in Hungary. Globalization, Democracy and Gender Equality. Washington D.C.: Woodrow Wilson Press.

Ilonszki, G. (2008). The Impact of Early Party Consolidation on Female Representation and the Mixed Electoral System. En M. Tremblay (Ed.), Women and Legislative Representation. Electoral Systems, Political Parties, and Sex Quotas (pp. 205-218). Basingstoke: Palgrave Macmillan.

Kelemen, I.B. (2008). Női képviselők, női képviselet? (¿Representantes de mujeres, representación de mujeres?) Tesis doctoral. Budapest: Universidad Corvinus de Budapest.

Linz, J. J. y Stepan, A.C. (1996). Problems of Democratic Transition and Consolidation: Southern Europe, South America, and Post-Communist Europe. Baltimore: The Johns Hopkins University Press.

Magyar, M. (2010). The Expanded Story of the Hungarian Quota Proposals of 2007. Actors, Relations, Perceptions and Motivations. Tesis de maestría. Budapest: Central European University.

Maxwell, K. (1991). Spain's Transition to Democracy: A Model for Eastern Europe? Proceedings of the Academy of Political Science, 38(1), 35-49.

Montgomery, K. e Ilonszki, G. (2016). Stuck in the Basement: A Pathway Case Analysis of Female Recruitment in Hungary's 2010 National Assembly Election. Politics and Gender, 12, 700-726.

Papp, Z. (2008). A nemek esélyegyenlőségének problémája, ahogy a képviselők látják. (La igualdad de género vista por los representantes parlamentarios). En G. Ilonszki et al., A női kvóta Magyarországon. A 2007-es év vitája a politikai esélyegyenlőségről (pp. 51-76) Budapest: Szociális és Munkaügyi Minisztérium.

Szilágyi I. (1996). Demokratikus átmenet és konszolidáció Spanyolországban. (Transición y Consolidación Democrática en España). Budapest: Napvilág Kiadó.

Vajda, A. e Ilonszki, G. (2022). Gendered Parties and Gendered Voters in Hungary? "Plus ça change, plus c'est pariel". East European Politics, 37(4), 617-634.

Valiente, C. (2005). The Women's Movement, Gender Equality Agencies, and Central-State Debates on Political Representation in Spain (1983-2003). En J. Lovenduski (Ed.), State Feminism and Political Representation (pp. 174-194). Cambridge: Cambridge University Press.

Valiente, Celia (2009). Women is Spain: Many Goals still to be reached. En J. Gelb, y M. Lief Palley, (eds.), Women in politics around the world, Vol. I (pp. 545-560). Santa Barbara, California: ABC-Clio.

Valiente, C., Ramiro, L. y Morales, L. (2005). Spain. En Y. Galligan y M. Tremblay (Eds.) Sharing Power: Women, Parliament, Democracy (pp. 189-203). Aldershot, UK: Ashgate.

Verge, T. y Wiesehomeier, N. (2019). Parties, Candidates, and Gendered Political Recruitment in Closed-List Proportional Representation Systems: The Case of Spain. Political Research Quarterly, 72(4), 805-820.

Verge, T. (2012). Institutionalising gender equality in Spain: Incremental Steps from party to electoral gender quotas. West European Politics 35(2), 395-414.

Capítulo 5

Las élites y los partidos políticos marroquíes: narrativas sobre la monarquía en la reforma constitucional de 2011[1]

MARÍA ANGUSTIAS PAREJO FERNÁNDEZ

INTRODUCCIÓN

En 2011 Marruecos no escapó a la oleada de revueltas y cambio político que sacudió a los países árabes, a través de la irrupción de un movimiento de jóvenes denominado Movimiento 20 de febrero (Bennani-Charaïbi, 2012; Bermejo, 2016; Desrues, 2012a y 2012b; Feliu e Izquierdo, 2016), que reclamaba un cambio en profundidad del sistema. El precipitado proceso de reforma constitucional fue una de las respuestas más importantes del poder ante el descontento socio-político y ante el desafío planteado por la emergencia de un movimiento independiente e inédito que cuestiona las reglas del juego (Madani, 2011; Parejo y Feliu 2013).

Este capítulo analiza las distintas narrativas y visiones programáticas de las élites políticas de la oposición institucional marroquí sobre la monarquía, en el segundo proceso de liberalización tras la controvertida y mediática Primavera Árabe (2011). Este proceso de liberalización ha venido acompañado de un proceso de reforma constitucional que concluye con la vigente Constitución, refrendada el 1 julio de 2011 y promulgada el 29 de julio de 2011.

La hipótesis que vertebra estas páginas es que el proceso de liberalización de los años noventa contribuye a explicar la dinámica diferenciada que experimenta el caso marroquí de "cambio controlado" desde 2011 (intensificando y redefiniendo sus rasgos como un autoritarismo cuasi-competitivo) en el entorno regional magrebí y en Oriente Medio.

---

1 Versión revisada y reducida del artículo "Las élites políticas de la oposición institucional en Marruecos: una polifonía de voces sobre la monarquía", publicado en 2018 por la *Revista de Estudios Internacionales Mediterráneos*, 25, 93-117.

A pesar de los avances y de los dispositivos democráticos introducidos en la actual Constitución, la monarquía marroquí no ha cedido ninguna de sus prerrogativas esenciales de gobierno, pero sí ha redefinido su control sobre la escena política. Esta reforma dista mucho de esa "monarquía constitucional, democrática, parlamentaria y social" enunciada en el primer artículo del texto de 2011[2]. Marruecos sigue siendo un régimen de autoritarismo cuasi-competitivo donde la autonomía del gobierno y del parlamento permanece subordinada a una monarquía de carácter ejecutivo y legislativo, si bien esta última tolera una competencia política limitada (Feliu y Parejo, 2013).

Para analizar el papel de la oposición política en los procesos de reconfiguración autoritaria a través del caso marroquí, este texto persigue dos objetivos íntimamente conectados:

a) De un lado, ver la incidencia del segundo proceso de liberalización en los cambios estratégicos, ideológicos y discursivos de la oposición marroquí.

b) De otro, desvelar el proceso de redefinición de la oposición en el campo del consenso y valorar la fuerza o debilidad de los partidos de la antigua oposición y el Partido de la Justicia y el Desarrollo (PJD) para incidir en un nuevo pacto político más democrático.

Desde el punto de vista teórico-analítico, de estas páginas emana una mirada al autoritarismo marroquí con ojos renovados, afirmando la legitimidad de escrutar al autoritarismo en sí mismo, teniendo en cuenta las dimensiones espacio-temporales en las que se sitúa, intentando escapar de la visión normativa (democracia *versus* autoritarismo) o de la teología de la democratización (Geisser, Dabène y Massardier, 2008), que en el contexto magrebí privilegia una perspectiva analítica del déficit democrático (con su casi omnipresente paradigma de las transiciones), cuyos sensores no dan cuenta de los matrimonios y parejas casi incestuosas, pero felices, entre liberalización económica y consolidación autoritaria, entre mecanismos democráticos y autoritarios (Parejo, 2010b). Así la liberalización, más que como una etapa previa del proceso de democratización, se concibe como una macro-política pública de supervivencia y remodelación del autoritarismo que reorienta y formula políticas públicas concretas (Bellin, 2004; Brumberg, 2002; Ferrié, 2009; Parejo, 2010b; Izquierdo, 2013; Str-

---

2 Añadiendo como novedad el adjetivo de "parlamentaria" en el 1º artículo de la Constitución de 2011. En las constituciones de 1962, 1970, 1972 y 1992 se consagra formalmente una "monarquía constitucional, democrática y social".

zelecka y Parejo, 2017; Szmolka, 2017). La idea que me mueve es seguir el pulso de los cambios políticos que se están produciendo en el Marruecos, y poder elaborar algunas conclusiones de alcance teórico homologables en Política Comparada.

Así mismo, sin prescindir de la valiosa aproximación sistémica de los trabajos sobre reformulación autoritaria[3], parece apropiado revitalizar el protagonismo de los propios actores políticos de oposición en sí mismos[4], y no solo como subordinados o subsidiarios del autoritarismo. Por eso este estudio de caso se centra en el análisis de las propias lógicas y elecciones de la oposición marroquí, la interacción estratégica entre los diferentes actores y su visibilización en sus discursos, narrativas y propuestas sobre la monarquía.

El corpus que he analizado en este trabajo ha sido, por un lado, el discurso real de 9 de marzo de 2011, en el que aparecen las directrices y ejes temáticos que la propia monarquía propone como marco hermenéutico y argumentativo, que incidirá y guiará la mayoría de las propuestas de reforma de los diferentes actores políticos concernidos. Por otro, los memorándums[5] de reforma constitucional de los partidos políticos analizados, información de la prensa y publicaciones académicas sobre el tema.

A continuación, se presentará la clasificación de la que surge el tipo de oposición institucional (epígrafe 2). Después se abordarán las propuestas de reforma constitucional del campo del consenso, los partidos de la oposición institucional: PI, USFP y PPS y el PJD (epígrafe 3). Finalmente se expondrán algunas reflexiones finales a modo de conclusiones tentativas (epígrafe 4).

LAS ÉLITES DE LA OPOSICIÓN INSTITUCIONAL

La centralidad del actor en los procesos de cambio y continuidad política ha sido ampliamente reconocida (Tomé, 2015). Desde esta aproxi-

---

3 De los que las aportaciones de Zartman (1988 y 2010) son un buen exponente.

4 Véase: Albrecht, 2010; Casani, 2018; Desrues y Hernando de Larramendi, 2009; El Maslouhi, 2009; Macías, 2006, 2011 y 2015; Parejo, 1999a, 2006a, 2006b y 2015; Parejo y Feliu, 2013 y 2014; Wegner, 2011.

5 Quiero agradecer la colaboración de Larbi Benothmane y José María González por ayudarme a conseguir los memorándums y por contrastar las versiones árabe y francesa no siempre coincidentes. También quiero agradecer las traducciones de los memorándums en árabe de algunas y algunos colegas como: Rajae El Khamsi, Virginia González, Juan Francisco Iborra y Juan Antonio Macías.

mación, el resultado del proceso político es fruto de los discursos, comportamientos, opciones e interacciones estratégicas y preferencias políticas de los actores que participan en el juego político. Como nos recuerdan O'Donnell y Schmitter (1994:17), junto a los que "defienden el estatus quo" encontramos a "quienes luchan para reformarlo o transformarlo". De esta forma la oposición deviene un factor clave en los procesos de transición democrática y de evolución y reconfiguración autoritaria.

En estas páginas, dentro del rico zoco de la oposición marroquí, me referiré a la oposición institucional. Esta conceptualización surge de una clasificación sobre la oposición marroquí elaborada para dar cuenta de los cambios que experimenta en el proceso de liberalización de los noventa, y en la que se distinguen tres tipos de actores de oposición: institucionales, semi-institucionales y no institucionales (Parejo y Feliu, 2013; Parejo, 2015).

Marruecos actualmente posee un amplio abanico de formaciones políticas que transitan un amplio espectro ideológico: nacionalistas conservadores, socialistas, socialdemócratas, comunistas, liberales, islamistas, e incluso ecologistas. No obstante, el análisis del multipartidismo marroquí se ha abordado fundamentalmente desde la posición de los actores políticos respecto al poder central (Parejo, 1999a, 1999b y 2006a). Así, y subordinando otros tipos de fracturas[6], el *cleavage* privilegiado por la literatura especializada, hasta que los partidos de la oposición[7] decidieron entrar en el gobierno en 1998, distinguía entre partidos afines al régimen auspiciados por palacio (promonárquicos, legitimistas, oficialistas, de la mayoría y

6 Otras fracturas o *cleavages* que articulan el sistema de partidos marroquí son la ideológica izquierda-derecha (Desrues, 2017; Ihraï, 1986; López, 2013; López, 2010; Parejo, 1999a y 2006a; Szmolka, 2009), la de centro-periferia (Azzouzi, 2006; Parejo, 2002; Suárez, 2017a y Suárez 2017b); la secular-religiosa (Casani, 2017) y la de militantes-notables (Bennani-Chraïbi, 2013).

7 El concepto de oposición adquiere aquí su pleno significado como oposición a la monarquía. Estos partidos son herederos y supervivientes del Movimiento Nacional responsable de las movilizaciones que condujeron a la independencia del país. Se distinguen por su discurso de lucha inveterada contra la preeminencia política de la monarquía y la defensa de instituciones democráticas y mayores espacios de libertad. En 1992 forman la *Kutla* Democrática compuesta por los nacionalistas conservadores del *Istiqlal* (PI), los socialistas de la Unión Socialista de Fuerzas Populares (USFP), la Organización de la Acción Democrática y Popular (OADP) y el comunismo descafeinado del Partido del Progreso y el Socialismo (PPS). A ellos habría que añadir una pequeña formación surgida de escisiones en el seno del PPS, el Frente de Fuerzas Democráticas (FFD) (Parejo, 2006a:73 y ss.).

administrativos)[8] y partidos que se oponían a la hegemonía política de la monarquía y entre los que encontrábamos distintos grados de disidencia: de un lado, la oposición más o menos tolerada, los tradicionales partidos de oposición (nacionalistas, democráticos o históricos); de otro, los partidos y movimientos extra-sistémicos[9]. Tras la asunción de responsabilidades gubernamentales por la oposición a finales de los noventa, ésta pasa a denominarse antigua oposición. Desde 1998, estos partidos han profundizado en esta línea de compromiso institucional participando en los gobiernos de Yettu (2002), de El Fassi (2007), de Benkiran (2012), Othmani (2017) y Akhannouch (2021).

Cuando el dualismo característico de la vida política marroquí (gobierno-oposición o mayoría-oposición) pierde sentido y capacidad explicativa, se hacen necesarias nuevas herramientas teórico-analíticas para poder aprehender la diversidad y complejidad del mundo de la oposición/oposiciones en Marruecos. En la configuración de la oposición desde finales de los noventa encontramos distintos niveles de inclusión en las distintas arenas políticas y diferentes gamas de disidencia. En ellas identifico tres grupos diferenciados de actores, según dos criterios: a) el grado de conformidad o disidencia con respecto a las instituciones, procesos y reglas del juego vigentes (teniendo en cuenta la hegemonía monárquica, la posición subordinada del gobierno y el parlamento y la autonomía limitada y condicionada del sistema de partidos); b) la aceptación o rechazo a participar

---

8 Los partidos oficialistas responden a la voluntad de control del espacio político por la monarquía. Esta estrategia animará entre bambalinas la creación de distintas formaciones políticas en diferentes convocatorias electorales: el Movimiento Popular (MP) a finales de los cincuenta, el Frente Democrático en defensa de las Instituciones Constitucionales (FDIC) en los sesenta, la Reagrupación Nacional de los Independientes (RNI) y el Partido Nacional Demócrata (PND) en los setenta, la Unión Constitucional (UC) en los ochenta y el Movimiento Nacional Popular (MNP), el Movimiento Democrático y Social (MDS) en los noventa y el Partido Autenticidad y Modernidad (PAM) a finales de la primera década de dos mil (2008).

9 Entre ellos distinguimos los partidos de izquierdas como los socialistas históricos de la Unión Nacional de Fuerzas Populares (UNFP), el Partido de la Vanguardia y el Socialismo (PADS), el Partido Socialista Unificado (PSU), el movimiento de izquierda radical *Ila al Aman,* una de sus corrientes de opinión organizada a través de Vía Democrática, el Partido Democrático Amazig, y los islamistas de *al-Adl wa-l-Ihsane* (Justicia y Espiritualidad), *Al Badil al Hadari* (AC, Alternativa Civilizacional), el Partido *Al-Umma* (o Movimiento por la Comunidad, MC) y el Movimiento Reforma y Unidad hasta que en 1996 se legaliza el PJD.

en los proceso electorales, procesos constitucionales o las instituciones oficiales (parlamento, gobierno ….) o para-oficiales.

Los límites difusos entre la disidencia aceptada y rechazada que supone la inclusión o exclusión en el espacio político (asociativo, partidista, electoral o institucional) vienen dados por la aceptación implícita o explícita de los tres pilares del sistema (islam, monarquía e integridad territorial). Las líneas rojas de la política marroquí[10] que antes hemos enumerado sitúan a nuestro estudio de caso dentro de la normalidad de los regímenes autoritarios árabes. La evolución del autoritarismo marroquí y la evolución de la oposición/oposiciones en Marruecos han ido redefiniendo los contornos de algunos de esos límites (la monarquía o el islam), sin embargo, la integridad territorial sigue férreamente cerrada.

Con los criterios explicitados en las líneas precedentes distingo tres tipos de oposición: institucional, semi-institucional y no-institucional. En primer lugar, la oposición institucional, formada por los tradicionales partidos de oposición (PI, USFP, PPS, OADP-PSD y FFD) y el PJD. Son partidos legales que privilegian una estrategia de participación en las arenas electoral, parlamentaria y finalmente gubernamental. El patrón de conducta de estos partidos frente a la Constitución de 2011 confirma la evolución desde una negativa a apoyar las constituciones (1962, 1970, 1972 y 1992), hasta respaldar el texto de 1996 y el último de 2011 (PI, USFP, PPS, FFD y PJD), mostrando un acercamiento y una alineación con la agenda política de la monarquía.

En segundo lugar, la oposición semi-institucional integrada por partidos legales —o que han sufrido los avatares de la ilegalización y posterior legalización— y que seleccionan estratégica e ideológicamente su entrada en el proceso electoral, en el ámbito parlamentario y en las instituciones oficiales o paraoficiales, dependiendo de la coyuntura del momento (UNFP, PADS, Congreso Nacional *Ittihadi*, PSU, AC, MC). Este grupo muestra su impredecibilidad ahora colaborando en las iniciativas del eje monárquico, ahora negando cualquier tipo de legitimidad a éstas. En general esta modalidad de oposición fue reticente a la participación en las comisiones y mecanismos asociados a la reforma constitucional de 2011.

---

10 El tríptico "Dios, Patria y Rey", que aparece constitucionalizado como "la divisa del reino" en todas las constituciones marroquíes (en las dos últimas reformas en el art. 7 de la Constitución de 1996 y art. 4 de la Constitución de 2011), se impone siempre como memoria viva de la represión que tempera las reivindicaciones y el discurso de los militantes en la arena política (Vairel, 2008).

En tercer y último lugar, la oposición no institucional más irreductible, formada por movimientos políticos o sociales y partidos mayoritariamente no legales, que, por consiguiente, no participan en la arena electoral, ni en la parlamentaria, y que rechazan toda colaboración con las instituciones oficiales o promovidas por el Estado. Los principales representantes de esta categoría serían: Vía Democrática, Justicia y Espiritualidad, El Partido Democrático Amazig, Asociación Marroquí de Derechos Humanos, o Attac-Marruecos. El núcleo del sector disidente continúa rechazando la opción integradora, negándose a aceptar cualquier tipo de cooptación, de forma y de fondo a través de las dos estructuras de participación impulsadas por la monarquía para canalizar las propuestas de reforma constitucional en 2011 (la Comisión Consultiva para la Reforma Constitucional, CCRC, y el Mecanismo Político de Seguimiento de la Reforma Constitucional, MPSRC).

ANÁLISIS DE LA MONARQUÍA EN LOS MEMORANDOS PARA LA REFORMA CONSTITUCIONAL DE LOS PARTIDOS DE LA OPOSICIÓN INSTITUCIONAL EN 2011

Dinámicas, estrategias y narrativas sobre la reforma constitucional

El régimen, como en anteriores ocasiones de reforma constitucional[11], ha defendido una estrategia evolutiva de los cambios en los que un gobierno monárquico es el núcleo de cualquier proyecto "moderno y democrático". Ha controlado los tiempos políticos, los mecanismos y ha condicionado el resultado. Ha orquestado las reformas desde la lógica del consenso de una forma aparentemente democrática. Siguiendo a Habermas (2013:325 y ss.) y su "teoría de la racionalidad comunicativa", podríamos decir que la monarquía ha presentado el proceso de reformas como parte de un "discurso argumentativo" dando la impresión de que cualquier persona preocupada por la constitución podría expresar su opinión y discutir sobre ella.

---

11 La primera constitución es la de 1962, le siguen cinco reformas constitucionales de mayor calado, la de 1970, 1972, 1992, 1996 y la más reciente de 2011. A ellas hay que añadir tres breves revisiones sobre temas puntuales, dos en 1980 y una en 1995. Tras las reformas de mayor envergadura siempre se ha producido un proceso electoral (1963, 1970, 1993, 1997 y 2011), excepto en la reforma de 1972, que se retrasan las elecciones legislativas hasta 1977 (López, 2000, 2010 y 2013).

La realidad es otra. En la arena política marroquí hay una cultura política dominante, la cultura política *majzeniana*, normativamente informada, que ha establecido históricamente en la esfera pública una forma de comunicación que se caracteriza por una retórica no discutible y sin respuesta, que evita la crítica constructiva y la libertad de pensamiento, y por tanto no busca un consenso real. El poder promueve una visión de las reformas constitucionales que margina, trivializa, asfixia y criminaliza los puntos de vista y los discursos de la competencia. Lo que emerge es una especie de "consenso" que se impone desde arriba, en el que no hay espacio para la polémica o los conflictos entre los partidos y la monarquía (Maghraoui, 2011).

Los partidos de la oposición institucional han dejado de tener el peso o la resistencia política para cuestionar la supremacía estructural de la monarquía en el proceso de toma de decisiones. Por eso aceptan colaborar con comisiones creadas por el rey y alejadas de los principios de representación y control de las instituciones representativas, como demuestra su participación activa en el trabajo previo de la Comisión Consultiva para la Regionalización (CCR), en 2010. En cuanto a la CCRC, la llamada Comisión Mennouni, inicia sus audiciones el 28 de marzo de 2011. Los partidos de la coalición gubernamental (PI, MP, PPS, USFP y RNI) son los primeros en presentar sus grandes líneas de reformas (28 y 29 de marzo), seguidos por los de la oposición parlamentaria (PJD, UC, PAM), y los nuevos o más pequeños (FFD, PML, PT, PRE, PD) (Vogel, 2011).

Los partidos políticos de la oposición institucional (PI, USFP, PPS y el PJD) dieron un ejemplo de su domesticación y fortalecimiento "de la lógica del consenso" con la naturaleza de las propuestas que presentaron en 2011 a la Comisión (CCRC). Como la mayoría de los partidos, presentaron proposiciones vagas y limitadas políticamente, evitando plantear claramente el principio de separación de poderes y siguiendo las directrices explicitadas en el discurso real de 9 de marzo (Maghraoui, 2011).

Los discursos reales se han convertido en las dos últimas décadas en la principal referencia de la mayoría de los partidos políticos. Son la dinamo de todos los cambios y el centro alrededor del cual se construye la política de consenso. El discurso real de 9 de marzo de 2011 es la primera reacción oficial y directa a las demandas del Movimiento 20 de febrero e ilustra y visualiza la estrategia política de la monarquía. El poder reconoce implícitamente sus demandas, pero se reapropia de la dinámica del cambio conectando la necesidad de reformas constitucionales con las recomendaciones del informe de la CCR. La monarquía se hace con el control del proceso estableciendo su agenda, sus tiempos y las reglas para la redacción de la nueva constitución, y consigue que se produzca un cambio gradual en las narrativas de la referencia dominante al Movimiento del 20 de febrero, a la referencia del discurso real de 9 de marzo.

Análisis de la monarquía en los memorandos para la reforma constitucional de los partidos de la oposición institucional en 2011

En el discurso real de 9 de marzo de 2011 se presenta el marco de "una reforma constitucional global" articulada en torno a una prioridad, la consagración constitucional de la regionalización y siete bases fundamentales denominadas "premisas referenciales inmutables". En el mencionado discurso se dejan bien claros los límites de la reforma y los límites del sistema, al explicitar los valores sagrados "que gozan de unanimidad nacional: el islam como religión del Estado que garantiza la libertad del ejercicio religioso, el Emirato de los creyentes, la monarquía, la unidad nacional y territorial y la opción democrática" (Mohamed VI, 2011:2). Los contenidos del mencionado discurso serán las directivas que guiarán e influirán en los ejes temáticos y las propuestas de reforma de los partidos.

A continuación, se abordarán las lógicas y concepciones que animan las propuestas de reforma constitucional de los partidos de oposición institucional (PI, USFP, PPS, FFD y PJD) sobre la monarquía en 2011. El análisis de las propuestas concretas que presentan estos partidos sobre su visión de la monarquía y el tipo de régimen permitirá contrastar y evaluar la continuidad o redefinición en el campo del consenso en el seno de la oposición institucional.

El PI, en rueda de prensa de 4 abril de 2011, en la presentación de las líneas generales de su propuesta, planteaba una monarquía constitucional[12], una monarquía ciudadana y rechazaba expresamente la monarquía parlamentaria (Kirhlani, 2011). En su texto del memorándum hecho público en su diario *L'Opinión* el 21 de mayo de 2011 elude un epígrafe dedicado a la monarquía. En la introducción del documento subraya los principios "enraizados en la fe istiqlaliana" y que forman parte de su doctrina y su lucha desde sus inicios: "la preservación de su religión islámica, de su monarquía democrática y social, del espíritu de defensa de la unidad del país y de sus

12 Esta fórmula política aparece recogida en el contrato político suscrito por todos los componentes del movimiento nacionalista en 1944. Tras la independencia la concepción de monarquía constitucional no poseerá ni la misma connotación, ni el mismo contenido para cada uno de los antiguos aliados. Para el fundador del partido Allal el Fassi el objetivo del PI era "una monarquía constitucional en el sentido pleno del término" (El Ayadi, 1999; Le Tourneau, 1966:182).

ciudadanos y la edificación de una sociedad democrática auténtica" (PI, 2011:2). Esta "monarquía democrática y social" se complementaría perfectamente con "la monarquía constitucional y ciudadana" anunciada en la rueda de prensa. Esta última concepción de "la monarquía ciudadana" es un préstamo exitoso del nuevo discurso y léxico político que sobre el poder lanza Mohamed VI a mediados de la primera década del 2000[13].

La USFP considera que la reforma constitucional constituye una base fundamental para la instauración de "una monarquía parlamentaria y para la edificación de un Estado moderno, de la ciudadanía y de la gobernanza democrática" (USFP, 2011:1). Conviene recordar que tras 1998 Yusufi abandonó cualquier reivindicación que colisionara con los intereses monárquicos. El primer ministro no apoyó al ala izquierda del partido para reclamar más poderes al rey, o al menos el respeto de las dos ramas del ejecutivo establecidas constitucionalmente. En su calidad de patrón de los socialistas intentó silenciar cuantas voces reclamaban reformas (Bendourou 2002). Esto llevó a importantes deserciones del partido tras el VI congreso de 2001.

El PPS, a medio camino entre PI y USFP, postula una monarquía ciudadana (como aducía el PI) que vele por la edificación institucional del Estado democrático (PPS, 2011:1) y formula un concepto marroquí de monarquía parlamentaria (matizando y reduciendo el alcance de la monarquía parlamentaria propuesta por los socialistas) en la que el rey sea árbitro y orientador, con posibilidad de intervenir en la vida política en su calidad de Comendador de los creyentes y jefe de Estado. "Un sistema de monarquía parlamentaria audaz, específicamente marroquí que procederá de la legitimidad histórica y abierta a las ambiciones del futuro" (PPS, 2011:3-4).

Los antiguos comunistas del FFD curiosamente se asemejan en su propuesta al PI, al defender una monarquía constitucional, democrática y social sin arriesgar nada reproduciendo el artículo primero de la Constitución de 1996.

---

13 En el discurso político de la era mohamediana emergen tres lemas o ideas fuertes: primero, el globo sonda del "nuevo concepto de autoridad" que apareció en los albores de su reinado, en 1999; en segundo lugar, la reivindicación de "un modelo de democracia específicamente marroquí" sustentada en una monarquía fuerte, democrática y ejecutiva, que irrumpió en la escena político-mediática en 2001, desempolvando el recuerdo de viejos olores a naftalina de la fórmula "democracia hasaniana"; y en tercer lugar, la nueva marca de una "monarquía ciudadana" que salió de la chistera real en 2005. Para un análisis en profundidad de esas tres formulas políticas véase Parejo (2010c)

Los islamistas del PJD subrayan uno de los calificativos escogidos por istiqlalíes y comunistas del FFD para caracterizar a la monarquía marroquí como democrática (Macías, 2006; 2011), integrando la dimensión de legitimidad religiosa, que también es destacada por los antiguos comunistas del PPS. Así proponen, fieles a sus principios, "una monarquía democrática basada en el emirato de los creyentes" (PJD, 2011:1). Explican prolijamente las dos dimensiones, de un lado, la justa aspiración a construir una democracia homologable en el contexto internacional, de otro, la necesidad de preservar el emirato de los creyentes como garantía de la unidad, estabilidad, equilibrio y arbitraje entre los componentes de la sociedad y sus instituciones (PJD, 2011:4-5). El PJD afirma con rotundidad que "la monarquía fundada sobre la legitimidad religiosa de sus componentes" es uno de los tres pilares fundamentales en los que se sustenta "el Estado marroquí desde hace doce siglos" (PJD, 2011:2). De esta forma los islamistas moderados explicitan la interiorización y aceptación de las líneas rojas y el marco epistémico de la política oficial.

El PJD incluso antes de su legalización, o quizás precisamente por eso, apoyó rotundamente al sí en los dos referéndums constitucionales de 1992 y 1996. Defendía entonces (como en 2011) una monarquía constitucional basada en la figura del Comendador de los Creyentes, y entre los objetivos del partido estaba "el reforzamiento del Estado de Derecho, consolidando la opción democrática en el marco de la autoridad de los principios e instituciones del Islam del reino"[14]. En su congreso de 2003 surge una voz distinta a la ortodoxia del partido, la de Mustafa Ramid, ex-jefe del grupo parlamentario, quien presenta un polémico documento en el que aboga, entre otras cosas, por una monarquía parlamentaria. El secretario general Benkiran, El Othmani y la cúpula del partido cierran filas aislando la propuesta de Ramid como una simple y respetable opinión personal, y manifestándose en estos términos: "nuestra prioridad es la reforma política, la reforma constitucional no está a la orden del día" (*Attajdid,* 2004). En 2011, las críticas virulentas del secretario general Abdelilah Benkiran al Movimiento 20 de febrero provocan la división en sus filas (Mustafa Ramid, Habid Choubani y Abdelali Hamieddin presentan su dimisión del secretariado general) y entrañan, como réplica, la publicación de un comunicado de apoyo al M20F firmado por algunos dirigentes del partido. Los problemas se solventan de puertas a dentro en el Consejo nacional de abril, y el partido presenta finalmente sus propuestas a la CCRC (Vogel, 2011: 13-14) y respalda el texto constitucional propuesto para referéndum en 2011 (Maghraoui, 2011).

---

14 Art. 2 de los estatutos del partido, aprobados por el Consejo nacional en marzo de 2004.

La "parlamentarización" del islamismo moderado (Tome, 2015: 40) y su acceso a la esfera gubernamental potencian la adopción de un punto de vista más pragmático y atento a los cálculos políticos. El gobierno consensual del PJD encabezado por el presidente Abdelilah Benkiran, así como el Secretario General del PJD, han intentado arduamente no "perturbar" a la monarquía en el campo simbólico religioso. Así, incluso a la cabeza del nuevo gobierno marroquí, el discurso político del PJD claramente muestra que la monarquía no es su "otro dialéctico", de lo contrario nunca habrían llegado al gobierno. Por lo tanto, no hay ninguna lucha por la legitimidad religiosa entre ellos (Macías, 2015) como sí plantean, desde la oposición no institucional, los islamistas radicales (y no violentos) de *al-Adl wa-l-Ihsane* (Casani, 2017 y 2018; Macías 2006 y 2015).

CONCLUSIONES

Las visiones, discursos y propuestas de reforma constitucional de la oposición institucional (2011) se revelan como indicadores privilegiados para analizar la evolución de la lógica de inclusión/exclusión en el campo político marroquí, los cambios y continuidades en las narrativas de la oposición, su capacidad para incidir en el marco discursivo instituido y su fuerza o debilidad para incidir en un pacto político menos asimétrico y más democrático. Del análisis de las distintas visiones programáticas que tienen las élites políticas de la oposición institucional marroquí sobre la monarquía, se desprenden varias reflexiones finales a modo de conclusiones tentativas.

En primer lugar, resulta difícil establecer hasta qué punto la oposición se cree el proceso liberalizador de la década de los noventa, o simplemente comprendió, como mal menor, que no tenía otra alternativa que aceptar una hipotética transición dependiente en gran medida de la voluntad real (Boudahrain, 1999). En cualquier caso, los vientos liberalizadores sí provocaron un cierto cambio en su estrategia. La oposición profundizó y reforzó su línea de "aprovechamiento de los márgenes democráticos". Abandonó la confrontación frontal, apostó por el consenso, asumió y reprodujo el discurso político de la "transición democrática" y aceptó participar en el gobierno.

En segundo lugar, el proceso de liberalización de 2011 se nutre del aprendizaje institucional, normativo y discursivo del anterior proceso de liberalización. La moderación, autocontención y evolución de la oposición institucional hacia lo políticamente correcto se observa en la mayor parte de sus miembros. Finalmente el discurso argumentativo sobresaliente de casi toda la oposición visibiliza la aceptación de la cultura política oficial dominante, normativamente informada y reproduce la música y la letra del libreto orquestado por el poder. La diversidad de concepciones de lo que para las fuerzas políticas analizadas debe ser la monarquía marroquí ineludiblemente nos sitúa ante escenarios plurales. Pero cuatro de estos partidos interiorizan y exteriorizan más los límites de la política instituida. Desde la monarquía constitucional, democrática y social y el rechazo expreso de la monarquía parlamentaria del PI. Pasando por la apuesta del PJD por "una monarquía democrática basada en el emirato de los creyentes". Y finalmente, la fórmula del PPS (conceptualmente a medio camino entre el PI y la USFP, e integrando la dimensión de legitimidad religiosa, que también es destacada por los islamistas del PJD) que postula "un sistema de monarquía parlamentaria audaz, específicamente marroquí".

En tercer lugar, tan sólo los socialistas de la USFP defienden una monarquía parlamentaria en 2011, produciéndose un cambio respecto a la posición oficial del partido a finales de los noventa. La USFP muestra los contornos fluidos del consenso y del disenso al unir sus voces a la reivindicación de una monarquía parlamentaria de la oposición semi-institucional (los partidos procedentes de escisiones en su seno, PADS, CNI y PSU, y los islamistas de Alianza Civilizacional y Movimiento por la Comunidad) y el Movimiento 20 de febrero.

En cuarto lugar, la política alternativa, el campo del disenso, muestra los límites de las dinámicas de integración. Así la oposición no institucional (Vía Democrática, Justicia y Espiritualidad y sectores del Movimiento 20 de febrero) salen del discurso argumentativo dominante y rompen las reglas del juego reclamando una república.

En quinto lugar, el limitado alcance de la reforma constitucional se explica desde la moderación, autocontención y diversidad ideológico-estratégica de la oposición institucional y desde la debilidad de algunos actores en el margen del sistema para poder incidir en la redefinición del nuevo pacto político. La mayoría de la oposición institucional, ni antes, ni mucho menos ahora, se atreve a plantear abiertamente un debate sobre las reglas del juego, ni mucho menos osa poner en cuestión la narrativa y marco epistémico de la política oficial. La monarquía mantiene la hegemonía del campo político, controla férreamente los procesos de liberalización distorsionándolos y reconstruyéndolos de tal forma que obstaculiza una democratización que pondría en peligro su estatus. Hassan II primero, y posteriormente Mohamed VI y el círculo de élites primarias, no han cedido apenas poder formal, material o económico. Solo han remodelado y restaurado la imagen pública de un autoritarismo cuasi-competitivo. La reforma constitucional de 2011, asume nominalmente la reivindicación de una monarquía parlamentaria de la USFP, de los partidos de la oposición semi-institucional y de parte del Movimiento 20 de febrero. Pero sólo se añade el adjetivo "parlamentaría" al artículo 1 de la Norma Fundamental de forma terapéutica; aunque paradójicamente, ello no suponga la constitucionalización de una monarquía parlamentaria, sino más bien lo que se ha producido es una parlamentarización del gobierno y del nombramiento del jefe del ejecutivo (Parejo, 2015:40).

Referencias

Albrecht, H. (Ed.). (2010). Contentious politics in the Middle East: Political opposition under authoritarianism. Gainesville, FL: University Press of Florida.

Azzouzi, A. (2006). Autoritarisme et aléas de la transition démocratique dans les pays du Maghreb. París, France: L'Harmattan.

Bellin, E. (2004). The robustness of authoritarianism in the Middle East: Exceptionalism in comparative perspective. Comparative Politics, 36(2), 139-157.

Bendourou, O. (2002). Transition démocratique et réformes politiques et constitutionnelles au Maroc. L'Annuaire de l'Afrique du Nord 2000-2001, 39, 233-253.

Bennani-Chraïbi, M. (2012). La dynamique protestataire du Mouvement du 20 février à Casablanca. Revue Française de Science Politique, 62 (5-6), 867-894.

Bennani-Chraïbi, M. (2013). L'espace partisan marocain: un microcosme polarisé? Revue Française de Science Politique, 63 (6) 1163-1192.

Bermejo, M. (2016). Identidades colectivas movilizadas en Marruecos en el marco de la Primavera Árabe-Amazigh. Una comparación de los Movimientos 20 de febrero y Diplomados en Paro. Sevilla: Tesis Doctoral de la Universidad Pablo de Olavide.

Boudahrain, A. (1999). Le nouveau Maroc politique quel avenir? Casablanca: Société d'Édition et Difusion al Madariss.

Brumberg, D. (2002). Democratization in the Arab world? The trap of liberalized autocracy. Journal of Democracy, 13(4), 56-68.

Casani, A. (2017). Islamistas e izquierda en la oposición política marroquí: un análisis de sus relaciones a través del estudio de al-Adl wa-l-Ihsane. Revista de Estudios Internacionales Mediterráneos, 23, 1-14.

Casani, A. (2018). La estrategia política de al-Adl wa-l-Ihsane durante el reinado de Mohamed VI: Un estudio del islam político en Marruecos a través de la sociología del poder. Madrid: Tesis Doctoral de la Universidad Autónoma de Madrid.

Desrues, T. (2012a). Moroccan youth and the forming of a new generation: Social change, collective action and political activism. Mediterranean Politics, 17(1), 23-40.

Desrues, T. (2012b). Le mouvement du 20 février et le régime marocain: contestation, révision constitutionnelle et élections. L'Année du Maghreb, VIII, 359-389.

Desrues, T. (2017). El Partido Justicia y Desarrollo (PJD) en Marruecos (2011-2017). Teoría y praxis de gobierno. Documento de Trabajo Opex 85, 1-65.

Desrues, T. y Hernando de Laramendi, M. (2009). S'opposer au Maghreb. L'Année du Maghreb, V, 7-36.

El Ayadi, M. (1999). Les mouvements de jeunesse au Maroc. L'émergence d'une nouvelle intelligentsia politique durant les années soixante et soixante-dix. En D. Le Saout y M. Rollinde (S.D.), Émeutes et mouvements sociaux au Maghreb (pp. 201-230). París: Karthala e Institut Maghreb-Europe.

El Maslouhi, A. (2009). La gauche marocaine défenseure du trône. Sur les métamorphoses d'une opposition institutionnelle. L'Année du Maghreb V, 37-58.

Feliu, L. e Izquierdo, F. (2016). Estructura de poder y desafíos populares. La respuesta del régimen marroquí al movimiento 20 de febrero. Revista de Estudios Políticos, 174, 195-223.

Feliu, L. y Parejo, Mª. A. (2013). Morocco: the reinvention of an authoritarian system. En F. Izquierdo, Ferran (Ed.), Political regimes in the Arab world (pp. 70-99). Oxon: Routledge.

Ferrié, J.-N. (2009). Gouvernants et oppositions en Afrique du Nord. Alternatives Sud, 16, 209-228.

Izquierdo, F. (2013) (Ed.). Political regimes in the Arab world. Oxon: Routledge.

Geisser, V., Dabène, O. y Massardier, G. (2008). La démocratisation contre la démocratie. En O. Dabène, V. Geisser y G. Massardier (S.D.), Autoritarismes démocratiques et démocraties autoritaires au XX siècle (pp. 7-25). Paris: Convergences Nord/Sud, La Découverte.

Ihraï, S. (1986). Etat, partis et politique étrangère au Maroc. Rabat: Edino.

Kirhlani, S. (2011). ¿Con qué constitución sueñan los partidos políticos marroquíes? Análisis del observatorio electoral TEIM. Documento de trabajo, 10 de junio de 2011. Madrid: Observatorio Electoral. Taller de Estudios Internacionales Mediterráneos, Universidad Autónoma de Madrid.

Habermas, J. (2013). El discurso filosófico de la modernidad. Madrid: Katz.

Le Tourneau, R. (1966). Chronique Politique. Annuaire de l'Afrique du Nord 1965, 4, 165-190.

López, B. (2000). Marruecos político. Cuarenta años de procesos electorales (1960-2000). Madrid: CIS.

López, B. (2010). Las elecciones legislativas marroquíes de 2007: absentismo y continuidad. En Mª. A. Parejo (Coord.), Entre el autoritarismo y la democracia. Los procesos electorales en el Magreb (pp. 289-333). Barcelona: Bellaterra.

López, B. (2013). La question électorale au Maroc: réflexions sur un demi-siècle de processus électoraux au Maroc. Revue Marocaine des Sciences Politiques et Sociales, 4 (VI) pp. 35-63.

López, B. (2019). The four faces of Morocco's communists: PCF, MCP. En L. Feliu y F. Izquierdo (Eds.), Communist parties in the MENA region. A century of history (pp. 216-237). London: Routledge.

Macías, J. A. (2006). La democracia en la conceptualización ideológica del movimiento islamista en Marruecos. En C. Pérez (Ed.): Sociedad Civil, derechos humanos y democracia en Marruecos (pp. 181-217). Granada: Eirene, Universidad de Granada.

Macías, J. A. (2011). La "virtualización" del discurso y la acción política en el Magreb: el caso del islam político marroquí y su lucha por el poder ideológico en Internet. Revista CIDOB d'Afers Internacionals, 93-94, 53-71.

Macías, J. A. (2015). Seeking an 'other' desperately: the dialectical opposition of political Islam in Morocco. Journal of North African Studies, 20, 336-348.

Madani, M. (2011). La réforme constitutionnelle sous le règne de Mohamed VI: le processus et l'aboutissement. LEX SOCIAL-Revista de los Derechos Sociales, 1, 161-183.

Maghraoui, D. (2011). "Constitutional reforms in Morocco: between consensus and subaltern politics". The Journal of North African Studies, 16(4), 679-199.

O'Donnell, G. A. y Schmitter, P. S. (1994). Transiciones desde un gobierno autoritario Vol. 4. Barcelona, Buenos Aires, México: Ediciones Paidós.

Parejo, Mª. A. (1999a). Las élites políticas marroquíes: Los parlamentarios 1977-1993. Madrid: MAAEE, AECI.

Parejo, Mª. A. (1999b). Génesis del sistema de partidos políticos en Marruecos. Revista Internacional de Sociología, 23, 145-170.

Parejo, Mª. A. (2002). A la búsqueda de las élites regionales en Marruecos. En A. Ramírez y B. López (Eds.), Antropología y antropólogos en Marruecos. Homenaje a David M. Hart (pp. 461-484). Barcelona: Alborán Bellaterra.

Parejo, Mª. A. (2006a). Los pesos pesados del maltrecho sistema de partidos en Marruecos: PI y USFP. En C. Pérez (Ed.), Sociedad Civil, derechos humanos y democracia en Marruecos, (pp. 69-112). Granada: Eirene, Universidad de Granada.

Parejo, Mª. A. (2006b). La larga andadura de los comunistas marroquíes en la arena política marroquí. Revista Historia Contemporánea, I(32), 161-187.

Parejo, Mª. A. (2010a). Liberalización política y redefinición de la oposición: la Kutla y la reforma constitucional en Marruecos (1992-2006). Miscelánea de Estudios Árabes y Hebraicos, 59, 91-114.

Parejo, Mª. A. (2010b): "Introducción". En Mª. A. Parejo (Coord.), Entre el autoritarismo y la democracia. Los procesos electorales en el Magreb (pp. 13-35). Barcelona: Bellaterra.

Parejo, Mª. A. (2010c). Los sonoros silencios sobre la reforma constitucional en el Marruecos de Mohamed VI. En Mª. A. Parejo (Coord.), Entre el autoritarismo y la democracia. Los procesos electorales en el Magreb (pp. 365-412). Barcelona: Bellaterra.

Parejo, Mª. A. (2015). Cambio y límites del cambio en Marruecos: propuestas de reforma constitucional sobre el gobierno (2011). Revista CIDOB d'Afers Internacionals, 109, 23-44.

Parejo, Mª. A. y Feliu, L. (2013). Identidad y regionalización: los actores políticos marroquíes ante la reforma constitucional de 2011. Revista de Investigaciones Políticas y Sociológicas, 12(2), 109-126.

Parejo, Mª. A. y Feliu, L. (2014). Nouvelles et anciennes dynamiques constitutionnelles au Maroc: les acteurs politiques face à la réforme constitutionnelle de 2011. En A. Sedjari (SD.), Pouvoir et contra-pouvoir à l'heure de la démocratie et des droits humains (pp. 319-355). París-Rabat: L'Harmattan.

Suárez, Á. (2017a). "Le temps des cerises" en el Rif: análisis de un año de protestas en el norte de Marruecos. Notes Internacionals CIDOB, 184, 1-5.

Suárez, A. (2017b). Las relaciones centro-periferia a examen: el Rif en la política contemporánea marroquí. Ponencia presentada al XIII Congreso AECPA, 20-22 de septiembre. Santiago de Compostela.

Strzelecka, E. K., y Parejo, Mª. A. (2017). Constitutional reforms processes. En I. Szmolka (Ed.), Political Change in Middle East and North Africa. After the Arab Spring (pp. 115-142). Edinburgh: Edinburgh University Press.

Szmolka, I. (2009). La fragmentación en Marruecos: análisis de la oferta partidista y el sistema electoral. Revista Española de Ciencia Política, 20, 11-48.

Szmolka, I. (Ed.). (2017). Political Change in Middle East and North Africa. After the Arab Spring. Edinburgh: Edinburgh University Press.

Tomé, B. (2015). El proceso de inclusión del Partido de la Justicia y el Desarrollo (PJD) en el sistema político marroquí (1996-2011). Tesis doctoral. Madrid: Universidad Complutense de Madrid.

Vairel, F. (2008). L'opposition en situation autoritaire: statut et modes d'action. En O. Dabène, V. Geisser, y G. Massardier (Eds.), Autoritarismes démocratiques et démocraties autoritaires au XXIe siècle (pp. 213-232). París: Convergences Nord-Sud, La Découverte.

Vogel, M. (2011). La démocratisation au Maroc. Rabat: Les Etudes et Essais du Centre Jacques Berque, 7.

Wegner, E. (2011). Islamist opposition in authoritarian regimes: The Party of Justice and Development in Morocco. Syracuse, New York: Syracuse University Press.

Zartman, I. W. (1988). Opposition as support of the State. En A. I. Dawisha y I. W. Zartman (Eds.), Beyond coercion: durability of the Arab State (pp. 61-87). London: Croom Helm.

Zartman, I. W. (2010). Concluding remarks: opposition in support of the Arab State revisited. En H. Albrecht (Ed.), Contentious politics in the Middle East: political opposition under authoritarianism (pp. 229-242). Gainesville: University Press of Florida.

Documentos

Frente de Fuerzas Democráticas (FFD) (2011). Los ejes de la percepción de Frente de las Fuerzas Democráticas para la reforma constitucional (en árabe). En línea en http://www.good.ma 6 de abril de 2011. Rabat: Memorandos de los partidos políticos sobre la reforma constitucional (en árabe). Accesible 5 de agosto de 2013. Traducción de Rajae El Khamsi.

Mohamed VI (2011). Discurso real de 9 de marzo de 2011. Accesible 10 de marzo de 2012 en http://www.map.ma/es/sections/discursos/texto_integro-del_di_13/view

Partido de la Justicia y el Desarrollo (PJD) (2011). Informe del Partido de la Justicia y el Desarrollo sobre la reforma constitucional (en árabe). En línea en www.pjd.ma 29 de marzo 2011. Accesible 30 de abril, 2012. Traducción de Juan Antonio Macías Amoretti.

Partido del *Istiqlal* (PI) (2011). Texte du mémorandum du Parti de l'Istiqlal sur les réformes constitutionnelles. *L'Opinion,* 21 de mayo de 2011. Accesible 12 de febrero, 2012, en http://www.lopinion.ma/def.asp?codelangue=23yid_info=19667

Partido del Progreso y del Socialismo (PPS) (2011). Réformes constitutionnelles: mémoire préliminare présenté par le Parti du Progrès et du Socialisme. *Albayane, s.d.* [puede datar del 28 de marzo de 2011, día en que fue entregado a la CCRC]. Accesible 12 de febrero, 2012, en http://www.albayane.press.ma/index.php?option=com_contentyview=articleyid=8020:reformes-constitutionnelles–memoire-preliminaire-presente-par-le-parti-du-progres-et-du-socialismeycatid=77:documentsyItemid=157

Unión Socialista de Fuerzas Populares (USFP) (2011). La Commission consultative de révision de la Constitution en a pris connaissance hier: Les propositions de l'USFP pour un Etat de droit. *Libération* 21 de mayo 2011. Accesible 12 de febrero, 2012, en http://www.libe.ma/La-Commission-consultative-de-revision-de-la-Constitution-en-a-pris-connaissance-hier-Les-propositions-de-l-USFP-pour-un_a18022.html

Capítulo 6
Élites y líderes (notas impresionistas)[1]

ANTONIO ROBLES EGEA

A MODO DE INTRODUCCIÓN: ANÉCDOTA Y REFLEXIÓN CRÍTICA

Hace ya más de veinte años, a finales de 2003, comencé a dirigir un Proyecto I+D sobre "Liderazgo político, partidos y movilización ciudadana". Estaba tan inmerso en el fascinante tema y tan absorto en la abundante bibliografía que, una y otra vez, pensaba en realizar una estancia en los Estados Unidos con el propósito de estudiar el liderazgo político en un centro universitario de reconocido prestigio.

Ante esa posibilidad, escribí una carta a Juan José Linz para enviarle el libro *La sangre de las naciones*, que acababa de ser publicado por la Editorial de la Universidad de Granada y que sabía sería del agrado e interés del profesor de Yale. Como si fuera algo circunstancial, aprovechaba para preguntarle sobre la existencia de centros de investigación del liderazgo político y la calidad de los mismos en Estados Unidos[2].

A las pocas semanas, recogí la carta de respuesta de Linz en mi buzón del Departamento. El sobre blanco, con ribetes marcados con listas rojas y azules (*Vía aérea, Par avion,* Correo aéreo), membrete de Yale, Departamento de Sociología, al estilo antiguo, aunque ya teníamos correo electrónico. Linz acusaba recibo de la carta, agradecía y valoraba el interés del libro recibido y la excelencia de los trabajos compilados. Sin duda, un

---

1 El compañerismo y la amistad son virtudes personales de gran valor. Desde hace más de treinta años Miguel Jerez me ha concedido su amistad a través de la relación de camaradería que hemos mantenido en nuestro destino granadino. En él observé, y aprendí, la responsabilidad del quehacer científico riguroso y preciso, esforzado y permanente. También comprobé la honestidad de su actitud vital y la firmeza de sus creencias en numerosas ocasiones y conversaciones. Con gran satisfacción declaro que me siento muy afortunado por haber compartido con él tantos años de experiencia universitaria. Mi más sincero agradecimiento.

2 Carta de Antonio Robles Egea a Juan José Linz con fecha de 18 de noviembre de 2003.

gesto más de la cortesía y calidad humana de Linz. Una vez dicho esto, afirmaba tajantemente: "Respecto a tu pregunta sobre dónde estudiar el liderazgo en los EE. UU., la verdad es que no tengo respuesta. El tema no ocupa un lugar central, ni creo que haya cursos sobre él. Todos o muchos de nosotros lo utilizamos, pero, salvo algún trabajo sobre presidentes de Barber, no es algo central. Louis Selinger le dedicó alguna atención, pero está jubilado"[3].

La respuesta me sorprendió porque había descubierto una innumerable cantidad de Centros de Estudios de Liderazgo en muchas de las principales universidades estadounidenses. También era paradójico porque Linz había publicado un texto sobre 'Innovative Leadership in the Transition to Democracy and a New Democracy: The Case of Spain' en Gabriel Sheffer (1987), *Innovative Leaders in International Politics,* State University of New York Press, Nueva York (pp. 141-187), que luego se tradujo al español con el título 'El liderazgo innovador en la transición a la democracia y en la nueva democracia' y se publicó en el libro de Manuel Alcántara y Antonia Martínez (eds.), *Política y Gobierno en España,* Tirant lo Blanch, Valencia, 1997. Aún más curioso era observar cómo este trabajo de Linz no contemplaba ninguna bibliografía sobre liderazgo, aunque él se atreviera a teorizar sobre la idea de 'liderazgo innovador', estando acompañado en el índice por especialistas como Barbara Kellerman y el propio Louis Selinger.

Todavía más. Linz, tratando de desviarme del objetivo señalado, me aconsejaba, después de indicarme que seguiría 'pensando sobre ello' y preguntaría 'a algunos colegas', que debería pensar 'en los mejores departamentos de Ciencia Política para pasar tu tiempo, que tengan una buena biblioteca y donde enseñe alguien que te interese por otras razones'[4]. Algo extraño estaba ocurriendo. ¿Cómo era posible que un profesor como Juan Linz, tan especializado en el estudio de las élites, tan próximo a la Ciencia Política americana, desconociera los Centros de referencia para estudios de liderazgo político en los Estados Unidos? Tal vez la respuesta a esta pregunta fuera más compleja y difícil de lo que a primera vista pudiera parecer.

Dejé pasar un tiempo antes de contestar a Linz. Verifiqué en Internet la existencia de Centros de estudios del liderazgo en algunas universidades americanas, entre ellas Harvard, Richmond, North Carolina, Princeton,

---

[3] Carta de Juan José Linz a Antonio Robles Egea, 29 de noviembre de 2003.

[4] *Ibidem.*

Maryland, o bien de Centros especializados, reconocidos y vinculados a fundaciones privadas. Finalmente, le escribí de nuevo a Linz, aunque no recuerdo si le remití la carta por email o por correo postal, ni siquiera tengo constancia de que la enviara, salvo por el archivo Word en el que la conservo. Lo cierto es que le hacía llegar información sobre los Centros que creía eran los que me podrían interesar en mayor medida.

El primero era el Center for Public Leadership (School of Government) de la Universidad de Harvard, dirigido entonces por David Gergen, que contaba con la afiliación de Barbara Kellerman y Ronald Heifetz, entre otros. Solo de imaginar que volvería a pasear por Harvard Square, y que podría disponer otra vez de los fondos de la Widener Library, me emocionaba. El segundo era la Jepson School of Leadership Studies de la Universidad de Richmond, el único centro de Estados Unidos que dispensaba títulos específicos sobre liderazgo en sus diferentes ámbitos (económico, político, cultural, etc.). En él estaban los renovadores de los estudios de liderazgo en los setenta, como James MacGregor Burns, o un poco después, Sorenson, Goethals, Ruscio, Ciulla, etc. El tercero al que apunté en una lista fue el Institute of Political Leadership de la Universidad de North Carolina, que dirigía entonces De Vries. También hacía referencia a otros, como el McConnell Center for Political Leadership, el Leadership Institute of Baker College, Golda Meier Center, etc. Después le explicaba a Juan Linz que mi objetivo era formalizar un esquema teórico-metodológico del liderazgo político aplicable al caso español y andaluz, pero también le expresaba mi deseo de "distinguir los estudios de las élites de los del liderazgo, aunque ambos sabemos que hay algo común entre ellos"[5].

Sin esperar una posible contestación de Linz, mandé una carta a David Gergen, el mencionado director del Centro de Liderazgo Público de Harvard, solicitando una invitación oficial al mismo tiempo que le adjuntaba mi currículum. La respuesta nunca llegó a mí poder, ni yo insistí en la demanda, pese a que ya había sido *Officer* en Harvard durante 1996. Sin embargo, la misma carta la envié a Kenneth Ruscio, decano de la Jepson School en la Universidad de Richmond. De inmediato me llegó la aceptación para hacer la estancia que tanto deseaba. Desde mi llegada a Richmond, durante el semestre que estuve allí, fui descubriendo el universo del

---

[5] Carta de Antonio Robles Egea a Juan José Linz con fecha de 10 de mayo de 2004. A ese esquema dediqué la Memoria de habilitación de cátedra, *El liderazgo político: Aproximación a su estudio y ensayo de un esquema teórico metodológico. Notas previas para una aplicación a Andalucía (1975-1990)*, 2007, 212 pp. (Inédita).

liderazgo en general, y del liderazgo político en particular, sin ningún tipo de ataduras teóricas y metodológicas, hasta llegar a comprender la extensión del fenómeno y su relación con todos los ámbitos de la cooperación y el conflicto en la actividad humana, especialmente en todo aquello relacionado con las cúpulas del poder y las élites que las componen.

Teniendo en consideración que en la Jepson School se investiga de manera holística el fenómeno del liderazgo, pero inserto en la realidad de las élites, el ejemplo de Linz, tan cercano al estudio de las élites como distante del conocimiento del liderazgo, resulta paradigmático de la distancia existente entre los investigadores de las élites y los de los líderes, debido a los cerrados esquemas conceptuales de muchos politólogos, tanto en Europa como en los EEUU. Lo mismo cabría decir de una buena parte de los expertos en estudios del liderazgo, carentes de interés por conocer los colectivos que forman las élites en cualquier ámbito de la sociedad. Es paradójico observar cómo élites y líderes, constituyendo, casi siempre, el mismo grupo humano que ejerce el poder, se fraccionan en razón de la perspectiva y el enfoque desde los que se analizan dos fenómenos que están completamente interrelacionados, como reconocen los especialistas de ambos, pero que se obstinan en considerar separados. ¿Mantenimiento de una parcela de poder disciplinario? ¿Convicción y seguridad en la bondad de la teoría y metodología de cada uno de los dos campos de investigación? Posiblemente, ambas cosas.

Hasta cierto punto, se han reconocido los vínculos existentes entre los líderes, las élites y los procesos de liderazgo que generan junto a sus seguidores, pero todavía continúa operándose con conceptos, objetivos y metodologías muy distanciadas. El que en algún congreso, de vez en cuando, se aspire a combinar el estudio de élites y líderes, o bien que en él aparezca algún grupo de trabajo denominado "Élites y líderes", no deja de ser, todavía, una rareza que suele terminar en un olvido posterior de lo discutido y concluido, en un rechazo explícito de unos (nosotros), los elitólogos, sobre los otros (ellos), los liderólogos, y viceversa, y/o en el desequilibrio organizativo en las temáticas: predominio de una de las dos esferas de conocimiento, porque se consideran inconscientemente como separadas o porque institucionalmente tiene la hegemonía una de ellas.

Un ejemplo podría ser el del Congreso Internacional "Élites y liderazgo en tiempos de cambio"[6] celebrado en Salamanca los días 10 y 11 de junio

---

6 https://www.fundacionmgimenezabad.es/sites/default/files/Publicar/images/Documentos/2015/20150610_ibe_programa_congreso_internacional_elites_liderazgo_universidad_de_salamanca-es_o.pdf

de 2015, organizado bajo los auspicios del proyecto Elites Parlamentarias de América Latina (PELA), con el apoyo de FLACSO, Fundación Giménez Abad, Banco de Desarrollo de América Latina y el Área de Ciencia Política de la Universidad de Salamanca. El Congreso, según la primera circular, "busca convocar a quienes trabajan tanto en el terreno de las elites como en el del liderazgo en diferentes colectivos, si bien el lugar central se sitúa en el ámbito de la política"[7]. Con buen criterio, los organizadores crearon grupos de trabajo para tratar élites y liderazgo de manera conjunta: 1. Élites y liderazgo en la historia; 2. Aproximaciones teóricas y metodológicas al estudio de las élites y el liderazgo, etc. En España, este fue, sin duda, el primer intento de acercar posiciones entre los cultivadores de una y otra vertiente del mismo fenómeno de poder. El profesor Jerez estuvo allí, en primera línea, coordinando la mesa 1. Sin embargo, las ponencias presentadas trataban, mayoritariamente, de temas relacionados con las élites, con teorías de las élites y metodologías de las élites. Y las pocas ponencias que hubo sobre liderazgo se mantuvieron dentro de su marco teórico, sin llegar a plantearse una convergencia de planteamientos con los estudios de las élites.

Algo más de consistencia podrían tener los grupos permanentes oficiales que hay en algunas asociaciones internacionales de científicos de la política, como es el caso del European Consortium for Political Research (ECPR), en el que existe, al menos desde 2015, un Grupo Permanente sobre Élites y Liderazgo Político. Este grupo muestra gran actividad en la organización de reuniones de afiliados y secciones de trabajo en las Joint Sessions y en la General Conference, procurando la conjunción de élites y líderes como actores políticos con científicos sociales, con el objeto de desarrollar teorías y métodos adecuados para comprender a los actores políticos y sus capacidades como élites y líderes[8]. Pero esto es un puro espejismo.

---

7 http://acpa-usal.com/wp-content/uploads/Espan%CC%83ol1.pdf

8 https://ecpr.eu/StandingGroups/StandingGroupHome.aspx?ID=54
"The primary goal of the Standing Group on Elites and Political Leadership (SGOEPL) is to provide a formal framework to communicate, meet, share and disseminate research, ideas and data among scholars whose interests extend to the realm of social and political elites and political leadership. These elites include but are not restricted to executive-level political elites, non-elected elites (e.g. bureaucrats), judicial elites and legislative elites (party leaders, parliamentary leaders and officers), media elites and business elites. SGOEPL is committed to the creation, promotion and dissemination of rigorous, empirically tested research. SGOEPL will draw together scholars researching elites and political leadership to provide an intellectual space for the development and dissemination of scholarly

El oasis carece de realidad. La International Political Science Association (IPSA) y la Asociación Latinoamericana de Ciencia Política (ALACIP) poseen grupos permanentes sobre las élites, pero no sobre el liderazgo, específicamente considerado. En la Asociación Española de Ciencia Política y de la Administración (AECPA), también se observa la presencia de un Grupo Permanente sobre Élites, Partidos y Actores Políticos, en cuya doble finalidad se diluye el liderazgo político como azucarillo en agua hasta no dejar rastro visible, si bien el sabor del agua podría evocar la actividad de los actores individuales en la esfera política[9], marcándose así una clara diferencia con el Grupo Élites y Liderazgo Político del ECPR.

En síntesis, las subáreas de la Ciencia Política que investigan las élites y el liderazgo políticos nacieron y evolucionaron con teorías y metodologías diversas, por no decir enfrentadas, pese a que el conjunto elites-líderes es difícilmente separable, salvo en aquellas extrañas ocasiones en las que los liderazgos surgen de lo más profundo de la sociedad y no de su cúpula. Excepciones que hacen cumplir la regla hegemónica de que los líderes nacen, se desarrollan y mueren en combinación con redes de apoyo formadas por diferentes tipos de élites.

En razón de esta simbiosis real de élites y líderes, incluso en épocas de gran personalización de la política como la que estamos viviendo, se deberían buscar herramientas teórico-metodológicas para conocer holísticamente las relaciones entre el liderazgo y las élites que lo encumbran, y también las que pretenden derribarlo, en vez de separar el conocimiento de ambos, élites y líderes. Este conocimiento general y combinado de las élites y los liderazgos (procesos de formación, mantenimiento y caída de los líderes) es lo que sería la *eliteliderología*, subdisciplina que utilizaría todos aquellos instrumentos teóricos y metodológicos que sirvieran al conocimiento conjunto de los colectivos y personas que ejercen el poder en la sociedad de nuestro tiempo, especialmente en el mundo de una política en transformación.

¿Es posible establecer las reglas de tal subdisciplina? La respuesta es afirmativa si partimos de las teorías y conceptos creados hasta ahora por los

---

activity across the broad range of leadership and elite study. There are naturally synergies between research on political leadership and elites".

9 https://aecpa.es/es-es/elites-partidos-y-actores-politicos/pages/150/
1. Promover y difundir la investigación de los actores políticos, con especial atención a partidos políticos, elites políticas y grupos de interés y 2.Fomentar una perspectiva del análisis político centrada en los actores.

estudios de las élites y el liderazgo, teniendo en cuenta además el legado de resultados transmitido, que constituye un avance en el entendimiento de la realidad del poder político. Otra cosa es que haya voluntad para crearla.

Tanto el concepto de élite política como el de liderazgo político se utilizan diariamente en la conversación política y también, con mayor rigor, en las investigaciones propias de la Ciencia Política. Los estudios de las élites comenzaron hace aproximadamente unos cien años, tratando de examinar la presencia permanente de élites en el poder (Michels, Mosca, Pareto, Weber, etc.). Conviene repasar su trayectoria y características para considerar lo que se podría aprovechar de ellos para la *elitelíderología*. Lo mismo cabe decir de los estudios del liderazgo, cuya formación también se proyecta en el pasado alrededor de un siglo, sin contar las ideas que sobre él tuvieron los clásicos. El estudio del liderazgo político (y sus conceptos) se desgaja del estudio general de la clase política al tratar de comprender el papel de las personas individualmente consideradas en su deseo de conquistar el máximo poder político y el cambio social que ello podría implicar. Las aportaciones de Wilson (1961, 1963), Burns (1976), Hellerman (1984), Blondel (1987), Panebianco (1988), Tucker (1995), Nye (2011), etc., podrían servir para conectar los procesos de liderazgo con la existencia de élites circulantes y reticulares[10].

Como se ha afirmado anteriormente, conociendo mejor la pluralidad de teorías, enfoques y métodos de ambas corrientes de investigación, se encontrará lo que es congruente en ellas para el servicio de la *elitelíderología*, cuya finalidad no es otra que el profundo conocimiento de la acción política de los dirigentes y su orientación hacia la mayor calidad del sistema democrático.

ÉLITES Y LIDERAZGO POLÍTICO: HACIA UN ESTUDIO CONJUNTO

Sin obligación de explicar aquí todo el arsenal conceptual y metodológico de las teorías sobre las élites (Laswell, 1974; Ferrando Badía, 1976; Morán, 1993; Beyme, 1996) y el liderazgo político (Natera, 1997, 2001; De Lucas, 1999; Antonakis, 2004; Delgado, 2005; Díaz-Carrera, 2014), tarea por otra parte demasiado extensa para incluir en este breve capítulo que

---

[10] Para una visión completa de las teorías y enfoques del liderazgo ver Kellerman (1984) y Robles Egea (2007).

los coordinadores nos solicitan, sí es posible extraer algunas conclusiones a partir del análisis de los fundamentos epistemológicos de las teorías y prácticas habidas en las investigaciones sobre las élites y el liderazgo político. De ellas cabe deducir la existencia de diferencias en los conceptos, objetos de estudio o métodos y técnicas de trabajo empleados por los dos círculos académicos mencionados, aunque ambos manejan también ideas compartidas sobre la realidad existencial del liderazgo y las élites. En determinadas ocasiones, dándoles un sentido contrario, cuando podría ser convergente, que refleja la distinta orientación en el punto de partida.

En el análisis del liderazgo político cobra suma importancia la individualidad y personalidad siempre central de los líderes como actores y agentes políticos por excelencia. Por ello, se atiende a sus características, habilidades, discurso, comportamiento, relaciones personales, etc., sin olvidar que su actuación se inserta en un contexto determinado: las instituciones públicas y privadas, el proceso político y las permanentes relaciones que mantienen con sus seguidores en los distintos roles y niveles de los mismos, teniendo en cuenta además una completa teleología al objeto de satisfacer los intereses colectivos de los seguidores, lo que conlleva la redistribución de incentivos selectivos y colectivos, si existe tal posibilidad. La personalización que se hace del objeto de estudio permite, como se acaba de mencionar, la relación de los líderes con estructuras organizativas, con sus seguidores y los otros líderes de la competencia, a los que trata de restar apoyos (Robles Egea, 2007). En suma, el estudio de los líderes y su liderazgo como proceso requiere un análisis del sistema político en su conjunto, dada la compleja transversalidad que el multidimensional fenómeno del liderazgo posee en cualquier tipo de sociedad.

Los investigadores de las élites analizan su objeto de forma diferente: la personalización es secundaria dado que lo trascendente es el conjunto de personas que componen la élite. Hasta el nombre de los individuos puede ser accesorio. La finalidad es clasificar a los integrantes de la élite en función de una serie de indicadores de diversa consideración. Lo importante es mostrar la composición y características, los orígenes y reclutamiento, o su continuidad y cambio, aplicando una perspectiva mayoritariamente posicional que se centra principalmente en los miembros de las asambleas políticas, en sus distintos niveles territoriales, punto de partida para obtener otras posiciones de mayor altura, como las gubernativas[11].

---

[11] Los trabajos de Robert Putnam (1976) y Joel Aberbach, Robert Putnam y Bert Rockman (1981) han contribuido a ello.

El resultado final de las investigaciones constituye una serie de tablas que perfilan las características sociodemográficas (edad, sexo, raza, orígenes sociales, educación y formación, profesión, carrera y reclutamiento, etc.) de las personas que se consideran elite política, completadas en algunos casos con el uso de técnicas cualitativas como pueden ser las entrevistas y el grupo de discusión. Así se refleja la trayectoria de las élites, cada vez más profesionalizadas, dentro del proceso de especialización que requieren las sociedades modernas, pero en contra de los principios teóricos de la democracia, por las razones que la profesora Uriarte (2000) ha descrito. Primero, por las dificultades para volver a la profesión de origen; segundo, por las exigencias actuales de la especialización en la vida política; tercero, por la falta de candidatos en muchas ocasiones; y, cuarto, por las propias motivaciones públicas de los políticos profesionalizados. En fin, desde esta perspectiva, las individualidades, incluyendo las más sobresalientes, se diluyen en el conjunto de la élite, obviando un estudio en profundidad de las razones de la aparición de los líderes y su liderazgo[12].

Dejando para otro momento los motivos y las motivaciones profundas de esta divergencia o discrepancia, que deberían ser analizados con extensión y detalle, la combinación de ambos campos subdisciplinares es posible y pertinente a través de un acercamiento teórico-metodológico que enfoque el grupo humano de la élite de manera más compleja y particularizada. Toda vez que la élite necesita de un liderazgo que la organice, la cohesione y la haga actuar de manera coordinada, mientras que los líderes necesitan de la acción de la élite (seguidores cercanos) para gestar, comunicar y ejecutar sus ideas y decisiones dentro de su propia élite, pero también para oponerse a otros líderes y las élites que los siguen. La realidad es que los líderes y las élites trabajan de una forma simbiótica, que sigue sin conocerse con rigor científico.

Observando la complejidad de las sociedades globalizadas de nuestro tiempo, es fácil deducir la necesidad que tienen de dotarse de élites y líderes bien capacitados, mucho mayor que en otros momentos históricos. Las exigencias para resolver las graves cuestiones globales (economía sostenible, cambio climático, terrorismo y guerras, la desigualdad y las migraciones, etc.) piden a voces que las élites y los líderes políticos sepan ges-

---

12 Esto no impide la calidad y complejidad que adquieren las investigaciones sobre las élites, que comienzan a ser correlacionadas de manera multimensional/factorial. Véase el ejemplo en Jerez Mir, Real-Dato y Vázquez-García, coords. (2015) y Tavares de Almeida, Costa Pinto y Bermeo, orgs. (2006).

tionar la maraña de asuntos públicos pendientes de solución. Asimismo, los problemas internos de las sociedades democráticas requieren que sus gobernantes atajen las disfunciones del sistema, como pueden ser la desafección política, las tendencias autoritarias de los populismos, la falta de transparencia y responsabilidad política, etc.

Ante estas circunstancias, el liderazgo político necesita ser imaginativo y eficaz al objeto de detener el avance de problemas de legitimación/deslegitimación que jaquean constantemente al sistema democrático (populismos, escasa participación, partidos antisistema, crisis económicas, procesos inflacionarios). Lejos de la posibilidad de una democracia real, directa, participativa, transparente, la democracia liberal representativa sigue siendo el mecanismo adecuado para elegir periódica y territorialmente a los líderes y élites políticos. Ambos constituyen la representación de la ciudadanía que ha de ejercer el buen gobierno de la sociedad. La correlación de fuerzas y espacios de poder entre las distintas élites y líderes determina la proporción de poder en cada uno de ellos en las instituciones.

En el proceso de toma de decisiones políticas, son los líderes los que finalmente deciden, aunque sea después de un análisis de la problemática en el que han intervenido las élites parlamentarias o ejecutivas que los rodean. Por esto, el proceso de liderazgo, especialmente en los sistemas democráticos, es un proceso abierto en el que participan libre y responsablemente muchos actores, sobre todo las élites, pero las resoluciones clave las adopta un individuo, el que desempeña el rol de líder, el más libre y responsable en última instancia de la decisión. Este sistema plural de toma de decisiones asegura en parte el buen funcionamiento de la democracia, siendo el cimiento estructural de la calidad del sistema. Ahora bien, los círculos más altos del poder están capacitados técnica y políticamente para tomar decisiones clave. Por tanto, es de gran relevancia la selección de élites y líderes por su capacitación/profesionalización, a costa de limitar la aspiración a la utopía democrática, la llamada democracia real.

Habría que añadir a lo anterior el significativo papel que los líderes y las élites desempeñan en la comunicación política. Hoy día, el proceso democrático tiene lugar en la sociedad de la información y la comunicación globales. La política ocupa un lugar predominante en el espacio mediático (prensa, radio, televisión, redes, prensa digital, etc.). De ahí que los líderes (y personas de su élite) estén presentes en dicho escenario, al objeto de establecer relaciones con otros líderes y otras élites para ganar territorio político-electoral. En estos lugares de la comunicación política, los líderes y las élites que les rodean son expertos en transmitir ideología, proyectar políticas públicas y criticar a los adversarios (Robles Egea, 2016). Esta función comunicativa ha favorecido la personalización de la política, haciendo del comunicador el símbolo e identidad de una opción política determinada entre las audiencias de todos estos tipos de espacios mediáticos y los internautas que, además de oír, ver y leer, participan enviando sus mensajes a las redes sociales.

La existencia del *homo videns* (Sartori, 2002) y del *homo digitalis* (abundante bibliografía) ha creado al especialista de la comunicación política y lo ha convertido en líder y élite del proceso político. Su finalidad no es otra que expresar públicamente las ideas e intereses de su organización en el mercado de la política. Utilizando técnicas adecuadas para captar la racionalidad o emocionalidad de la audiencia, se pretende la visibilidad de los líderes/élites en los medios de comunicación y la identificación con un proyecto político de los potenciales seguidores. A través de la personalización de la comunicación, se obtiene una enorme influencia electoral. El líder, sea de un partido en la oposición o en el gobierno, es un agente determinante de una parte considerable de los votos recogidos por un partido, que puede llegar al treinta por ciento, según ha demostrado Rico (2002, 2003, 2005, 2009).

Por lo adelantado, se colige que tanto los líderes como las élites de su entorno son actores decisivos en la acción política democrática. De ahí el requerimiento de su investigación y estudio de manera combinada. Incluso es necesaria la evaluación de los resultados obtenidos en dicha investigación, pues de ellos se pueden deducir sugerencias importantes para mejorar la eficacia de su actividad y la calidad del funcionamiento democrático, o en sentido contrario, extraer claves para la corrección de prácticas viciadas que minan los soportes de la democracia.

A MODO DE CONCLUSIÓN

Al entender el liderazgo como un fenómeno vertebrador del funcionamiento del sistema político a través de procesos en los que intervienen los líderes y las élites, tomando decisiones conjuntas o intercambiándose incentivos selectivos (Olson, 1965; Panebianco, 1988), enfrentándose a veces entre ellos/ellas, creemos que las actividades de ambos conjuntos se entremezclan y pueden ser integradas dentro de un mismo objeto de conocimiento. Élites y líderes caminan, ciertamente, por el mismo sendero en los sistemas democráticos, tanto para su elección como para el ejercicio del poder que les corresponde dentro de las instituciones. Pero no podemos olvidar que las instituciones son regidas por individuos, con sus peculiaridades personales, y en este sentido siempre tienen un margen de discrecionalidad y liderazgo. De ahí, la necesaria capacitación personal (de líderes y élites) que se requiere para diseñar, implementar y evaluar políticas públicas y la obligada colaboración de líderes y élites para hacer un buen gobierno y procurar una democracia de calidad.

Con esta propuesta queremos afirmar que los integrantes de las élites son también, en cierta medida y número, líderes, pues han llegado a su posición por medio de mecanismos competitivos: "...leadership is...the movement of people into positions of increasing influence and authority, and therefore can be thought of as the means whereby elites constitute themselves. The formation of an elite is the eventual consequence of patterns of leadership" (Harter, 2004). Publicaciones sobre las élites, como la de Lerner, Nagai y Rothman (1996), las consideran como "grupos de liderazgo" o "cuadros de liderazgo".

Los líderes, por su parte, nacen y evolucionan, normalmente, dentro de estructuras elitistas que cuentan con redes de apoyo para alcanzar determinados rangos de poder. Esta realidad debería inclinarnos a no separar las investigaciones de las élites y el liderazgo. En la *Encyclopedia of Leadership* que coordinaron Goethals, Sorensen y Burns (2004), Nathan Harter (2004), ya mencionado, dedica un capítulo a la teoría de la élite, en el que se afirma que la perspectiva estática de las élites descubre al liderazgo las posiciones de poder que se establecen en el grupo, ilustrando facetas de los procesos de liderazgo. De la misma forma, cuando se trata de dinamizar la visión de las élites para entender bien los movimientos de los individuos en el grupo, entonces son los estudios del liderazgo los que aportan conocimiento al funcionamiento de las élites.

En todo caso, hemos de considerar que élites (de manera colectiva, pero generando su propio liderazgo en el interior) y líderes (por sí mismos, aunque se apoyen en las élites) hacen todo lo posible por mantenerse en el poder. Hace mucho que nos alertaron sobre ello. La realidad de las élites y de los líderes, con su tendencia aristocrática u oligárquica, es bien antitética a los principios democráticos. Sin embargo, como se ha expresado anteriormente, la democracia verdadera, la de Rousseau, de los populistas o de los radicales, es una simple aspiración utópica debido a las complejas estructuras de las que dependemos para la gestión de nuestros problemas. Otra cosa es que la apelación al pueblo o a la democracia real sirva para contrarrestar el poder de líderes y élites enquistados en el sistema político. En cualquier caso, cabe la posibilidad de que el líder y su liderazgo puedan corregir las tendencias antidemocráticas de las élites, o viceversa. La democracia, tal como la practicamos, necesita de los líderes para mejorarla, pero también es el sistema más adecuado para crear una élite dirigente de calidad y seleccionar a las personas más adecuadas para satisfacer los intereses colectivos. A tener en cuenta que élites y líderes sufren procesos de corrupción que son difíciles de evitar, salvo si se fomentan y aplican normas jurídicas y políticas para su vigilancia. Y en esto también están juntos los líderes, las élites y la ciudadanía.

Referencias

Aberbach, J.D; Putnam, R.D., y Rockman, B.A. (1981). Bureaucrats and Politicians in Western Democracies. Cambridge, MA: Harvard University Press.

Alcántara Sáez, M. (2012). El oficio de político. Madrid: Tecnos.

Antonakis, J.; Cianciolo, A.T., y Sternberg, Robert J. (Eds.). (2004). The Nature of Leadership. Thousands Oaks, CA: Sage Publications.

Beyme, K. von. (1996). La clase política en las democracias occidentales. Madrid: Alianza Editorial.

Blondel, J. (1987). Political Leadership: Towards a general Analysis. London: Sage Publications.

Bratton, J.; Grint, K., y Nelson, D. (2005). Organizational Leadership. Mason, Ohio: Thomson-South-Western.

Chehabi, H. (2006). Una bibliografía de Juan J. Linz. Revista Española de Investigaciones Sociológicas, 114, 173-210.

Ciulla, J.B. (1998). Leadership Ethics: Mapping the Territory. En Ciulla, J. B. (Ed.) Ethics, the Heart of Leadership (pp. 3-25). Westport, CT: Praeger.

Ciulla, J.B. (Ed.) (2003). The Ethics of Leadership. Belmont, CA: Wadsworth/Thomson Learning.

Ciulla, J.B.; Price, T. L., y Murphy, S. E. (Eds.). (2005). The quest for moral Leaders: essays on leadership ethics. Cheltenham UK, Northhampton, MA: Edward Elgar.

De Lucas, F. (1999). Líderes y liderazgos políticos. Madrid: Universidad Complutense. Tesis doctoral inédita dirigida por el Profesor D. Manuel Pastor Martínez.

Delgado Fernández, S. (2005). Sobre el concepto y el estudio del liderazgo político. Una propuesta de síntesis. Psicología Política, 29, 7-29.

Díaz-Carrera, César y Natera, A. (Eds.). (2014). El coraje de liderar. La democracia amenazada en el siglo XXI. Madrid: Tecnos.

Fabbrini, S. (2009). El ascenso del Príncipe democrático. Quién gobierna y cómo se gobiernan las democracias. México DF: Fondo de cultura Económica.

Ferrando Badía, J. (1976). Las élites. Revista Española de la Opinión Pública, 43/1976, enero-marzo: 7-26.

García de León, M.A. (1994). Élites discriminadas (Sobre el poder de las mujeres). Barcelona: Anthropos.

Gardner, J. W. (1990). On Leadership. New York: The Free Press.

Gutmann, A., y Thompson, D. (1996). Democracy and Disagreement: Why Moral Conflict Cannot Be Avoided in Politics, and What Should Be Done about it. Cambridge, MA: The Belknap Press of Harvard University Press.

Harter, N. (2004). Elite Theory. En Goethals, G. R.; Sorenson, G. J., y Burns, J. M. (Eds.) Encyclopedia of Leadership. Thousand Oaks: Sage Publication.

Held, D. (1996). Models of Democracy. Stanford, California: Stanford University Press.

Jerez Mir, M.; Real-Dato, J., y Vázquez-García, R. (Coords.). (2015). Iberian Elites and the EU. Granada: EUG.

Kellerman, B. (1984). "Leadership as a political act". En Kellerman, B. (Ed.), 1984. Leadership. Multidisciplinary Perspectives. Englewood Cliffs, NJ: Prentice-Hall.

Keohane, N. O. (2005). "On Leadership". Perspectives on Politics, 3 (4), 705-722.

Laswell, H. D. (1974). La política como reparto de influencia. Madrid: Aguilar.

Lerner, R.; Nagai, A.K., y Rothman, S. (1996). American Elites. New Haven: Yale University Press.

Morán, María Luz. (1993). La teoría de las élites. En Vallespín, F. (Ed.). Historia de la Teoría Política, 5 (pp. 132-188). Madrid: Alianza Editorial.

Natera Peral, A. (1997). Political Leadership: A Tentative Framework. The Journal of Leadership Studies, 4 (3), 68-83.

Natera Peral, A. (2001). El liderazgo político en la sociedad democrática. Madrid: Centro de Estudios Políticos y Constitucionales.

Natera Peral, A., y Vanaclocha Bellver, F.J. (Dirs.). (2005). Los liderazgos en el mercado político y la gestión pública. Madrid: Universidad Carlos III de Madrid/BOE.

Nye Jr., J.S. (2011). Las cualidades del líder. Barcelona: Paidós. Primera edición en inglés, 2008. The Powers to Lead: Soft, Hard, and Smart. Oxford: Oxford University Press.

Olson, M. (1965). The Logic of Collective Action: Publics Goods and the Theory of Groups. Cambridge, MA: Harvard University Press. Traducción en español La Lógica de la Acción Colectiva. Bienes Públicos y la Teoría de Grupos. México: Limusa, 1972.

Panebianco, A. (1988). Political Parties: Organization and Power. Cambridge: Cambridge University Press (Primera edición italiana 1982 y edición española de 1990, Modelos de Partidos. Organización y poder en los partidos políticos. Madrid: Alianza Editorial.

Pasquino, G. (2000). La clase política. Madrid: Acento Editorial.

Price, T. L. (2006). Understanding Ethical Failures in Leadership. Cambridge: Cambridge University Press.

Putnam, R. D. (1976). The Comparative Study of Political Elites. New Jersey: Prentice Hall.

Rico Camps, G. (2002). Ciudadanos y electores. La popularidad de los líderes políticos y su impacto en el comportamiento electoral. Barcelona: ICPS.

Rico Camps, G., y Bosch, A. (2003). Leadership Effects in Regional Elections: the Catalan Case. Barcelona: ICPS, Working Paper 216.

Rico Camps, G. (2005). "Las imágenes de los líderes ante las elecciones generales de 2004". Comunicación presentada en el VII Congreso de la AECPA, Madrid, 2005 (texto mimeografiado).

Rico Camps, G. (2009). Líderes políticos, opinión pública y comportamiento electoral en España. Madrid: CIS.

Robles Egea, A. (2007). Memoria de habilitación de cátedra, El liderazgo político: Aproximación a su estudio y ensayo de un esquema teórico metodológico. Notas previas para una aplicación a Andalucía (1975-1990), 2007, 212 pp. (Inédita).

Robles Egea, A. (2016). Liderazgo. El poder de la palabra. En Ortega Pérez, N., Triguero Martínez, L. et al. (Eds.). El poder de la comunicación. Claves de la comunicación estratégica en los espacios jurídico y político (pp. 183-197). Madrid: Dykinson.

Ruscio, K. P. (2004). The Leadership Dilemma in Modern Democracy. Northampton, MA: Edward Elgar.

Sánchez Cámara, Ignacio. (1986). La teoría de la minoría selecta en el pensamiento de Ortega y Gasset. Madrid: Tecnos.

Sartori, G. (2002). Homo videns. La sociedad teledirigida. Madrid: Taurus.

Spragens, T. A. Jr. (1990). Reason and Democracy. Durham y Londres: Duke University Press.

Tavares de Almeida, P.; Costa Ponto, A., y Bermeo, N. (eds.). (2006). Quem Governa Europa do Sul? Lisboa: Impresa de Ciências Sociais.

Tucker, R. C. (1995). Politics as Leadership. Edición revisada. Columbia y Londres: University of Missouri Press (Primera edición de 1981).

Uriarte, E. (2000). La política como vocación y como profesión: análisis de las motivaciones y de la carrera política de los diputados españoles. Revista Española de Ciencia Política, 3, 97-124.

Uriarte, E. (2002). Introducción a la Ciencia Política. La política en las sociedades democráticas. Madrid: Tecnos.

Vallespín, F. (1994). Viaje al interior de un gremio. De los politólogos y su proceloso objeto. Claves de Razón Práctica, 40, 28-37.

Vargas Paredes, M. S. (Coord.). (2009). Liderazgo, políticas públicas y cambio organizacional. Lecciones desde Iberoamérica. México: Editorial Miguel Ángel Porrúa y Universidad de Quintana Roo.

Vargas-Machuca, R. (2006). La calidad de la democracia. Claves de Razón Práctica, 165, 34-40.

Vicentini, G. (2013). Selecting the leader in Italy and Spain. Revista Española de Ciencia Política, 33, 11-30.

Villoria, M. (2006). La corrupción política. Madrid: Síntesis.

Wilson, J. Q. (1961). The Economy of Patronage. Journal of Political Economy, LXIX, 369-380.

Wilson, J. Q. (1973). Political Organizations. New York: Basic Books.

Capítulo 7
El liderazgo resiliente de Pedro Sánchez Pérez-Castejón. Un arquetipo político de la generación X

SANTIAGO DELGADO FERNÁNDEZ

INTRODUCCIÓN

El homenaje constituye una muestra de reconocimiento y un elogio público que surgen de la admiración y el respeto hacia una persona. En este caso, lo es hacia la figura del profesor e investigador Miguel Jerez Mir. Más de treinta años de relación, primero como alumno y luego como compañero en el Departamento de Ciencia Política y de la Administración de la Universidad de Granada, ha sido tiempo más que suficiente para advertir en su persona las cualidades singulares de un intelectual esforzado y exigente, de un universitario pleno. En buena medida, algunos de los temas de interés hacia los cuales he orientado profesionalmente mis propios trabajos lo fueron gracias a sus recomendaciones. Así, cuando recibí la invitación para participar en este libro, tuve claro la panoplia de objetos de estudio que podían ser pertinentes, según lo que le ocupó y le ocupa a él y lo que ahora me ocupa a mí.

Es sabido que los líderes políticos democráticos, por lo común, o integran o terminan integrando parte de las élites políticas de sus respectivos Estados. Por su parte, no todos los miembros de las élites políticas ejercen liderazgo[1]. A la élite se pertenece; el liderazgo se ejerce. En consecuencia, las élites y los líderes, aun siendo objetos cercanos, no son totalmente iguales. Por ello, unas y otros no pueden ser estudiados de la misma forma, pese a que existen determinados espacios compartidos[2].

---

1 En torno a la política como reparto de influencia, véase Lasswell (1974).

2 Sobre el estudio en paralelo de las élites y el liderazgo político, Robles Egea (2015) ha llegado a plantear la posibilidad de una *elitelíderología*.

El profesor Jerez es uno de los principales referentes de la Ciencia Política en el estudio de las élites políticas españolas. El liderazgo político, en cambio, ha sido una temática explicada, sobre todo, en sus clases de Sistema y de Proceso político español, aunque no le dedicase tanto tiempo en sus tareas como investigador. Es probable que, por ello, sabedor de mis inquietudes, para la preparación de su docencia me solicitara referencias sobre los liderazgos políticos presidenciales en la España democrática. Si bien él conoce a la perfección los trabajos de su admirado Linz (1987) sobre el liderazgo innovador en la Transición, le ha interesado estar al tanto de aportaciones más actuales relativas a la temática del liderazgo presidencial español[3]. Muy pocas veces le pude dar respuesta suficiente a sus demandas, sobre todo por la voracidad de su interés, pero también porque existía y sigue habiendo una evidente ausencia de publicaciones que desarrollen el liderazgo de los presidentes de Gobierno en España[4]. Con esta modesta aportación aprovecho ahora para responder a una pequeña parte de su solicitud.

Dado que, en este capítulo, por razones obvias de extensión, es inviable analizar el liderazgo político de todos los presidentes de Gobierno en democracia y que, además, ya existen algunas aportaciones muy meritorias sobre ello, dedicamos las siguientes páginas a examinar, en exclusiva, el liderazgo político del presidente Pedro Sánchez[5]. La elección responde tanto a la insuficiencia de trabajos académicos que versen sobre su liderazgo, debido a que se trata de un presidente aun en ejercicio, como al interés que despierta un líder que se ha visto sometido a diversas controversias, incluso antes de alcanzar la Presidencia; un líder que ha debido afrontar, de forma discutida, la gestión de una crisis sanitaria (Covid-19) y sus derivadas económicas y sociales, así como la respuesta a las consecuencias resultantes de la guerra de Ucrania[6]. El análisis de su liderazgo que se propone, de ca-

---

3 Entre los proyectos de futuro del profesor Jerez, ya en su condición de emérito, me consta su voluntad de publicar un libro sobre los presidentes de Gobierno en España (1868-2020).

4 Sobre el liderazgo presidencial europeo, véase Helms (2005).

5 Entre los principales estudios comparativos sobre el liderazgo presidencial en España, véase Álvarez (2002; 2014). Existen innumerables trabajos que, desde diferentes perspectivas, se aproximan al liderazgo de cada uno de los seis presidentes de Gobierno anteriores a Sánchez. Véase: Abella (1977), Calvo-Sotelo (2010), Campillo (2004), Del Toro (2007), García Abad (2005; 2006; 2010), Palomo (2011), Quevedo (2007), Rajoy (2011), etc.

6 Se han publicado ya algunos títulos sobre el liderazgo de Sánchez. Entre otros, véase: Gómez, (2016) y Leguina (2021). Lejos de ser hagiográficos, los dos libros adoptan un tono especialmente crítico con la figura política de Sánchez.

rácter tentativo y, por tanto, provisional, repara en el periodo de ejercicio como presidente del Gobierno entre 2018 y febrero de 2022, así como en algunos de los más destacados episodios anteriores a su llegada a la Moncloa. Desde la entrega de la primera versión de este capítulo (en 2022) hasta hoy, se han producido nuevos acontecimientos que, en lo esencial, no desvirtúan el análisis propuesto. Sólo se hace referencia ocasional a algunos de ellos.

El liderazgo de Pedro Sánchez está influido por los rasgos caracterizadores de su generación, los cuales han contribuido a configurar un arquetipo particular, en el sentido orteguiano, que lo hace especialmente sugestivo para su estudio[7]. A diferencia de presidentes anteriores, algo más reservados al valorar su actuación personal, Sánchez se ha autoasignado y ha publicitado de sí mismo una categoría de liderazgo que entiende se ajusta bien a su forma de proceder: la de líder resistente o resiliente (Sánchez, 2019). Es este un tipo de liderazgo caracterizado por disponer de una gran capacidad para superar circunstancias traumáticas, para adaptarse con agilidad a escenarios cambiantes y complejos, para recuperarse de la adversidad[8]. Considerando su trayectoria política antes de alcanzar la presidencia del Gobierno y todos los obstáculos sorteados en los siguientes cuatro años como titular de esta, parece que el epíteto define bien el tipo de liderazgo efectivamente ejercido, al margen de cualquier enjuiciamiento que sobre su calidad pueda hacerse. No es este el lugar para ello[9].

Toda aproximación al liderazgo político democrático, también al presidencial, como la que aquí ensayamos, debe tener en cuenta que es un fenómeno multidimensional y poliédrico. En tanto que se despliega mediante una relación tríadica entre líderes, seguidores y contextos, dependiendo de en qué parte de la relación se coloque el foco, se emplearán unos en-

---

7 Desde la filosofía política de Ortega, pasando por el campo de la comunicación política de Jung, ha sido frecuente el uso del término arquetipo refiriendo un modelo de ejercicio del liderazgo político. Según Ortega (1974), un arquetipo político (lo que es) no debe confundirse con un ideal (lo que debe ser); un político se ocupa; un intelectual se preocupa. Un político debe tener una misión creadora. Al mundo dirá, se viene para hacer política o para hacer definiciones. En el arquetipo orteguiano, el político (el líder político) no se caracteriza por poseer las virtudes convencionales (honradez, veracidad, escrúpulos). Más bien destacarán vicios tales como la desvergüenza, la mendacidad, la venalidad, etc.

8 Sobre el significado de la resiliencia, véase Hartley (2018: 211).

9 En un estudio muy crítico, Joaquín Leguina (2021: 8) ha descrito a Sánchez como un líder tenaz y ambicioso.

foques u otros para su estudio[10]. En esta oportunidad, ponemos la mirada en el contexto histórico-generacional en el que se socializó el presidente Pedro Sánchez y en las competencias observables de su liderazgo. Suponemos que a partir de su contexto generacional ha desarrollado su carrera política y su liderazgo, dando lugar a un arquetipo competencial determinado al que convenimos en calificar como resiliente.

Además de esta introducción, el capítulo contiene tres epígrafes. Uno primero, con pretensiones de contextualización del liderazgo presidencial, aborda brevemente la inserción generacional de los siete presidentes de Gobierno habidos en España desde 1977. Nos detenemos, con especial detalle, en la generación del cambio o X, de la que forma parte Sánchez. Posteriormente, relatamos los momentos más significados de su trayectoria resiliente. Por último, estudiamos su figura a la luz del cuadro de competencias directivas y de liderazgo de los presidentes de Gobierno propuesto por Álvarez y Pascual (2002; 2004), que nos sirve para perfilar su arquetipo político. El capítulo finaliza con las referencias consultadas para su redacción.

LAS GENERACIONES POLÍTICAS DE LOS PRESIDENTES DE GOBIERNO: DE SUÁREZ A SÁNCHEZ

Por lo general, se admite que una generación es un grupo demográfico de quince cohortes con edades consecutivas, que se caracteriza por coincidir en las fechas de su integración en la vida social, de rasgos más o menos homogéneos y características peculiares distintivas[11]. Para que exista, no es preciso que sus miembros tengan conciencia de ser parte. Sí se requiere que dispongan de experiencias compartidas por razón de edad, aunque también por disposición y contexto. Sin entrar en debates epistemológicos sobre el concepto, el término ha sido empleado siempre con vocación taxonómica y resulta un asidero útil para analizar las semejanzas en los comportamientos. En su acepción política, además, implica la voluntad de un grupo de edad para unirse y trabajar por el cambio socio-político, resultando sugestivo para analizar a los líderes políticos y, en nuestro caso, a los presidentes de Gobierno[12].

---

[10] Sobre el estudio del liderazgo, véase Collado y Jiménez-Díaz, et. al. (2016).

[11] Sobre el margen cuantitativo de quince años que delimita a una generación, véase Marías (1949: 164).

[12] Para conocer la acepción política del concepto de generación, véase Braungart (1986).

Partiendo de este sentido político del concepto, los presidentes de Gobierno españoles (1977-2022) pueden clasificarse en alguna de las siguientes generaciones: la de la guerra, la de la posguerra, la del desarrollo y, finalmente, la del cambio (Espina, 2004). No hay un orden cronológico lineal entre el momento en el que cada uno ejerció su cargo y la generación a la que pertenecen. Así, Leopoldo Calvo Sotelo, el segundo de los presidentes, perteneció a la generación de la guerra. Nacido en 1927, su socialización se produjo en el momento de la quiebra de un sistema político: la Restauración, la instauración de la Segunda República y la Guerra Civil. El presidente Suárez, antecesor en el cargo, y González, sucesor en el mismo, aunque con distancia temporal entre ellos, son integrantes de la generación de la posguerra. Ambos nacieron entre 1931 y 1945, y su hecho generacional fue la autarquía económica franquista. Suárez comenzó su implicación en la vida pública alrededor de los años 60; González, a finales de esa década. Más allá de las diferencias entre ambos, los dos son protagonistas de la generación principal del proceso de cambio político y fueron actores principales de la Transición.

Aznar, Rajoy y Rodríguez Zapatero forman parte de la generación del desarrollo (1946-1960). En esos años, España experimentó cambios estructurales profundos en lo económico y lo social, así como un intenso proceso de urbanización. El año de nacimiento de Zapatero, 1960, marca el fin del entorno temporal de la generación del desarrollo y sirve como inicio a la del cambio, circunstancia que podría valer para que este último, a voluntad del analista, tendría cabida en una u otra.

Por último, el presidente Sánchez (nacido en 1972) pertenece a la generación del cambio (1961-1976). Sus hitos generacionales son la aprobación de la Constitución española de 1978 y la integración en Europa. La incorporación a la vida laboral de los miembros de esta generación y, por ende, de Sánchez, se produjo al final de una dilatada etapa de crisis y de transformaciones estructurales, constitucionales y socioeconómicas. Además, esta generación pasa por ser la más favorecida por la revolución educativa que tuvo lugar desde los inicios de la década de los 80.

Completamos esta clasificación generacional superponiendo otra propuesta muy empleada hoy, que, en lo esencial, no modifica el análisis de los hechos generacionales definitorios, aunque sí cambia los límites temporales de adscripción.

Cuadro 1. Las generaciones de los presidentes de Gobierno españoles

<table>
<tr><th colspan="2">GENERACIÓN</th><th>PRESIDENTES</th><th>HITO GENERACIONAL DEFINITORIO</th></tr>
<tr><td>De la guerra (1916-1930)</td><td rowspan="2">Maduros (1909-1945)</td><td>Leopoldo Calvo Sotelo (1926)</td><td>Guerra civil española (1936-1939)</td></tr>
<tr><td>De la posguerra (1931-1945)</td><td>Adolfo Suárez (1932), Felipe González (1942)</td><td>Autarquía económica (1940-1959)</td></tr>
<tr><td colspan="2">Del desarrollo (1946-1960)
Baby boomers (1945-1964)
Generación tapón T (1943-1963)</td><td>José María Aznar (1953), José L. Rodríguez Zapatero (1960), M. Rajoy (1955)</td><td>Apertura económica
(1960-1973)</td></tr>
<tr><td colspan="2">Del cambio (1961-1975)
Generación X (1964-1981)</td><td>Pedro Sánchez (1972)</td><td>Constitución española e integración en las Comunidades Europeas (1978-1986)</td></tr>
</table>

Fuente: elaboración propia.

Hablaremos de generación T (1943-1963), o generación de la Transición, si retrocedemos el límite temporal de la generación del desarrollo y extendemos el límite de la del cambio. De este modo, quedarían encuadrados cuatro de los presidentes de Gobierno: González, Aznar, Rajoy y Rodríguez Zapatero. Como rasgos definidores de esta generación T, se destaca el hecho de que sus miembros han ejercido el poder y desarrollado su liderazgo político desde edades muy tempranas. A esta generación también se le ha denominado T, en la medida en que, según algunos, ha impedido que la siguiente generación haya podido alcanzar responsabilidades políticas antes, debido a la prolongada permanencia en el poder (González estuvo más de 20 años al frente del PSOE y catorce como presidente del Gobierno).

Por su parte, la generación X[13] está compuesta por los nacidos entre 1964 y 1981. Sánchez forma parte de ella. Sobre los rasgos característicos de esta generación, J. Walter Smith y Ann Clurman, en 1996, publicaron el libro *Rocking the Ages*. Pensados desde el mundo del marketing, en esta publicación fijaban los caracteres distintivos con respecto a los de las generaciones precedentes, la de los conocidos como *baby boomers* (Generación T), y la de los denominados maduros, nacidos antes de 1946. Entre aquellos rasgos, el estudio destacaba que sus componentes son ambiciosos, astutos y más capaces

---

13 La generación X recibe este nombre por la novela *Generation X: Tales for an accelerated culture* (Coupland, 1991).

que sus padres de comprender sus universos inmediatos. Al margen de estos atributos, hay coincidencia en señalar que sus integrantes, al menos en España, están más preparados formalmente que los integrantes de la anterior. Disponen de una visión del mundo más amplia, porque han podido viajar y trabajar, en muchos casos, fuera del país[14]. Hablan, como poco, un idioma distinto del materno y se manejan con cierta soltura en las tecnologías, siendo muy conscientes de los desafíos de la globalización[15]. Los años de formación coinciden con acontecimientos tan relevantes como la caída del Muro de Berlín o, algo más tarde, con los atentados del 11-S. Ha sido una generación, en su último tramo, muy golpeada por la Gran Recesión y por las políticas de austeridad que se aplicaron como respuesta, justo en el momento en que muchos de sus miembros encontraban, por fin, acomodo laboral y tenían en perspectiva formar familia. Al mismo tiempo, la generación X es deudora y beneficiaria del proceso de integración europeo, acelerado a partir del Tratado de Maastricht. Gracias a este, sus integrantes han disfrutado de las políticas de cohesión europeas y de becas como el programa Erasmus. Los líderes de la generación X, así le ocurre al actual presidente, son muy conscientes de que la Unión Europea ha supuesto un salto incuestionable de la reputación española, y no conciben el futuro del país sin la vertebración económica y política de Europa. Por último, la mayor parte de los líderes de la generación X, como el presidente Sánchez, han hecho carrera en el seno del *establishment*, aunque en un momento determinado tuvieran que enfrentarse, rompiendo las ataduras con el pasado inmediato y muchas de las reticencias de cambio de las generaciones políticas anteriores.

PEDRO SÁNCHEZ. UNA NARRATIVA DE RESISTENCIA

En junio de 2018, Sánchez se convertía en presidente del Gobierno como consecuencia de la primera moción de censura exitosa en la historia de la democracia española[16]. Hasta llegar a ese momento, debió solventar varias situaciones críticas que comprometieron su liderazgo y su misma continuidad en la vida política.

---

14 Durante la década de los noventa del pasado siglo, Pedro Sánchez ejerció como asesor en el Parlamento Europeo (1998) y, más tarde, como jefe de gabinete del Alto Representante de Naciones Unidas en Bosnia durante la Guerra de Kosovo (1999).

15 Sánchez habla francés e inglés.

16 La moción de censura se debatió en el Congreso de los diputados los días 31 de mayo y 1 de junio de 2018.

Un año después de convertirse en secretario general de su partido, tras ganar las primarias y ser nombrado en el Congreso celebrado en julio de 2014, Sánchez afrontó unas elecciones municipales, unas autonómicas y sus primeras elecciones generales. Si bien en las dos primeras los resultados fueron esperanzadores, en las generales celebradas el 20 de diciembre de 2015, el PSOE, aún muy afectado por su pasado reciente, obtuvo la menor representación en democracia hasta ese momento. Pese a ello, debido a la negativa de Mariano Rajoy a aceptar la propuesta del jefe del Estado para someterse a la investidura, Sánchez se vio obligado a asumir dicha responsabilidad intentando articular una mayoría suficiente para ser investido y poder formar Gobierno. Para ello, alcanzó un acuerdo con una de las dos fuerzas políticas emergentes, Ciudadanos (Cs), pero fue incapaz de sumar al mismo a otros partidos con representación parlamentaria, lo que finalmente imposibilitó que su candidatura llegara a buen puerto. Pese al fracaso, la decisión de Sánchez posibilitó que se pusiera en marcha el mecanismo constitucional para la disolución anticipada de las cámaras en el caso de que nadie lograra ser investido en el plazo de dos meses a contar desde el primer intento. Los nuevos comicios se celebraron el día 26 de junio de 2016. El Partido Popular (PP) de Rajoy fue quien logró más escaños, aunque, de nuevo, sin alcanzar la mayoría suficiente para ser investido. En este contexto, Sánchez acuñó un término asociado a una actitud: “No es no” que suponía su rechazo a facilitar, mediante la abstención, la investidura del candidato popular. Fue esta posición la que, precisamente, le supuso un enfrentamiento con la mayoría de los miembros del Comité federal de su partido celebrado el 1 de octubre de 2016, y motivó su forzada dimisión al frente del PSOE, así como su posterior renuncia a la condición de diputado.

Sin embargo, este traumático acontecimiento, a la postre, facilitó a Sánchez el surgimiento de un contexto de oportunidad para labrar su verdadero liderazgo, marcado por la épica y la resistencia. Lejos del desánimo, la derrota personal que supuso la salida de la dirección del PSOE le permitió reconocer la conveniencia que le ofrecía la coyuntura para disputar la reconquista de la posición orgánica perdida. Con una medida estrategia de apelación continua a la militancia y al papel protagonista que esta debía tener en la vida interna de la organización, cuando tan solo habían transcurrido ocho meses desde su dimisión, Sánchez logró retomar las riendas del PSOE y convertirse por segunda vez en su secretario general, tras ganar unas nuevas primarias internas celebras el mes de mayo de 2017. El líder derrotado volvía a la primera línea política adornado por la acción heroica que representaba una victoria frente al apartado de su propio partido, quien durante la campaña del proceso de primarias se había posicionado de forma muy clara a favor de la candidata rival de Sánchez, la encabezada por quien entonces era secretaria general del PSOE de Andalucía, Susana Díaz.

Desde aquel triunfo, hasta la señalada moción de censura de junio de 2018, el camino seguido por Sánchez estuvo plagado de dificultades, más aún teniendo en cuenta que era la primera ocasión en la que un candidato a la presidencia del Gobierno no era miembro del Congreso de los Diputados. Esta circunstancia lastró su capacidad para darse a conocer, para ganar credibilidad ante el electorado y para gobernar a su propio partido, cuyo grupo parlamentario le era muy renuente. De la misma manera, no sin contratiempos y resistencias internas, Sánchez superó esta situación hasta encontrar el resquicio para acceder al poder, aunque fuese por la vía extraordinaria de la censura. Tanto él como sus más cercanos colaboradores construyeron *in extremis* una mayoría negativa que terminaría por auparle a la presidencia del Gobierno, suministrándole así el capital suficiente como para incrementar sus posibilidades futuras de éxito electoral.

Los diez meses siguientes, ya como presidente del Gobierno, lo fueron asimismo de resistencia y superación frente a las dificultades que suponía no disponer de una mayoría suficiente como para sacar adelante algunas medidas que pudieran impactar en la opinión pública con vistas a las futuras elecciones. En último término, fracasado en su intento de aprobar unos presupuestos generales propios, Sánchez decidió convocar elecciones, sin tener muy claro las posibilidades reales de éxito. Estas tuvieron lugar el 28 de abril de 2019, y supusieron su primer triunfo electoral, que se vería amplificado poco después con las victorias en las elecciones autonómicas y municipales de mayo. Aún habiendo ganado las elecciones y con el respaldo del resto de éxitos electorales, Sánchez no logró los apoyos precisos para ser investido y formar gobierno. Su negativa a suscribir una coalición de gobierno con el principal partido a su izquierda, Podemos, y el rechazo de este último a aceptar lo que Sánchez denominó Gobierno de colaboración, fue la principal causa del fracaso. Una nueva investidura fallida a finales de julio de 2019 provocó la disolución anticipada de las cámaras en septiembre y la convocatoria de nuevas elecciones para noviembre de ese mismo año. Sánchez mostró entonces un exceso de confianza y lo fio todo a su baraca, seguro de que su resistencia le llevaría a mejorar los resultados y a forzar un gobierno en solitario con el apoyo externo de diversas fuerzas políticas. Pero, por vez primera en su trayectoria, la resistencia no se tradujo en resultados positivos. El PSOE perdió tres escaños, y aún más sus potenciales socios, tanto Unidas Podemos (UP) como Cs.

En este escenario, Sánchez mostró de nuevo una capacidad de maniobra y acomodo a las circunstancias. Lo que había sido imposible hasta el momento, la formación de un gobierno de coalición, se convirtió en una realidad en tan solo unos días. Sánchez y el líder de UP, Iglesias, alcanzaron un acuerdo que suponía la investidura del primero como presidente del Ejecutivo y la incorporación de la formación morada al Gobierno de España.

Desde ese momento hasta el día en que se escriben estas líneas, el presidente Sánchez tuvo que lidiar con una situación inesperada que puso a prueba su capacidad de resiliencia[17]. El 14 de marzo de 2020, se vio obligado por las circunstancias a declarar un estado de alarma que llevaba consigo el confinamiento general de la población. Sólo en una ocasión precedente se había adoptado una medida de esta naturaleza[18]. La práctica totalidad de la legislatura, y el ejercicio del liderazgo de Sánchez, quedaron marcados por las razones impuestas por la pandemia del Covid-19 y sus continuas llamadas a la resiliencia. Si hasta entonces su resistencia se había evidenciado por su capacidad de superar situaciones comprometidas que suponían la posibilidad de frustrar su carrera política, ahora la naturaleza del contexto otorgaba un carácter muy diferente a esta resistencia.

En los dos años transcurridos desde la declaración del primer estado de alarma, el liderazgo de Sánchez debió sortear dificultades económicas, sociales y políticas de gran calado, unas relacionadas directamente con su muy cuestionada gestión de la pandemia y, otras, a raíz de decisiones políticas muy controvertibles tales como la formación de una mesa de negociación con el independentismo catalán, el indulto de los políticos catalanes condenados por sedición o la aprobación de determinadas leyes de gran trascendencia social y económica, tales como la ley que regula la eutanasia o la reforma laboral[19]. Todo ello trajo consigo un evidente coste reputacional.

---

17 El 24 de febrero de 2022, finalizada la redacción de este capítulo, tropas rusas comenzaban la invasión de una parte del territorio de Ucrania. Se habría en ese momento una nueva y grave crisis en el panorama mundial de consecuencias imprevisibles, con afección indudable en la política española y en la expresión del liderazgo político de Pedro Sánchez. Estas cuestiones habrán de ser objeto de análisis de futuros trabajos.

18 En diciembre de 2010, el presidente Rodríguez Zapatero había declarado el estado de alarma para normalizar la situación del tráfico aéreo, paralizado como consecuencia de una huelga de controladores.

19 En noviembre de 2022 Sánchez sumaría a este catálogo de propuestas normativas la presentación por el grupo socialista y el de Unidas Podemos de una proposi-

UNA EVALUACIÓN TENTATIVA DE LAS COMPETENCIAS DE LIDERAZGO DEL RESILIENTE PEDRO SÁNCHEZ

Son evidentes los parecidos que existen entre el liderazgo empresarial-directivo y el liderazgo político. En este sentido, hace ya algunos años, los profesores José Luis Álvarez y Ernesto Pascual (2002), haciendo suya la relación entre ambos tipos de liderazgo, propusieron un conjunto de competencias directivas habituales en el mundo empresarial que, a su juicio, resultaban muy útiles para analizar el liderazgo político de los presidentes de Gobierno españoles. El esquema propuesto advertía de la existencia de tres tipos de competencias: de estilo de trabajo, de conocimientos formales y, en último término, de actitudes. Dentro del primer grupo de competencias distinguían tres categorías: psicológicas, políticas y gerenciales o de gestión. Las primeras se concretaban, por su parte, en otras tres: temperamento, modo cognitivo y tolerancia a la ambigüedad. El tipo de canales de comunicación preferidos, la fundamentación personal del poder y la capacidad de acción robusta componían las competencias de estilo político. Por último, las competencias gerenciales estaban relacionadas con la orientación al medio preferido de trabajo, la toma de decisiones y la orientación al tiempo de acción. Una década después de presentar esta propuesta centrada principalmente en la primera categoría de competencias, Álvarez (2014) añadió un aporte donde se ponía especial énfasis en los conocimientos-habilidades y en las aptitudes. La propuesta analítica inicial y las adendas posteriores siguen siendo atractivas hoy para estudiar el liderazgo presidencial en España. A la espera de que futuras aproximaciones amplíen el análisis, este capítulo contempla solo las competencias relativas al estilo de trabajo.

Competencias psicológicas

El físico (apariencia estética) tiene un peso determinante en la forma según la cual es percibida la figura de un líder político presidencial[20]. Aunque sería deseable que los líderes fueran evaluados según indicadores objetivos basados en la calidad de sus acciones, lo cierto es que la mente

---

ción de ley para reformar el Código Civil con objeto de rebajar las penas por el delito de sedición.

20 Diversas investigaciones han demostrado que las personas se forman impresiones de los líderes potenciales a partir de sus rostros y que ciertas características faciales predicen el éxito para alcanzar posiciones de liderazgo prestigiosas. En torno a la importancia de la imagen en liderazgo, véase Olivola *et. al.* (2014).

humana tiende a atender a señales superficiales para formar juicios sobre un determinado liderazgo. Esta circunstancia ha sido constante en el desarrollo de la carrera política de Pedro Sánchez. Sin ser un elemento concluyente, la imagen ha tenido y tiene una gran influencia en la simpatía o antipatía hacia su figura, tanto dentro como fuera de España. Sin duda, esto ha influido sobremanera en el juicio de su temperamento a la hora de afrontar los problemas políticos. El rostro y los ademanes corporales del presidente Sánchez se traducen en una apariencia de frialdad y distancia. En sus alocuciones denota una emotividad forzada, un fingimiento de carácter que transmite una imagen de cierta altivez poco empática. A diferencia de la naturaleza de la frialdad mostrada por presidentes anteriores, como Calvo Sotelo o José María Aznar, en el caso de Pedro Sánchez, esta no transmite una sensación de fiabilidad en las expectativas y confianza positiva, aspectos tan necesarios, especialmente en situaciones de crisis como la actual[21]. Más bien sucede al contrario. Con su comportamiento frío se aleja de una buena parte de los ciudadanos al mostrarse, aparentemente, impertérrito con respecto a los acontecimientos. No obstante, es posible que esta frialdad le haya sido muy útil para soportar los improperios hacia su persona, de los que ha sido objeto dentro y fuera de su partido, desde que iniciara su periplo como líder político. Frialdad y autoestima, han terminado siendo dos componentes esenciales para la conformación de su actitud resiliente.

Cuadro 2. Competencias directivas y de liderazgo político de Pedro Sánchez

Estilo psicológico	Temperamento	Alta emoción	
		Baja emoción	x
	Modo cognitivo	Analítico	x
		Sintético o intuitivo	
	Tolerancia a la ambigüedad	Alta	x
		Baja	

21 Los líderes confiados son vistos como competentes y capaces por los demás. Una imagen de excesiva confianza puede ser perjudicial para el desempeño de un líder. Véase Shipman y Mumford (2011: 1).

Capacidades organizativas	Estilo Político	Habilidades	Ámbitos de comunicación preferidos	Amplia audiencia	x
				Reducida audiencia	x
		Actitudes	Fundamento del poder	Carismático	
				Burocrático	x
			Acción robusta	Sí	
				No	
	Estilo de gestión	Habilidades	Medio preferido de trabajo	Orientación a las personas	x
				Orientación a las tareas	
			Toma de decisiones	Individuales	
				En grupo	x
			Orientación al tiempo de acción-impacto de las políticas	Corto plazo	x
				Largo plazo	x

Fuente: elaboración propia a partir de Álvarez (2002; 2014).

Existen diversos tipos de estilos cognitivos o formas de percibir, procesar, almacenar y utilizar la información disponible en cada circunstancia. El modo cognitivo empleado por Sánchez se caracteriza por ser analítico. Frente al carácter intuitivo que define la toma de decisiones de los presidentes carismáticos, Sánchez se muestra calculador. Sus decisiones las respalda con análisis de coyuntura y ventaja. Raramente encontramos medidas inmediatas, fruto de la improvisación o amortiguadas por elementos de afectividad.

De todas las competencias de estilo psicológico, la capacidad de adaptación y tolerancia a la ambigüedad es la que más precisa de escenarios críticos y cambiantes para ser percibida y enjuiciada como disponible en un líder político, y la que más relación guarda con la capacidad de resiliencia a la que hemos venido refiriéndonos. El líder que dispone de ella es capaz de adaptarse a situaciones sobrevenidas, de mantener cierta calma cuando las circunstancias requieren paciencia y de mostrar positividad ante la adversidad. Este tipo de líderes muestran determinación, real o imaginada, para superar situaciones inciertas y de alta complejidad; toman decisiones incluso cuando no están claras sus consecuencias reales. Dos momentos, en especial, han proporcionado este escenario a Sánchez, antes de llegar a La Moncloa y una vez en ella. En primer lugar, la crisis derivada de su forzado apartamiento de la secretaría general del PSOE; en segundo lugar, la crisis sanitaria provocada por la pandemia del Covid-19 y sus derivadas. En la primera, Sánchez fue capaz de mostrar fortaleza de ánimo ante el rechazo de una buena parte de la dirección de su propio partido, tomando la decisión de reconquistar la posición perdida, sin considerar en exceso el coste previsible de una derrota, poco después de haber sido desalojado de la secretaría general forzando su dimisión. El segundo escenario crítico surgió como consecuencia de la pandemia de la Covid-19 y la necesidad de afrontar dificultades no esperadas. La falta de información certera sobre la evolución de la enfermedad le obligó a él, como al resto de líderes mundiales, a tomar decisiones inciertas, solo respaldadas bajo la continuada referencia a los dictámenes de la ciencia[22].

Entre los fines y los medios: las competencias políticas

La capacidad de comunicación política constituye una competencia ejecutiva fundamental del liderazgo político. El líder político, en las democracias de audiencia, desempeña el papel de atajo cognitivo; a él le corresponde atemperar las dificultades de comprensión propias de los escenarios complejos, reduciendo significativamente el coste que para los ciudadanos-votantes conlleva la adquisición, el procesamiento y la evaluación de los mensajes de naturaleza política. En consecuencia, la capacidad de comunicar bien resulta esencial para el ejercicio de un buen liderazgo[23]. Pues bien, en relación a esta competencia, se advierte que el presidente del Gobierno es poco natural comunicando, sobre todo cuando se trata de sesiones informativas en directo y no de comparecencias pactadas. En palabras de Ernesto Pascual, citado en Gates (2020), "tiene cierta incomodidad gestual que le impide mostrar confianza o liderazgo"; se muestra plano en exceso, rígido y muy encorsetado. Su estilo es directo; huye de frases difíciles, pero tiene dificultad para la improvisación, lo que se traduce en que su discurso parezca guionizado. Por esta razón, al principio de la pandemia se hicieron habituales sus mensajes institucionales. Frente a quienes han defendido la necesidad de dicha presencia y la supuesta capacidad con la que solventó las situaciones, muchos

---

22 A estos dos ejemplos de alta tolerancia a la ambigüedad podrían sumárseles otros dos: la decisión de indultar a los presos independentistas y la de reformar el delito de sedición, esta última tomada cuando este capítulo ya había sido entregado a sus editores. Por idénticos motivos temporales se deja al margen el análisis del liderazgo de Sánchez en respuesta a la crisis económica (alza de precios) producida como consecuencia de la invasión rusa de Ucrania.

23 Sobre el papel del líder político como atajo cognitivo, véase Berrocal (2004: 57).

críticos afirman que Sánchez se mostró poco hábil en la gestión comunicativa. Sus discursos: extensos y espesos; su lenguaje: demasiado barroco. No logró conectar con los ciudadanos, ofrecerles la seguridad requerida en una situación compleja, trasmitirles la confianza para convencerles de que en sus manos las dificultades podrían superarse. En verdad, las capacidades de Sánchez se mostraron más en la normalidad que en una situación de excepción como la vivida desde marzo de 2020.

En un tiempo de crisis, como en el que le ha tocado gobernar a Sánchez, se apela a la necesidad de un liderazgo fuerte, capacitado para granjear seguridades, aportar salidas, para ofrecer soluciones o, simplemente, promover esperanzas de un futuro mejor que el presente[24]. A los líderes que atesoran los rasgos que propicia este tipo de liderazgo se les denomina carismáticos. A diferencia de ellos, a los dirigentes meros gestores de lo existente, administradores más o menos capaces de dar respuestas satisfactorias, se les define como líderes burocráticos. Conforme a esta distinción, el presidente Sánchez se muestra como un híbrido de las dos categorías, aunque más cercano a la segunda que a la primera de ellas. Ni antes de las crisis, ni durante su desarrollo, el ejercicio de su liderazgo presidencial puede ser calificado como carismático estricto sensu. Sin embargo, sí hay episodios previos de su biografía que pudieran entenderse como propios de un liderazgo carismático rutinizado o fabricado, al menos ante sus seguidores[25]. Este es el caso de lo ocurrido cuando se dispuso a su ya mencionada reconquista de la dirección del PSOE en un segundo proceso de primarias. La apelación en este proceso a su figura y su carácter resiliente frente a la adversidad es un rasgo de un carisma de baja intensidad, compatible con un perfil primordialmente gerencial mostrado a partir de su acceso al poder.

La última de las competencias de estilo político es la de acción robusta, que se concreta en la capacidad que tiene un líder de lograr objetivos a corto y a medio plazo, sin que ello traiga consigo una disminución significativa de las opciones estratégicas a largo plazo (Álvarez, 2002: 275)[26]. Algunas

---

24 Por lo común, entendemos que un liderazgo es fuerte cuando "concentra mucho poder en sus manos, domina tanto sobre una amplia franja de políticas públicas como sobre el partido político al que pertenece, y toma las decisiones importantes" (Brown, 2018: 19).

25 Sobre la rutinización del carisma, véase Willner (1984).

26 Sobre el significado más específico de la acción robusta, Nacarino-Bravo (2021) recuerda la tesis contenida en un artículo de John Padgett y Chistopher Ansell sobre la figura de Cósimo de Medici.

de las decisiones de Sánchez al frente del Gobierno han tenido una gran resistencia, lo que, tal y como advertíamos antes, a la larga, siempre puede comprometer la permanencia en el poder. La negociación misma de su investidura, contando con el apoyo de algunas fuerzas secesionistas, el indulto a los presos independentistas catalanes o la propuesta de reforma del delito de secesión, han sido decisiones comprometidas, que que lastraron la legislatura y que serían utilizadas contra él, como armas arrojadizas, en la campaña electoral de julio de 2023. No es posible saber con total certeza si todas estas acciones atrevidas y escasamente robustas, lo fueron así por convencimiento o por necesidad. Todo parece indicar que se trata de lo segundo.

Competencias ejecutivas y gerenciales

La primera de estas competencias es la concerniente al medio preferido de trabajo, distinguiendo entre la orientación a las personas y la orientación a la tarea. Atendiendo a esta distinción, el liderazgo de Sánchez ha mostrado con frecuencia una disposición orientada preferentemente a las tareas. Se ha implicado de forma directa en la resolución de las principales cuestiones planteadas tanto dentro de su partido como en el seno los sucesivos gobiernos de coalición. Ello no ha impedido que delegue determinadas parcelas a otras figuras de su entorno como la que fuera vicepresidenta primera, Carmen Calvo o, en el seno de su formación, José Luis Ábalos, en quienes depositó la responsabilidad y sobre los que ejerció un monitoreo continuo[27].

Por otro lado, el liderazgo presidencial de Sánchez encaja en la categoría personalista, denominador compartido por una buena parte de las dirigencias políticas presidenciales en nuestro tiempo. En consonancia con este perfil de liderazgo, la mayor parte de las decisiones políticas relevantes como presidente las ha tomado a título individual, aconsejado por un muy reducido círculo de confianza, que se ha mostrado en sintonía con los pareceres del presidente[28]. De entre los hombres y mujeres más cercanos, hasta julio de 2021, ha tenido especial protagonismo su jefe de Gabinete, el *spin doctor* Iván Redondo. A él se le ha atribuido una desmedi-

---

27 En julio de 2021 Sánchez acometió una profunda remodelación de los componentes socialistas del Ejecutivo. De él salieron la vicepresidenta Carmen Calvo y el ministro José Luis Ábalos.

28 M. Robles, A. Lastra, J.L. Ábalos, Juanma Serrano, Maritcha Ruiz Mateos y Santos Cerdán.

da influencia en las posiciones y en las decisiones adoptadas por Sánchez, medidas en función de un exigente criterio de rentabilidad política. Aunque se ha dejado caer que algunas de las más importantes decisiones, como la de presentar una moción de censura al entonces presidente Rajoy, correspondieron a Redondo, según propia confesión del interesado, esta fue tomada por Pedro Sánchez, tras varias reuniones con sus más cercanos. La confusión entre las decisiones exclusivas del presidente y la influencia de Redondo evidencia una perfecta comunión entre ambos, rota en julio de 2021, como consecuencia de la remodelación gubernamental acometida. Al margen de esta "tutela" profesional, sólo la forzada cohabitación en un gobierno de coalición forzó a Sánchez a tomar decisiones obligadas por el acuerdo y la colaboración con UP. Sea como fuere, incluso haciendo alusión a esta última circunstancia, es evidente que el liderazgo de Sánchez se ha ejercido de forma autónoma, sin mayor incidencia de actores externos. Sin embargo, sobre todo a partir del inicio de la crisis sanitaria, Sánchez se esforzó por presentar sus decisiones más críticas como resultantes de una evaluación colectiva, del Gobierno en su conjunto, usando intencionadamente el plural y justificándolas por razones científicas.

La última de las competencias de naturaleza gerencial o directiva es la que distingue entre preferencia por políticas a largo plazo o por decisiones o políticas pensadas para el corto plazo, decisiones estas últimas de naturaleza impactante y de incierto resultado. Algunas de las más conflictivas decisiones de Sánchez, varias de ellas ya referidas, tales como la negociación con el independentismo catalán, el indulto a los principales líderes del mismo, o la reciente tramitación de una ley de amnistía, han sido medidas impactantes que, en muchos casos, supusieron una reconsideración o un cambio esencial con respecto a sus posiciones originales. Este tipo de decisiones pueden entenderse como dirigidas a lograr una transformación del escenario político futuro, aunque ello pase primero por la asunción de un indudable riesgo político. Estas decisiones pueden ser valoradas de forma diferente. Para unos serán solo el pago necesario para obtener y mantener el poder; para otros, por contra, supondrán pasos para facilitar un proceso de superación de la tensión separatista. A consecuencia de la crisis provocada por la pandemia del Covid-19, el liderazgo de Sánchez e escoró, ya sin lugar a ninguna duda, hacia el lado de las decisiones de naturaleza coyuntural[29]. La impredecibilidad del escenario y la dificultad para

---

[29] La gestión de la crisis económica derivada de la crisis de Ucrania ha vuelto a obligar al presidente Sánchez a tomar decisiones de idéntica naturaleza, movidas por las exigencias derivadas de la coyuntura.

anticiparse a los acontecimientos le obligó a asumir medidas cuestionables tanto por su naturaleza como por su contenido. Tal y como nos recuerda Álvarez (2002: 277; 2014: 69): "[e]ntornos impredecibles invitan a tácticas cambiantes (incrementales)".

Referencias

Álvarez, J. L., y Pascual, E. (2002). Las competencias de liderazgo de los presidentes de Gobierno en España. Revista de Estudios Políticos, 116, 267-279.

Álvarez, J. L. (2014). Los presidentes españoles. Personalidad y oportunidad. Las claves de liderazgo político. Madrid: Lid Editorial Empresarial.

Berrocal, S. (2004). Una aproximación a la nueva retórica del líder político televisivo: acciones, cualidades y discurso. Doxa Comunicación, 2, 53-68.

Braungart, R. G., y Braungart, M. M. (1986). Life-course and Generational Politics. Annual Review of Sociology, 12, 205-231.

Brown, A. (2018). El mito del líder fuerte. Liderazgo político en la Edad Moderna. Madrid: Círculo de la Tiza.

Collado-Campaña, F., y Jiménez-Díaz, J. F. (2016). El liderazgo político en las democracias representativas: propuesta de análisis desde el constructivismo estructuralista. Revista Mexicana de Ciencias Políticas y Sociales, 61(228), 57-90.

Coupland, D. (1999). Generation X: Tales for an accelerated culture. New York: St. Martin´s Press.

Espina, Á. (2004, July 20). Las generaciones del Gobierno. El País.

Gantes, Y. (2022). Merkel la poderosa, Sánchez el tecnócrata o Macron el carismático: quién será el próximo Churchill. El economista.es. Recuperado de: https://www.eleconomista.es/status/noticias/10468697/04/20/2/Merkel-la-poderosa-Sanchez-el-tecnocrata-o-Macron-el-carismatico-quien-sera-el-proximo-Churchill.html

Gómez, J. A. (2016). El líder que marchitó a la Rosa: Deconstrucción de Pedro Sánchez. Madrid: CreateSpace Independent Publishing Platform.

Hartley, J. (2018). Ten propositions about public leadership. International Journal of Public Leadership, 14(4), 202-217.

Helms, L. (2005). Presidents, prime ministers, and chancellors: executive leadership in western democracies. Chicago: Palgrave Macmillan.

Lasswell, H. D. (1974). La política como reparto de influencia. Madrid: Aguilar.

Leguina, J. (2021). Pedro Sánchez. Historia de una ambición. Madrid: Epublibre.

Linz, J. J. (1997). El liderazgo innovador en la transición a la democracia y en una nueva democracia. In M. Alcántara y A. Martínez (Eds.), Política y Gobierno en España. Valencia: Tirant lo Blanch.

Marías, J. (1949). El método histórico de las generaciones. Madrid: Revista de Occidente.

Nacarino-Bravo, A. (2021). La `acción robusta´ de Pedro Sánchez. Letras Libres. Recuperado de https://letraslibres.com/politica/la-accion-robusta-de-pedro-sanchez/

Nye, J. S. (2011). Las cualidades del líder. Madrid: Paidós Ibérica.

Olivola, C. y., Eubanks, D. L., et. al. (2014). The many (distinctive) faces of leadership: Inferring leadership domain from facial appearance. The Leadership Quarterly, 25(5), 817-834.

Ortega y Gasset, J. (1974). Mirabeau o el político. Contreras o el aventurero. Madrid: Revista de Occidente.

Padgett, J. F., y Ansell, C. K. (1993). Robust Action and the Rise of the Medici, 1400-1434. American Journal of Sociology, 98(6), 1259-1319.

Robles Egea, A. (2015). La investigación de las élites y el liderazgo. ¿Es posible la elitelideroIogía? En Congreso internacional Élites y liderazgo en tiempos de cambio, Flacso, Salamanca, 10 y 11 de junio.

Sánchez, P. (2018). Manual de resistencia. Barcelona: Peninsula.

Shipman, A. S., y Mumford, M. D. (2011). When confidence is detrimental: Influence of overconfidence on leadership effectiveness. The Leadership Quarterly, 22(4), 649-665.

Smith, J. W., y Clurman, A. S. (1998). Rocking the Ages: The Yankelovich Report on Generational Marketing. New York: HarperCollins.

Willner, A. R. (1984). The Spellbinders: Charismatic Political Leadership. New Haven: Yale University Press.

Capítulo 8
La selección de los ministros de Hacienda del franquismo: de los 'cruzados' de la Guerra Civil a los tecnócratas del desarrollismo

FRANCISCO JAVIER LUQUE CASTILLO

LA SELECCIÓN DE LOS MINISTROS EN LA CIENCIA POLÍTICA: EL CASO ESPAÑOL

El estudio de la selección de las élites ministeriales, a través del examen sistemático de sus características sociales y políticas, constituye una línea de investigación de consolidada tradición en la Ciencia Política. Hasta donde se nos alcanza, la primera vez que se practicó este enfoque fue en 1928, cuando Harold Laski —un celebre marxista de la época— se interrogó sobre la evolución experimentada por la composición del Gabinete británico a lo largo del período 1801-1924 (Laski, 1928). Desde entonces, y durante mucho tiempo, este tipo de aproximaciones estuvieron guiadas por la inquietud de verificar en qué medida el perfil sociopolítico de este segmento de las minorías poderosas —al modo de un sismómetro— proyectaba las transformaciones ocurridas en la estructura social y la distribución del poder. Sin embargo, una vez constatado que rara vez las élites se nutren proporcionalmente de todos los estratos de la sociedad (Putnam, 1976), la praxis de dicha metodología comenzó a reorientarse —a partir de perspectivas longitudinales y comparadas, así como de un tratamiento más sofisticado y complejo de los datos— hacia el abordaje analítico de distintos procesos políticos relacionados con la organización y el funcionamiento del Gobierno, tanto en regímenes democráticos como no-democráticos (Costa Pinto, 2009; Costa Pinto, Cotta y Tavares de Almeida, 2018; Dowding y Dumont, 2009; Tavares de Almeida, Costa Pinto y Bermeo, 2003).

El caso español no ha permanecido ajeno a tales dinámicas dentro de la disciplina, de tal suerte que hoy día se cuenta con un sólido corpus de conocimiento de las lógicas de selección ministerial prevalecientes en cada régimen de nuestra historia contemporánea, desde la Restauración Borbónica (1874-1931) hasta el actual período democrático (Botella, 1997; Lewis, 1972; Linz, Jerez Mir, y Corzo, 2013; Real-Dato y Jerez-Mir, 2009; Rodríguez Teruel, 2011; Rodríguez Teruel y Jerez Mir, 2018). En el presente trabajo se pretende avanzar en la comprensión de aquellas, centrando el foco en un tipo específico de ministro —el titular de Hacienda— durante una etapa concreta del pasado siglo veinte: el franquismo[1]. La literatura politológica especializada en los ministros de Hacienda, aunque escasa, valida la eventual autonomía de éstos como objeto de estudio, en la medida que se trata de miembros del Gobierno singularmente influyentes (Blondel, 1991; Considine y Reidy, 2008).

Dada la naturaleza especial de dicha cartera, el principal interés de esta investigación radicaría por tanto en comprobar si, en la selección de los sucesivos responsables del Fisco, operaron los mismos condicionantes institucionales —formales e informales— involucrados en la cooptación de las élites ministeriales de la dictadura globalmente consideradas. Acotar esta aproximación al franquismo se justifica en un doble sentido. Por un lado, se trata de un régimen con límites temporales definidos, de tal suerte que los hallazgos generados no adolecerán de la provisionalidad inherente a los producidos en relación a marcos institucionales vigentes. Por otro lado, al versar sobre el Gobierno franquista, las indagaciones aquí realizadas se nutrirán de una nómina notable de fuentes primarias y secundarias accesibles y de calidad. Consecuentemente, por edificarse sobre un robusto acervo epistémico, las conclusiones que se alcancen podrán habilitar formulaciones de alcance general sobre las lógicas de selección de los ministros de Hacienda —con todas las reservas que el método científico impone a un ejercicio de tal índole.

Habida cuenta de estas premisas, primero se analizarán de manera agregada los datos relativos al perfil sociopolítico de los nueve titulares del Tesoro habidos entre 1938 y 1975, con el propósito de revelar patrones específicos de selección ministerial durante la dictadura. Seguidamente, la interpretación de tal información se contextualizará mediante la reconstrucción historiográfica de los procesos que condujeron a la elección del ministro de Hacienda en tres momentos clave del período

---

1 Aquí se entiende por franquismo el período comprendido desde la proclamación del general Francisco Franco como "jefe del Gobierno del Estado español" y "Generalísimo de las fuerzas de tierra, mar y aire", el 1 de octubre de 1936, hasta su muerte el 20 de noviembre de 1975.

escogido: los años de guerra (1938-1945)[2], la constitución del "Gobierno de los Tecnócratas" (1957) y la formación del primer Gabinete tras el deceso de Franco (1975)[3]. La implementación de esta estrategia resulta fundamental para superar las limitaciones de un enfoque basado exclusivamente en las características sociales y políticas de los ministros, pues el escrutinio de éstas por sí sólo no revela qué equilibrios de poder coyunturales, o actores —institucionales o personales— concretos, intervienen en cada caso a la hora de definir las referidas lógicas de selección.

Tabla 1. Ministros de Hacienda del franquismo (1938-1975)

Ministro de Hacienda	Período en el cargo
Andrés Amado R. de Villebardet	1938-1939
José Larraz López	1939-1940
Joaquín Benjumea Burín	1941-1951
Francisco Gómez de Llano	1951-1957
Mariano Navarro Rubio	1957-1965
Juan José Espinosa San Martín	1965-1969
Alberto Monreal Luque	1969-1973
Antonio Barrera de Irimo	1973-1974
Rafael Cabello de Alba Gracia	1974-1975

Fuente: Cuenca y Miranda (1998).

---

2 Este primer momento, que abarcaría tanto la segunda mitad de la Guerra Civil española como la Segunda Guerra Mundial, se ha considerado como una misma etapa por el impacto en la política doméstica que tuvieron, durante todos esos años, las relaciones con las potencias europeas del Eje.

3 Si bien se ha determinado que para esta investigación el franquismo termina con la muerte del dictador, excluyendo por tanto de la muestra estudiada a cualquier ministro de Hacienda nombrado con posterioridad a dicho evento, se ha considerado útil examinar asimismo el proceso que condujo a la selección del titular del Tesoro tras el deceso de Franco, al objeto de evidenciar eventuales inercias institucionales (*path-dependence*) que arrojen luz sobre las dinámicas abordadas en este trabajo.

Gráfico 1. Evolución de la edad media del Gobierno, la edad del presidente y la edad del ministro de Hacienda, 1938-1975

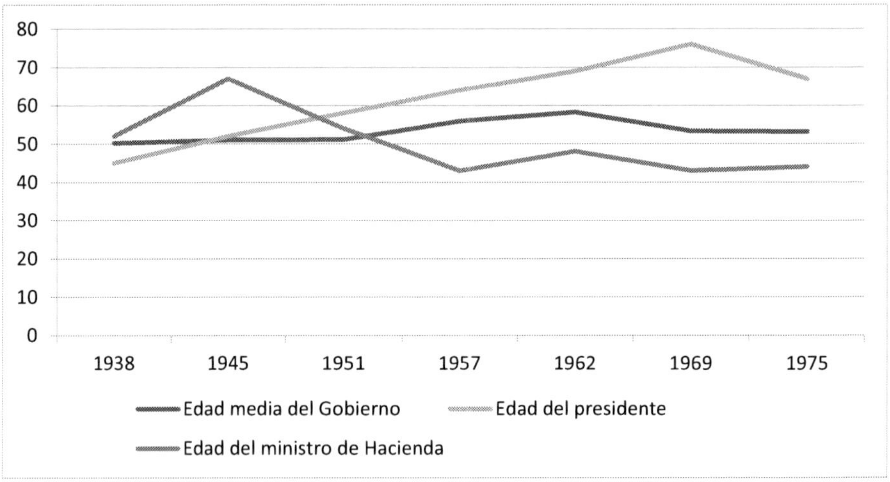

Fuente: elaboración propia.

PERFIL SOCIOPOLÍTICO DE LOS MINISTROS DE HACIENDA EN EL FRANQUISMO

El examen agregado de los datos relativos al perfil sociopolítico de los ministros de Hacienda del franquismo proyecta una evolución caracterizada, en primer lugar, por el rejuvenecimiento. Semejante apreciación se desprende de la edad media del Gobierno, siempre superior a la del ministro de Hacienda desde la entrada de los "tecnócratas" en 1957 hasta el Ejecutivo formado tras el deceso de Franco en diciembre de 1975. En el plano educacional descuella, en las postrimerías de la dictadura, el novedoso fenómeno de la cooptación de economistas. Y es que, si bien siete de los nueve individuos que gestionaron las finanzas del Estado en el lapso 1938-1975 eran juristas, y otro de ellos ameritaba la condición de ingeniero, uno de aquellos —Antonio Barrera de Irimo— estudió además Empresariales en Deusto (Costas Comesaña, 1997). Sumado a Alberto Monreal Luque, primer egresado de una Facultad de Ciencias Políticas y Económicas que alcanzó la cúspide del Ministerio de Hacienda (Fuentes Quintana, 2002: 7), suponen ambos en términos relativos respecto a los responsables del Tesoro franquista una cifra más de dos veces superior (22.2 por ciento) a la representada por el porcentaje global de ministros franquistas con estudios en Economía (8.8 por ciento) (Linz et al., 2013: 976)[4].

Este dato se antoja coherente con otro relativo a los antecedentes ocupacionales pues, en la fase desarrollista del franquismo, pertenecer a un alto cuerpo de la Administración relacionado con la economía se configuró como una ventaja decisiva para acceder a la titularidad del Fisco: Juan José Espinosa San Martín era inspector técnico fiscal del Estado, Monreal Luque pertenecía al Cuerpo de Economistas del Estado, y Barrera de Irimo era inspector del Timbre (Costas Comesaña, 1997: 94). En contraste, con la excepción de Navarro Rubio (letrado del Consejo de Estado y del Cuerpo Jurídico Militar), todos los demás juristas que asumieron las riendas del Fisco franquista eran abogados del Estado. En todo caso, la especialización en el ámbito económico derivada del desempeño de responsabilidades políticas constituyó, desde los comienzos de la dictadura, una constante en el *cursus honorum* de las personas llamadas a gestionar las finanzas estatales a lo largo del período 1938-1975[5]. No obstante, todos los individuos seleccionados para encabezar el Erario público, desde 1951 hasta 1975, eran procuradores en Cortes en el momento del nombramiento. De hecho, antes de 1951, el único técnico *sensu stricto* que hubo fue José Larraz. Así, las carreras pre-ministeriales que en el franquismo condujeron a la cúspide del Tesoro, aún acreditando lógicas de selección guiadas por la especialización, estuvieron dotadas asimismo de un importante componente político.

---

4 Podría decirse que ambos fenómenos —rejuvenecimiento e irrupción de los economistas— se correlacionan de manera no casual, pues en la década de los cincuenta empiezan a incorporarse a los departamentos de Hacienda y Comercio los primeros licenciados de la Facultad de Ciencias Políticas y Económicas de Madrid, inaugurada en 1943 (Varela Parache, 2004: 139-140; Viñas, 1979: 666).

5 Fueron altos cargos del Fisco de manera previa a la experiencia ministerial Andrés Amado (director general del Timbre), José Larraz (director general de Banca, Moneda y Crédito), Francisco Gómez de Llano (director general de lo Contencioso), Juan José Espinosa San Martín (director general del Tesoro) y Barrera de Irimo (secretario general técnico de Hacienda). El resto podía acreditar asimismo un bagaje de gestión en el área económica del Ejecutivo, ya fuera desde la titularidad de otra cartera (como Joaquín Benjumea Burín, que con anterioridad fue ministro de Agricultura y Trabajo), o como integrante del estrato directivo de otro departamento gubernamental (como Navarro Rubio, subsecretario de Obras Públicas; Cabello de Alba, director general de Previsión; o Monreal Luque, secretario general técnico de Obras Públicas) (Álvarez et al., 1970; Costas Comesaña, 1997; Cuenca Toribio y Miranda García, 1998).

EL PRIMER FRANQUISMO: LOS AÑOS DE GUERRA (1938-1945)

El departamento del Tesoro del primer Gobierno de Franco[6] recayó sobre Andrés Amado y Reygondaud, que llevaba encabezando la Comisión de Hacienda de la Junta Técnica del Estado desde que ésta se constituyera en octubre de 1936 (Álvarez, Clemente, y Girones, 1970: 17-18). No obstante, en un primer momento Franco pensó en atribuir el Fisco a Serrano Suñer, al que consideraba capacitado para semejante puesto "por el simple hecho de ser Abogado del Estado y de haber hablado alguna vez de temas tributarios". Sin embargo, cuenta el propio Serrano que se resistió "absolutamente" a asumir tal responsabilidad, pues su criterio era el de "buscar, en todos los casos posibles, la competencia específica" y él "no tenía experiencia bastante en la vida económica del país" —como alegó ante el jefe del nuevo Estado. A pesar de estos argumentos, el *Caudillo* no se avendría a sus razones de manera inmediata, algo que el *cuñadísimo* explica por la escasa simpatía que Franco sentía hacia Andrés Amado, dada la "independencia de carácter" de éste. Aun así, Serrano hizo valer ante el líder de los sublevados los motivos por los que apostaba por la continuidad de Amado, destacando a este respecto "los servicios ya prestados con anterioridad en la Junta Técnica, [...] su competencia —bien probada en el Parlamento republicano— y [...] su acrisolada honradez" (Serrano Súñer, 1977: 255-258).

El protagonismo de Serrano en el nombramiento de Amado no fue una demostración puntual del ascendente que aquél tenía sobre Franco, sino la expresión de la posición de influencia que en términos generales había adquirido, a la altura de 1938, en el entorno más próximo del dictador. Dicha posición de influencia venía dada por el vínculo familiar entre ambos, pero también por la circunstancia de que Serrano tenía una formación jurídico-política de la que carecía Franco. En este sentido, marcado por su estancia en la Italia fascista, el cuñado del *Generalísimo* se probó decisivo a la hora de proveer a éste de un marco conceptual en el que insertar su determinación de hacerse con todos los resortes del poder. Así quedó patente con la creación de FET y de las JONS, primer episodio de un proceso más amplio de fascistización del naciente régimen que, al estar pilotado por Serrano, terminó por convertir a éste en "mano derecha" de Franco en detrimen-

---

[6] El primer Gobierno de la dictadura data de enero de 1938. Hasta entonces, desde octubre de 1936, el ejercicio de la máxima autoridad correspondía a una suerte de "Gabinete de guerra" denominado Junta Técnica del Estado, a la cabeza del cual ya se encontraba Franco (Jerez Mir y Luque-Castillo, 2014: 178-181).

to de quien había desempeñado tal rol hasta ese momento: su hermano Nicolás Franco. Empero, la referida orientación fascista no se dejó sentir de manera plena en el primer Gobierno de Franco, cuyos integrantes representaban en gran medida a la coalición de fuerzas políticas que habían apoyado el golpe de Estado —si bien su presencia no era proporcional al apoyo electoral que habían recibido durante la República (Jerez Mir, 2009: 187; Tusell, 2006: 238-240).

El 9 de agosto de 1939 se constituyó el segundo Gobierno franquista, si bien era el primero que iniciaba su mandato con la guerra ya acabada y, por tanto, también era el primero que tenía pleno dominio sobre todo el territorio español. Su formación significó el cese de casi todos los ministros que habían acompañado al *Caudillo* desde enero de 1938, permaneciendo únicamente en el Ejecutivo —además del propio Franco— su cuñado y "mano derecha" Serrano Suñer, y el responsable de Obras Públicas Peña Boeuf (Jerez Mir, 2009). La composición del nuevo Gabinete, que vino acompañada por una reorganización administrativa del aparato gubernamental, reflejaba por un lado el estrechamiento de los lazos que ya existían entre el naciente régimen y Alemania e Italia. Por otro lado, de manera congruente con tal reafirmación fascista del "Estado Nuevo", el planteamiento alumbrado tras esta renovación de la dirigencia ministerial perseguía fortalecer la posición de Franco y, por extensión, la de Serrano Suñer. Pero sobre todo, la selección de quienes accedieron al Consejo de Ministros en el verano de 1939 obedecía a cierto anhelo expresado por el *Generalísimo* con motivo del cese de Sáinz Rodríguez en abril de ese mismo año, tres meses antes del recambio general de su equipo ministerial: "necesito gente más adicta y homogénea" (Tusell, 2006: 450).

Dado el importante peso que se asignó en el Gobierno de agosto de 1939 a los "cruzados", es decir, a individuos cuyo principal mérito era el servicio prestado durante la Guerra Civil a la causa de los sublevados, ya fuera en el frente o en la retaguardia, pudiera resultar llamativo que la cartera de Hacienda se reservara a José Larraz, una persona que sin duda se entregó "en cuerpo y alma" a la construcción del "Estado Nuevo" desde la dirección general de Banca, Moneda y Cambio (Larraz, 2006: 176), pero que sobre todo era un técnico especialista y un civil sin conexiones a Falange. Es cierto que no fue el único ministro que podía acreditar semejante perfil, pues Peña Boeuf había accedido a Obras Públicas en parecidas condiciones año y medio atrás, sin embargo, al margen de este excepcional caso, la carrera pre-ministerial de Larraz se antoja inequívocamente singular dentro del segundo Ejecutivo franquista.

Dadas estas pautas de distribución de carteras ministeriales, que Hacienda fuera a parar a manos de Larraz, uno de los dos únicos civiles del "Gobierno de la Victoria" que podían considerarse técnicos especialistas, ha de interpretarse como el resultado de un doble proceso. Por un lado, el hecho de que Franco y Serrano Suñer, a pesar del enorme poder que querían acumular, e independientemente del fuerte control que ambicionaban ejercer sobre toda clase de asuntos, seguían viendo en las finanzas públicas un ámbito cuya gestión exigía algo más que voluntarismo y adhesión a los principios del Movimiento. Por otro lado, si la conveniencia de proveer el puesto de ministro de Hacienda con alguien técnicamente capacitado quizá dejaba fuera de juego a civiles sin un perfil especializado y militares, no hay que descartar que Franco desconfiara asimismo de atribuir la titularidad del Erario público a algún individuo procedente de las filas de FET-JONS. Y es que, en los albores de la dictadura, la proclividad de los falangistas hacia la malversación y la corrupción era ampliamente conocida (Preston, 1994: 422)[7].

Aunque Larraz tenía pensado abandonar el Gabinete desde diciembre de 1940, Franco no satisfizo sus pretensiones hasta mayo del año siguiente, un desenlace que se sustanció además en el contexto de una remodelación del Gobierno de mayor alcance, en la que Franco trataba de conciliar el auto-reforzamiento con la acomodación de las distintas "familias" del régimen, sin perder de vista la deriva de los acontecimientos en el plano internacional. Así, una vez más, Franco no quiso dejar el Erario público en manos de militares o de civiles vinculados a Falange, los dos grupos con mayor presencia en el Gabinete, por lo que parecían persistir en él tanto la noción de que las riendas del Tesoro habían de atribuirse a alguien con una competencia técnica superior a la disponible entre sus compañeros de armas, como la desconfianza en la probidad de los falangistas cuando se trataba de manejar recursos del "Nuevo Estado".

Dadas estas restricciones, Benjumea se presentaba como una opción idóneamente ajustada a las necesidades percibidas por el *Caudillo*, pues no era militar ni falangista, tampoco se trataba de un técnico imbuido de ideas propias sobre economía que habría de poner obstáculos al proyecto autárquico, y tenía experiencia de gestión en el área económica del Gobierno. De hecho, en virtud de su doble experiencia como ministro de Agricultura

---

7 Esta observación parece congruente con el hecho de que, en el lapso 1938-1957, la presencia de los falangistas entre los altos cargos de los ministerios económicos fuera mínima (Jerez Mir, 1982: 122).

y Trabajo, había de considerársele un político especialista del tipo "ministro de asuntos económicos". No obstante, puede afirmarse que la prioridad de Franco no era encontrar un titular del Fisco con los conocimientos necesarios para desarrollar políticas eficientes, sino dar con una persona cómodamente compatible con sus propósitos que, al mismo tiempo, acreditara la *auctoritas* suficiente para mantener a raya al resto del Gabinete cuando lo requiriera la situación. Esto es al menos lo que cabe deducir de la explicación dada por Franco a Benjumea cuando éste le preguntó por su nuevo destino en Hacienda: "tú eras el único que te oponías a Larraz en el Consejo de Ministros" (González González, 1997: 42-43)[8]. Además, al no proceder de ninguna de las "familias" del régimen, se antojaba improbable que Benjumea edificara una base de poder propia, un riesgo que seguramente el dictador trataba de conjurar a toda costa cada vez que había de componer o recomponer su Gabinete.

LA CRISIS DE 1957: EL "GOBIERNO DE LOS TECNÓCRATAS"

A la altura de 1957, la concurrencia de varios problemas en los frentes político y económico aconsejaron un cambio de Gobierno que, a la postre, se reveló fundamental para la continuidad de la dictadura. En el plano político, los esfuerzos de Falange por consolidar una posición preeminente dentro del sistema político franquista —como buscaban los proyectos de reforma constitucional impulsados por su secretario general José Luis Arrese Magra en el curso de 1956— soliviantaron los ánimos de monárquicos, tradicionalistas y católicos, añadiendo así más tensión a un panorama de por sí complicado, dada la creciente agitación protagonizada en la calle por obreros y estudiantes universitarios. Por otro lado, la imparable inflación, el descontrol en el gasto público y la pésima situación de la balanza de pagos demandaban una intervención enérgica en el ámbito económico (Carr, 2009: 594-597; Payne, 1987: 458-463; Preston, 1994: 816-827).

---

8 Si bien no estaba adscrito a ninguna corriente política ni tenía un pasado partidario, el compromiso de Benjumea con el joven régimen venía dado no sólo por su triple condición de aristócrata, terrateniente y hombre de negocios; sino también por un hecho luctuoso, relacionado con la Guerra Civil, que le afectó personalmente: el asesinato de uno de sus hijos en Sevilla el mismo día del fallido golpe de Estado (González González, 1997: 30). Esta suerte de "meritocracia de la persecución" favoreció asimismo el ascenso de Serrano Suñer, Carrero Blanco o Sánchez Matas (Jerez Mir, 2009: 205).

Habida cuenta de la compleja situación en que se hallaba el país, Franco inició una reestructuración del Gabinete que, sobre todo, estaba orientada a neutralizar políticamente a Falange (la cual seguía teniendo un lugar en los planes del dictador, pero secundario y sometido sin matices a su autoridad). Así, junto a otras diez novedades, el dictador incorporó al Ejecutivo a los llamados "tecnócratas": Laureano López Rodó en la Secretaría General Técnica de Presidencia del Gobierno, Alberto Ullastres Calvo en Comercio y Mariano Navarro Rubio en Hacienda. Entre las filas falangistas hubo quien vio en el arribaje al Gobierno de los "tecnócratas" una gran operación de asalto al poder, en la que el Opus Dei —procediendo como una suerte de "masonería o mafia católica"— se habría hecho con los resortes del Movimiento mediante la manipulación de Franco. Otra interpretación de los hechos restaba protagonismo a la organización de Escrivá de Balaguer, atribuyendo la promoción ministerial de algunos de sus miembros a un inteligente movimiento táctico del *Generalísimo* a la hora de "rellenar los huecos vacíos" (Preston, 1994: 831-832). Sin embargo, del testimonio de los "tecnócratas" no cabe inferir ni una cosa ni la otra. A López Rodó lo reclutó Carrero Blanco, después de que éste solicitara a aquél un informe sobre la reforma administrativa cuya implementación traería consigo la creación de la Secretaría General Técnica de la Presidencia del Gobierno, precisamente el cargo en el cual debutaría políticamente el primero (López Rodó, 1990: 66-69).

Navarro Rubio, por su parte, constituyó al parecer una elección del propio Franco por mediación de Carrero Blanco, si bien su nombramiento contó con el patrocinio de Rafael Cavestany[9] y de una persona tan ajena al mundo del Opus Dei como el falangista de "primera hora" Arrese Magra, entonces ministro secretario general del Movimiento (Bayod, 1981, p. 86; Navarro Rubio, 1991, pp. 70-74)[10]. El único caso que validaría parcialmente la hipótesis conspirativa es el de Ullastres, cuyo nombre fue efectivamente sugerido por Navarro Rubio a Arrese, quien a su vez se lo planteó a Carrero. Sin embargo, incluso en esta ocasión la última palabra correspondió al *Caudillo* y a su subsecretario de Presidencia, pues López Rodó supo por éste que la decisión de llevar a Ullastres al Gobierno ya estaba tomada, sin

---

9 Rafael Cavestany, ministro de Agricultura entre 1951 y 1957, ya había apoyado decisivamente en el pasado a Navarro Rubio para que se convirtiera en procurador en Cortes, cuando aquel era superior del segundo en la Organización Sindical.

10 Cuenta Navarro Rubio que en la primavera de 1956, cuando aún estaba al frente de la subsecretaría de Obras Públicas, tuvo ocasión de despachar personalmente con Franco en varios actos de inauguración en el Pirineo leridano, de obras acometidas por el INI en la cuenca del Ribera-Ribagorzana (Navarro Rubio, 1991: 69-70).

que a él se le pidiera opinión al respecto (López Rodó, 1990: 91; Navarro Rubio, 1991: 74)[11].

En definitiva, a tenor del relato de los protagonistas, antes que el resultado de una estrategia colectiva y premeditada para hacerse con posiciones cimeras en la estructura de poder de la dictadura, la llegada al Gabinete de los "tecnócratas" del Opus Dei tuvo más que ver con el hecho de que, a la altura de 1957 y ante la profunda crisis del régimen, Franco y Carrero buscaban "sangre nueva e ideas frescas", "nuevos hombres" que no obstante "tenían que proceder del Movimiento, ser católicos, aceptar la idea de un eventual retorno a la monarquía y ser, en términos franquistas, apolíticos. López Rodó, Navarro Rubio y Ullastres encajaban en esa idea" (Preston, 1994: 832). El mérito del Opus Dei habría sido, en todo caso, aglutinar a una cohorte de hombres ambiciosos y erigirse desde cero en una potencial cantera de altos cargos del Gobierno, capaz de competir o complementarse con los tradicionales centros de extracción (el ejército, Falange y la Asociación Católica Nacional de Propagandistas).

Sin embargo, que la vinculación al Opus Dei no sea un elemento decisivo para comprender la promoción ministerial de los "tecnócratas" no quiere decir que aquel fenómeno careciera de consecuencias en el ejercicio del Gobierno. Como avanzábamos anteriormente, la circunstancia de que Navarro Rubio compartiera este rasgo de su perfil socio-biográfico con López Rodó y Ullastres seguramente explica, siquiera parcialmente, porqué alguien sin una formación especializada en materias económicas, fogueado políticamente en el universo falangista, se comprometió de un modo tan firme y consistente con una reforma que *de facto* suponía el enterramiento de los postulados económicos del Movimiento[12]. Y es que, no resulta descabellado

---

11 Carrero únicamente preguntó a López Rodó si conocía al catedrático de Economía Alberto Ullastres, añadiendo a continuación que Franco pensaba nombrarle ministro de Comercio —algo que López Rodó reconoce que le pilló por sorpresa. Al parecer, Franco conocía personalmente al padre de Ullastres, director del Banco Hipotecario, así como a un primo hermano suyo, con el que había coincidido en la inauguración de ferrocarriles construidos por éste (López Rodó, 1990: 91).

12 Navarro Rubio no sólo no podía considerarse un técnico, sino que tampoco cabía calificarlo como especialista. De su perfil político da cuenta el hecho de que tomó parte en la Guerra Civil desde su inicio, como voluntario al lado de los "sublevados". Pero, además, en el momento de su arribo al Fisco, llevaba siendo procurador en Cortes desde 1946, una condición a la que había accedido por su pertenencia a la Organización Sindical. El paso por ésta, como él mismo reconoce en sus memorias, fue decisivo para favorecer su "promoción a los más altos cargos de la Administración Pública, subsecretario en un principio y ministro después".

conjeturar con la posibilidad de que a Navarro Rubio, por su pertenencia al Opus Dei, no le fuera ajeno cierto pensamiento tecno-burocrático, pues su correligionario López Rodó fue singularmente receptivo a este tipo de ideas, en la premisa de que la eficacia de la gestión técnica podía ser un vehículo para potenciar el ideario tradicionalista (Cañellas Mas, 2011: 112-120). Además, desde este punto de vista se entendería que Navarro Rubio, Ullastres y López Rodó coincidieran en la voluntad de internacionalizar la economía española —tal y como la literatura sobre el período les concede unánimemente (Preston, 1994: 831; Viñas, 1979: 868)— a pesar de que el primero tenía un *background* distinto de los otros dos.

EL FRANQUISMO SIN FRANCO (1975-76)

El 20 de noviembre de 1975 falleció Francisco Franco, sucediéndole Juan Carlos de Borbón y Borbón a título de Rey en la jefatura de Estado, como estaba previsto por Ley 62/1969, de 22 de julio. La gestación del primer Gabinete de la Monarquía no fue un proceso lineal ni pacífico. Para empezar, la permanencia de Carlos Arias Navarro al frente de la presidencia del Gobierno estuvo rodeada de cierta confusión, circunstancia que bien pudo obedecer a la disconformidad del Rey respecto a dicha continuidad pero que, en todo caso, constituyó una pequeña victoria del segundo y último *premier* de Franco[13]. Quizá para contrarrestar la mala impresión ocasionada por este hecho, y no sin resistencias por parte de Arias, Juan Carlos convenció a éste de la necesidad de formar un nuevo Gobierno. El monarca promovió con éxito parcial a la "troika" reformista integrada por Manuel Fraga, José María de Areilza y Federico Silva, pues el último fue descartado por Arias después de que intentara reunirse con los dos

---

De hecho, antes de alcanzar las más altas instancias de poder, el jurista y militar compaginó sus tareas en el parlamento orgánico franquista con el desempeño varios puestos de responsabilidad en el organigrama de la Organización Sindical (Navarro Rubio, 1991: 30-57).

13 Arias Navarro fue nombrado presidente del Gobierno el 29 de diciembre de 1973, en sustitución del almirante Luis Carrero Blanco, asesinado por ETA nueve días atrás. Su promoción no dejó de resultar paradójica en algún sentido pues, en el momento del magnicidio, Arias Navarro era el titular de Gobernación y, por extensión máximo responsable político de la seguridad del Estado (Tusell y Queipo de Llano, 2003: 53-61). Carrero Blanco llevaba ocupando la presidencia desde junio. Hasta entonces, y desde enero de 1938, Franco había compaginado la jefatura de Estado con la de Gobierno (Linz et al., 2013: 953).

primeros para discutir las bases sobre las que habría de desarrollar su actividad el futuro Ejecutivo. En el resto de nombramientos intervinieron el propio Rey, Torcuato Fernández-Miranda (recién nombrado presidente de las Cortes) y Fraga, quien consiguió los ascensos ministeriales de Carlos Robles (a la sazón su cuñado) y Martín Gamero, e influyó para que se reclutara a Leopoldo Calvo-Sotelo (Powell, 1991: 131-138; Tusell, 2007: 64-66; Tusell y Queipo de Llano, 2003: 256-257).

En lo que respecta al Ministerio de Hacienda fueron varios los nombres que se barajaron en los días previos a la presentación oficial del tercer Gobierno Arias. La primera opción del presidente era Juan García Hernández, la persona que había desempeñado la vicepresidencia primera (además de la cartera de Gobernación) desde que tomara las riendas de la jefatura gubernamental en enero de 1974. Sin embargo, el Rey no aceptó esta candidatura y hubieron de explorarse otras posibilidades, entre las que se encontraba Juan Miguel Villar Mir, de quien Arias destacaba cualidades como su "moralidad", talante "evolucionista" y "talla y personalidad". Otros ministrables del Tesoro no llegaron siquiera a considerarse, toda vez que Arias alcanzó un acuerdo con Fraga acerca de la titularidad del Fisco (Tusell y Queipo de Llano, 2003: 257) —y ello a pesar de que Calvo-Sotelo, próximo al segundo, ambicionaba tal puesto. Villar Mir sólo puso como condición que se le concediera una vicepresidencia, al objeto de poder coordinar la política económica. La satisfacción de esta demanda conllevó la creación de tres vicepresidencias —la segunda de las cuales, sobre asuntos del Interior, fue adjudicada a Fraga (Fraga Iribarne, 1987: 21).

Uno de los factores que propició el nombramiento de Villar Mir como responsable del Tesoro fue quizá su marcado perfil técnico pues, si bien en el pasado había sido alto cargo de la Administración (subdirector general de Puertos y Señales Marítimas y director general de Empleo), en el momento de su ascenso ministerial era el presidente de la empresa Altos Hornos de Vizcaya. Además, no era posible identificarlo con ninguna "familia" del régimen ni tendencia política (Ximénez de Embún y Villar Mir, 2005). Esta circunstancia lo convertía en un elemento exótico dentro del primer Gobierno de la Monarquía, ya que la mayoría de sus miembros tenía algún vínculo con los nacientes grupos políticos dentro del "establishment" franquista. Así, el tándem Areilza-Fraga y los demás ministros en su órbita (Antonio Garrigues, Calvo-Sotelo, Carlos Pérez de Bricio, Robles Piquer y Martín Gamero) pertenecían a FEDISA, Virgilio Oñate y Alfonso Osorio procedían de la proyectada Unión Democrática Española, y José

Solís y Adolfo Suárez estaban adscritos a Unión del Pueblo Español[14]. Los dos últimos, junto a Rodolfo Martín Villa, se asociaban asimismo a Falange, ya que habían escalado políticamente a través de su organización. Empero, a finales de 1975 el partido único tenía poco que decir en la provisión de personal al Gobierno, incluso cuando algunos de sus antiguos cuadros dirigentes accedían al Consejo de Ministros.

Aparte de su extracción técnica (original en sus características pero de ningún modo exclusiva), en comparación con el resto de compañeros de Gabinete Villar Mir no descollaba por ningún otro aspecto de su perfil sociopolítico, ni siquiera por su profesión de catedrático[15]. Es cierto que se trataba del segundo miembro más joven del Gobierno (el benjamín era Adolfo Suárez con 43 años, uno menos que el responsable del Fisco), pero los nacidos como él en las décadas de 1920 o 1930 —esto es, los que vivieron la Guerra Civil como niños o adolescentes— sumaban once (más de la mitad del equipo gubernamental). Otro tanto puede decirse, por ejemplo, de la internacionalización de su currículum educativo[16], pues si bien éste era un rasgo inusual en el *background* de los ministros del último Gobierno Arias, sólo compartido con Martín Gamero (que había ampliado su formación en Francia, Inglaterra y Alemania) y Alfonso Osorio (quien había cursado estudios en EEUU sobre organización y métodos en la Administración pública)[17], tal mérito tenía su equivalente en otras experiencias que sí podían acreditar varios de sus colegas en el Consejo de Ministros, relacionadas con la diplomacia[18]. Pareciera, pues, que "la imperiosa necesidad de 'vender la nueva imagen de España'"[19] favoreció el reclutamiento de individuos con amplia experiencia en la esfera internacional, ya fuera por razón de su bagaje formativo o de su trayectoria profesional. De igual modo, Villar Mir se asemejaba a sus pares del Ejecutivo en lo tocante a los

---

14 *ABC*, 12 de diciembre de 1975.

15 Villar Mir consiguió en 1969 la cátedra de Contabilidad y Legislación en la Escuela Universitaria Técnica de Ingenieros de Obras Públicas, después de diez años impartiendo docencia a nivel superior (Ximénez de Embún y Villar Mir, 2005: 65-66). En el primer Gobierno de la Monarquía había otro catedrático más: Manuel Fraga.

16 Villar Mir realizó un curso de un año de duración, sobre "Project Evaluation" y auspiciado por el Banco Mundial, en el Economic Development Institute de Washington DC (Ximénez de Embún, 2005: 51).

17 *ABC*, 12 de diciembre de 1975.

18 *ABC*, 12 de diciembre de 1975.

19 *ABC*, 12 de diciembre de 1975.

vínculos con la patronal[20]. En este sentido, si del responsable del Fisco podía decirse que era una "destacada figura financiera"[21] y un "empresario con conexiones dentro del capitalismo internacional"[22], de al menos siete de sus colegas de Gabinete bien podían acreditarse relaciones del mismo orden.

El último Consejo de Ministros presidido por Arias era, en definitiva, una instancia notablemente infiltrada por el empresariado, algo que no era nuevo en sí mismo, pero que en esta ocasión presentaba además una peculiaridad: el mayor peso de los vínculos con compañías de capital extranjero (Jerez-Mir, 1992: 40). Por tanto, una cualidad que la prensa del momento atribuyó en exclusiva al titular de Hacienda era, en realidad, una propiedad del Gabinete globalmente considerado. Este hecho, añadido a su juventud e internacionalización, convierte a Villar Mir en un ministro prototípico del primer Gobierno de la Monarquía, como asimismo sugieren sus origen capitalino o su perfil especialista.

CONCLUSIONES

El análisis agregado de los datos relativos al perfil sociopolítico pone de relieve, en primer lugar, que la especialización siempre fue un criterio relevante a la hora de seleccionar al ministro de Hacienda, desde los inicios de la dictadura en plena Guerra Civil hasta la muerte del *Generalísimo* a mediados de los setenta. Así lo evidencia el hecho de que todos ellos desempeñaron responsabilidades políticas relacionadas de un modo u otro con la economía, en el estrato directivo superior de la Administración (o incluso en el propio Gobierno), antes de acceder a la titularidad del Tesoro. No obstante, tal especialización evoluciona a lo largo de los años desde un modelo "débil", basado eminentemente en la carrera política pre-ministerial, hacia otro "fuerte" que incorpora además variables tales como el tipo de estudios superiores cursados y los antecedentes ocupacionales. Así, tres de los cuatro sucesores de Navarro Rubio fueron lo que podríamos llamar tecnócratas: altos funcionarios pertenecientes a cuerpos de la Administración del ámbito

---

20 Antes de su nombramiento ministerial Villar Mir fue presidente de las empresas "Carbonífera del Sur", "Empresa Nacional de Celulosa", "Aplicaciones del Acetileno SA", "Cementos del Cinca", "Hidro-Nitro Española" y "Altos Hornos de Vizcaya" (*La Región*, 12 de diciembre de 1975).

21 *Informaciones*, 12 de diciembre de 1975.

22 *La Región*, 12 de diciembre de 1975.

económico que además, en dos casos, acreditaban formación universitaria en Ciencias Económicas o Ciencias Empresariales[23]. Este cambio en la lógica de reclutamiento del responsable del Fisco sobrevive incluso a la muerte de Franco, con la elección del catedrático de Contabilidad Villar Mir.

La reconstrucción historiográfica de las dinámicas que condujeron al nombramiento del ministro de Hacienda, en episodios clave del franquismo, desvela asimismo que la provisión de este puesto se sustanció invariablemente en una lógica de selección ministerial específica. Esta no se sustrajo a los coyunturales equilibrios de poder dominantes, de tal suerte que los selectores clave de cada momento también jugaron un papel crítico en la elección de la persona llamada a gestionar las finanzas estatales, a saber: el tándem Franco-Serrano Suñer en los años de guerra, la dupla formada por el dictador y Carrero Blanco en la crisis de 1957, o el triunvirato integrado por el Rey Juan Carlos, el presidente de las Cortes Fernández-Miranda y Fraga tras la muerte del *Caudillo.* Sin embargo, como se ha visto, en todos esos procesos pesaron consideraciones particulares respecto a quien debía atribuirse —o no— la titularidad del Tesoro.

Referencias

Álvarez, E., Clemente, J. C., y Girones, J. M. (1970). Los noventa ministros de Franco. Madrid: Dopesa.

Bayod, A. (1981). Franco visto por sus ministros. Barcelona: Planeta.

Blondel, J. (1991). Ministers of finance in Western Europe: a special career. Florence: European University Institute.

Botella, J. (1997). L'élite gouvernamentale espagnole. En E. N. Suleiman y H. Mendras (Eds.), Le recrutement des élites en Europe. Paris: La Decouverte.

Cañellas Mas, A. (2011). Laureano López Rodó: biografía política de un ministro de Franco, (1920-2000). Madrid: Biblioteca Nueva.

Carr, R. (2009). España: 1808-2008. Barcelona: Ariel.

Considine, J., y Reidy, T. (2008). The influence of finance ministers: lessons from the Twentieth century Ireland and the United Kingdom. Administration, 56(1), 57-84.

[23] No obstante, el último "cruzado" al frente del Fisco franquista no fue Navarro Rubio sino su inmediato sucesor, Espinosa San Martín, inspector técnico fiscal del Estado y director general del Tesoro que "en 1936 se alistó en Sevilla a una bandera de Falange con la que combatió durante la guerra civil" (Álvarez et al, 1970: 383). El carácter híbrido de su biografía evidencia elocuentemente la referida transición desde el ministro de Hacienda "cruzado" al tecnócrata.

Costa Pinto, A. (2009). Ruling elites and decision-making in fascist-era dictatorships. Boulder: Columbia University Press.

Costa Pinto, A., Cotta, M., y Tavares de Almeida, P. (2018). Technocratic Ministers and Political Leadership in European Democracies. En Technocratic Ministers and Political Leadership in European Democracies. London: Palgrave Macmillan.

Costas Comesaña, A. (1997). Antonio Barrera de Irimo. En VV.AA. (Ed.), La Hacienda en sus ministros: franquismo y democracia. Zaragoza: Prensas Universitarias de Zaragoza.

Cuenca Toribio, J. M., y Miranda García, S. (1998). El poder y sus hombres: ¿por quiénes hemos sido gobernados los españoles? (1705-1998). Madrid: Actas.

Dowding, K., y Dumont, P. (2009). The selection of ministers in Europe: Hiring and firing. London: Routledge.

Fraga Iribarne, M. (1987). En busca del tiempo servido. Barcelona: Planeta.

Fuentes Quintana, E. (2002). Introducción: la consolidación académica de la economía en España. En E. Fuentes Quintana (Ed.), Economía y economistas españoles. Vol. 7. La consolidación académica de la economía. Barcelona: Círculo de Lectores.

González González, M. J. (1997). Joaquín Benjumea Burín. En E. Fuentes Quintana (Ed.), La Hacienda en sus ministros: franquismo y democracia. Zaragoza: Prensas Universitarias de Zaragoza.

Jerez-Mir, M. (1992). Business and politics in Spain: from Francoism to democracy. Barcelona: Institut de Ciènces Politiques i Socials.

Jerez Mir, M. (1982). Élites políticas y centros de extracción en España, 1938-1957. Madrid: Centro de Estudios Políticos y Constitucionales.

Jerez Mir, M. (2009). Executive, single party and ministers in Franco's regime, 1936-45. En A. Costa Pinto (Ed.), Ruling elites and decision-making in fascist-era dictatorships. New York: Columbia University Press.

Jerez Mir, M., y Luque-Castillo, F. J. (2014). State and regime in early francoism, 1936-45: power structures, main actors and repression policy. En A. Costa Pinto y A. Kallis (Eds.), Rethinking fascism and dictatorship in Europe. New York: Palgrave Macmillan.

Larraz, J. (2006). Memorias. Madrid: Real Academia de Ciencias Morales y Políticas.

Laski, H. J. (1928). The Personnel of the English Cabinet, 1801-1924. American Political Science Review, 22(1).

Lewis, P. H. (1972). The Spanish Ministerial Elite, 1938-1969. Comparative Politics, 5(1).

Linz, J. J., Jerez Mir, M., y Corzo, S. (2013). Ministros y regímenes en España: del Sexenio Revolucionario a la Monarquía Parlamentaria. En J. R. Montero y T. J. Miley (Eds.), Juan José Linz. Obras Escogidas. Vol. 6. Partidos y élites políticas en España. Madrid: Centro de Estudios Políticos y Constitucionales.

López Rodó, L. (1990). Memorias. Barcelona: Plaza y Janés.

Navarro Rubio, M. (1991). Mis memorias: testimonio de una vida política truncada por el "Caso MATESA". Esplugas de LLobregat, Barcelona: Plaza y Janés.Payne, S. (1987). El régimen de Franco. 1936-1975. Madrid: Alianza Editorial.

Powell, C. T. (1991). El piloto del cambio: El rey, la Monarquía y la transición a la democracia. Barcelona: Planeta.

Preston, P. (1994). Franco. Caudillo de España. Barcelona: Grijalbo.

Putnam, R. D. (1976). The comparative study of political elites. Englewood Cliffs, N.J: Prentice-Hall.

Real-Dato, J., y Jerez-Mir, M. (2009). Cabinet dynamics in democratic Spain (1977-2008). En K. Dowding y P. Dumont (Eds.), The Selection of Ministers in Europe: Hiring and Firing.

Rodríguez Teruel, J. (2011). Los ministros de la España democrática: Reclutamiento político y carrera ministerial de Suárez a Zapatero (1976-2010). Madrid: Centro de Estudios Políticos y Constitucionales.

Rodríguez Teruel, J., y Jerez Mir, M. (2018). The Selection and Deselection of Technocratic Ministers in Democratic Spain. En A. Costa Pinto, M. Cotta, y P. Tavares de Almeida (Eds.), Technocratic Ministers and Political Leadership in European Democracies. London: Palgrave Macmillan.

Serrano Súñer, R. (1977). Memorias: Entre el silencio y la propaganda, la historia como fue. Barcelona: Planeta.

Tavares De Almeida, P., Costa Pinto, A., y Bermeo, N. (2003). Who governs Southern Europe? Regime change and ministerial recruitment, 1850-2000. New York: Routledge.

Tusell, J. (2006). Franco en la Guerra Civil: Una biografía política (3a ed.). Barcelona: Tusquets.

Tusell, J. (2007). La transición a la democracia. España, 1975-1982. Madrid: Espasa Calpe.

Tusell, J., y Queipo de Llano, G. (2003). Tiempo de incertidumbre: Carlos Arias Navarro entre el franquismo y la Transición (1973-1976). Barcelona: Crítica.

Varela Parache, M. (2004). El Plan de Estabilización: Elaboración, contenido y efectos. En E. Fuentes Quintana (Ed.), Economía y economistas españoles. Vol. 8. La Economía como profesión. Barcelona: Círculo de Lectores.

Viñas, A. (1979). Política comercial exterior en España, (1931-1975). Madrid: Banco Exterior de España, Servicio de Estudios Económicos.

Ximénez de Embún, M. Á., y Villar Mir, J.-M. (2005). Juan-Miguel Villar Mir: Rigor y audacia en los negocios. Madrid: Ediciones Internacionales Universitarias.

Capítulo 9

Socialización política y contexto en la implicación política en los miembros de las organizaciones juveniles de los partidos políticos españoles

FRANCISCO JAVIER ALARCÓN GONZÁLEZ

INTRODUCCIÓN

Este capítulo se centra en el estudio de los miembros de los partidos políticos, específicamente en la categoría formada por sus jóvenes, es decir, por los miembros de las organizaciones políticas juveniles españolas. Antes de entrar en ello, hay que señalar que los trabajos académicos que se han ocupado de los miembros de las organizaciones juveniles de los partidos políticos son escasos. A nivel nacional, encontramos los trabajos de Alarcón (2017, 2018, 2021) y Alarcón y Real-Dato (2021), y a nivel sub-nacional los de Barberà et al. (2002) para el caso catalán y Ninyoles (2015) para el valenciano. Este patrón es similar al que se observa en el contexto europeo e internacional, donde pocos trabajos se han centrado en el estudio de los miembros de las organizaciones juveniles de los partidos políticos, a pesar de la importancia asociada a su participación para el mantenimiento de la democracia representativa en su concepción actual (Recchi, 1999; Hooghe et al., 2004; Cross y Young, 2008a, 2008b; Bargel y Dechezelles, 2009; Bargel y Petitfils, 2009; Bruter y Harrison, 2009; Espinoza y Madrid, 2010; Rainsford, 2018; Weber, 2020).

El texto tiene por objetivo responder a las siguientes preguntas: ¿Qué experiencias políticas han vivido en su hogar durante su infancia y adolescencia? ¿Se han visto influidos políticamente por su entorno próximo? ¿Cómo llegaron a la organización política juvenil? O, en otras palabras, ¿Cuál fue la ruta de acceso a la política? ¿A qué edad se afiliaron? Y, ¿cuánto tiempo llevan militando? Por tanto, las páginas siguientes se centran en conocer las posibles diferencias en términos contextuales que permitan explicar la presencia de diferencias entre los miembros de las organizaciones juveniles que operan, así como explicar la influencia de estas variables en la edad de entrada en la formación política.

El texto se organiza de tal manera que, en el siguiente epígrafe, se conceptualiza la participación política en formaciones políticas. Tras esto, el capítulo prosigue con una escueta presentación de los datos que serán utilizados en las siguientes secciones. A continuación, se analiza el contexto familiar que ha podido influir en su militancia, teniendo en cuenta tanto la socialización política familiar como la presencia de otras influencias contextuales. Estas variables serán tratadas en un último epígrafe para determinar su posible influencia en la edad en la que el joven se afilió a la formación política. El texto finaliza con unas conclusiones.

LA PARTICIPACIÓN POLÍTICA EN LAS ORGANIZACIONES JUVENILES PARTIDISTAS

A pesar de que gran parte de la población asocia a la política sentimientos y características negativas, una minoría da un paso en su compromiso político militando en un partido político. Este tipo de participación política es uno más de los presentes en el repertorio de acciones políticas (van Deth, 2014) y en cierto modo cercano a otros tipos de participación por su carácter convencional, institucional y formal, y similar a aquella participación que requiere una mayor implicación como formar parte de una asociación o un movimiento social.

Intentar responder a esta cuestión de por qué ciertos ciudadanos han decidido afiliarse a una formación política que conlleva unas obligaciones no es una cuestión baladí. Los que han intentado responder a esta cuestión han partido de diferentes modelos explicativos que se usan para explicar el comportamiento electoral adaptándolos a este tipo de participación política (Whiteley y Seyd, 2002, Cross y Young, 2008a, Weber, 2020). El modelo más conocido por su expansión entre los autores y por su capacidad explicativa es conocido como voluntarismo cívico (Verba et al., 1995). Este modelo combina las variables de estatus socioeconómico que hasta la fecha explicaban el comportamiento político (Milbrath y Goel, 1977: 92) con los recursos personales, las motivaciones y la movilización en la explicación de la participación política (Verba et al., 1995). Brady et al. (1995:271) argumentan en la introducción de su texto que los ciudadanos que no participan en política responden básicamente a tres posibles respuestas: porque no pueden, porque no quieren o porque no les preguntaron. La primera opción deriva de una falta de recursos necesarios para la participación. No querer participar conlleva una falta de compromiso cívico que supone un desinterés por la política, una mínima preocupación por los asuntos públicos y sobre el hecho de que su participación no supondrá un cambio en el resultado de la acción. Y, por último, el 'nadie me preguntó' es consecuencia de un aislamiento de las redes de reclutamiento que movilizan hacia la política a los ciudadanos.

En la propuesta explicativa se incorporan los procesos que ayudan a mantener y mejorar las habilidades cívicas que reposan en la socialización. En nuestro escenario, la socialización política a una edad temprana juega un papel importante. La unión entre socialización política y reclutamiento político se encuentra en el papel de los agentes, aquellas personas que son responsables de ese interés inicial en la política y que también son responsables de esa movilización hacia el partido político (Recchi, 1999). Cross y Young (2008b:353) señalan que entre los jóvenes canadienses, los padres juegan un papel clave en su afiliación al partido político. Encuentran que los militantes jóvenes tienen el doble de probabilidades de que uno de sus padres pertenezca a un partido político y de que durante su infancia su padre o madre fuera activo políticamente. En este escenario, parece lógico que aquellos jóvenes altamente socializados en política en su hogar fueran reclutados por esos familiares miembros de partidos políticos. De hecho, la familia juega un papel destacado en algunas sociedades. Por ejemplo, 5 de cada 6 miembros del Fien Gael irlandés provienen de una familia con tradición político militante (Gallagher y Marsh, 2004: 421).

Las organizaciones juveniles se constituyen como uno de los canales de acceso al partido político y el paso por ellas se ha demostrado que impulsa la carrera política (Recchi, 1997; Hooghe et al., 2004; Alarcón, 2018). Las organizaciones juveniles aseguran a través del reclutamiento partidista la propia supervivencia de la formación política. Conocer y comprender los efectos de la socialización y la ruta de acceso a la organización política juvenil es importante no solo por el propio conocimiento sobre este ignorado grupo de militantes, sino también por la perspectiva que nos ofrece de cómo puede ser la composición de los partidos políticos y de la clase política en el futuro. A través de una mejor comprensión de las rutas de acceso a la formación política y de las influencias recibidas, este capítulo contribuye a completar la escasa literatura presente sobre los miembros de los partidos políticos.

DATOS

Los datos sobre los miembros de las organizaciones juveniles provienen de una encuesta realizada a miembros de organizaciones juveniles de los partidos políticos españoles en el marco de una tesis doctoral dirigida por el Prof. Jerez-Mir (Alarcón, 2018). Una explicación del trabajo de campo puede verse en Alarcón (2017, 2018, 2020) y Alarcón y Real-Dato (2021). Se utilizan las respuestas de tres fuerzas políticas principales: (i) Juventudes Socialistas de España (JSE) y Joventut Socialista de Catalunya (JSC) con 900 observaciones; (ii) Nuevas Generaciones (NNGG) del Partido Popular con 499 observaciones; y (iii) afiliados a las formaciones vinculadas con Izquierda Unida, IU Jóvenes y Unión de Juventudes Comunistas de España, vinculada al Partido Comunista de España, con un total de 410.

ANÁLISIS

El análisis de las características de los jóvenes miembros de las organizaciones políticas se va a realizar en cuatro bloques que nos ayudarán a entender mejor la afiliación. El primero versa sobre las influencias del contexto familiar que pudieron influir en la afiliación. Se analiza, por un lado, la socialización política realizada en el contexto familiar durante la infancia y adolescencia, y por otro, la influencia de las normas sociales en su participación política. En el segundo, se presenta la ruta de acceso a la organización política juvenil. Aquí se tienen en cuenta las influencias recibidas en ese camino y se ofrece información sobre la edad de afiliación. En tercer lugar, se aplica un análisis multivariante sobre la variable edad de afiliación para ver la influencia de las variables presentadas anteriormente sobre ella. Con ello, se pretende mejorar la comprensión del acto de afiliación viendo la influencia de las variables sociodemográficas y el contexto familiar del joven. Para el detalle y explicación de las variables sociodemográficas, véase Alarcón (2017; 2018) y Alarcón y Real-Dato (2021).

Socialización política y contexto familiar

Hay unanimidad en señalar que la principal agencia de socialización política es la familia; esta constituye el primer grupo en el cual el joven se socializa y tiene un efecto decisivo sobre él en términos de actitudes, valores y preferencias (Giddens, 2002). El contacto con la política a una edad temprana, sobre todo en el ámbito familiar, incrementa las posibilidades de participar en ella (Hooghe et al., 2004), aunque parece que no influye en los niveles de activismo una vez que se participa (Cross y Young, 2008b). Los resultados de los escasos trabajos publicados señalan que aquellos jóvenes que son miembros de formaciones políticas en general provienen de ambientes altamente politizados, estando expuestos a la actividad política desde pequeños (Recchi, 1999; Cross y Young, 2008b; Bruter y Harrison, 2009; Espinoza y Madrid, 2010). La influencia opera incluso cuando los padres poseen orientaciones políticas contrapuestas (Espinoza y Madrid, 2020).

Los miembros de las organizaciones políticas juveniles que participaron en el estudio fueron consultados sobre la presencia de diferentes situaciones, un total de seis, que podían haberse dado en el seno de su familia durante su infancia y adolescencia y una séptima que recogía la ausencia de dichas situaciones. Estas se presentan en la Tabla 1 y hay que señalar que los datos recogen la presencia del fenómeno, pero no la intensidad del mismo.

Los datos señalan un alto interés en política en el seno de su familia entre los miembros de las organizaciones juveniles partidistas, superior al 60% y con un valor medio del 65% de la muestra. Los valores son muy similares entre las diferentes fuerzas políticas analizadas, lo que sugiere que la situación presenta un carácter bastante transversal y constituye un aspecto común al conjunto de las diferentes muestras. Este dato contrasta con el escaso interés por la política que señalan las encuestas de opinión pública sobre los jóvenes y la población general (Galais, 2012).

Tabla 1. Socialización política (% de síes)

	JSE/JSC	NNGG	IU Jóvenes	Total
Había interés por los temas políticos	69,2	63,7	61,2	65,9
Conocíamos a algún/a militante	43,2	39,3	25,9	38,2
Alguien en mi familia era miembro de un partido político	45,8	36,3	28,8	39,3
Alguien en mi familia participaba en organizaciones sociales	30,1	15,6	28,3	25,7
Alguien en mi familia ocupaba un puesto de responsabilidad en la estructura de un partido político	20,3	17,2	11	17,4
Alguien en mi familia fue elegido cargo público (concejal, diputado/a...)	25,9	24	11,7	22,2
No recuerdo que se produjera ninguna de las anteriores situaciones	18,7	21,6	31	22,3

Fuente: elaboración propia. Pregunta: ¿Cuáles de las siguientes situaciones ocurrían en tu familia durante tu infancia y adolescencia? Opciones de respuesta: Sí/no.

El conocimiento de miembros de los partidos políticos, ya sean militantes del entorno cercano de la familia o en su seno, alcanza en su menor valor un cuarto de la muestra. Los valores que toma el porcentaje son más altos entre los miembros de JSE/JSC y de NNGG que en IU Jóvenes. En el caso de los miembros de JSE/JSC, este llega casi a la mitad de la muestra, es decir, uno de cada dos jóvenes que contestaron a la encuesta señalaron que tiene entre los miembros de su familia hay afiliados a los partidos políticos. En la otra organización política de izquierda, IU Jóvenes, el porcentaje de miembros desciende a un cuarto de la muestra (valores un poco superiores al 25%), lo que supone que tres de cada cuatro miembros no provienen de familias con tradición política militante en términos de capital político.

En general, un cuarto de la muestra señala que alguien en su familia participaba en organizaciones sociales. Como puede apreciarse en la Tabla 1, el porcentaje de respuesta afirmativa es mayor en las organizaciones juveniles situadas a la izquierda. Un menor porcentaje lo encontramos ante la pregunta de la vinculación familiar con cargos orgánicos en el partido político y cargos públicos de elección. Por último, en términos medios para el conjunto de la muestra, destaca que uno de cada cinco jóvenes señala que un miembro de su familia fue elegido para desempeñar tareas de representación política y en porcentaje casi similar para la ejecutiva de un partido político. En ambos ítems, los miembros de JSE/JSC son los que están en mayor grado vinculados familiarmente con políticos, con valores superiores al 20% de ellos. Esta cifra desciende unos puntos en el caso de los miembros de NNGG. Ambos porcentajes son superiores a los presentes en los jóvenes de las formaciones vinculadas a IU, que sitúan el porcentaje en valores del 11%. Esta baja cifra puede responder a dos cuestiones: una estructura organizativa con una implantación territorial más débil y un menor éxito electoral en las diferentes elecciones celebradas.

A la cuestión de "no recuerdo que se produjera ninguna de las anteriores situaciones", un cuarto de los jóvenes manifestó la ausencia de experiencias familiares de socialización política durante su infancia y adolescencia. Se observa que un mayor número de situaciones ha estado presente entre los miembros de JSE/JSC y NNGG; siendo estas más escasas entre los jóvenes miembros de IU. En general, los datos nos llevan a pensar en una transmisión de compromiso cívico entre generaciones, de padres a hijos o abuelos a nietos, y por otro lado, a la presencia de un grupo de jóvenes (uno de cada cinco) con un alto compromiso cívico y sin experiencias políticas socializantes en su infancia y adolescencia provenientes de su familia. En general, en los miembros de las diferentes organizaciones juveniles españolas, los porcentajes son muy inferiores a los presentes entre los jóvenes militantes chilenos (Espinoza y Madrid, 2010:105).

La Tabla 2 incluye lo que se ha denominado la norma social que apoyaría la realización de ciertas conductas en el seno de las organizaciones juveniles partidistas. Se han incluido cuatro afirmaciones (Tabla 2, primera columna) para que los jóvenes indiquen su acuerdo o desacuerdo con cada una de ellas en una escala tipo Likert de 5 puntos. Las normas sociales suponen el efecto de las actitudes hacia la participación de otras personas, normalmente gente próxima, que influyen sobre las propias actitudes individuales. Las normas sociales se entienden como la aprobación o desaprobación de la conducta que refuerza o motiva a la gente para participar, es decir está determinada por el deseo de ganar el respeto o la aprobación de otras personas (Whiteley y Seyd, 2002; Cross y Young, 2008b). Trabajos anteriores han indicado que no tiene efectos significativos sobre el activismo partidista (Alarcón y Real-Dato, 2021).

La norma social señalará la influencia del contexto cercano del joven que puede incidir en la afiliación y en la participación política, es decir, si los jóvenes están en un contexto donde esto es visto con buenos ojos, su militancia estará justificada. En cambio, en contextos familiares más reacios, y que vean la participación como algo negativo, la norma social puede ejercer una influencia negativa. En el caso de los miembros de las organizaciones juveniles, la influencia esperada de las normas sociales será alta. Debido a los efectos del ciclo de vida, los jóvenes tienen más probabilidades de ser sensibles a las normas y factores sociales que sus mayores.

La primera de las afirmaciones se establece sobre la visión que tiene la sociedad de los afiliados: "En general, los miembros de organizaciones políticas juveniles son personas respetadas en la sociedad". Las respuestas de los miembros de las diferentes formaciones comparten un patrón común. El porcentaje de "muy de acuerdo" y "de acuerdo" entre los miembros de las tres fuerzas políticas es muy similar, así como la suma de las dos opciones negativas. Destaca un alto porcentaje, superior al 40%, que está "ni de acuerdo ni en desacuerdo". Las respuestas a esta afirmación nos hacen pensar en la percepción negativa de la clase política o de los que ejercen la política por la sociedad y que es percibida por los jóvenes militantes sobre sus actividades.

Tabla 2. La influencia de la norma social (en %)

		JSE/JSC	NNGG	IU Jóvenes	Total
En general los miembros de las organizaciones políticas juveniles son personas respetadas en la sociedad	Muy de acuerdo	5,6	7,1	3,5	5,6
	De acuerdo	19,6	19,9	20	19,8
	Ni de acuerdo ni en desacuerdo	42,6	41,3	42	42,1
	En desacuerdo	25,7	24	28,8	25,9
	Muy en desacuerdo	6,5	7,7	5,8	6,7
El trabajo realizado por los/las militantes de base, a menudo, no está reconocido	Muy de acuerdo	40,7	41,8	29,3	38,4
	De acuerdo	46,1	40,1	48,4	45
	Ni de acuerdo ni en desacuerdo	7,1	10,6	14,5	9,7
	En desacuerdo	4,5	4,9	6,3	5
	Muy en desacuerdo	1,6	2,6	1,5	1,9
La única forma de cambiar algo es participar activamente	Muy de acuerdo	49,4	52	40,3	48,1
	De acuerdo	34	37,7	36,6	35,6
	Ni de acuerdo ni en desacuerdo	11,4	6,9	14,5	10,8
	En desacuerdo	4,1	2,2	7,1	4,3
	Muy en desacuerdo	1,1	1,2	1,5	1,2
Los miembros de las organizaciones políticas juveniles son personas extremistas	Muy de acuerdo	2,6	4,1	6,0	3,8
	De acuerdo	8,9	8,4	18,8	11
	Ni de acuerdo ni en desacuerdo	18,5	19,8	23,3	19,9
	En desacuerdo	41,2	35,3	29	36,8
	Muy en desacuerdo	28,8	32,4	23	28,5

Fuente: elaboración propia. Pregunta: Piensa en aquellas personas cuya opinión es importante para tí, como por ejemplo tu pareja, tus amigos/as, etc… ¿En qué grado se mostrarían de acuerdo con cada una de las siguientes afirmaciones?

En segundo lugar, en cuanto a la percepción que tienen del contexto sobre "El trabajo realizado por los militantes de base a menudo no está reconocido", hay unanimidad entre los miembros de las diferentes fuerzas en reconocer que el trabajo que realizan no está valorado por la sociedad. Los porcentajes son superiores al 75% de los jóvenes y, en el caso de JSE/JSC, llegan al 86% de la muestra. Menos de uno de cada diez jóvenes considera que su trabajo sí está reconocido por la sociedad. El tercero de los ítems hace referencia a la percepción en el contexto familiar de que "La única forma de cambiar algo es participando activamente", es positiva, ronda el 80% de respuestas entre el "muy de acuerdo" y "de acuerdo". Destaca en todas las formaciones que el porcentaje de afiliados que ha señalado "muy de acuerdo" con la afirmación supera el 40%. El porcentaje de jóvenes que sienten que su contexto familiar no está de acuerdo o muy en desacuerdo con esta afirmación es escaso, encontrando los valores entre el 3,4% de los miembros del NNGG y el 8,6% entre los miembros de IU Jóvenes.

Por último, el cuarto ítem valora si el contexto considera que "Los miembros de organizaciones políticas juveniles son personas extremistas". Los jóvenes, con valores superiores al 50%, manifiestan su desacuerdo con esta afirmación, es decir, consideran que su contexto no los considera como personas extremistas. Los miembros de IU Jóvenes son los que consideran en mayor medida que la sociedad los posiciona como extremistas, con un porcentaje del 24,8% (muy de acuerdo y de acuerdo), mientras que solo un 11,5% de los miembros de JSE/JSC tiene esta percepción.

A pesar del trabajo voluntario y altruista que muchos afiliados realizan, la percepción que tienen de su entorno no es todo lo positiva que podrían esperar. En general, los datos indican que los miembros de las organizaciones juveniles perciben apoyo de su contexto para participar activamente en política y propiciar el cambio, pero también perciben que este trabajo no es percibido por la sociedad. Además, perciben que parte de la sociedad, en torno a un tercio, no respeta a los miembros de las organizaciones juveniles y también, aunque en menor porcentaje, los considera personas extremistas.

El acceso a la organización política juvenil

El cuestionario utilizado también incluía una pregunta para determinar el canal o la ruta de entrada a la organización política juvenil y otra sobre la edad del joven en el momento de la afiliación. Con la primera, podemos saber si la afiliación responde a una decisión autónoma, sin influencia directa o externa, o si, por el contrario, se debe a un proceso provocado por esta, es decir, mediante la invitación de un tercero. Esta incitación a participar en el seno de una formación política puede venir de un familiar, un amigo, un compañero de clase o de un miembro del partido político que intercederían en el proceso provocando esa movilización hacia la militancia política vía afiliación partidista. Las influencias pueden venir por diferentes frentes o ser una combinación, es decir, puede que el miembro del partido político sea también tu amigo o compañero de clase, o que un compañero de clase sea miembro del partido. La Tabla 3 recoge la distribución de frecuencias, en respuesta múltiple, de los miembros de las formaciones políticas juveniles con los diferentes canales propuestos. Dicha tabla nos permite ver, en primer lugar, que en general, más de la mitad de los jóvenes de las diversas formaciones políticas manifiestan que su llegada, entendiendo el proceso de movilización hacia la organización juvenil, se forjó bajo su propia iniciativa. Este porcentaje es muy similar al encontrado por Rainsford (2018) en el contexto británico, lo que nos hace pensar en la posible presencia de un patrón compartido.

En segundo lugar, encontramos el reclutamiento partidista con valores que oscilan entre el 25% y el 30% de los jóvenes militantes encuestados. En términos operativos, supone que uno de cada cuatro jóvenes, como mínimo, manifiesta que su afiliación está influida por la llamada de un miembro de la formación política, ya sea del partido político o de la organización política juvenil. Estas dos vías de acceso, iniciativa propia y reclutamiento partidista, exhiben los valores más altos y actúan como los principales canales de entrada a las organizaciones políticas juveniles. Más del 80% de los jóvenes miembros de las organizaciones políticas juveniles llegaron a ellas por una de estas dos vías de acceso o por la combinación de ambas. Aunque la combinación de iniciativa propia con invitación por un miembro de la formación política no adquiere valores elevados, siendo también escaso el número de afiliados que señala ambas opciones.

Tabla 3. Ruta de acceso a la organización política juvenil (% en respuesta múltiple)

	JSE/JSC	NNGG	IU Jóvenes	Total
Por interés propio	58,8	60,1	62,7	60
Invitado/a por				
– por un/a amigo/a	13	12	16,3	13,5
– por un/a militante	30,2	28,5	25,6	28,7
– por un familiar	12,9	14,2	3,9	11,2
– compañero/a de clase	1,9	3	3,9	2,7
Más de una invitación	8,8	7,8	7,1	8,1
Iniciativa + cualquier invitación	7,2	7,8	4,9	6,7
N	900	499	410	1809

Fuente: elaboración propia. Pregunta: ¿Cómo llegaste a "Nombre Organización Política Juvenil"? Por favor, marque las opciones de correspondan: (1) Por interés propio (nadie me invitó), (2) Invitado/a por un/a amigo/a, (3), Invitado/a por un/a militante de Organización política Juvenil/ Partido Político, (4) Invitado/a por un familiar, (5) Invitado/a por un/a compañero/a de clase (6) Otro, ¿cuál? La opción otro fue recodificada para el análisis.

En cuanto a los otros tipos de reclutamiento, encontramos discrepancias en la importancia otorgada a cada uno de ellos. Si bien para los miembros de NNGG y JSE/JSC el tercer y cuarto canal de acceso, la invitación por un familiar y por un amigo, presenta valores muy similares, para los miembros de IU

Jóvenes, el reclutamiento familiar es superado con creces por el porcentaje de reclutados por un amigo o amiga. En estas formaciones, las vinculadas a IU, el reclutamiento familiar es casi irrelevante con un porcentaje inferior al 4%.

La influencia ejercida por los compañeros de clase en el reclutamiento es residual o inexistente entre los miembros de las fuerzas políticas analizadas. El porcentaje se sitúa entre el 1,9% y el 3,9%. En general, en función de los valores observados, se observan bastantes similitudes entre las respuestas de las organizaciones políticas juveniles, con los matices apuntados sobre el reclutamiento familiar y el partidista.

La combinación de una o varias invitaciones a participar en el seno de la formación con la presencia de esas 'fuerzas internas' al afiliado, manifestadas en ese interés propio, solo afecta a un porcentaje muy reducido de la militancia política juvenil, tanto en el valor agregado al total de la muestra como para cada una de las organizaciones políticas juveniles.

Como se comentó, el cuestionario también incluyó una pregunta sobre la edad en el momento de la afiliación. Antes de comentar los datos, hay que señalar que para ser miembro de una organización política deben cumplirse unos requisitos que giran en torno a la edad, exclusividad en la afiliación partidista, adhesión a sus principios rectores e incluso pueden llegar, en algunas formaciones, a condicionar la afiliación a la superación de un período de prueba (véase Baras et al., 2015:19). En el caso de la edad, las organizaciones juveniles difieren de sus partidos políticos padres al presentar modalidades de inscripción para menores de 18 años, siendo posible en la mayoría de los casos su vinculación a partir de los 14 años (Alarcón, 2018). La Tabla 4 muestra la edad media de la afiliación en cada una de las organizaciones políticas juveniles y la desviación típica de esta. Los más jóvenes en afiliarse fueron los miembros de NNGG, que lo hicieron de media a los 18 años y pocos meses. Hay que recordar que su media de edad también era menor que en las otras formaciones juveniles (Alarcón, 2017).

Tabla 4. Edad en el momento de la afiliación

	JSE/JSC	NNGG	IU Jóvenes	Total
Edad de afiliación				
Media	19,63	18,61	19,06	19,22
Desviación típica	3,564	2,325	3,165	3,205
Años de afiliación				
Media	4,06	3,583	3,63	3,83
Desviación típica	3,392	2,718	3,453	3,242

Fuente: elaboración propia.

La edad media de afiliación sube en más de un año en JSE/JSC con respecto a NNGG. En los miembros de las formaciones juveniles vinculadas con IU, esta edad media se sitúa en 19 años y un par de semanas. En la segunda sección de la Tabla 4 se muestra la media y la desviación típica de una variable calculada, los años de afiliación. Esta recoge la diferencia entre la edad del joven y la edad en el momento de afiliación. Como se observa, la media de años de militancia de los jóvenes es bastante similar entre las diferentes formaciones juveniles, con valores que tienden a los cuatro años de militancia. Destaca el caso de los miembros de NNGG, que presentan una media menor en su trayectoria militante hasta el presente; son los más jóvenes y los que llegaron también siendo más jóvenes a la organización política juvenil. Presentan una media cercana a los tres años y medio de afiliación, y su desviación típica también es la menor en los dos indicadores, lo que supone que en aquellos que contestaron la encuesta, su entrada en la formación se materializa durante un determinado período de tiempo y en unos años muy concretos. El tiempo medio de afiliación entre los miembros de las formaciones vinculadas a IU es superior a tres años y medio pero inferior a la media de los afiliados a JSE/JSC.

La influencia del contexto familiar y la ideología en la edad de afiliación

Este texto se completa con un análisis de las posibles influencias de las variables del contexto familiar en la afiliación del joven a la organización política juvenil. Es decir, se realiza un análisis multivalente con el objetivo de identificar las variables que han podido ejercer influencia en la edad de ingreso. La Tabla 5 muestra un modelo de regresión, sobre la muestra de miembros de las organizaciones juveniles de los partidos políticos, donde la variable dependiente es la edad en el momento de la afiliación y las variables independientes se han introducido en cuatro bloques, que corresponden a cuatro factores: (1) variables sociodemográficas, (2) socialización política, (3) norma social, y (4) ruta de acceso a la formación política. Se incluye en cada bloque dos variables ficticias (*dummy*) que representan a los dos grupos de militantes de fuerzas políticas de izquierdas, tomando NNGG como categoría de referencia. De esta forma, se controlan los efectos fijos inherentes a las formaciones políticas y se pueden observar mejor los efectos que son comunes al conjunto de la muestra.

Se puede observar que la bondad de ajuste del primer bloque es limitada, con un R2 ajustado de 0,027. Los jóvenes que provienen de un origen social o familiar más humilde llegan a una edad más avanzada a las organizaciones juveniles. Las otras dos variables, el género y la identidad religiosa, a tenor de los datos, parece que tienen un peso también importante en la edad de afiliación, pero menos acentuado. Los datos indican que en general, sobre los cuatro modelos, que ellas llegan a las formaciones políticas a más avanza edad, así como los creyentes (en su mayoría en NNGG).

Tabla 5. Modelos explicativos de la edad de afiliación (coeficientes estandarizados)

	1	2	3	4
Género (Ref. mujer)	0,033	0,045*	0,055**	0,048*
No creyente 1	-0,061**	-0,062**	-0,062*	-0,059*
Estatus social	-0,095***	-0,079***	-0,093***	-0,083***
Interés por los temas políticos		-0,021	-0,016	-0,004
Conocíamos militantes		0,021	0,016	-0,008
Familiar miembro de partido político		-0,009	-0,014	0,001
Familiar en estructura partido político		-0,119***	-0,118***	-0,106***
Familia cargo público		-0,002	0,006	0,006
Familia en organizaciones sociales		-0,021	-0,012	-0,010
Ninguna de las anteriores situaciones		0,003	0,006	0,004
Norma social			0,009	0,008
Por interés propio (nadie me invitó)				-0,081**
Invitado/a por un/a amigo/a				0,001
Invitado/a por un/a militante				0,085**
Invitado/a por un familiar				-0,071**
Invitado/a por un/a compañero/a de clase				-0,023
Organización política juvenil (Ref. NNGG)				
JSE/JSC	0,181***	0,194***	0,202***	0,194***
IU Jóvenes	0,113***	0,111**	0,120***	0,108**
(Constante)	19,43***	19,51***	19,38***	19,52***
R2	0,029	0,047	0,049	0,072
R2 ajustada	0,027	0,040	0,041	0,062
Mejora de R2	0,029	0,018	0,002	0,023

Nota: la variable dependiente es la edad en el momento de la afiliación
Los niveles de significación estadística son: *** p≤0,001; ** p≤0,05; * p≤0,10.

El segundo bloque de variables incrementa el valor del R2 corregido hasta 0,040. Esto indica que la inclusión de las variables de socialización contribuye ligeramente a la explicación de la varianza. Los datos sugieren que la presencia de un contexto familiar politizado no influye en la edad de afiliación. Sin embargo, hay una excepción en este segundo bloque: la presencia de familiares en posiciones ejecutivas en formaciones políticas actúa como una influencia en la edad de afiliación. Aquellos que indicaron la existencia de esta situación en su hogar comenzaron su militancia a una edad más temprana.

En la tercera columna del modelo de regresión, se añade la norma social a las variables anteriores. Sin embargo, esta variable no mejora sustancialmente el valor del R2 ajustado del bloque anterior. La norma social no muestra significación estadística ni en este bloque ni en el siguiente. Por lo tanto, parece que crecer en un entorno favorable al compromiso político o encontrarse en él no tiene una influencia destacada en la edad de afiliación.

En el último bloque, se introduce en el modelo la ruta de llegada a la formación política. Los datos del análisis indican una relación significativa con tres variables independientes. Por un lado, aquellos que manifestaron que fueron invitados por un militante llegaron a la organización política juvenil a una edad más avanzada. Por otro lado, aquellos jóvenes que fueron invitados por un familiar en su ruta de acceso a la formación política llegaron a una edad más joven. De manera similar, aquellos que indicaron que llegaron a la formación política por interés propio también lo hicieron a una edad más temprana.

Los datos de los miembros de las organizaciones políticas juveniles revelan dos patrones en el inicio de la carrera militante. En primer lugar, hay un conjunto de jóvenes que se unen a la formación política a una edad temprana y provienen de un entorno social elevado, donde algún miembro de su familia, además de ser miembro de la formación política, ostenta un cargo en la ejecutiva del partido político, lo que incide positivamente en la afiliación del joven, animándolo. En segundo lugar, encontramos un grupo de militantes de un entorno social menos favorecido, donde el contacto con la política durante su infancia y adolescencia tuvo un impacto marginal en su afiliación y llegan a la organización política juvenil a una edad más avanzada, sobre todo a través del reclutamiento partidista, donde un miembro de la formación política sirve de enlace y estimula la entrada del joven.

CONCLUSIONES

El análisis empírico de los procesos de socialización política de los miembros de las organizaciones políticas juveniles nos permite establecer algunas conclusiones preliminares y proponer ciertas líneas de reflexión sobre la relación que se establece entre los jóvenes comprometidos con la política.

En primer lugar, y en consistencia con los trabajos sobre socialización política, los datos sobre los miembros de las organizaciones políticas juveniles nos permiten constatar la importancia de la familia como agente de transmisión de la implicación política. Los resultados señalan que aquellos jóvenes que en sus familias de origen tenían a un familiar con un puesto de responsabilidad en la estructura organizativa del partido político llegaron más jóvenes a la formación política y, en muchos casos, como resultado del reclutamiento familiar. Del mismo modo, aquellos jóvenes que no recuerdan la presencia de situaciones políticamente socializantes, es decir, que su socialización política fue más ligera al no tener un contacto tan cercano con la actividad política durante su infancia y adolescencia, se afiliaron a la organización política juvenil a una edad más avanzada, invitados por un miembro de la formación política, es decir, como resultado de un reclutamiento partidista.

En segundo lugar, los datos muestran que una clara mayoría de los jóvenes no fueron reclutados, es decir, no fueron invitados a participar o unirse a la organización política. Los valores en todas las organizaciones políticas juveniles son mucho mayores que aquellos que llegaron como resultado del reclutamiento político familiar o partidista. Esta función de reclutamiento parece que no se está desempeñando con éxito por los partidos políticos en general y por las organizaciones políticas juveniles en particular. Esto implica que, en la explicación de la reducción del número de miembros de los partidos políticos (Katz, 1992; van Biezen et al., 2012), entran otros factores en la ecuación. A la falta de confianza en los partidos políticos (Dalton y Weldon, 2005) y en el sistema político, una situación de desapego a la política formal o institucional más acusada entre los jóvenes, se debe añadir en la explicación otro factor: el reclutamiento por parte de la formación política no se está llevando a cabo activa ni exitosamente.

Referencias

Alarcón, F. J. (2017). El perfil de los miembros de las organizaciones juveniles de los partidos políticos españoles. Revista Española de Ciencia Política, 45(noviembre), 175-201.

Alarcón, F. J. (2018). Politics is a calling: Political vocation in young people. The beginning of a political career in Spain. Tesis doctoral. Granada: Universidad de Granada.

Alarcón, F.J. (2021). Explicando el activismo de los miembros de las organizaciones juveniles de los partidos políticos españoles: Entre la teoría de la elección racional y el modelo de incentivos generales. Revista de Estudios Políticos, 191(enero/marzo), 287-321.

Alarcón, F.J., y Real-Dato, J. (2021). Accounting for Activism among Members of Youth Party Organizations. Revista Internacional de Sociología, 74(4), e198.

Baras, M., Barberà, O., A. Barrio, P. Correa, y J. Rodríguez-Teruel (2015). Party Membership in Spain and Congress delegates. En E. van Haute y A. Gauja, Party Members and Activists. Oxon: Routledge.

Bargel, L., y Dechezelles, S. (2009). L'engagement dans des partis politiques de droite. Revue française de science politique, 59(1), 5-6.

Bargel, L., y Petitfils, A. S. (2009). Militants et populaires! Une organisation de jeunesse sarkozyste en campagne. Revue Française de Science Politique, 59(1), 51-75.

Barberà, O., Barrio, A., y Rodríguez-Teruel, J. (2002). Els militants de les organitzacions polítiques juvenils a Catalunya. Barcelona: Fundació Jaume Bofill.

Brady, H., Verba, S., y Schlozman, L. (1995). Beyond SES: A resources model of political participation. American Political Science Review, 89(2), 271-294.

Bruter, M., y Harrison, S. (2009). The future of our Democracies: Young party members in Europe. Basingstoke: Palgrave Macmillan.

Cross, W., y Young, L. (2008a). Factors Influencing the Decision of the Young Politically Engaged to Join a Political Party: An Investigation of the Canadian Case. Party Politics, 14(3), 345-369.

Cross, W., y Young, L. (2008b). Activism among Young Party Members: The Case of the Canadian Liberal Party. Journal of Elections, Public Opinion and Parties, 18(3), 257-281.

Dalton, R., y Weldon, S. (2005). Public images of political parties: A necessary evil? West European Politics, 28(5), 931-951.

Galais, C. (2012). Edad, cohortes o periodo. Separando las causas del (des)interés por la política en España. Revista Española de Investigaciones Sociológicas, 139, 85-110.

Gallagher, M., y Marsh, M. (2004). Party Membership in Ireland: The Members of Fine Gael. Party Politics, 10(4), 407-425.

Espinoza, V., y Madrid, S. (2010). Trayectoria y eficacia policía de los militantes en juventudes políticas. Estudio de la élite política emergente. Instituto de Estudios Avanzados, Universidad de Santiago de Chile. Chile: Editorial Andros.

Giddens, A. (2006). Sociology (5ª Edición). Cambridge: Polity.

Hooghe, M., Stolle, D., y Stouthuysen, P. (2004). Head Start in Politics: The recruitment function of youth organizations of political parties in Belgium (Flanders). Party Politics, 10(2), 193-212.

Katz, R., Mair, P., Bardi, L., Bille, L., Deschouwer, K., Farrel, D., Koole, R., Morlino, L., Müller, W., Pierre, J., Poguntke, T., Sunberg, J., Svasand, L., van de Velde, H., Webb, P., y Widfeldt, A. (1992). Membership of political parties in European democracies, 1960-1990. European Journal of Political Research, 22(3), 329-45.

May, J. (1973). Opinion structure of political parties: The special law of curvilinear disparity. Political Studies, 21(2), 135-151.

Milbrath, L. W., y Goel, M. L. (1977). Political participation. How and why do people get involved in politics? Chicago: Rand Mcnally College.

Ninyoles, G. (2015). La militància política juvenil valenciana; Un perfil sociològic i ideològic. Arxius de Ciències Socials, 32(junio), 185-206.

Rainsford, E. (2018). UK Political Parties' Youth Factions: A Glance at the Future of Political Parties. Parliamentary Affairs, 71(4), 783-803.

Recchi, E. (1999). Politics as Occupational Choice: Youth Self-Selection for Party Careers in Italy. European Sociological Review, 15(1), 107-124.

Van Biezen, I., Mair, P., y Poguntke, T. (2012). Going, going,...gone? The decline of party membership in contemporary Europe. European Journal of Political Research, 51(1), 24-56.

Van Deth, J. (2014). A conceptual map of political participation. Acta Politica, 49(3), 349-367.

Verba, S., Nie, N.H., y Kim, J. (1978). Participation and Political Equality: A Seven-Nation Comparison. Cambridge: Cambridge University Press.

Verba, S., Schlozman, K.L., y Brady, H.E. (1995). Voice and Equality. Civic Voluntarism in American Politics. Cambridge: Harvard University Press.

Weber, R. (2020). Why do Young People Join Parties? The Influence of Individual Resources on Motivation. Party Politics, 26(4), 496-509.

Whiteley, P., y Seyd, P. (2002). High-intensity participation. The dynamics of Party activism in Britain. Ann Arbor: University Michigan.

Capítulo 10

Los límites de pertenencia: la identidad europea en las percepciones de ciudadanos y élites de la Unión Europea[1]

ALEKSANDRA SOJKA

INTRODUCCIÓN[2]

El problema de definir qué significa ser europeo ha sido objeto de numerosos análisis filosóficos, teóricos y empíricos sobre materiales culturales, históricos y jurídicos (Stråth, 2002; Díez Medrano, 2004; Delanty, 2005; Risse, 2010; Delanty, 2013, entre otros). Apenas hay consenso sobre la respuesta a esa pregunta, y algunos filósofos incluso sugieren que tal ambivalencia constituye la esencia de la europeidad (Stråth, 2002; Bauman, 2004). En consecuencia, la identidad europea reflejada en percepciones individuales está lejos de ser sencilla y puede tener significados divergentes. En este capítulo, me pregunto: ¿Qué significa ser europeo para los ciudadanos y las élites nacionales de la Unión Europea (UE)? ¿Dónde se trazan los límites de la pertenencia? Abordo este tema desde una perspectiva ascendente, analizando comparativamente la evidencia de la opinión pública y las encuestas de élite. El supuesto de partida del estudio es que los diferentes contextos nacionales influyen en la identificación europea, con los líderes políticos como actores clave en el proceso de darle forma (Huddy, 2001; Huddy, 2013; Mols y Weber, 2013).

Como indica el lema de la UE "Unidos en la diversidad", la identidad política europea y la ciudadanía de la Unión se establecen como potencialmente abiertas e inclusivas. Además, los estudiosos de la política europea

---

1 Título original: *Boundaries of European identity as perceived by European Union citizens and elites.* Traducido por José Real-Dato.

2 Este capítulo se basa en la investigación de mi tesis doctoral, supervisada por el Prof. Miguel Jerez Mir y defendida *Summa Cum Laude* en la Universidad de Granada en 2015. Me gustaría agradecer el continuo apoyo y aliento de Miguel en el proceso.

argumentan a favor de una identidad basada en los valores del "patriotismo constitucional" en la UE (Delanty, 2000; Habermas, 2001; Habermas, 2012), sugiriendo un concepto predominantemente cívico de pertenencia. El objetivo del análisis presentado en este capítulo es explorar la evidencia empírica sobre los contenidos percibidos de la identidad europea. La atención se centra en comparar las percepciones de las élites y los ciudadanos de los países miembros de la UE más recientes, de Europa Central y Oriental (ECO), y de los más antiguos. Considero varios elementos que podrían delimitar la pertenencia europea para proporcionar una respuesta empíricamente fundamentada a la cuestión de los límites de la pertenencia a la UE y las posibles diferencias entre el este y el oeste de Europa en este aspecto de la identificación europea.

El capítulo se organiza de la siguiente manera: en primer lugar, analizo cómo se ha estudiado en investigaciones previas la pertenencia a las comunidades políticas en general, y a la comunidad europea en particular. En segundo lugar, exploro la evidencia empírica sobre los contenidos de la identidad europea, considerando la importancia de diferentes elementos en un análisis descriptivo. Estos elementos, que se analizan con más detalle en la siguiente parte del capítulo, pueden encajarse en términos generales en dos conceptualizaciones diferentes de la identidad europea: una inclusiva basada en valores cívicos y otra más excluyente basada en características étnicas. En las conclusiones del capítulo, destaco las diferencias entre las posiciones de las élites y las actitudes de la opinión pública.

CONTENIDOS DE LA IDENTIFICACIÓN EUROPEA

El punto de partida del análisis es el supuesto de que para comprender la identidad política europea en la UE ampliada, debemos explorar no solo quién se considera parte de la comunidad política europea, sino también cómo se conceptualiza dicha pertenencia. En este sentido, el debate académico sobre los fundamentos de la legitimidad de las comunidades políticas ha girado en gran medida en torno a la dicotomía cívico-étnica formulada en los estudios sobre el nacionalismo y la identidad nacional (Kohn, 2005; Meinecke, 1970). Aunque este marco dicotómico ha sido objeto de muchas críticas por su carácter esencialista y sus ambigüedades analíticas y normativas (Brubaker, 1999), ha demostrado ser resistente como herramienta conceptual para analizar los contenidos de la identidad nacional y la ciudadanía (Smith, 1992; Smith, 1993; Miller, 2000; Janmaat, 2006; Reeskens y Hooghe, 2010; Ariely, 2013).

Algunos estudiosos también han abogado por una mayor distinción entre un elemento cultural (lengua y religión) y uno adscrito (parentesco) en la dimensión étnica (Kymlicka, 2001), aunque no hay acuerdo sobre este punto. En los análisis de la opinión pública, por ejemplo, Janmaat (2006) argumenta a favor de la existencia de una dimensión étnica, política y cultural, mientras que los resultados de Reeskens y Hooghe (2010) confirman una distinción étnica y cívica básica, al tiempo que descartan el argumento a favor de una tercera dimensión cultural. Por tanto, el debate está lejos de estar zanjado.

Desde la perspectiva de este estudio, es crucial señalar que la dicotomía cívico-étnica se ha utilizado para establecer una distinción normativa entre dos modelos básicos de nacionalismo: su versión cívica, que supuestamente se puede encontrar en Occidente, y el nacionalismo de Europa del Este, representado como basado en elementos culturales y étnicos (Smith, 1993; Kohn, 2005 [1944]). Tal distinción se basa en el argumento de que las instituciones del Estado preceden o coinciden con el surgimiento de la idea de una nación en Europa occidental y Estados Unidos. El resultado es que el nacionalismo, por tanto, se basa en la ciudadanía en estos países. Por otro lado, en Europa Central y del Este, los movimientos nacionalistas surgieron en el contexto de imperios multiétnicos, y su objetivo era redibujar los límites de las comunidades políticas siguiendo el principio de etnicidad, contribuyendo al surgimiento de la idea de nación como base en un pueblo, en lugar de en la ciudadanía, a diferencia de Occidente (Kohn, 2005). Smith (1993) propuso una distinción teórica similar, diferenciando entre el modelo cívico occidental basado en el territorio, las instituciones, los derechos y las obligaciones y el concepto no occidental de nación basado en la descendencia. Ambos modelos teóricos han sido objeto de muchas críticas por sus supuestos etnocéntricos y por enfatizar las diferencias entre el este y el oeste de Europa, ignorando formas divergentes de construcción nacional dentro de ambas partes de Europa (Kuzio, 2002)[3]. Otro punto sustancial de crítica es que la mayoría de estos estudios se basan en análisis teóricos o institucionales y, hasta hace muy poco, ha habido una notoria falta de evidencia sobre si las percepciones de la opinión pública reflejan estas afirmaciones. En este sentido, Schulman (2002) demuestra con datos de encuestas que hay poca evidencia para confirmar el supuesto de una di-

---

[3] El modelo también se ha aplicado para analizar las diferencias dentro de Europa occidental, como en el estudio de Brubaker, en el que aplica la dicotomía cívico-étnica para analizar los conceptos de nación en Francia y Alemania (Brubaker, 1992).

ferencia esencial en la forma en que se ha conceptualizado la nación entre el Este y el Oeste de Europa. Más bien, sostiene, ambos elementos están presentes en las percepciones de la opinión pública sobre lo que significa ser nacional. Sin embargo, tampoco hay acuerdo sobre este punto, y la evidencia de otros estudios de opinión pública tiende a ser algo contradictoria (ver Janmaat, 2006, Ariely, 2013)[4].

El debate cívico/étnico sobre el carácter de nación entre Oriente y Occidente es relevante para el presente estudio por dos razones. En primer lugar, aunque numerosos académicos han argumentado que el surgimiento de una identidad europea fuerte, similar a las identidades nacionales (basadas en una memoria histórica compartida y una cultura común), no es el punto final deseado en la construcción de una política europea (Kohli, 2000; Cerutti, 2011; McMahon, 2013), la investigación sobre la identidad europea se ha basado en gran medida en pistas teóricas procedentes de estudios sobre el nacionalismo. Desde este punto de vista, las perspectivas de una identificación europea común evaluadas con los estándares de las identidades nacionales parecen bastante sombrías. Esto ha llevado a algunos autores a ser pesimistas sobre el futuro de una identidad compartida dentro de la UE debido a la diversidad cultural, histórica y lingüística que caracteriza la UE ampliada (Smith, 1992). Otros argumentan que incluso si la identidad europea no puede cumplir con los requisitos de las identidades nacionales, podría modelarse sobre el "patriotismo constitucional" y basarse en los valores de la democracia liberal (Delanty, 2000; Habermas, 2001; 2012). Finalmente, en lugar de suponer que seguiría una concepción u otra, algunos académicos también intentan analizar las percepciones existentes sobre la identidad europea combinando ambas perspectivas. En este sentido, Michael Bruter (2005) propone diferenciar entre dos dimensiones fundamentales de la identidad política europea: una cultural, donde la pertenencia se basa en una cultura, valores, religión y etnicidad compartidos; y otra cívica, definida como la identificación con la estructura política, instituciones, derechos y reglas de la comunidad política (2005: 12).

Otros autores distinguen entre identidad europea lograda y atribuida (Best, 2009; Sanders et al., 2012). Schlenker (2013) analiza la relación entre el cosmopolitismo y las construcciones cívicas, culturales y étnicas de la identidad europea, mientras que otros sostienen que se deben distinguir aún

---

4 Su estudio, sin embargo, ha sido criticado por asumir la validez transnacional de sus constructos latentes, en lugar de probarlos empíricamente antes de operacionalizar las diferentes nociones de nación (Miller, 2000).

más elementos. Segatti y Giugielmi (2014) proponen distinguir entre una dimensión cultural nacional, una dimensión cultural europea y los elementos religiosos, étnicos y cívicos (europeos y nacionales). En comparación, Lengyel y Göncz (2012) defienden la combinación de elementos nacionales y europeos y el discernimiento de un componente primordial, un factor etno-simbólico, un elemento cristiano, un aspecto cívico y un componente lingüístico. Por lo tanto, aunque pueda formularse bajo diferentes etiquetas, la distinción cívico/étnica sigue siendo el marco de referencia básico también en los debates sobre los contenidos de la identificación europea.

La segunda razón por la que el debate cívico/étnico es relevante para este estudio es que algunos autores sugieren que los nuevos estados miembros de la UE de Europa Central y Oriental difieren de los miembros anteriores en términos de actitudes hacia la UE como comunidad supranacional. En este sentido, el debate cívico/étnico ha vuelto a surgir con los cambios posteriores a 1989 y la adhesión de países postsocialistas. Una de las cuestiones que se han planteado al examinar el efecto de la ampliación hacia el Este ha sido la posibilidad de que los ciudadanos de los países de Europa central y oriental muestren un mayor apego a su recientemente recuperada nacionalidad y apoyen un ámbito más restringido de identidades políticas. En este sentido, Best (2010) sostiene que los legados históricos son importantes para la formación del nacionalismo. En países que solían ser parte de grandes imperios multinacionales, la religión es a menudo un elemento central de la identidad nacional, como es el caso de Polonia y Lituania, partes históricas del Imperio Ruso y Bulgaria y Grecia, que pertenecieron al Imperio Otomano (Best, 2010: 937)[5]. Es por esto que algunos autores sugieren que los ciudadanos de los estados miembros de ECO podrían otorgar mayor importancia a la religión como elemento constitutivo de la pertenencia europea, en contradicción con el presunto carácter predominantemente secular de la identidad europea (Checkel y Katzenstein, 2009). Además, una preocupación importante era que estos ciudadanos pudieran oponerse a la noción cosmopolita de una identidad europea basada en instituciones supranacionales (Weiss, 2003), ya que presumiblemente enfatizan más la importancia de la ascendencia como base para la inclusión en la comunidad (Liebich, 2010).

Considerando cómo el debate étnico-cívico ha estructurado la mayoría de los estudios sobre nacionalismo, se vuelve aún más importante conside-

---

[5] En el caso de Polonia, los legados de su división histórica entre los tres imperios, el ruso, el austrohúngaro y el prusiano, siguen ejerciendo influencia en el país actual.

rar esas supuestas diferencias entre las partes oriental y occidental de Europa con respecto al concepto de identidad europea. En el caso de la identidad nacional, los resultados de los estudios empíricos sobre esa supuesta división parecen contradictorios, y mientras algunos autores argumentan en contra (Kuzio, 2002; Shulman, 2002), otros encuentran evidencia al menos parcial de la diferencia en el concepto de identidad nacional entre el este y el oeste de Europa (Janmaat, 2006; Ariely, 2013). Esto es relevante para el presente estudio en la medida que si los ciudadanos de los nuevos Estados miembros valoran más la noción restringida de identidad nacional basada en la ascendencia y la religión, ese concepto fácilmente podría extenderse a su identificación emergente como ciudadanos de la UE. Sin embargo, si bien la experiencia histórica diferencial de los Estados miembros de Europa Central y Oriental podría influir en las formas en que se formula su recién encontrada pertenencia supranacional, tampoco debemos exagerar su importancia. Las potenciales diferencias deben verificarse empíricamente.

Así, para ofrecer un marco de referencia simple para el análisis de los contenidos de la identidad europea entre el este y el oeste de Europa, el objetivo de este capítulo es considerar las dos conceptualizaciones principales de la comunidad supranacional de europeos. Por un lado, un concepto inclusivo basado en valores cívicos y de carácter voluntarista se considera accesible simplemente en virtud de la elección y el cumplimiento del comportamiento. Por otro lado, la noción excluyente de identidad europea establece fronteras comunitarias mediante referencias a elementos adscritos como la ascendencia y la religión[6]. Por lo tanto, no es mi objetivo evocar los debates sobre el carácter étnico/cívico del nacionalismo entre Oriente y Occidente. Más bien, la distinción entre elementos étnicos y cívicos de la identidad europea sirve como herramienta teórica para establecer qué

---

6 Un elemento importante del debate académico en torno al concepto de identidad étnica se refiere a su carácter primordial frente a su carácter socialmente construido. Los primordialistas conceptualizan a los grupos étnicos como algo fijo, natural y no negociable (Geertz, 1973) y señalan elementos adscritos como la ascendencia étnica y la religión como sus "marcadores" naturales. Mientras que los constructivistas los abordan como un fenómeno social y situacional y un producto de un proceso individual determinado por factores contextuales como la influencia de la élite, el nivel de información, el contacto con otros individuos y la socialización (Brady y Kaplan, 2000). En el presente estudio, adopto la última posición, e incluso cuando analizo las percepciones de los elementos étnicos, asumo que no son propiedades naturales de los individuos, sino que también son categorías socialmente construidas.

tipo de formulación de pertenencia europea prevalece en las orientaciones individuales de los ciudadanos de la UE ampliada. A continuación, exploro empíricamente las preguntas anteriores.

MÉTODOS Y DATOS

A pesar de una gran cantidad de análisis empíricos sobre las actitudes hacia los procesos de integración europea, la evidencia empírica que podría usarse para la investigación comparada sobre los significados de la identidad europea es relativamente escasa, especialmente en el contexto de la UE posterior a 2004. Es por esto que, a pesar de sus limitaciones de cobertura de países y de tiempo, los datos de la encuesta IntUne[7] constituyen la fuente de datos más adecuada para este estudio. Esta elección está motivada por el hecho de que, además de variables sobre actitudes e identificación europeas, la encuesta IntUne también incluye un conjunto de ítems que pueden usarse para operacionalizar los diferentes significados de la identidad europea. Por lo tanto, ofrece una excelente herramienta para explorar las percepciones de las élites y los ciudadanos sobre los significados específicos de la identidad europea en una perspectiva comparada. En particular, me centro en los resultados más recientes de la ola de 2009 (Bellucci et al., 2013)[8].

El objetivo del ánalisis es establecer cómo las élites y la opinión pública conceptualizan los límites de una comunidad política europea y los marcadores de pertenencia dentro de la comunidad. Por lo tanto, la siguiente pregunta de la encuesta del IntUne constituye la base para la operacionalización de la variable dependiente:

> *"La gente difiere en lo que creen que significa ser europeo. ¿En su opinión, qué importancia tiene cada uno de los siguientes? Muy importante, algo importante, poco importante, nada importante".*

Los elementos específicos incluyen: ser cristiano, nacer en Europa, tener padres europeos, respetar las leyes e instituciones de la Unión Euro-

---

7 *IntUne-Integrated and United: A quest for Citizenship in an "ever closer Europe"* (IntUne 2009, ola 2), disponible en https://dbk.gesis.org/dbksearch/SDesc2.asp?DB=E&no=5696.

8 La comparación con 2007 demuestra que también las medidas agregadas de los significados de la identidad europea son extremadamente estables entre las dos oleadas de la encuesta *IntUne*.

pea, sentirse europeo, participar en las elecciones de la UE (sólo encuesta de élite), ejercer los derechos de los ciudadanos (sólo encuesta de opinión), y dominar una lengua europea. Estos indicadores, por supuesto, no son exhaustivos e idealmente deberíamos incluir otras posibles variables. Sin embargo, estos elementos me permiten captar los elementos principales que definen cómo se conceptualiza la identidad en la Unión Europea y cómo se trazan las fronteras alrededor de la comunidad europea en perspectiva comparada para los antiguos y nuevos países miembros de la UE.

En términos de las principales dimensiones de análisis, basado en la discusión teórica de la sección anterior, asumo que podemos distinguir entre dos elementos constitutivos principales de la identidad europea: su dimensión étnica y cívica. En la operacionalización de estas dimensiones, sigo el enfoque propuesto por Reeskens y Hooghe (2010) en su estudio de las percepciones de ciudadanía nacional. El concepto étnico de identidad europea se mide mediante ítems que delimitan una conceptualización de ciudadanía excluyente basada en características adscritas. Incluyo aquí aquellos elementos que se refieren a la ascendencia común y la religión como base para la inclusión en la comunidad de ciudadanos: tener padres europeos (*ius sanguinuis*), nacer en Europa (*ius soli*) y ser cristiano.

Por otro lado, la formulación cívica está constituida por los indicadores que reflejan una forma voluntarista de identidad que es, en teoría, abierta e inclusiva, tal como se formula en el concepto de "patriotismo constitucional" europeo. Así, aquí incluyo el factor normativo (respetar las leyes e instituciones de la UE), un factor participativo (participar en las elecciones al Parlamento Europeo —para las élites, y ejercer los derechos de los ciudadanos en la UE— para los ciudadanos), así como el factor lingüístico y el ítem que hace referencia a un apego voluntario y afectivo (sentirse europeo) como base para delimitar la pertenencia europea.

El primer paso del análisis es verificar empíricamente si estos elementos constituyen dos dimensiones latentes y, por tanto, si los elementos mencionados anteriormente podrían combinarse en elementos únicos que operacionalizarían la dimensión cívica y étnica de la pertenencia europea. Para ello, realizo una prueba inicial y verifico el coeficiente de confiabilidad de la escala (alfa de Cronbach) para cada conjunto de ítems. Los resultados están resumidos en la tabla que se presenta a continuación.

Tabla 1. Coeficientes de fiabilidad de escala para las dimensiones de la identidad europea

Dimensión de la identidad europea	Elementos	Opinión pública	Élites
Étnico	nacer en europa tener padres europeos ser cristiano	0,707	0,681
Cívico	respetar las leyes e instituciones de la Unión Europea sentirse europeo participar en las elecciones de la UE (encuesta de élite), ejercer los derechos de los ciudadanos (encuesta de opinión pública) dominar un idioma europeo	0,667	0,491

Nota: Las entradas de la tabla son coeficientes de confiabilidad de la escala (alfa de Cronbach).

Las pruebas de confiabilidad de la escala indican que los elementos propuestos están relacionados conceptualmente, pero los coeficientes no son del todo satisfactorios. Si bien parece haber más acuerdo sobre los elementos que constituyen la dimensión étnica de la identidad europea (los coeficientes podrían ser aceptables)[9], hay mucho menos acuerdo sobre los elementos cívicos, especialmente entre las élites. Teniendo en cuenta que estudios anteriores también señalan la dificultad de operacionalizar estas dimensiones en diferentes contextos nacionales, estos resultados no son sorprendentes. Como demuestran Reskens y Hooghe (2010) en el caso de la identidad nacional, si bien hay evidencia de la validez empírica de la dicotomía teórica cívico/étnica, la medición de ambos conceptos no es equivalente a nivel transnacional, lo que puede invalidar las comparaciones. En el caso de la identidad europea, un concepto mucho menos "activado" en la mente de los europeos, podemos esperar aún más ambigüedad.

Dado que mi objetivo es verificar si existen diferencias en los elementos que constituyen la identidad europea entre los antiguos y los nuevos Estados miembros de la UE, en lugar de plantear afirmaciones sobre la estructura subyacente de los significados de pertenencia europea en las

---

9 El coeficiente de confiabilidad alfa de Cronbach oscila entre 0 y 1, cuanto más cerca de 1, mayor es la consistencia interna de un constructo. La regla general aquí es que los coeficientes superiores a 0,7 son aceptables en análisis de bajo riesgo, como el de las ciencias sociales (Tavakol y Dennick, 2011).

mentes de los ciudadanos europeos y élites, evito combinar estos elementos en constructos únicos. Solo podría hacerse con cierta confianza en el caso de la opinión pública y, por lo tanto, haría imposible la comparación con las élites. Además, se perdería mucha información, especialmente en términos de heterogeneidad a nivel de país, y podría correr el riesgo de encontrarme con problemas de equivalencia de mediciones. Reeskens y Hooghe (2010) sugieren que debido a las diferencias en cómo se entienden las dimensiones de la identidad nacional entre diferentes contextos nacionales, la mejor manera de desarrollar una comparación transnacional válida respecto del carácter étnico/cívico de la identidad es utilizando ítems únicos que representen mejor una dimensión dada, como el respeto a las instituciones y la ascendencia nacional. Así, la solución adoptada en este estudio es analizar todos los elementos mencionados individualmente en un análisis descriptivo (agrupados en las dos dimensiones teóricas propuestas).

Para hacer más sencilla la interpretación de los resultados, todos los elementos se transforman en variables binarias, agrupando aquellos que consideran un elemento como muy importante o algo importante (recodificados como 1) y aquellos que piensan que es nada importante o poco importante (recodificado como 0). Las tablas y gráficos descriptivos indican la proporción agregada a nivel nacional de ciudadanos/élites que consideran un elemento determinado como importante para la identidad europea. A continuación, considero los determinantes de cada subelemento en modelos de regresión logística separados y pruebo el vínculo entre las posiciones agregadas de las élites y las percepciones a nivel individual.

RESULTADOS

Los Gráficos 1 a 4 representan la proporción de ciudadanos y élites que consideran importante o muy importante un determinado elemento para ser considerado europeo. Se presentan porcentajes para todos los países incluidos en el estudio, así como los porcentajes medios para antiguos y nuevos Estados miembros, facilitando la evaluación de la brecha entre los dos grupos.

Gráfico 1. Contenidos cívicos de la identidad europea, opinión pública

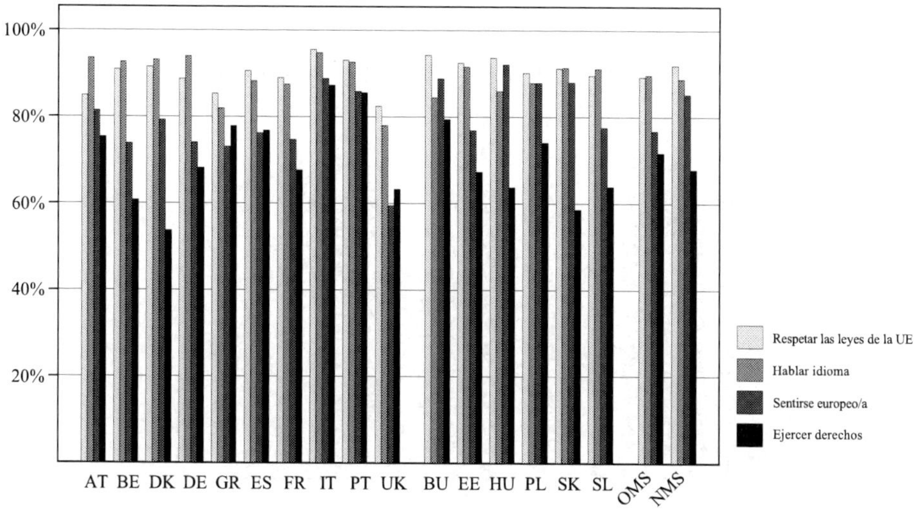

100%
80%
60%
40%
20%
AT BE DK DE GR ES FR IT PT UK BU EE HU PL SK SL OMS NMS
Respetar las leyes de la UE
Hablar idioma
Sentirse europeo/a
Ejercer derechos

Fuente: IntUne survey 2009.

La evidencia empírica es clara: la identidad europea está predominantemente asociada con elementos cívicos, tanto para los ciudadanos promedio como para las élites (Gráficos 1 y 2). En promedio, respetar las leyes e instituciones de la UE es el elemento más importante para ser considerado europeo tanto por los ciudadanos de los nuevos estados miembros de la UE, como en los más antiguos[10]. Hablar una lengua europea y sentirse europeo también se consideran muy relevantes para la mayoría de los europeos; el elemento lingüístico destaca más para los ciudadanos de los antiguos Estados miembros, mientras que las élites de los países de Europa central y oriental, destacan el sentimiento europeo. En general, el factor participativo es el menos considerado en todos los ámbitos, indicando que la ciudadanía europea sigue siendo mayormente pasiva, con un énfasis en el respeto de las reglas pero menos consideración en la participación política real.

---

[10] En los gráficos, OMS se refiere a los antiguos estados miembros de la UE y NMS a los nuevos estados miembros de la UE de Europa Central y Oriental.

Gráfico 2. Contenidos cívicos de la identidad europea, élites

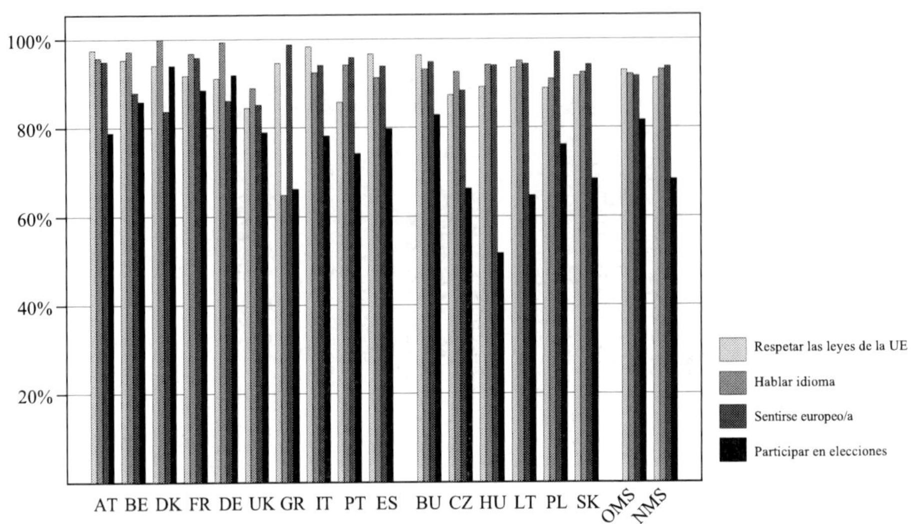

Fuente: IntUne survey 2009.

El énfasis en los elementos cívicos es mayor entre las élites, ya que más del 90% considera estos elementos importantes en promedio, con una heterogeneidad ligeramente mayor a nivel de país entre los antiguos Estados miembros. Las diferencias entre las élites de los dos grupos de países no son muy significativas, excepto por el factor participativo. En este caso, las élites de los países de Europa central y oriental consideran que participar en las elecciones del PE es menos importante (menos del 70% está de acuerdo) que sus homólogos occidentales (más del 80% lo considera importante para ser europeo).

Para la opinión pública, los elementos cívicos son ligeramente menos relevantes que para las élites, pero en promedio el 80% reconoce estos elementos como importantes, con diferencias pronunciadas según el elemento cívico concreto. Si bien la importancia de respetar la ley y hablar el idioma es comparable a la posición de las élites (alrededor del 90% está de acuerdo), sentirse europeo y ejercer derechos son significativamente menos relevantes para el ciudadano promedio.

Se hacen evidentes más diferencias al observar la brecha Este-Oeste. El elemento voluntarista de sentirse europeo es considerado significativamente más importante por los ciudadanos de los nuevos Estados miembros (85% frente al 77% en los antiguos países miembros de la UE). Esta observación destaca la importancia de la identificación cognitiva en los países de

Europa Central y Oriental, que sigue siendo significativamente menor que el apego afectivo a Europa. Por otro lado, el factor participativo recibe mucha menos atención por parte de los ciudadanos y es ligeramente menos importante para los ciudadanos de los países de Europa Central y Oriental (el 68% está de acuerdo en que es importante, en comparación con el 72% en los Estados miembros más antiguos).

En lo que respecta a la formulación étnica de la identidad europea (Gráficos 3 y 4), queda claro que estos elementos reciben mucho menos apoyo de la élite y de la opinión pública. En promedio, menos de la mitad de las élites y poco más de la mitad de los ciudadanos reconocen como importante la pertenencia basada en el parentesco. Sin embargo, existen diferencias importantes entre países y entre el Este y el Oeste de Europa. El cristianismo se considera el aspecto menos significativo de ser europeo; sin embargo, también es la variable con la mayor variación entre países: la proporción de puntuaciones afirmativas oscila entre el 8% (élites danesas) y el 58% (público búlgaro). Por lo tanto, hay poco acuerdo sobre la importancia de la religión para la identidad europea, y este elemento parece especialmente dependiente del contexto.

Entre las élites, la importancia concedida a las características étnicas y religiosas de la identidad europea es mayor en los nuevos Estados miembros de Europa Central y Oriental (Gráfico 4). Ser cristiano es el elemento que recibe las puntuaciones más bajas en general, pero con un apoyo significativamente mayor por parte de las élites de Europa Central y Oriental (el 33% lo considera necesario, frente al 18% en Occidente). Aquí, sin embargo, debemos considerar que el promedio de la muestra de élite en los nuevos Estados miembros está fuertemente influenciado por las respuestas de las élites polacas (53%) y lituanas (48%), como revela la exploración a nivel de país. Las élites de los antiguos Estados miembros consideran que ser cristiano tiene poca importancia, excepto en los casos de Italia (43%) y Alemania (35%). Además, nacer en Europa y tener padres europeos se considera significativamente más importante en los nuevos Estados miembros de la UE; la diferencia en ambos elementos es de alrededor de diez puntos porcentuales.

Gráfico 3. Elementos étnicos de la identidad europea, opinión pública

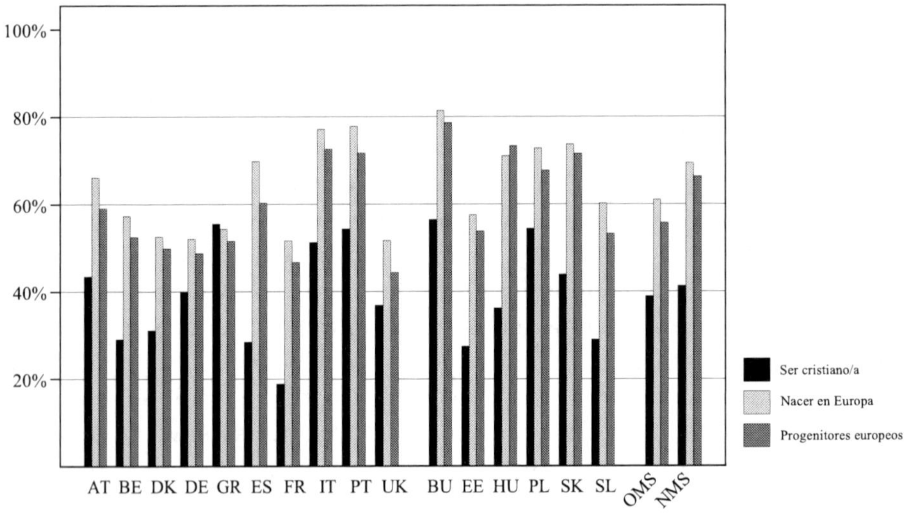

Fuente: IntUne survey 2009.

Así, mientras que en el caso de las élites la importancia concedida a la noción étnica de ciudadanía europea es menor, las disparidades más significativas se dan en el factor religioso. Podemos distinguir entre aquellos países donde las élites prácticamente no dan importancia al elemento religioso (Dinamarca, Portugal, Reino Unido, España y, como era de esperar, Francia) y aquellos que lo consideran algo importante (Alemania, Italia, Hungría, Bulgaria y Lituania). Polonia es el único caso entre las élites donde más de la mitad de los encuestados reconocen que la importancia del cristianismo como elemento europeo es importante, a pesar de que la encuesta se llevó a cabo cuando la presencia de partidos religiosamente fervientes en el Parlamento había disminuido después de las elecciones de 2007.

Gráfico 4. Elementos étnicos de la identidad europea, élites

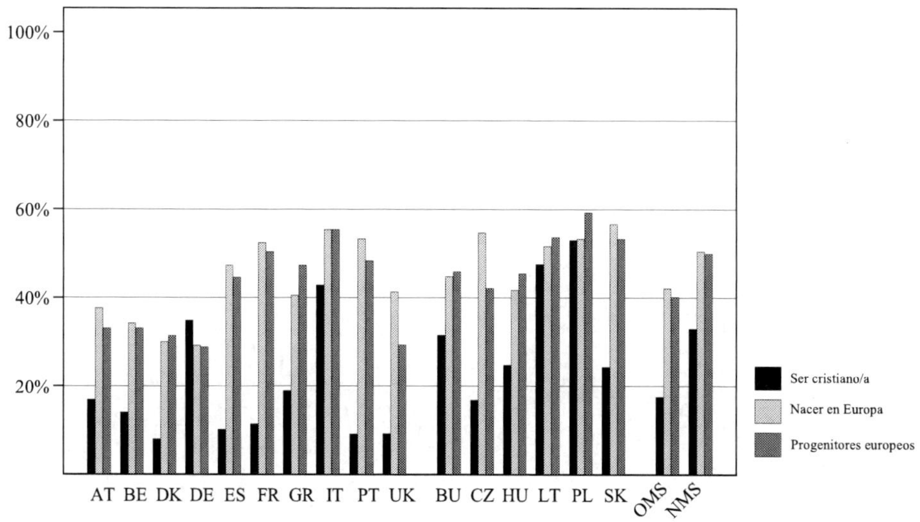

Fuente: IntUne survey 2009.

Del mismo modo, la opinión pública en los países de Europa Central y Oriental parece valorar los elementos relacionados con un concepto de identidad europea de base étnica en mayor medida que sus homólogos occidentales. La diferencia entre la proporción de ciudadanos en los nuevos Estados miembros que reconocen que nacer en Europa y tener padres europeos es importante para poder ser considerado como europeo es nuevamente de alrededor de diez puntos porcentuales. Por lo tanto, la suposición de que los ciudadanos de los nuevos Estados miembros valoran más el elemento de ascendencia que sus homólogos occidentales podría tener alguna base en los datos, pero este efecto podría ser espurio. Es necesario verificar esta observación en un entorno multivariado donde se puedan controlar explicaciones alternativas. En el aspecto religioso, no observamos ninguna diferencia Este-Oeste. Por lo tanto, la importancia percibida que se atribuye a la religión como elemento de la identidad europea en Europa Central y Oriental parece variar en función de las actitudes de las élites.

Gráfico 5. Dimensiones de la identidad europea comparadas, élites y opinión pública

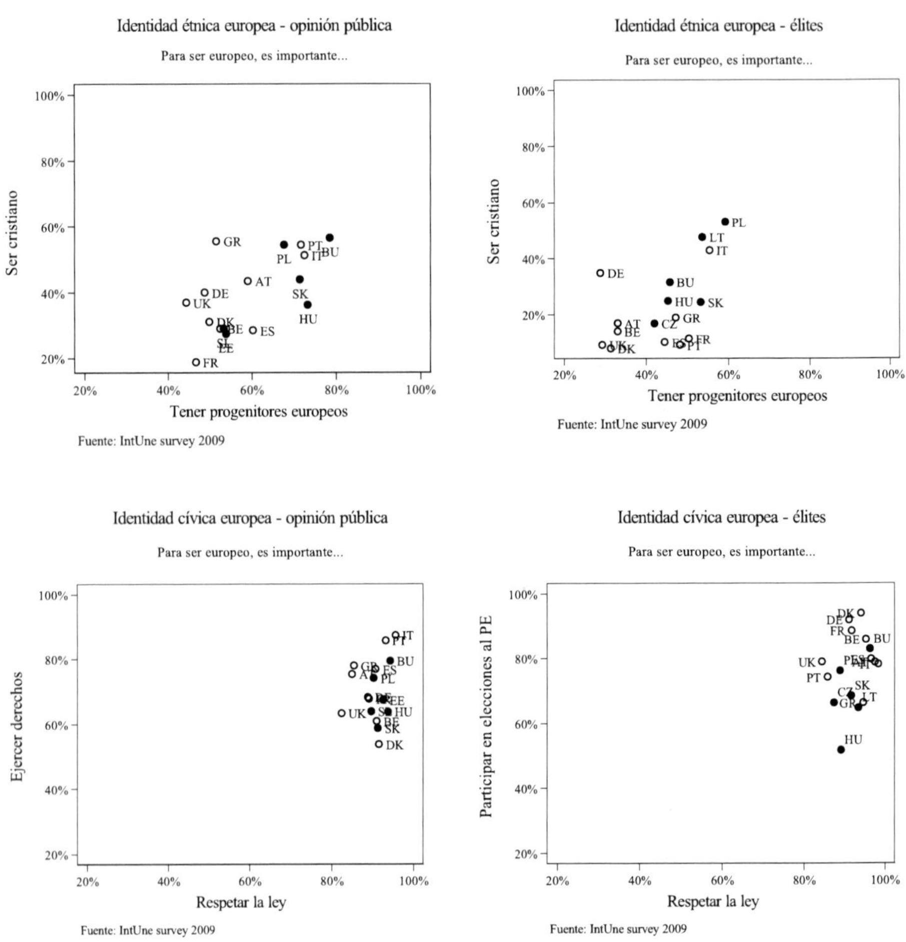

Finalmente, para facilitar las comparaciones entre las élites y la opinión pública de los antiguos y nuevos Estados miembros, las dos dimensiones de la identidad europea se representan una al lado de la otra. Dado que los elementos propuestos no se pueden combinar en ítems individuales con confianza, aplico la estrategia sugerida por Reskens y Hooghe (2010) y comparo los ítems individuales que representan mejor cada dimensión teórica. Para la identidad cívica, es el elemento normativo (respetar el derecho y las instituciones de la UE) y el factor participativo (participar en las elecciones de la UE —encuesta de élites—, ejercer los derechos de los ciudadanos —encuesta de opinión pública—). Para la dimensión étnica, trazo el elemento de ascendencia (tener padres europeos —*ius sanguinis*—) frente al componente religioso.

Con los elementos de las dos dimensiones trazados (Gráfico 5), podemos ver aún más claramente que hay mucho más acuerdo sobre la formulación cívica de la identidad europea. La variación en este aspecto está ligada a la medida en que el factor participativo se considera importante. Si bien no existe una división clara Este-Oeste, en promedio, este último elemento se considera ligeramente menos importante en los nuevos Estados miembros. Esto podría estar relacionado con los problemas más generales relacionados con la participación política en estas nuevas democracias y el efecto de una socialización más corta en las instituciones europeas. Sorprendentemente, la diferencia Este-Oeste en la consideración de la participación como importante es más pronunciada entre las élites. Por otro lado, la noción étnica de pertenencia europea es mucho menos destacada y hay mucha más variabilidad entre países que en el caso de los elementos cívicos. Para la opinión pública no parece haber ninguna diferencia clara entre Oriente y Occidente. En cambio, los ciudadanos de países (miembros nuevos y antiguos) donde la religión es relevante para el concepto de nación y/o la Iglesia juega un papel importante en la vida pública tienden a valorar más los factores religiosos. Las élites de los nuevos Estados miembros, por otro lado, ponen más énfasis en el elemento religioso.

Por lo tanto, estos resultados contradicen parcialmente las afirmaciones según las cuales la ampliación hacia el Este desafía las identidades cívicas y seculares dentro de la UE. La relevancia del cristianismo y de la pertenencia étnica en términos más amplios para la percepción de pertenencia europea parece ser una función del contexto político/social nacional, y existe una clara división en estos términos solo entre las élites.

DISCUSIÓN

Este capítulo abordó dos cuestiones relacionadas con el concepto de identidad europea en la UE ampliada: por un lado, el significado de pertenencia europea en una perspectiva comparada; por otro lado, las diferencias entre los nuevos y antiguos Estados miembros en este aspecto. La principal conclusión que se puede extraer del análisis empírico presentado en este capítulo es que, en general, observamos las diferencias más significativas entre los nuevos y los antiguos Estados miembros entre las élites, mientras que los ciudadanos parecen ser bastante similares en términos de sus percepciones de lo que significa ser europeo.

En lo que respecta a las dos dimensiones de la identificación europea, observamos que tanto las élites como el público enfatizan la pertenencia europea basándose en elementos cívicos. Los elementos sobre los que se observa mayor consenso, tanto para los Estados miembros más antiguos como para los nuevos, las élites y los ciudadanos por igual, son la importancia de respetar las leyes e instituciones europeas y hablar una lengua europea para ser considerado un ciudadano europeo. Así, los datos empíricos revelan la idea predominante de la UE como una comunidad basada en valores cívicos, sostenida casi en igual medida por las élites y el público de todos los estados miembros. Si bien los factores normativos y lingüísticos son ampliamente aceptados como los elementos más importantes que definen la pertenencia europea, encontramos una variación significativa en el elemento participativo (ejercer los derechos de los ciudadanos para la opinión pública y participar en las elecciones del PE para las élites), y su importancia es especialmente baja para las élites de los nuevos estados miembros de la ECO. Este último hallazgo podría indicar el efecto de una socialización más corta en las instituciones europeas.

Finalmente, tanto las élites como los ciudadanos de los nuevos estados miembros tienden a enfatizar que sentirse europeo es clave para ser europeo. Esta observación confirma además que la identidad europea se problematiza, en mayor medida, como una autopercepción para los nuevos ciudadanos europeos que para sus homólogos occidentales (véase también Ceka y Sojka, 2016).

En cuanto a los elementos étnicos de la identidad europea, el principal hallazgo es que ser cristiano se considera el elemento menos importante que define la pertenencia europea. Además, para el ciudadano promedio, contrariamente a las expectativas iniciales, no hay diferencia entre Oriente y Occidente en cuanto a la idea de que ser cristiano es importante para ser europeo. Por lo tanto, en línea con el supuesto teórico de que la forma en que las élites construyen identidades afecta el contenido de la identidad europea, los hallazgos sugieren que los ciudadanos tienden a considerar la identidad europea en términos étnicos en países donde las élites enfatizan más un concepto de identidad nacional de base étnica a medida que la religión y el idioma se politizan como marcadores de pertenencia nacional. En consecuencia, debemos rechazar la idea de que los elementos relacionados con la ascendencia (nacer en Europa y tener padres europeos) sean más importantes para los ciudadanos de los nuevos Estados miembros. Para las élites, por otra parte, los hallazgos de este estudio sugieren una diferencia Este-Oeste, las élites de los estados miembros de ECO enfatizan en mayor medida el factor religioso y valoran más el elemento de ascendencia como relevante para la pertenencia europea.

Finalmente, si bien la identificación europea se formula principalmente en términos cívicos, también es bastante específica de cada país. El análisis presentado en el capítulo refuta cualquier fuerte diferencia entre los nuevos y antiguos Estados miembros entre los ciudadanos promedio. A pesar de la diversificación resultante de la ampliación de la UE hacia el Este, la identidad política europea todavía se formula como una idea normativa y secular, lo que contradice la afirmación de que "traería de regreso la religión" a la construcción de la identidad europea. Más bien, este último parece reflejar los valores en los discursos de las élites políticas. La importancia de los elementos étnicos, religiosos y lingüísticos de la identificación europea parece estar fuertemente condicionada por la forma en que las élites construyen identidades en toda Europa; su consideración como relevantes para la pertenencia nacional podría extenderse a la identidad europea y fomentar una construcción mucho más excluyente de lo que indica el proyecto de una pertenencia posnacional de base cívica.

Referencias

Ariely, G. (2013). Nationhood across Europe: The Civic-Ethnic Framework and the Distinction between Western and Eastern Europe. Perspectives on European Politics and Society, 14(1), 123-143.

Bauman, Z. (2004). Europe: An Unfinished Adventure. Cambridge: Polity Press.

Bellucci, P., Best, H., Cotta, M., y Isernia, P. (2013). IntUne-Integrated and United: A quest for Citizenship in an 'ever closer Europe' (IntUne 2009, wave 2). GESIS Data Archive, Cologne. ZA5696 Data file Version 1.0.0, https://doi.org/10.4232/1.11649.

Best, H. (2009). History Matters: Dimensions and Determinants of National Identities among European Populations and Elites. Europe-Asia Studies, 61(6), 921-941.

Brady, H. E., y Kaplan, C. S. (2000). Categorically Wrong? Nominal versus Graded Measures of Ethnic Identity. Studies in Comparative International Development, 35(3), 56-91.

Brubaker, R. (1992). Citizenship and Nationhood in France and Germany. Cambridge: Harvard University Press.

Brubaker, R. (1999). The Manichean Myth: Rethinking the Distinction Between "Civic" and "Ethnic" Nationalism. En H. Kriesi, K. Armingeon, H. Siegrist, y A. Wimmer (Eds.), Nation and National Identity: The European Experience in Perspective. Chur: Rüegger.

Cerutti, F. (2011). How Not to (Mis)Understand Political Identity in the European Union. En F. Cerutti, S. Lucarelli, y V. A. Schmidt (Eds.), Debating Political Identity and Legitimacy in the European Union (pp. 3-15). New York: Routledge.

Delanty, G. (2000). Citizenship in a Global Age: Society, Culture, Politics. Buckingham: Open University Press.

Delanty, G. (2005). What Does It Mean to Be a "European"? Innovation: The European Journal of Social Science Research, 18(1), 11-22.

Delanty, G. (2013). Formations of European Modernity: A Historical and Political Sociology of Europe. Basingstoke: Palgrave Macmillan.

Díez Medrano, J. (2003). Framing Europe: Attitudes to European Integration in Germany, Spain, and the United Kingdom. Princeton: Princeton University Press.

Habermas, J. (2001). The Postnational Constellation: Political Essays. Cambridge: MIT Press.

Habermas, J. (2012). La Constitución de Europa. Madrid: Trotta.

Huddy, L. (2001). From Social to Political Identity: A Critical Examination of Social Identity Theory. Political Psychology, 22(1), 127-156.

Huddy, L. (2013). From Group Identity to Political Cohesion and Commitment. En D. O. Sears, L. Huddy, y J. S. Levy (Eds.), The Oxford Handbook of Political Psychology. New York: Oxford University Press.

Janmaat, J. G. (2006). Popular Conceptions of Nationhood in Old and New European Member States: Partial Support for the Ethnic-Civic Framework. Ethnic and Racial Studies, 29(1), 50-78.

Kohli, M. (2000). The Battlegrounds of European Identity. European Societies, 2(2), 113-137.

Kohn, H. (2005). The Idea of Nationalism: A Study in Its Origins and Background. New Brunswick: Transaction.

Kuzio, T. (2002). The Myth of the Civic State: A Critical Survey of Hans Kohn's Framework for Understanding Nationalism. Ethnic and Racial Studies, 25(1), 20-39.

Kymlicka, W. (2001). Politics in the Vernacular: Nationalism, Multiculturalism, and Citizenship. Oxford: Oxford University Press.

Liebich, A. (2010). Is There (Still) an East-West Divide in the Conception of Citizenship in Europe? En A. Liebich y R. Bauböck (Eds.), Is There (Still) an East-West Divide in the Conception of Citizenship in Europe? Florence: EUI Working Papers.

McMahon, R. (2013). After the Failure of Identity, What Links European Integration Politics and Culture? En R. McMahon (Ed.), Post-Identity? Culture and European Integration (pp. 1-13). Abingdon, New York: Routledge.

Meinecke, F. (1970). Cosmopolitanism and the National State. Princeton, N.J: Princeton University Press.

Miller, D. (2000). Citizenship and National Identity. Malden: Polity Press.

Mols, F., y Weber, M. (2013). Laying Sound Foundations for Social Identity Theory-Inspired European Union Attitude Research: Beyond Attachment and Deeply Rooted Identities. JCMS: Journal of Common Market Studies, 51(3), 505-521.

Reeskens, T., y Hooghe, M. (2010). Beyond the Civic-Ethnic Dichotomy: Investigating the Structure of Citizenship Concepts across Thirty-Three Countries. Nations and Nationalism, 16(4), 579-597.

Risse, T. (2010). A Community of Europeans? Transnational Identities and Public Spheres. Ithaca: Cornell University Press.

Sanders, D., Bellucci, P., Toka, G., y Torcal, M. (Eds.). (2012). The Europeanization of National Polities? Citizenship and Support in a Post-Enlargement Union. Oxford: Oxford University Press.

Schlenker, A. (2013). Cosmopolitan Europeans or Partisans of Fortress Europe? Supranational Identity Patterns in the EU. Global Society, 27(1), 25-51.

Shulman, S. (2002). Challenging the Civic/Ethnic and West/East Dichotomies in the Study of Nationalism. Comparative Political Studies, 35(5), 554-585.

Smith, A. D. (1992). National Identity and the Idea of European Unity. En ternational Affairs (Royal Institute of International Affairs 1944), 68(1), 55-76.

Smith, A. D. (1993). National Identity. University of Nevada Press.

Stråth, B. (2002). A European Identity to the Historical Limits of a Concept. European Journal of Social Theory, 5(4), 387-401.

Tavakol, M., y Dennick, R. (2011). Making Sense of Cronbach's AlphaEn ternational Journal of Medical Education, 2(June), 53-55.

Capítulo 11
¿Se oponen los pequeños y medianos empresarios a la secesión? Evidencia desde Cataluña[1]

IVÁN MEDINA
JOAQUIM M. MOLINS

INTRODUCCIÓN

El movimiento *dret a decidir*, sustentado en una mezcla de reivindicaciones soberanistas y aspiraciones secesionistas, reunió en Cataluña a multitud de ciudadanos, partidos políticos, instituciones y un gran número de asociaciones. Las encuestas de opinión confirmaron repetidamente que el apoyo a la independencia era una actitud preferencial entre los catalanes. Una serie de acontecimientos políticos y constitucionales desembocó en manifestaciones masivas a favor de un referéndum independentista catalán, el ascenso electoral de las fuerzas independentistas y el compromiso del gobierno catalán de celebrar un referéndum por la independencia el 9 de noviembre de 2014, que fue declarado inconstitucional por el Tribunal Constitucional español. Finalmente, se llevó a cabo un simulacro de referéndum organizado por asociaciones de la sociedad civil con apoyo institucional.

Hablando del movimiento *dret a decidir*, asociaciones relevantes en Cataluña como Òmnium Cultural, se unieron a nuevas asociaciones, por ejemplo, la Assemblea Nacional Catalana (ANC) y la Associació de Municipis per la Independència (AMI), para encabezar tanto la campaña a favor del referéndum, que llevó por título *Volem votar el 9N* ("Queremos votar el 9 de noviembre") y Votar és normal en un país normal ("Votar es normal en un país normal"), así como el 'Sí' en general promoviendo la independencia de Cataluña, que se manifestó en la popularidad vertiginosa de sus líderes

---

1 Título original: *Do Small and Medium-sized Employers Oppose Secession? Evidence from Catalonia*. Traducido por José Real-Dato. Una primera versión de este texto fue presentada en la General Conference del European Consortium for Political Research (ECPR) celebrada en la Universidad de Glasgow en 2014.

(Carme Forcadell, Muriel Casals), a menudo presentados como contrapartes sociales del liderazgo político del presidente Mas.

En este sentido, la cobertura mediática del movimiento *dret a decidir* fue masiva. Los medios de comunicación públicos catalanes (TV3, Catalunya Ràdio) y muchas otras corporaciones de medios privados cubrieron diariamente la mayor cantidad posible de acontecimientos políticos relacionados con la independencia. El deseo de decidir se convirtió en un fuerte proyecto político sustentado por cientos de asociaciones pertenecientes al Pacto Nacional por el Derecho a Decidir (*Pacte Nacional pel Dret a Decidir*), incluidas las asociaciones empresariales de pymes relevantes y los sindicatos más representativos (CCOO, UGT). Además, el Consejo Consultivo para la Transición Nacional (*Consell Assesor per a la Transició Nacional*), formado por expertos de prestigio y destacados académicos, fue el encargado de informar sobre la viabilidad de un futuro estado catalán, y de la elaboración del Libro Blanco de la Transición Nacional Catalana (*Llibre blanc sobre la Transició Nacional de Catalunya*) emitido el 29 de septiembre de 2014.

En respuesta a esto, los partidarios del statu quo se movilizaron lentamente en Cataluña y en toda España. En ese período, el Partido Popular y Ciudadanos eran los principales partidos políticos que respaldaban este movimiento y, en menor medida, los socialistas catalanes (PSC), que mostraban una postura muy difusa sobre el derecho a decidir. Una nueva asociación llamada Societat Civil Catalana (SCC) buscó contrarrestar la fuerza sociopolítica de las asociaciones independentistas, planteando argumentos a favor de la permanencia de Cataluña dentro de España y movilizando a los ciudadanos a favor del statu quo —aunque, francamente, estas manifestaciones no han sido tan numerosas como las promovidas por el movimiento independentista. En cualquier caso, este movimiento recibió mucha más atención de los medios en lengua española que de los medios catalanes. Los principales diarios españoles se posicionaron en contra de la independencia de Cataluña, al igual que los principales partidos políticos estatales.

Entre estos dos enfoques competitivos, ¿dónde se encontraban las pequeñas y medianas empresas (pymes)? ¿Mostraron los pequeños y medianos empresarios alguna singularidad en sus preferencias sobre la independencia de Cataluña? ¿Apoyaron las pequeñas y medianas empresas la independencia de Cataluña? ¿La rechazaron? Investigaciones anteriores sugieren que los grandes empresarios se oponen a los cambios constitucionales, mientras que las pequeñas y medianas empresas están mayoritariamente a favor de la devolución (Keating, 1998; Keating y Wilson, 2014; Medina y Molins, 2014; Medina, 2016). Sin embargo, la independencia plantea una serie de oportunidades no descubiertas y amenazas inesperadas en términos de lo que Keating (2014) denominó el proceso de entrelazar conceptos competitivos como clase, sector y nación, comúnmente considerados como piezas de fundamentos separados.

Este capítulo contribuye a la comprensión de la formación de las preferencias de las pymes sobre el independentismo catalán a la hora de definir su posicionamiento político en un referéndum independentista. En este capítulo se analizan los resultados de una encuesta que recoge las opiniones de 291 directivos de pymes catalanas. Tanto la fecha como la interpretación de los resultados están ancladas en 2014, en la medida en que las referencias políticas y económicas corresponden a ese período. El objetivo final es comparar la visión de las pymes con la de las grandes empresas, que parecen tener, como se verá más adelante, argumentos muy sólidos en contra de la independencia. Argumentamos a favor de diferenciar entre grandes empresas y pymes, ya que entienden los riesgos y las oportunidades de maneras muy diferentes. Otro argumento importante es que las grandes empresas representan una pequeña parte del total de empresas de Cataluña. Según el DIRCE (Directorio Central de Empresas) del Instituto Español de Estadística (INE, www.ine.es), unas 250 empresas con más de 500 trabajadores durante el período 2012-2014, de una media de 650,000 empresas, estaban operando en Cataluña (véase la Tabla 1). En este sentido, en términos prácticos es importante examinar las múltiples voces de los empresarios a la hora de dar cuenta de los cambios constitucionales.

El capítulo está estructurado de la siguiente manera. La primera sección analiza cómo las grandes empresas y las pymes entienden los riesgos y las oportunidades cuando se trata de apoyar la independencia. En el segundo apartado se analiza la evolución de los grandes acontecimientos políticos que han radicalizado la política catalana, pasando de una especie de *cultura del pacto* con el Estado a la reivindicación de la independencia de Cataluña. La tercera sección presenta la investigación. La cuarta sección presenta los resultados de una encuesta a pequeños y medianos empresarios. Esta sección se divide en cuatro partes: primero, el impacto de la Unión Europea en la configuración de las preferencias de voto; en segundo lugar, se analizan las preferencias de voto por sectores económicos; tercero, se evalúa el impacto de una serie de variables políticas sobre las preferencias de voto; y cuarto, se evalúa el impacto de una serie de variables económicas sobre las preferencias de voto. Un par de conclusiones principales se discuten al final del capítulo.

Tabla 1. Empresas de Cataluña por tamaño, año 2014

Número de trabajadores	2012	2013	2014
Trabajadores por cuenta propia	370.836	354.622	357.209
1 a 2	163.339	172.860	170.858
3 a 5	61.690	59.908	59.960
6 a 9	29.491	28.337	25.414
10 a 19	19.919	19.216	18.502
20 a 49	11.218	10.907	10.516
50 a 99	3.299	3.201	3.113
100 a 199	1.671	1.529	1.505
200 a 499	706	715	729
> 500	237	238	259
Total	662.406	651.533	648.065

Fuente: DIRCE del Instituto Español de Estadística (www.ine.es)

GRANDES EMPRESAS, PYMES Y SECESIÓN

Cuando los debates secesionistas tienen lugar en las democracias industriales, el papel de las empresas se ha asociado principalmente con las campañas de 'status quo'. Tanto en Quebec como en Escocia, por citar los dos casos más notables de los últimos tiempos, los grandes empresarios se han opuesto enérgicamente a los planes de secesión. El caso de las grandes empresas a favor de la independencia a menudo considera que desmembrar estados bien establecidos no hace más que crear riesgos políticos e incertidumbres económicas. Según Robock (1971), los empresarios entienden el riesgo político cuando el entorno empresarial se vuelve inestable, lo que dificulta que las empresas anticipen futuras oportunidades de mercado. Dividir un país cae dentro de los peores casos de escenarios deseados para los negocios, por lo que las grandes empresas se apresuran a unirse a las campañas a favor del statu quo.

El plan para la independencia del gobierno escocés de la Confederación de la Industria Británica (CBI) recopiló una amplia gama de fuertes afirmaciones contra la independencia escocesa. El CBI pretendía criticar la imagen idílica defendida por el Partido Nacional Escocés (SNP) en relación con la política monetaria y de bienestar, con afirmaciones muy contundentes como: 'Los consumidores escoceses soportarán costes adicionales como consecuencia de la incertidumbre creada tanto por la ruptura del mercado interior y falta de unión monetaria' (CBI, 2014: 15). La verdad es que el SNP y las grandes empresas nunca han sido amigos cercanos (Lynch, 2005). La CBI se unió a las campañas del 'No' para delegar poderes a Escocia tanto en 1979 (Grant, 1983) como en 1998 (Lynch, 1998), por considerar la devolución demasiado desestabilizadora (Greer, 2007: 157), aunque en 1998 apareció una postura empresarial hacia la devolución que parecía ser menos hostil que la del referéndum de 1979 (Denver et al, 2000: 79). En cualquier caso, las grandes empresas parecen apegarse a una doble estrategia cuando se trata de cambios constitucionales en el Reino Unido: la CBI se une al lado del 'No', mientras que las empresas amenazan con abandonar Escocia si se produce el cambio (Kellas, 1989).

Con respecto a la experiencia de Quebec, Dion (1995: 130) señaló que destacados líderes empresariales desafiaron la independencia de Quebec como un negocio muy arriesgado. De manera similar, Coleman (1988: 249) afirmó: 'La mayoría de los dueños de negocios de habla francesa se han opuesto firmemente a la independencia y han favorecido la revitalización del sistema federal existente. Incluso en el área sensible y enconada del uso del idioma, los representantes comerciales francófonos han estado más cerca de las posiciones de los miembros no francófonos de su propia clase social que de las de otras clases quebequenses.' Gagnon y Lachapelle (1996: 185) indicaron que la afinidad de las grandes empresas con los federalistas era tan obvia que incluso la prensa canadiense argumentó que el referéndum se había convertido en una lucha entre las grandes empresas y los socialdemócratas, lo que hizo que todos los federalistas canadienses estuvieran de acuerdo en una solución económica centrada en el argumento de la incertidumbre (Young, 1999: 50).

Sin embargo, las grandes empresas son un pequeño porcentaje de la población empresarial total de cualquier país. Las grandes empresas son fuertes en recursos y poder político, pero las pequeñas y medianas empresas son definitivamente más numerosas. A diferencia de las grandes empresas, las pymes no pueden aprovechar las economías de escala. Dado que las PYME no juegan en ligas globales, dependen en gran medida de los recursos y mercados locales. Por lo tanto, su percepción de la incertidumbre, la inestabilidad, las oportunidades y los riesgos es diferente a la de las grandes empresas. Un estudio de MacKay (2014) examinó las opiniones de un grupo de empresarios y empresarias sobre los riesgos y oportunidades derivados de la independencia de Escocia. El estudio indica que:

> "Los líderes empresariales de las empresas privadas medianas más pequeñas que exportan a nivel mundial y las empresas más pequeñas cuyo comercio (tanto clientes como proveedores) está predominantemente en Escocia son los más propensos a enfatizar las oportunidades que presenta la posibilidad de la independencia escocesa". (Mac Kay, 2014: 3)

Esto deja espacio para resaltar una serie de variables que rechazarían la hipótesis de que todos los empresarios se oponen a la independencia. Por un lado, las pequeñas y medianas empresas con capacidad exportadora se concentran en áreas muy específicas. Las empresas industriales pueden exportar, pero las pequeñas empresas dedicadas a los servicios tienen pocas oportunidades de exportar. Además, las exportaciones de la mayoría de las pymes se dirigen a otras regiones del mismo estado, por lo que una posible secesión generaría una gran preocupación en términos de ventas. Por otro lado, los empresarios cuyo mercado es predominantemente local pueden llegar a no percibir ningún riesgo asociado con la independencia, pero es posible que no vean grandes oportunidades como consecuencia de ello. En este sentido, gran parte de la decisión de las PYME sobre la independencia tiene que ver con argumentos distintos a los comerciales, especialmente argumentos políticos que ayudan a los empresarios a comprender mejor sus preocupaciones políticas como miembros de una comunidad que enfrenta aspiraciones secesionistas.

UNA BREVE REFERENCIA AL DEBATE SOBRE LA INDEPENDENCIA DE CATALUÑA

La Constitución Española de 1978 (en adelante, CE) introdujo a las Comunidades Autónomas como uno de los ejes vertebradores del nuevo régimen democrático. Anteriormente, durante la Segunda República, dos regiones (Cataluña y el País Vasco) disfrutaban de un modesto grado de autogobierno, mientras que otras regiones no pudieron aprobar sus estatutos (Galicia) ni completar sus proyectos. La dictadura franquista impidió cualquier tipo de avance regionalista, mientras se imponía un nacionalismo conservador y religioso en todos los niveles políticos y sociales. Este desajuste entre modelos territoriales sigue presente, obviamente con muchos matices. Hubo fuertes desacuerdos durante la Transición a la democracia (1975-1978) entre unionistas y autonomistas. El proyecto de la derecha política abarcó desde un modelo basado en un estado unitario puro hasta un tipo de regionalismo —limitado— como el de Italia. Los partidos de izquierda y nacionalistas eran, en diversos grados, pro-autonómicos. El resultado de estos dos puntos de vista opuestos, como es bien sabido, fue la elaboración de una fórmula simplista y ambigua para la descentralización política. La CE no puso fin al debate territorial. En cambio, la CE dispuso una regla bastante rígida en su artículo segundo, que promulga la unidad indisoluble de España, al tiempo que introduce la confusa distinción entre nacionalidades y regiones.

Esta confusión conceptual se refleja en la dificultad de muchos autores para definir el modelo territorial español. Aja (1999) señaló que España es comparable a otros países federales europeos (ver también Sala, 2014). Otros autores se refieren a España como un federalismo imperfecto (Moreno, 1994), un federalismo incompleto (Grau, 2000), una cuasifederación (Bednar, 2009) o un estado autonomista con planteamientos antifederales (Lluch, 2011). La dificultad para definir el tipo de modelo territorial en España está en consonancia con los desequilibrios y tensiones derivados de su propio desarrollo. Según Delfour (2007), el regionalismo español ha seguido una cierta voluntad de imponer soluciones centralizadas a las aspiraciones de los nacionalismos periféricos. Por lo tanto, el tema territorial se nutre de la ambigüedad conceptual, las disputas territoriales y la frecuente rivalidad entre el gobierno central y las regiones históricas. Esta ha demostrado ser la principal tendencia a lo largo del tiempo.

La primera etapa, de 1979 a 1983, supuso la creación y definición de las Comunidades Autónomas. Se aprobaron los primeros Estatutos de Autonomías y luego se establecieron las administraciones autonómicas. La incertidumbre generada por el fallido golpe de Estado de 1981 parece ser el motivo que llevó a PSOE y UCD a acordar los Acuerdos Regionales en julio de 1981. Estos dos partidos acordaron el muy controvertido Anteproyecto de Ley de Armonización del Proceso Autonómico (LOAPA), declarado inconstitucional por el Tribunal Constitucional. Esta etapa finalizó una vez aprobados todos los Estatutos de Autonomía y celebradas las primeras elecciones autonómicas. Para entonces, se trazaban algunos rasgos del modelo territorial: las Comunidades Autónomas eran entidades políticas con sus propias asambleas y gobiernos, pero la asimetría de poderes entre ellas era evidente.

La segunda etapa comenzó en 1992, después de que las Comunidades Autónomas pasaran por una serie de reformas y legislaciones impulsadas por la mayoría absoluta del PSOE y la adhesión de España a las Comunidades Europeas. Fue una época de expansión de las administraciones autonómicas, mientras que las elecciones autonómicas consolidaron gobiernos nacionalistas en Cataluña y el País Vasco, además de posibilitar un cierto reparto de poder entre el Partido Socialista (PSOE) y el conservador Partido Popular en el resto de regiones. Este fue un período de intenso conflicto entre las regiones y el gobierno central, y el Tribunal Constitucional impugnó la mayoría de estos conflictos. Algunas Comunidades Autónomas pretendían aclarar los límites de su autonomía mientras que otras pretendían una ampliación de competencias.

La tercera etapa fue testigo de una nueva oleada de propuestas de reforma de varios Estatutos de Autonomía. El contexto político es importante para explicar esto, particularmente después del ascenso del conservador Partido Popular al gobierno central. El primer mandato del presidente Aznar (1996-2000) estuvo marcado por una cierta continuidad en la política territorial, en consideración al apoyo parlamentario de PNV y CiU. El segundo mandato del presidente Aznar (2000-2004) fue productivo en cuanto a transferencias y financiación, pero la mayoría absoluta de los populares provocó tensiones crecientes con los nacionalismos periféricos (Guibernau, 2006), que dejaron de ser determinantes para mantener la estabilidad parlamentaria. Según Aja (1999), desde 1998 los partidos nacionalistas empezaron a criticar las ideas del Estado Autonómico, cuando todavía gobernaban Cataluña, el País Vasco y Canarias, porque casi todas las disposiciones constitucionales estaban desarrolladas hasta el momento, y era necesario renovar la estrategia.

En este contexto, algunos parlamentos regionales discutieron la posibilidad de renovar los Estatutos de Autonomía como un medio para evitar la recentralización y fortalecer las identidades regionales. El Partido Nacionalista Vasco (PNV) fue el partido más ambicioso en este sentido. Bajo el liderazgo del presidente Ibarretxe, el PNV presentó una propuesta basada en la creación de un 'estado vasco libre asociado', que suponía una confederación con España. El Parlamento español rechazó ampliamente tal propuesta con una mayoría de miembros del Partido Socialista. Esto sucedió en 2005. Sin embargo, el rechazo del llamado Plan Ibarretxe no bloqueó una nueva ola de reformas. Entre 2006 y 2007 hubo reformas para Andalucía, Aragón, Baleares, Castilla-León, Cataluña y Valencia. Extremadura lo hizo en 2011. Se otorgaron nuevas competencias a las regiones, por ejemplo, en justicia, relaciones exteriores, gobiernos locales e identidad.

La reforma del estatuto catalán se convirtió en una piedra angular a lo largo de todo el proceso. José Luis Rodríguez Zapatero, nuevo presidente socialista tras las elecciones de 2004, tuvo que forjar su liderazgo en varios compromisos políticos con los líderes socialistas regionales. Uno de estos compromisos fue apoyar la reforma del Estatuto de Autonomía de Cataluña. Sin embargo, este compromiso no pudo cumplirse en su totalidad. Algunos líderes socialistas relevantes no apoyaron una serie de reivindicaciones nacionales y reformas institucionales incluidas en el nuevo Estatuto de Autonomía (Martínez-Herrera y Miley, 2010). Como apunta Colino (2009), el nuevo Estatuto catalán supuso una reforma constitucional de abajo hacia arriba. Por esta razón, el presidente Rodríguez Zapatero y su gobierno enfrentaron una fuerte oposición del Partido Popular, los medios de comunicación de derecha y muchos sectores de izquierda. El Partido Popular levantó fuertes críticas al nuevo Estatuto de Autonomía catalán con el lema 'España se rompe'. El propio Partido Popular lideró el esfuerzo por anular el estatuto, y otras instituciones estatales (Defensor del Pueblo) y comunidades autónomas se sumaron a la campaña. En aquellos años ruidosos se crearon nuevos partidos unionistas (UPyD, *Ciutadans*), mientras aumentaba el apoyo electoral y mediático a los partidos nacionalistas y secesionistas, especialmente en Cataluña y el País Vasco (Liñeira, 2011). La mayoría de los catalanes no entendieron críticas tan feroces hacia el nuevo Estatuto de Autonomía catalán ya que algunas regiones adoptaron nuevos estatutos muy similares al de Cataluña (Keating y Wilson, 2009). Las ilusiones de quienes buscaban una reforma profunda de las regiones españolas pronto se desvanecieron. Requejo (2010) argumentó que las reformas no lograron mejorar el pluralismo nacional y el financiamiento regional.

Crameri (2011) destaca una serie de elementos clave que pueden haber provocado el mencionado entusiasmo secesionista en Cataluña. Primero, el fin de un modelo de expansión regional basado en tratar de lograr concesiones, lo que significa inversiones puntuales y mayores transferencias de competencias, desde el gobierno central. Esta es una reacción a, en segundo lugar, una especie de frustración colectiva sobre el nuevo Estatuto de Autonomía catalán. Esta frustración se disparó cuando el Tribunal Constitucional anuló total o parcialmente catorce artículos del nuevo Estatuto y consideró que una veintena de ellos estaban sujetos a interpretación. Muchos partidos y ciudadanos de Cataluña interpretaron esto como una imposición del Estado que querían reformar. Lo cierto es que la sentencia del Tribunal Constitucional se produjo tras una larga negociación entre los parlamentos español y catalán, y la aprobación del nuevo Estatuto por la ciudadanía a través de un referéndum. Y, en tercer lugar, la idea de que Cataluña está infrafinanciada, que se ha convertido en uno de los principales lemas de los secesionistas catalanes (déficit fiscal), así como la idea de que existe cierto favoritismo a favor de Madrid sobre Barcelona a la hora de invertir en infraestructuras.

Todo ello provocó un aumento de los partidarios del independentismo en Cataluña, que reclutó a un gran número de ciudadanos sin un fuerte sentimiento nacionalista, así como a nacionalistas convencidos de que el camino autonomista había llegado a su fin (Serrano, 2013; Guinjoan y Rodon, 2014). Estos y otros elementos allanaron el camino para la reconfiguración del sistema de partidos catalán dando más poder a los partidos independientes (Martí, 2013), así como la promesa del gobierno catalán de convocar un referéndum de independencia el 9 de noviembre de 2014. Sin embargo, es importante señalar que, además de la reforma del Estatuto de Autonomía, durante estos años hubo una serie de iniciativas encaminadas a normalizar la participación de los gobiernos regionales en los asuntos de gobierno del estado. El Gobierno central puso en marcha la Conferencia de Presidentes Autonómicos, el presidente del Gobierno decidió asistir periódicamente a reuniones en el Senado, las comunidades autónomas empezaron a participar en la delegación española ante la Unión Europea, etc.

DATOS Y MÉTODOS

Este capítulo realiza un análisis descriptivo de una encuesta a 291 pequeños y medianos empresarios sobre la independencia de Cataluña. Los datos se recopilaron durante el período del 21 al 29 de noviembre de 2013; por tanto, los datos deben contextualizarse en un momento muy concreto del debate independentista. En ese momento, el gobierno catalán ya había anunciado su voluntad de convocar un referéndum de independencia. La ciudadanía aún no tenía muchos detalles al respecto, pero hubo un acuerdo formal entre varios partidos catalanes para reunir apoyo para un referéndum. Por eso, la patronal ya conocía la agenda política, y suponemos que la mayoría ya tenía una postura clara sobre la independencia de Cataluña. Dado que el referéndum era una posibilidad, no una realidad, los datos corren el riesgo de tener un porcentaje variable de indecisos, algo frecuente en todas las elecciones y referéndums.

Para obtener opiniones lo más precisas y sensibles al sector posible, los encuestados fueron elegidos aleatoriamente de cuatro sectores diferentes (industria —32,65%—; construcción —10,65%—; comercio —16,84%—; servicios —39,86%—). Para dar cabida a otras características empresariales e individuales de los encuestados, los datos reflejan diferencias por motivos de edad (18/34 años —11,68%—; 35/54 años —63,92%—; >55 años —24,40%—), sexo (hombres —65,64%—; mujeres —34,36%—), ubicación de la sede (Cataluña —98,28%—; Madrid —1,03%—; País Vasco —0,34%—; Comunidad Valenciana —0,34%—), capital social estructura (capital nativo —90,72%—; capital extranjero —9,28%—), y capacidad exportadora de la empresa (empresa exportadora —35,74%—; empresa no exportadora —64,26%—).

La variable dependiente es la preferencia de voto en un referéndum de independencia. Esta variable se examina en relación con las siguientes cuatro dimensiones/temas, a partir de las cuales se discuten cuatro hipótesis.

Primero, evaluamos cómo el supuesto de salida de la Unión Europea afecta la formación de preferencias. Sabemos que esa dimensión se abordó de manera bastante diferente en otros procesos secesionistas en Europa.

Por ejemplo, este fue el caso de Escocia, donde todo el Reino Unido participó en un apasionado debate sobre los beneficios y costos de permanecer dentro de la Unión Europea, con el primer ministro David Cameron prometiendo un referéndum sobre la membresía de la UE. Sin embargo, la carta de la Unión Europea juega un papel importante a la hora de definir la identidad política de los españoles —incluidos los catalanes—, así como la naturaleza de la política española.

La adhesión a la Unión Europea fue una aspiración muy fuerte de España durante la década de los 80 como medio para modernizar sus estructuras políticas y económicas, así como para convertirse en miembros de una red europea. Además de este factor identitario, la Unión Europea ha demostrado ser un escenario muy relevante para los negocios por motivos funcionales. Dados los grandes esfuerzos que la Unión Europea dedica a regular los mercados y productos, así como los numerosos programas de la UE centrados en los mercados laborales, la competitividad y las infraestructuras, el tejido empresarial es muy sensible al posible vacío legal que puede generar un contexto extracomunitario. También muestran preocupación por el "día después" de la independencia, especialmente en relación con las ventas, la financiación y las fronteras. En consecuencia, la primera hipótesis se establece de la siguiente manera:

> *H1. Si se espera que Cataluña abandone la Unión Europea como resultado de su independencia, es probable que los pequeños y medianos empresarios se opongan a la secesión.*

En segundo lugar, la literatura especializada indica que las empresas no son un solo cuerpo. Existen tantos intereses y necesidades empresariales como sectores y productos. Los rasgos de la empresa son la razón de ello. Algunas de ellas son empresas exportadoras, mientras que otras se enfocan en los mercados locales. Algunos de ellos son muy innovadores, mientras que otros fabrican productos tradicionales. Algunos de ellos disfrutan de un fácil acceso a la financiación, mientras que otros luchan por sobrevivir.

A los efectos de esta investigación, aquí nos centramos en las variaciones por sector. Se examinan cuatro sectores, a saber, industria, construcción, comercio y servicios. Sin embargo, ¿qué tan relevante es el sector para determinar el comportamiento político de las empresas? Aquí tenemos que encontrar un equilibrio entre dos argumentos.

Por un lado, Lundstrom y Stevenson (2007: 105) indican que "el objetivo principal de la política de pequeñas empresas es nivelar el campo de juego para las pequeñas empresas a través de medidas para superar sus desventajas en el mercado como resultado de su 'pequeñez' y 'pobreza de recursos', y para mejorar su competitividad." Esto lleva a la conclusión de que las PYME comparten intereses y objetivos políticos, por lo que es probable que enfrenten el desafío de la independencia siguiendo una estrategia bastante similar.

Sin embargo, por otro lado, Wilson (2006: 44-45) sugiere "explorar si las estrategias políticas empresariales difieren sistemáticamente de un sector a otro" en la medida en que afirma que "los sectores tienen características que determinan las estrategias políticas de las empresas dentro de ellos en el mejor de los casos, hipótesis a investigar". En este sentido, es probable que se produzcan variaciones entre, por ejemplo, la industria, que en Cataluña se caracteriza por una gran capacidad exportadora y, por ejemplo, el comercio cuya dependencia del mercado local es elevada. La capacidad de cada sector para hacer frente a los riesgos que plantea una situación de incertidumbre puede incidir definitivamente en la preferencia de las pymes por la independencia de Cataluña. Esta hipótesis se expresa de la siguiente manera:

> *H2. Si la independencia de Cataluña tuviera un impacto diferente en las ventas y exportaciones por sector, entonces las empresas que perciben más riesgos probablemente se opondrían a la secesión.*

En tercer lugar, evaluamos cómo las preferencias de voto se relacionan con una serie de variables políticas. La hipótesis 3 considera que la mentalidad empresarial privilegia los objetivos de eficiencia empresarial por encima de cualquier otro principio político. Por lo tanto, esperamos encontrar patrones desiguales de alineamiento político, lo que significa que no esperamos encontrar la formación de un lado nacionalista catalán, por un lado, y un lado antinacionalista, por otro.

> *H3. Es probable que los antecedentes comerciales de los empresarios moderen la conexión entre las preferencias relacionadas con la independencia y las preferencias políticas (en términos de nacionalidad, identidad y desempeño del gobierno).*

En cuarto lugar, exploramos cómo una serie de variables económicas impactan en la formación de preferencias empresariales con respecto a un referéndum de independencia catalán. Con esto, analizamos cómo los empresarios interpretan la independencia de Cataluña en términos económicos. Hemos mencionado antes que las grandes empresas ven la independencia como un obstáculo para la estabilidad del mercado, lo que conduce a la formación de un punto de vista 'pro-status quo' casi homogéneo. MacKay (2014) señala que existe una pequeña proporción de pequeños y medianos empresarios que creen que la independencia es una oportunidad para mejorar la situación económica de las empresas, en comparación con una mayoría de empresarios en Escocia que observan la independencia con altas dosis de escepticismo, incluido el 10 % de los que se plantean abandonar Escocia si se produce la independencia. A raíz de esto, parece adecuado plantear la hipótesis de que la mayoría de los pequeños y medianos empresarios comparten diagnósticos económicos 'anti-independencia'.

> *H4. Si la independencia de Cataluña no proporciona beneficios económicos inmediatos, es probable que los pequeños y medianos empresarios se opongan a la independencia.*

RESULTADOS

Preferencia de voto en dos escenarios

Los dos gráficos siguientes muestran la preferencia de voto de los empresarios en un posible referéndum independentista catalán. Estas dos figuras analizan de forma comparativa un tema muy controvertido en los debates secesionistas. Podría decirse que el riesgo de expulsión de la Unión Europea es un tema central en la política catalana y, sin duda, en el ámbito empresarial. El Gráfico 1 presenta las respuestas en las que los empresarios expresan sus verdaderos reclamos en un referéndum; no se imponen condiciones. El Gráfico 2 vuelve a plantear la misma pregunta, pero ahora cuestionando la permanencia de Cataluña en la Unión Europea. Para ambas cifras, la encuesta permite a los empresarios elegir entre seis opciones diferentes: Votar sí (Sí); Probable voto sí (Prob Sí); Probable voto no (Prob No); Vota no (No); Sin voto (NoVote); Sin opinión (DN/NO). De acuerdo con las respuestas en ambos gráficos, este tema tiene una relevancia destacada a la hora de definir las preferencias de voto de los pequeños y medianos empresarios.

El Gráfico 1 muestra claramente que bajo la influencia de condiciones no estructurales, los pequeños y medianos empresarios muestran un fuerte apoyo a la independencia. El 'Sí' alcanza el 28,2% del total de la muestra y la probabilidad de votar 'Sí' representa hasta el 17,2%. La suma de estas dos opciones es notablemente superior a las opciones que apoyan el statu quo. La opción 'No' alcanza el 18,6% de las respuestas, lo que supone aproximadamente un 10% menos que la preferencia 'Sí'. Los empresarios susceptibles de votar por el 'No' representan el 13% de la muestra, lo que supone un 5% menos que los que podrían votar por el 'Sí'. Esto significa que las opciones independentistas alcanzan el 45,4% del total de respuestas, mientras que las opciones que rechazan el independentismo representan el 31,6%. El apoyo a la independencia entre las pequeñas y medianas empresas es casi un 15% superior al de los que prefieren seguir en España. Además, es interesante que el debate sobre la independencia desemboque en una gran movilización empresarial. Solo el 2,4% de los encuestados son empresarios que se niegan a participar en el referéndum ('No Votar'). Sin embargo, los datos muestran que un porcentaje considerable de pequeños y medianos empresarios aún no ha definido su respuesta (a noviembre de 2013). Esto puede provocar un cambio sustancial en las demás opciones hasta que se celebre el referéndum o, en caso contrario, éste nunca se lleve a cabo.

Gráfico 1. Preferencia de voto en un referéndum. Escenario: Cataluña se mantiene en la Unión Europea

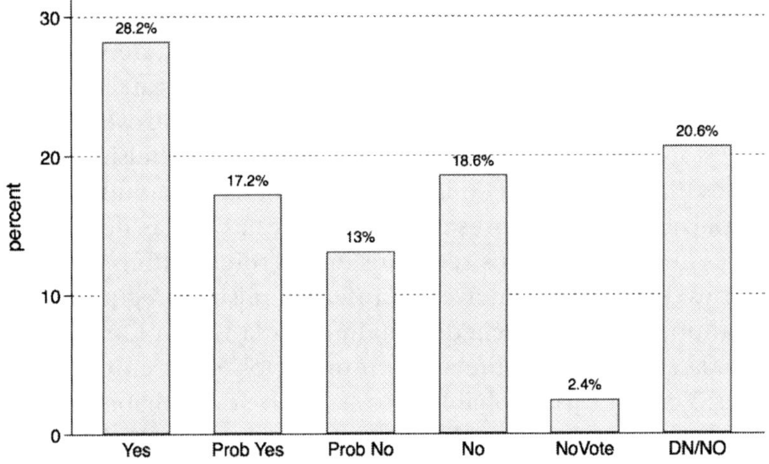

Fuente: elaboración propia.

El Gráfico 2 muestra una imagen diferente. Los empresarios parecen ser sensibles a los peligros de abandonar la Unión Europea. Según informes de prensa y declaraciones oficiales de la Comisión Europea y el gobierno español, este escenario parece plausible. La comparación entre las Figuras 1 y 2 revela que la Unión Europea definitivamente tiene un impacto en la formación de las preferencias de voto de los pequeños y medianos empresarios. El impacto es evidente de tres maneras. Primero, disminuye el voto independentista. El Gráfico 2 indica que los empresarios dispuestos a votar 'Sí' disminuyen en un 4% en comparación con el Gráfico 1. Lo mismo se aplica a los empresarios que probablemente voten 'Sí'. Pasan del 17,2% al

14,8%. En segundo lugar, crece el voto en contra de la independencia de Cataluña. La opción 'Vota no' se convierte en la opción mayoritaria con un 25,8% del total de respuestas, lo que supone un incremento del 8% respecto a la cifra anterior. Y tercero, los indecisos (DN/NO) aumentan un 5%, por lo que ya representan el 25,4% del total de respuestas. Además, este escenario afecta a los empresarios que se saltan el voto, que pasa del 2,4% a un ínfimo 0,7% cuando está en juego la permanencia en la Unión Europea.

Gráfico 2. Preferencia de Voto en un Referéndum. Escenario: Cataluña abandona la Unión Europea

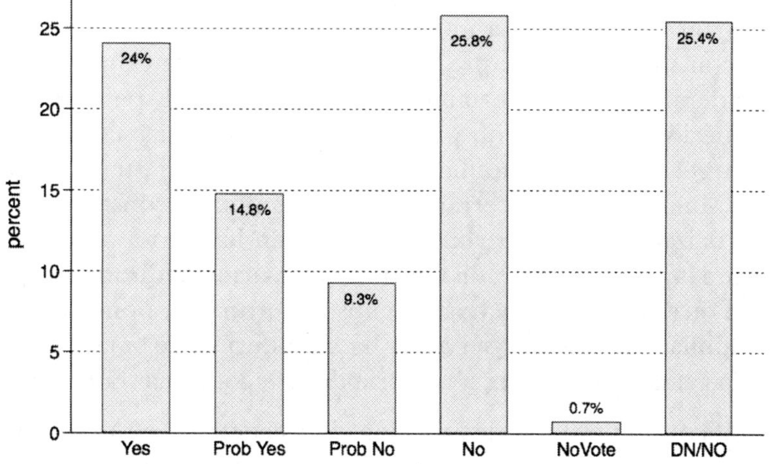

Fuente: elaboración propia.

Las variaciones son evidentes. Las opiniones en contra de la independencia de Cataluña se refuerzan en el Gráfico 2. Sin embargo, creemos que la razón de este cambio no está directamente relacionada con un aumento masivo de las posturas a favor del statu quo. Lo cierto es que las opciones independentistas caen un 6,6% al pasar del 45,4% al 38,8%. El cambio evidente se observa en la opción 'Sí' con una caída cercana al 4%, mientras que la opción 'Probablemente sí' se mantiene cerca del 15% tras caer aproximadamente un 3%. En caso contrario, un voto en contra de la independencia aumenta un 3,5% respecto al escenario anterior, sobre todo al reforzar la opción del 'No'. Los cambios pueden ocurrir en algún lugar entre estos dos bloques; sin embargo, debemos prestar atención a los indecisos. La columna DN/NO aumenta un 4,8% (20,6% a 25,4%). Así, el fortalecimiento de las opciones anti-independencia no se debe a esfuerzos propios, sino a que ocurre una moderación, y ciertamente más dudas, entre las opciones independentistas.

Preferencia de voto en dos escenarios por sector

Los siguientes gráficos muestran las preferencias por sector y comparan el impacto de la Unión Europea en la configuración de las preferencias. Las opciones de votación se agrupan para formar cuatro opciones: 'Sí', 'No', 'No votar' y 'DN/NO'. Esto permite una mejor interpretación de los resultados. Se incluyen cuatro sectores, a saber, industria, construcción, comercio y servicios. Cada sector muestra una dependencia particular de la legislación europea y una implantación territorial diferente en Cataluña. El sector industrial siempre ha sido el motor de la economía catalana con un liderazgo muy importante en el conjunto de España. El sector de la construcción ha tenido un gran protagonismo en las últimas décadas. Sin embargo, la crisis económica de 2007-08 afectó fuertemente a ambos sectores. Muchas fábricas cerraron y muchas nuevas construcciones quedaron paralizadas. El sector comercial también ha sufrido una caída en el consumo. Hay una larga tradición de empresarios dedicados al pequeño comercio en Cataluña; muchos de ellos tuvieron que poner fin a los negocios familiares. El sector servicios ha sido uno de los más fuertes de la economía catalana como en la mayoría de las economías europeas.

El Gráfico 3 muestra la distribución de frecuencias en un escenario de permanencia de Cataluña en la Unión Europea. A primera vista, la industria se inclina más por apoyar la independencia de Cataluña. Casi la mitad de las empresas de este sector apoyan posiciones pro-'Sí'. El rechazo a la independencia en la industria es el más bajo de todos los sectores, aunque casi el 20% de los empresarios industriales están indecisos. Los empresarios del sector servicios muestran preferencias muy similares a las de los industriales. El apoyo a la independencia ronda el 50%, pero el 'No' representa un porcentaje superior. Más del 30% de los empresarios del sector servicios rechazan el independentismo, mientras que los industriales anti-secesionistas difícilmente alcanzan una cifra similar. Los sectores de la construcción y el comercio muestran una mayor polarización. En cuanto a los comerciantes, 'Sí' y 'No' representan porcentajes muy similares, mientras que muchos están indecisos. Cada una de las opciones cubre el 30% de las respuestas totales. El mayor porcentaje de indecisos se encuentra en este sector. Lo mismo ocurre con los empresarios que están dispuestos a no votar en un referéndum. También existe cierta polarización en el sector de la construcción, aunque el apoyo a la independencia es mayor que las preferencias del 'No'.

Gráfico 3. Preferencia de Voto por Sector. Escenario: Cataluña se mantiene en la Unión Europea

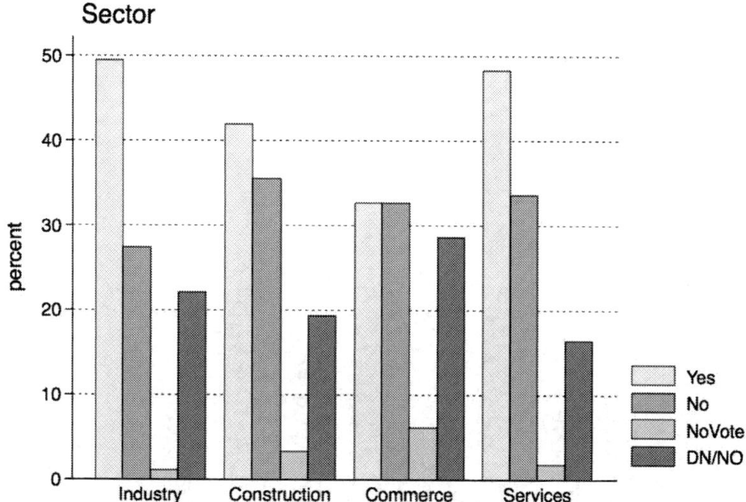

Fuente: elaboración propia.

El Gráfico 4 considera la salida de Cataluña de la Unión Europea. De nuevo, es probable que este escenario modifique los resultados. Para empezar, los industriales disminuyen ligeramente su apoyo a la independencia, pero el respaldo a la independencia sigue siendo predominante. Esto significa que los industriales no son extremadamente sensibles a las amenazas de los opositores a la independencia de Cataluña. Su posición en el debate es muy firme. Los empresarios agrupados en el sector servicios son sensibles a las consecuencias de la independencia de Cataluña. Ante un posible escenario de salida de la UE, el apoyo a la independencia disminuye a medida que crece el rechazo a la independencia. Este escenario también aumenta el porcentaje de DN/NO en el sector servicios. Además, los comerciantes muestran un fuerte argumento en contra de la posibilidad de salir de la Unión Europea. Frente a el Gráfico 3, los comerciantes refuerzan su oposición a la independencia de Cataluña en un escenario de riesgo. La opción 'No' supera al 'Sí' en casi un 10%. Los empresarios indecisos son aún más numerosos que los partidarios de la independencia de Cataluña. Este riesgo afecta de manera diferente al sector de la construcción. El panorama general sigue siendo prácticamente el mismo: el apoyo a la independencia es la elección mayoritaria, aunque el porcentaje disminuye. El 'No' sigue siendo prácticamente el mismo que en el Gráfico 3. El número de indecisos aumenta, principalmente porque los empresarios que antes mostraban su apoyo a la independencia ahora ponen en duda.

Gráfico 4. Preferencia de Voto por Sector. Escenario: Cataluña abandona la Unión Europea

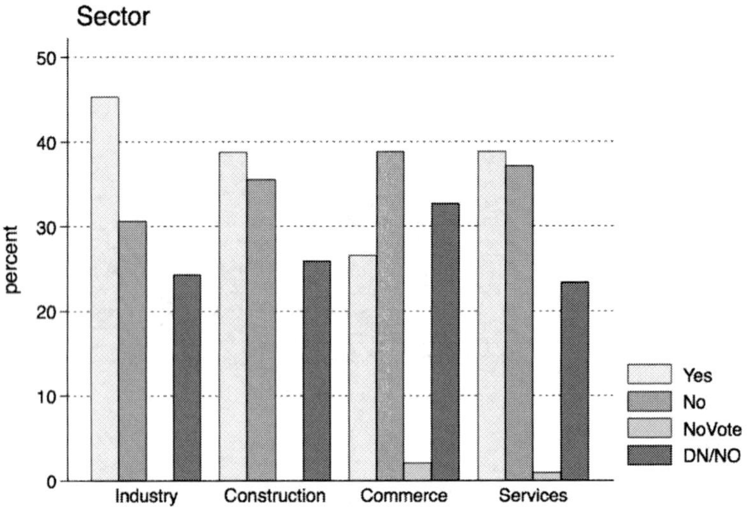

Fuente: elaboración propia.

¿Cómo podemos explicar la variación por sector? De acuerdo con investigaciones previas, existe evidencia que respalda hipótesis como la siguiente: cuanto más pequeña es la empresa y más pequeño el mercado, los empresarios creen que la independencia genera menos riesgo en términos de ventas o de supervivencia empresarial. Muchos ciudadanos entienden la independencia como un medio para revitalizar la economía, crear puestos de trabajo e invertir en las comunidades locales, lo que puede ser la principal aspiración de muchas personas que dirigen pequeñas empresas en zonas desfavorecidas. Además, existe evidencia empírica de que los exportadores no ven tanto riesgo en las ventas como las empresas cuyas ventas se concentran en el mercado interno, por lo que el impacto de la independencia en las ventas sería más bien marginal. Nuestros datos respaldan de alguna manera tales afirmaciones (véase la Tabla 2). Los datos muestran que las empresas industriales son las que tienen mayor capacidad exportadora (el 63,3% de ellas lo reconoce). Además, la mayoría de ellos (40%) cree que la independencia no tendrá impacto en las ventas. Estas dos características ayudan a explicar el apoyo a la independencia entre las empresas industriales, ya que la independencia no se considera una amenaza devastadora.

Tabla 2. Capacidad exportadora e 'impacto de la independencia en las ventas' por sector

	Empresa exportadora		¿La independencia tendrá un impacto en las ventas?			
Sector	***Sí***	***No***	***Sin impacto***	***Leve***	***Fuerte***	***DN/NO***
Industria	65,26%	34,74%	40,00%	37,89%	17,89%	4,21%
Construcción	25,81%	74,19%	32,26%	38,71%	16,13%	12,90%
Comercio	28,57%	71,43%	30,61%	32,65%	28,57%	8,16%
Servicios	17,24%	82,76%	31,90%	41,38%	24,14%	2,59%

Fuente: elaboración propia.

Sin embargo, la combinación de factores que explica el apoyo de la industria a la independencia contrasta con los datos del sector servicios, que también respaldan la independencia, como se muestra en el Gráfico 3. Las pequeñas y medianas empresas del sector servicios están firmemente arraigadas en los mercados nacionales, y su evaluación del impacto de la independencia en las ventas es más pesimista que la expresada por los industriales. Esta contradicción sería suficiente para rechazar la hipótesis de las empresas exportadoras, si no fuera porque la mayoría de los industriales parecen apoyar la independencia sea cual sea el escenario, mientras que las empresas del sector servicios muestran una actitud endeble cuando está en juego la pertenencia a la UE. Podría decirse que, en comparación con el Gráfico 3, el Gráfico 4 permite una interpretación más consistente de la hipótesis relacionada con las exportaciones y el impacto en las ventas.

Explicando el impacto de las variables políticas en las preferencias

Este apartado trata de encontrar explicaciones a la formulación de preferencias para las pequeñas y medianas empresas en el caso de la independencia de Cataluña. El análisis se basa en la tabulación de seis elementos políticos diferentes (variables independientes) con preferencias de voto, que es la variable dependiente. Los puntos tratados son: valoración del gobierno español; valoración del gobierno catalán; opinión sobre la afirmación 'Cataluña es hostil a España'; opinión sobre la afirmación 'España es hostil a Cataluña'; opinión sobre el derecho de secesión de Cataluña; así como la nacionalidad que les gustaría adquirir a los encuestados tras la independencia de Cataluña. Las respuestas a estas preguntas se han mantenido lo más simples posible para obtener una mejor interpretación de los resultados. En casi todas las variables solo hay tres respuestas posibles. Además, la variable dependiente de este apartado es la preferencia de voto en un referéndum de independencia en Cataluña sin mayores consecuencias. Esta decisión obedece a la evidencia de que en un escenario alternativo (Cataluña sale de la Unión Europea) no hay variaciones significativas.

Gráfico 5. Impacto de las Variables Políticas. Escenario: Cataluña se mantiene en la Unión Europea

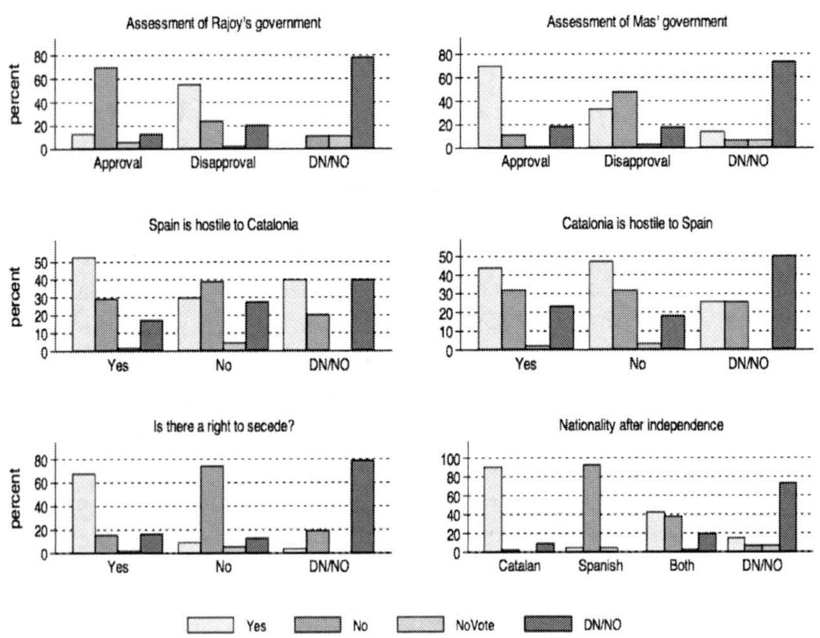

Fuente: elaboración propia.

La principal conclusión de esta sección es que existen dos patrones de votación claramente marcados (véase el Gráfico 5). Parece haber una fuerte conexión entre las posturas independentistas catalanas y una serie de posiciones políticas que enlazan bien con el discurso del movimiento nacionalista catalán. Los partidarios empresariales de la independencia catalana se definen por la desaprobación del gobierno español, la aprobación del gobierno catalán, la creencia de que España es hostil a Cataluña, la creencia de que Cataluña es hostil a España, el apoyo a la idea de que Cataluña tiene el derecho para conseguir la independencia, y un fuerte sentido de la identidad catalana.

Casi el 60% de los empresarios que tienen una opinión negativa del gobierno español están a favor de la independencia catalana. Esto es muy diferente al porcentaje de empresarios que son positivos sobre el gobierno catalán y también optan por un 'Sí' cuando se trata de la independencia de Cataluña. Casi el 70% de los empresarios satisfechos con el gobierno catalán se encuentran dentro de los partidarios de la independencia de Cataluña. La preferencia del 'Sí' se alimenta de empresarios que creen que España es hostil a Cataluña. Probablemente, hay un 30% de empresarios defensores del statu quo que creen que España es hostil a Cataluña. Esto puede explicar un cierto sentimiento colectivo de hostilidad. Sin embargo, los resultados no permiten llegar a una conclusión definitiva sobre la idea de hostilidad entre España y Cataluña, especialmente debido a los sentimientos encontrados entre los empresarios.

Del mismo modo, los empresarios antiindependencia muestran posiciones políticas críticas con el independentismo. Estos empresarios aprueban masivamente al gobierno español. Más del 60% de los empresarios que valoran positivamente el Gobierno español son contrarios a la independencia de Cataluña. Más del 40% de los empresarios con una valoración crítica del Gobierno catalán, abogan por un 'No'. En relación a la percepción de hostilidad, los resultados no son concluyentes, aunque se constata que el apoyo al 'No' es mayoritario entre los empresarios que creen que España no es hostil a Cataluña. Hay pruebas claras sobre la relación entre los empresarios que no creen en el derecho de secesión y las posturas a favor del statu quo. Casi el 80% de los que rechazan la existencia de este derecho, favorecen la opción del 'no' en un referéndum. Lo mismo ocurre con los empresarios que pretenden mantener la nacionalidad española en solitario tras la independencia de Cataluña.

Explicando del impacto de las variables económicas en las preferencias

En este apartado se analiza la relación de una serie de variables económicas con la formación de las preferencias de voto sobre la independencia de Cataluña. El objetivo es analizar los argumentos económicos de la patronal para apoyar o rechazar la independencia de Cataluña. Las variables independientes se centran en el final de la crisis económica tanto a nivel mundial como en España; el impacto de la independencia en las economías catalana y española; la probabilidad de llevar a cabo una deslocalización de la empresa tras la independencia de Cataluña; y el impacto de la independencia en las ventas de la empresa. El Gráfico 6 muestra los resultados.

En general, los datos muestran dos lógicas: por un lado, un argumento económico a favor de la independencia y, por otro lado, un argumento económico contrario a la independencia. Por supuesto, estos argumentos se basan en creencias sobre los efectos potenciales de la independencia en la economía y, por lo tanto, provienen tanto del análisis de los empresarios sobre la situación financiera de su propio negocio como de sus propias creencias políticas.

El discurso económico de los empresarios que defienden el 'Sí' se caracteriza por un argumento central: el independentismo ni es un riesgo para la economía catalana ni pone en peligro las ventas. Estos empresarios muestran una visión pesimista del final de la crisis. Casi el 50% de los empresarios que creen que la crisis no ha terminado, tanto a nivel mundial como en España, son independentistas. La independencia es vista como un medio para superar la crisis. Cataluña tiene que deshacerse de España, lo que significa que Cataluña estaría mejor económicamente que España. El 80% de los empresarios independentistas cree que la economía catalana se beneficiaría de este cambio constitucional.

También es cierto que más de la mitad de los empresarios que creen que la independencia no tiene efecto en la economía catalana son partidarios del 'Sí'. En cualquier caso, los argumentos económicos independentistas no se basan en un escenario catastrófico. Ni siquiera para la economía española. Más del 60% de los independentistas cree que la secesión de Cataluña puede ser positiva para la economía española. Además, estos emprendedores minimizan los riesgos sobre las propias empresas. El apoyo a la independencia es mayor entre las empresas que probablemente no reubicarán sus negocios; y también predomina el apoyo a la independencia entre las empresas que creen que la secesión no provoca una reducción de las ventas.

Gráfico 6. Impacto de las Variables Económicas.
Escenario: Cataluña se mantiene en la Unión Europea

Economic variables

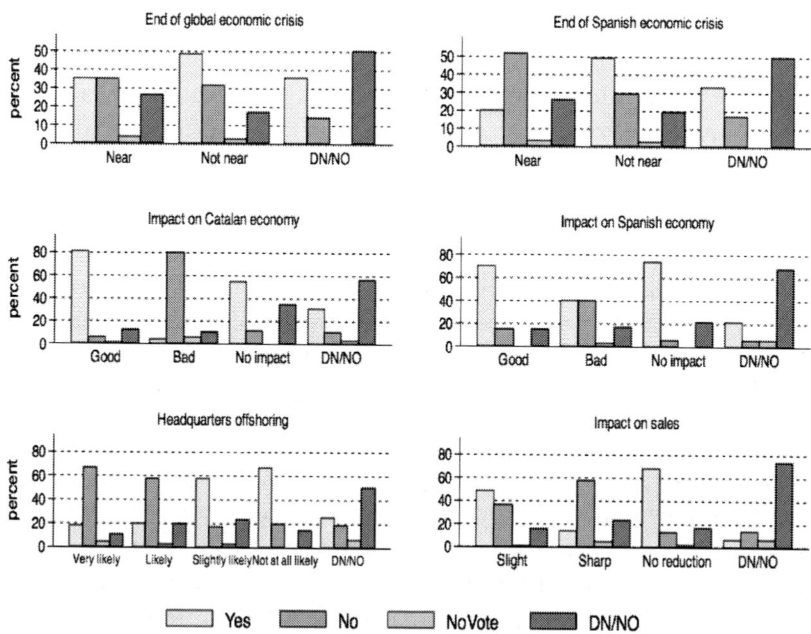

Fuente: elaboración propia.

En contraposición, los empresarios antiindependencia auguran un clima económico difícil tras la independencia de Cataluña. El 80% de los empresarios que optarían por el 'No' argumentan que la independencia traería malas noticias para la economía catalana. Una de las razones de estos emprendedores es que el final de la crisis española está cerca. Entre los empresarios que creen que la crisis española está cerca, el 50% rechaza la independencia de Cataluña. El independentismo catalán se convierte en un obstáculo añadido en la medida en que estos empresarios creen que el independentismo conlleva una reducción de las ventas y es probable que se produzcan deslocalizaciones de empresas.

OBSERVACIONES FINALES

Las opiniones empresariales sobre asuntos relacionados con la independencia están poco exploradas. La literatura indica que los grandes empresarios tienden a oponerse a la independencia y a cualquier forma de cambio constitucional. Las grandes empresas temen la incertidumbre general que provoca la independencia de una región. Para ellos, la incertidumbre significa dudas sobre futuras inversiones y la estabilidad del mercado. Las asociaciones empresariales nacionales utilizan estos argumentos para oponerse a la independencia en Cataluña y Escocia. Obviamente, estas son declaraciones generales. Siempre hay casos de grandes empresarios que se mantienen neutrales o incluso apoyan aspiraciones independentistas.

Con respecto a las PYMES, este capítulo ha examinado cuatro elementos que podrían definir de alguna manera sus preferencias de voto. El análisis se ha centrado en el impacto de la Unión Europea en la definición de las preferencias de voto; la definición de preferencias de voto por sectores; el impacto de una serie de variables políticas; y el impacto de una serie de variables económicas. La interpretación de los resultados es sensible al desarrollo de los múltiples eventos políticos, por lo que el lector debe saber que los datos fueron recolectados en noviembre de 2013.

Sin embargo, existe una fuerte evidencia de la existencia de dos conclusiones principales. Por un lado, las pymes consideran que salir de la Unión Europea es una grave amenaza para sus empresas. Los datos no prueban que el rechazo a la independencia aumente significativamente cuando este escenario está en juego. Sin embargo, el número de indecisos crece a medida que disminuye el de empresarios independentistas. Esto requiere un mayor análisis para examinar la evolución temporal de los empresarios que muestran dudas, que rondan el 30% de las respuestas. Por otro lado, el análisis de las variables políticas y económicas indica la formación de dos bloques. Un bloque comparte claramente el discurso nacionalista. Los empresarios independentistas entienden que es necesario un cambio de statu quo para superar la crisis de 2007-08. También expresan fuertes sentimientos catalanes. Los opositores están preocupados por el mal impacto que todo este proceso podría tener en la economía catalana. Además, estos empresarios muestran claras posiciones políticas contrarias al movimiento nacionalista.

Referencias

Bednar, J. (2009). The Robust Federation. Cambridge: Cambridge University Press.

Confederation of British Industry (2014). Report: The Scottish Government's Plan for Independence. Available at: http://www.cbi.org.uk/media/2631703/cbi_analysis_-_scottish_government_s_independence_white_paper.pdf

Coleman, W. (1988). Business and Politics: A Study of Collective Action. Montreal: McGuill-Queen's University Press.

Colino, C. (2009). Constitutional Change Without Constitutional Reform: Spanish Federalism and the Revision of Catalonia's Statute of Autonomy. Publius: The Journal of Federalism 39(2), 262-88.

Crameri, K. (2011). 'We Need Another Hero': The Construction of Josep Moragues as a Symbol of Independence for Catalonia. National Identities 13(1), 51-65.

Delfour, Ch. (2007). España, las autonomías y Europa. Ensayo sobre la invención de nuevos modos de organización territorial y de gobernanza. Gijón: Trea.

Denver, D., J. Mitchell, C. Pattie y H. Bochel (2000). Scotland Decides: The Devolution Issue and the 1997 Referendum. London: Frank Cass.

Dion, S. (1995). The Emergence of Secessionism: Lessons from Quebec. En: A. Breton, G. Galeotti, P. Salmon and R. Wintrobe (Eds.) Nationalism and Rationality. Cambridge: Cambridge University Press.

Gagnon, A-G y G. Lachapelle (1996). Québec Confronts Canada: Two Competing Societal Projects Searching for Legitimacy, Publius: The Journal of Federalism 26(3): 177-191.

Grant, W. (1983). Representing Capital, in: R. King (Ed.) Capital and Politics. New York: Routledge.

Grau, M. (2000). Spain: Incomplete federalism. En: U. Wachendorfer-Schmidt (ed.), Federalism and Political Performance. London: Routledge.

Greer, S.L. (2007). Nationalism and Self-Government: The Politics of Autonomy in Scotland and Catalonia. Albany, NY: State University of New York Press

Guibernau, M. (2006). National Identity, Devolution and Secession in Canada, Britain and Spain. Nations and Nationalism 12(1), 51-76.

Guinjoan, M., y T. Rodon (2014). Beyond Identities: Political Determinants of Support for Decentralization in Contemporary Spain, Regional & Federal Studies 24(1), 21-41.

Keating, M. (1998). The New Regionalism in Western Europe. Territorial Restructuring and Political Change. Cheltenham: Edward Elgar.

Keating, M. (2014). Introduction: Rescaling Interests. Territory, Politics, Governance 2(3), 239-248.

Keating, M. y A. Wilson (2009). Renegotiating the State of Autonomies: Statute Reform and Multi-level Politics in Spain. West European Politics 32(3): 36-58.

Keating M. and A. Wilson (2014). Regions with Regionalism? The Rescaling of Interest Groups in Six European States. European Journal of Political Research 53, 840-857.

Kellas, J. (1989). The Scottish Political System (fourth edition). Cambridge: Cambridge University Press.

Liñeira, R. (2011). 'Less at Stake' or a Different Game? Regional Elections in Catalonia and Scotland, Regional & Federal Studies 21(3), 283-303.

Lluch, J. (2011). Autonomism and Federalism. Publius: The The Journal of Federalism 42(1), 134-161.

Lundstrom, A. y L.A. Stevenson (2007). Dressing the Emperor: the Fabric of Entrepreneurship Policy. En: D.B. Audretsch, I. Grilo y R.A. Thurik (Eds.) Handbook of Research on Entrepreneurship Policy. Cheltenham: Edward Elgar.

Lynch, P. (1998). Reactive Capital: The Scottish Business Community and Devolution. En Elcock, H. y Keating, M. (Eds.) Remaking the Union. Devolution and British Politics in the 1990s. London: Frank Cass.

Lynch, P. (2005). Scottish Independence, the Quebec Model of Secession and the Political Future of the Scottsish National Party. Nationalism and Ethnic Politics 11(4), 503-531.

MacKay, B. (2014). Report: Business Decision-making in Conditions of Constitutional and Political Uncertainty in the UK and Scotland: Evidence from Business. Edinburgh: University of Edinburgh/The Future of the UK and Scotland.

Martí, D. (2013). The 2012 Catalan Election: The First Step Towards Independence? Regional & Federal Studies 23(4), 507-516

Martínez-Herrera, E. y Th. Jeffery Miley (2010). 'The Constitution and the Politics of National Identity in Spain', Nations and Nationalism 16(1), 6-30.

Medina, I. (2016). Are Business Associations Involved in Regional Politics? Evidence from Spain and the United Kingdom. European Urban and Regional Studies 23(3), 389-405.

Medina, I. y J. Molins (2014). Regionalism and Employer Groups in Spain, Italy, and the United Kingdom. Territory, Politics, Governance 2(3), 270-286.

Moreno, L. (1994). Ethnoterritorial Concurrence and Imperfect Federalism in Spain. En: Bertus De Villiers (Ed.), Evaluating Federal Systems. Cape Town: Juta.

Requejo, F. (2010). Revealing the Dark Side of Traditional Democracies in Plurinational Societies: the Case of Catalonia and the Spanish 'Estado de las Autonomías'. Nations and Nationalism 16(1), 148-68.

Robock, S.H. (1971). Political Risk: Identification and Assessment. Columbia Journal of World Business 6(4), 6-20.

Sala, G. (2014). Federalism without Adjectives in Spain. Publius: The Journal of Federalism 44(1), 109-134.

Serrano, I. (2013). Just a Matter of Identity? Support for Independence in Catalonia. Regional & Federal Studies 23(5), 523-545.

Wilson, G.K. (2006). Thirty Years of Business and Politics. En: D. Coen y W. Grant (Eds.) Business and Government: Methods and Practice. Opladen: Barbara Budrich Publishers.

Young, R.A. (1999). The Struggle for Quebec: From Referendum to Referendum? Montreal: McGuill-Queen's university Press.

PARTE 2

EL ESTUDIO DE LA CIENCIA POLÍTICA COMO DISCIPLINA Y PROFESIÓN

Capítulo 12

Inicios rápidos, llegadas lentas, caminos divergentes. El desarrollo de la Ciencia Política en Francia e Italia[1]

CHRISTOPHE ROUX
LUCA VERZICHELLI

INTRODUCCIÓN

En su libro *Ciencia Política: Un balance de fin siglo* (1999), Miguel Jerez hizo su primer acercamiento la cuestión de la evolución a largo plazo de la Ciencia Política europea, que se habría de convertir luego en uno de sus intereses de investigación recurrentes (Jerez-Mir, 2010; Jerez-Mir y Luque, 2016). En este análisis comparativo de la consolidación de la disciplina en Europa occidental, uno de los principales argumentos versaba sobre los costos del relativo retraso cultural y político en el desarrollo del estudio empírico de la política en aquellos países (como España) que, en el curso del siglo XX, se habían visto afectados por la inestabilidad política, las crisis democráticas y las experiencias autoritarias.

El presente capítulo volverá al tema central de la relación entre la evolución democrática y la transformación de la disciplina. Más concretamente, pretendemos retomar el hilo de aquel trabajo, proponiendo una comparación entre dos casos que, a pesar de su anterior retorno a la democracia tras la Segunda Guerra Mundial, pueden asociarse con el ejemplo español por algunos rasgos peculiares. Entre estos, se pueden recordar las fuertes tradiciones culturales nacionales y el relativo retraso en el proceso de internacionalización de la comunidad politológica (Dreyfus, 1982; Quernonne, 1996).

Nuestro argumento básico es el siguiente: Francia e Italia representan dos países donde las ciencias sociales pudieron desarrollarse rápidamente,

1 Título original: *Quick Starts, Slow Arrivals, Diverging Paths. The Development of Political Science in France and Italy*. Traducido por José Real-Dato.

desde los viejos tiempos de la "revolución" positivista, y particularmente durante la parte final del siglo XIX, gracias a las transformaciones institucionales dentro del panorama de la educación superior de esos países durante ese tiempo. En ellos, la Ciencia Política empírica se puede rastrear a lo largo del siglo XX, expandiéndose en particular durante su segunda mitad, de alguna manera en línea con otros países occidentales (Klingemann, 2007). En ocasiones, destacadas personalidades desempeñan el papel de 'padres fundadores' contemporáneos, como Juan Linz en España. Mientras que en Francia es más difícil señalar estrictamente a un solo individuo (a pesar de la figura bien conocida en el extranjero de Maurice Duverger), en Italia, Giovanni Sartori califica por su doble acción como promotor de la disciplina dentro del sistema académico y como intelectual público: su esfuerzo fue crucial para el lanzamiento de una agenda de investigación integral y una consolidación institucional de la disciplina en el país transalpino.

Al mismo tiempo, tenemos que admitir que la consolidación de la disciplina en Francia e Italia ha dejado más que un punto oscuro. Además, a pesar de la continuidad del régimen democrático en Francia (con la breve excepción de los años del régimen de Vichy) y la redemocratización relativamente rápida en Italia (después de veinte años de régimen fascista), el tamaño y la relevancia social de la Ciencia Política en los dos países no parecen particularmente más fuertes que en otros países mediterráneos, donde la interrupción de la experiencia democrática ha sido mucho más larga. En particular, la Ciencia Política italiana y francesa no parecían haber disfrutado de un desarrollo tan destacado como en otros países grandes (desde un punto de vista demográfico) como el Reino Unido o Alemania.

Este capítulo ofrece una comparación sistemática entre las dos experiencias, centrándose en las premisas de la Ciencia Política moderna al final de la Segunda Guerra Mundial, las prácticas de su establecimiento académico durante las décadas siguientes y las transformaciones que ocurrieron más recientemente. La idea es realizar una evaluación intensiva de los dos casos en cuestión, que se considerarán relevantes (en términos de tamaño, centralidad académica y calidad de la investigación) pero aún en gran medida infradimensionados en comparación con las realidades anglosajonas y del norte de Europa.

Después de presentar la justificación y los argumentos principales del capítulo, las secciones centrales yuxtapondrán una descripción paralela del desarrollo longitudinal de la Ciencia política en Francia e Italia. Seguirá una evaluación comparativa más analítica, resumiendo las principales similitudes y las especificidades de los dos relatos. Esta sección responderá a tres preguntas: 1) ¿Cuáles son los factores dependientes de la trayectoria en el núcleo de una modernización cultural, académica y científica? 2) ¿Cuáles son los principales elementos de diversidad en el diseño original de la disciplina en Francia e Italia? 3) ¿Cuál es el papel de las políticas pasadas y actuales implementadas a nivel nacional para mejorar (o disminuir) el desarrollo de la disciplina?

La sección de conclusiones ofrecerá un primer relato interpretativo del estado actual de la Ciencia Política en estos dos países europeos, desde una perspectiva comparada. Lejos de querer ofrecer una explicación de los diferentes grados de institucionalización de la Ciencia Política europea, el capítulo tiene el objetivo más modesto de presentar una reconstrucción basada en evidencias originales y una comparación intensiva.

LA CIENCIA POLÍTICA DE ANTES Y DESPUÉS DE LA GUERRA EN FRANCIA E ITALIA

La visión más simplificada para identificar el nivel real de consolidación de la Ciencia Política como disciplina académica es probablemente la de evaluar dos componentes principales: uno cognitivo, es decir, el alcance y la coherencia del contenido de tal "ciencia"; y uno institucional, es decir, las reglas, recursos y marcos para la práctica que permitan el desarrollo de dicha comunidad académica. Por tanto, las raíces de la Ciencia Política contemporánea pueden identificarse en ambos países, como en cualquier otra realidad del mundo occidental, a partir de la segunda mitad del siglo XIX (ver, para Francia, Favre, 1989; para Italia, Morlino, 1991).

En cuanto a los aspectos cognitivos, se pueden identificar precursores en ambos países. En Italia, la escuela elitista (Piano, 2019) ofreció reflexiones perdurables a través del trabajo de Gaetano Mosca, Roberto Pareto y Robert Michels. Sin embargo, tal impulso histórico de reflexiones teóricas no llegó a tiempo para evolucionar hacia un cuerpo de estudios empíricos de la política. De hecho, el advenimiento del régimen fascista impidió un mayor desarrollo de la disciplina.

En Francia, la obra pionera surge en el campo de los estudios electorales con el trabajo de André Siegfried *Tableau politique de la France de l'ouest sous la Troisième République* (Siegfried, 1913). En un estudio dedicado al département de Vendée, en el noroeste del país, el autor no solo puso sistemáticamente en evidencia patrones perdurables del comportamiento electoral, sino que también desarrolló, en una vena ecológica, una explicación fundamentada empíricamente, usando cartografía, de la interacción de variables tales como la naturaleza del suelo, el tipo de características organizativas del hábitat y las actividades agrícolas, las relaciones subyacentes con los terratenientes, la Iglesia Católica y los agentes gubernamentales. Aunque su marco analítico fluctúa en publicaciones posteriores y no funciona en todos los contextos territoriales (siendo, por ejemplo, inadecuado para contextos urbanos), el esfuerzo por identificar cuidadosamente un conjunto de factores explicativos consistentes para el comportamiento electoral ha hecho de su estudio un hito, no solo en el campo de los estudios electorales, sino más ampliamente en la disciplina, que le hace destacar en el panorama intelectual de su tiempo.

En lo que se refiere a los aspectos institucionales, el panorama de la educación superior y la investigación era, por supuesto, considerablemente diferente a lo que conocemos hoy, en una serie de dimensiones. La Ciencia Política, como tal, era inexistente. En cambio, lo que se encontró en ambos países fue una noción de 'Ciencias Políticas' entendida como una amplia gama de enfoques disciplinarios más antiguos o emergentes (Derecho, Historia, Economía Política...) cuyas contribuciones iluminarían a los tomadores de decisiones en su etapa de formación.

En Italia, un ejemplo significativo es la creación de la Escuela de Ciencias Políticas *Cesare Alfieri* (1875) pocos años después de la fundación del estado unitario y mucho antes del nacimiento formal de la Universidad de Florencia, que más tarde transformó esta institución privada en la facultad de Ciencias políticas de una de las mayores universidades públicas italianas. En su diseño original, la Escuela fue concebida como una especie de centro de educación superior destinado a formar a la futura clase dirigente del Estado recién nacido.

En Francia intervinieron dos tipos de instituciones. Por un lado, la privada *École Libre des Sciences Politiques*, fundada en París en 1871 tras la desastrosa derrota en la guerra franco-prusiana. En buena medida, el éxito obtenido por la École Libre al alcanzar puestos en las altas esferas de la función pública francesa empujó, por otro lado, al sistema universitario público a incluir en su facultad de Derecho una discreta especialización en "Ciencias Políticas", junto con la "Economía Política", de la década de 1890. Pero, incluso si el término 'Ciencia Política' se usó en ese momento, implicaba consideraciones relacionadas con el Derecho Político únicamente, sin conexión con la relevancia cognitiva aislada del trabajo de Siegfried. Significativamente, el reconocimiento real de la contribución de Siegfried ocurrirá con el desarrollo de la propia Ciencia Política en el período de posguerra.

Precisamente, durante la segunda posguerra mundial la Ciencia Política experimentó un verdadero despegue en el mundo occidental. Intervinieron varios factores. Por un lado, un proceso de democratización, que se produjo más tarde en España, pero que Francia e Italia siguieron en el mismo período desde la segunda mitad de la década de 1940, con regímenes bastante similares durante al menos quince años. Por otro lado, un proceso de construcción institucional, primero a nivel internacional a través de la UNESCO y la Asociación Internacional de Ciencia Política (IPSA), y luego en su encarnación doméstica a través de asociaciones nacionales; y, en una fase posterior, un proceso de masificación de la educación superior en un sistema universitario cambiante.

Como se ha mencionado, mientras Alemania y el Reino Unido siguieron este camino, Francia e Italia no podrían considerarse casos de éxito en la misma medida. Sin embargo, surgen algunas diferencias entre los dos casos:

– Los primeros signos de desarrollo ocurrieron antes en Francia en comparación con Italia: una asociación nacional de Ciencia Política (*Association Française de Science Politique*) y su revista insignia (*Revue Française de Science Politique*) se crearon ya en 1949 y 1951, respectivamente, mientras que sus homólogos italianos aparecieron solo unos veinte años después, con la fundación de la *Rivista Italiana di Scienze Politiche* (1971) seguida por el primer núcleo de una asociación nacional de politólogos: la "sección de Ciencia Política" de la Asociación Italiana de Ciencias Sociales (1973).

– El panorama académico aparece más fragmentado en Francia que en Italia. Mientras que en Italia las instituciones clave son universidades mayoritariamente públicas, al igual que en Francia, este último país también se caracteriza por la presencia de otras instituciones. Por un lado, la institución sucesora de la ELSP es el ahora público *Institute d'Etudes Politiques* de París (IEP), fundado por la *Fondation Nationale des Sciences Politiques* pero originalmente vinculado, por su personal académico, a la Facultad de Derecho de la Universidad de París. Al IEP de París se sumaban otros IEP 'regionales' creados en las principales ciudades (primero en Lyon, Toulouse, Burdeos, Estrasburgo, Grenoble, Argel, luego en Aix-en-Provence; a principios de la década de 1990, en Lille y Rennes; y ya en la década de 2010, el de Saint-Germain). Por otro lado, el Centro Nacional Francés de Investigaciones Científicas (CNRS) desarrollará, a partir de la década de 1950, centros de investigación, que serán luego alojados en universidades en la década de 1960, por ejemplo, en París (CERI y CEVIPOF), Burdeos (con CEAN y CERVL) y Grenoble (con CERAT), sin mencionar la posterior institucionalización de la École des Hautes Études en Sciences Sociales (EHESS) que, creada en 1947, se independizó por completo en 1975.

– La institucionalización de los grados de enseñanza en el sistema universitario se produjo gradualmente pero, al parecer, mucho antes en Francia. La reconstrucción se vuelve muy compleja debido a la naturaleza en constante evolución del sistema y a la falta de atención prestada a este aspecto en trabajos anteriores sobre historia disciplinaria. En Francia, a partir de la década de 1950, los cursos relacionados con las Ciencias Políticas comenzaron a introducirse en planes de estudios definidos (en ese momento) a nivel nacional. Sin embargo, en la mayoría de los casos, estas clases fueron impartidas por profesores de Derecho, principalmente de Derecho Público, en ocasiones de historiadores del Derecho interesados en el estudio del pensamiento político. Como consecuencia, la Ciencia Política francesa de esa época ha sido definida con bastante precisión como 'una ciencia sin científicos' (Scot y Gaiti, 2017).

El proceso de internacionalización, en ese momento, es desconcertante. Mientras que la Ciencia Política francesa se percibe, no de manera inexacta, como relativamente insular en Europa, IPSA tiene su sede en París y depende en gran medida de los aportes de especialistas en Derecho franceses (juristas) de mente abierta como Maurice Duverger o Georges Vedel en la Sorbona, o de historiadores con responsabilidades institucionales clave en Sciences Po, como Jean Touchard (Déloye, 2009). Touchard alertó a la AFSP, especialmente después de la conferencia de la IPSA celebrada en Bruselas en 1967, que la Ciencia Política francesa se estaba quedando atrás en comparación con la dinámica cambiante de la disciplina en el mundo occidental, principalmente en los Estados Unidos, pero también en el norte de Europa. Curiosamente, se destacó el papel de dos figuras prominentes: Stein Rokkan y Giovanni Sartori. En ese momento, Sartori ya había sentado las bases de la futura institucionalización de la Ciencia Política académica, realizando un vasto trabajo interdisciplinario sobre la democracia parlamentaria italiana (Sartori, 1963) que enfatizaba la relevancia de los análisis empíricos, en un marco más amplio que incluía historiadores, expertos constitucionalistas y estadísticos. Al mismo tiempo, Sartori llevó a cabo un cuidadoso plan de promoción académica de la Ciencia Política. Con el apoyo de una figura eminente como el filósofo Norberto Bobbio (Sartori, 2004), logró crear las condiciones para incluir un mínimo de asignaturas de Ciencia Política en los requisitos ministeriales exigidos a cualquier universidad para abrir la carrera de Ciencias Políticas. Este fue el primer paso del reconocimiento académico de la disciplina. En cualquier caso, la Ciencia Política italiana tendía a seguir un patrón más convencional que en Francia.

Las dos primeras décadas posteriores al final de la Segunda Guerra Mundial fueron, por lo tanto, un período en el que Francia e Italia todavía estaban en la lucha por la independencia académica de la Ciencia Política que, de alguna manera, al final se ganó. Dada esta dificultad en el advenimiento de la disciplina académica, probablemente podemos calificar a estos dos países, si se compara con la experiencia estadounidense, como ejemplos de "Ciencia Política recién llegada". Sin embargo, no debemos sobreestimar las diferencias y los niveles de institucionalización de la Ciencia Política en otros lugares de Europa. Por ejemplo, incluso en algunos países del norte de Europa, el proceso fue, a fin de cuentas, lento. Esto plantea preguntas interesantes, cuya respuesta está más allá del alcance de este capítulo: ¿cómo medir esta brecha que aparece hoy en día cuando consideramos Alemania o el Reino Unido? ¿Cómo explicarlo? ¿Tiene que ver con una mayor resistencia de las disciplinas establecidas, especialmente el Derecho Público, y con la estructura general del sistema de educación superior nacional? ¿Tiene que ver con una conexión más débil con las instituciones y personas más desarrolladas en el campo? Es probable que todos estos factores combinados hayan influido.

En una etapa posterior, la Ciencia Política se desarrolló en Francia e Italia. En Francia, los elementos más importantes para la institucionalización de la Ciencia Política son los siguientes: el reconocimiento de una "sección" separada, distinta del Derecho Público, en la lista de disciplinas del Consejo Consultivo de las Universidades (*Comité consultatif des universités*) dentro del Ministerio de Educación francés, en 1969; la creación en 1969 de la única 'Facultad', optando por el nombre de 'Departamento' de Ciencia Política, en la recién creada Universidad Paris 1 (como parte de la disolución de la Universidad de París a raíz de mayo de 1968); la creación, en 1971, de un examen competitivo autónomo para seleccionar a los profesores titulares de Ciencia Política (*agrégation*) (procedimiento existente solo para el conjunto limitado de disciplinas derivadas del Derecho en Francia). Estos elementos serían confirmados a través de un proceso de maduración durante el cual la Ciencia Política se hacía en una especie de proceso de "aprender haciendo", en una fase en la que los parámetros cognitivos e institucionales se conjuntaron. En Italia, la acción emprendida por Sartori recogía sus primeros frutos a finales de los años setenta con la apertura de unas "cátedras" de Ciencia Política en las facultades más importantes de Ciencias Políticas (Morlino, 1991). Esto habría llevado a la expansión de la disciplina por todo el territorio nacional, aunque con un claro desequilibrio por la debilidad en el sur del país, donde los juristas e historiadores seguían dominando la escena (Capano y Verzichelli, 2016).

Después, en las décadas de 1970 y 1980 se desarrollaron las raíces reales de la Ciencia Política contemporánea como disciplina en Francia e Italia, sobre todo en términos de recursos e instituciones. Surgieron comunidades de politólogos, transformando la percepción de la Ciencia Política desde la imagen vaga y algo esotérica de una especialidad extranjera, en la de una disciplina establecida con una fuerte legitimación europea y "nacional", si bien esta caracterización nacional es probablemente más fuerte en Francia debido a la evolución de la disciplina de los años ochenta.

El siguiente paso crucial en este proceso de consolidación fue el desarrollo de un "tercer ciclo" de estudios destinado a preparar nuevas generaciones de investigadores con una formación sólida y completa en Ciencia Política. En Italia, tal paso pudo ser posible durante los años ochenta, cuando Leonardo Morlino implementó la idea sartoriana de un centro avanzado para el estudio de la Ciencia Política, gestionando un consorcio de universidades que apoyaba a la escuela de doctorado en Ciencia Política de Florencia. Este fue el primer movimiento de una nueva era de estudios de doctorado, seguido por Pavía (bajo la dirección de un eminente estudioso de la teoría política, Mario Stoppino) y, más tarde, en Siena, Turín. Milán, Bolonia y Roma (en la *Libera Università Internazionale di Scienze Sociali* -LUISS). En Francia, dicho tercer ciclo se desarrolló antes, en la década de 1970, y proporcionó un marco a través del cual la investigación realizada en los centros de investigación alimentó lentamente el cuerpo moderno de conocimiento disciplinario y formación metodológica. El doctorado en Ciencia Política se convirtió en un campo de especialización aunque no se constituyera como un "programa" doctoral: abrió el camino para que generaciones de estudiantes trabajaran sobre un tema de Ciencia Política bajo la guía de los primeros profesores politólogos oficialmente establecidos. Por cierto, esta tesis doctoral (más precisamente: su calidad o falta de ella) se convertiría en una pieza clave en cualquier candidatura a un puesto de profesor junior.

Con todo, podemos argumentar que, a pesar de las diferencias evidentes debidas a los caminos divergentes de las reformas en los sistemas de educación superior en los dos países, y la relevancia persistente de influencias culturales específicas a nivel doméstico, tanto en Francia como en Italia, la comunidad de politólogos puede considerarse plenamente profesionalizada en la década de 1990, ofreciendo un importante potencial para contribuir al desarrollo de las ciencias sociales y al comienzo del nuevo siglo. Los años noventa del siglo pasado constituyen un período de importante mejora cualitativa y cuantitativa; por ejemplo, es un período de crecimiento sostenido en términos de posiciones académicas estables. A pesar de estas características positivas, sin embargo, las limitaciones no desaparecieron.

LA CIENCIA POLÍTICA EN EL SIGLO XXI: LIMITACIONES DURADERAS Y DIFERENCIAS TRANSNACIONALES

Esta sección se centrará en el desarrollo más reciente de la disciplina en los dos países bajo consideración. Al igual que en las secciones anteriores, el análisis sigue siendo esquemático y no pretende proporcionar una comparación sistemática y detallada. En cambio, busca resaltar similitudes y diferencias.

En primer lugar, conviene subrayar, sin ánimo de autocomplacencia, que el desarrollo efectivo de la Ciencia Política ha dado frutos en términos de calidad académica y profesionalización. En Francia como en Italia, hoy en día, es una disciplina establecida con una trayectoria profesional distinta de otras disciplinas, con su asociación nacional, con sus títulos establecidos (a menudo en entornos pluridisciplinarios en las primeras etapas) en grado, máster y doctorado, con sus revistas especializadas (cuyo número aumentó dramáticamente a partir de la década de 1990) y con varios libros publicados cada año por editoriales académicas líderes. Existe poca duda de que el dominio de un cuerpo de erudición y de un conjunto de habilidades metodológicas no tengan sentido, y de que los politólogos franceses e italianos no operan actualmente 'en la oscuridad' como lo hicieron hace varias décadas. En otras palabras, en ambos países se ha dado un innegable salto cualitativo y constituye su logro más destacable.

Sin embargo, desde una perspectiva institucional, ambos países muestran una situación común de desarrollo relativamente limitado en términos de personal y recursos. Un indicador de esto es la dimensión de las comunidades académicas en los dos países, según los datos del reciente proyecto de investigación ProSEPS (2016-2020). Si bien el número de politólogos establecidos con un puesto permanente de facto en Alemania y en el Reino Unido superaba los 2000 cada uno en 2017, este indicador se mantiene muy por debajo en Francia e Italia. Más en detalle, en el transcurso del año académico 2018-2019, los investigadores del grupo ProSEPS contaron algo menos de 600 politólogos profesionales en Francia y aproximadamente 300 en Italia. Este cómputo incluía todos los puestos titulares y una serie de puestos profesionales no titulares como, por ejemplo, investigadores de posgrado y profesores adjuntos con contratos plurianuales. Las diferencias entre los dos países colocan a Italia en una posición aún menos favorable en comparación con Francia, aunque las cifras reales probablemente no deberían ser tan diferentes cuando se trata de puestos fijos y profesores universitarios. Así, Francia, con su paisaje académico fragmentado, ha diversificado las instituciones empleadoras, con una parte sustantiva de sus politólogos trabajando en el CNRS (sin obligación de enseñanza) o, bajo estatus privado, en otras instituciones como la FNSP (con estatus similar al estadounidense, otorgado solo a Sciences Po en París desde 2010) pero también en la Escuela Europea de Ciencias Políticas y Sociales de la Universidad Católica de Lille. En Italia, la parte predominante de los politólogos pertenece a universidades públicas, y solo unos pocos de ellos se encuentran en escuelas de postgrado puramente orientadas a la investigación sin obligaciones docentes de pregrado. La cantidad de politólogos que trabajan en las universidades públicas francesas, es decir, excluyendo a los que trabajan como investigadores del CNRS o becarios de la FNSP, apenas alcanza el umbral de los 400, cifra que no dista mucho de la italiana.

Otra característica común notable son los desequilibrios territoriales en la distribución de estos politólogos: la Ciencia Política está arraigada solo en las universidades más fuertes y está ausente o es marginal en muchas otras, a menudo las más pequeñas en Francia y, en Italia, especialmente en el sur. Con estas cifras, la Ciencia Política aparece como una disciplina bastante desconocida para el gran público e incluso en el sistema de educación superior e investigación, en el que es una parte minoritaria (apenas el 2 por ciento de los profesores universitarios —titulares más catedráticos— en Francia). Las etiquetas *politologo* (término italiano, equivalente a su homónimo español) o *politologue*, en francés, no son aplicadas exclusivamente a politólogos académicos, que tienen que compartirla con periodistas, encuestadores y expertos en los medios de comunicación; en francés, además, la palabra en sí tiende a ser rechazada, y el neologismo 'politiste' (como en 'biologiste') es el que retienen los politólogos para describirse a sí mismos.

Una mirada más cercana a la evolución de los puestos oficiales ofrecidos por las universidades italianas entre 2000 y 2020 revela el crecimiento lento pero incesante de la población de politólogos profesionales. Las cifras son aún más notables si se considera que entre 2008 y 2015 el número de académicos titulares en ejercicio en Italia ha disminuido debido al efecto combinado del envejecimiento y los recortes del gobierno central a las instituciones públicas de educación superior. La introducción de una reforma integral de la estructura académica —la llamada 'Ley Gelmini', de 2010— equilibró parcialmente la tendencia de reducción de la fuerza laboral provocada por las reformas neoliberales de la administración pública y las políticas de recorte presupuestario, con una nueva estructura de oportunidades basada en un sistema de habilitación nacional (*abilitazione*) conectado a un proceso posterior de selección local para los puestos de profesores (todavía clasificados con las etiquetas tradicionales de profesores titulares y catedráticos). En resumen, para preparar un puesto académico en un determinado sector disciplinario, cada universidad ahora puede convocar un nuevo puesto que puede ser de tres años con *tenure track* (esto es, con posibilidad de consolidación posterior) o de tres más dos años sin *tenure track*. Si bien el equilibrio de poder con los competidores más relevantes dentro de los departamentos de Ciencias Políticas (sociólogos, constitucionalistas, historiadores, economistas) no se ha modificado significativamente, las cifras muestran claramente que la consolidación de la disciplina nunca se detuvo, lo que justifica la evaluación general optimista que está caracterizando la visión actual de algunos miembros eminentes italianos de la comunidad (Capano, 2020; Piattoni, 2020).

En Francia, por su parte, se produjo un despegue cuantitativo sustancial en las décadas de 1990 y 2000. El sistema académico francés ofrece esencialmente puestos públicos y estables. La mayoría de los politólogos están trabajando en Institutos de Estudios Políticos multidisciplinarios (10 en Francia, con un examen competitivo para ingresar a un ciclo de formación de 5 años), donde la Ciencia Política existe junto con la Economía, el Derecho, la Historia, la Sociología; y en las Facultades de Derecho, en la actualidad a menudo etiquetadas como 'del Derecho y la Ciencia Política', en el que la Ciencia Política es una de las al menos cuatro disciplinas representadas en ese tipo de institución junto con el Derecho Privado, el Derecho Público y la Historia del Derecho. En las facultades de Derecho, esa disciplina es destacada y se concibe como tal, mientras que la Ciencia Política es diferente desde el punto de vista epistemológico y suele representar una minoría en cuanto a tamaño, tanto en el estudiantado como en la facultad. La carrera de los profesores universitarios se organiza en torno a dos niveles únicamente: profesor titular (*maître de conferences*) y catedrático (*professeur*). Una vez que una persona es maître de conférences, ella o él dispone de un puesto de trabajo de por vida, después de un período de prueba de un año. En 1994 había 246 profesores (108 catedráticos, 138 titulares); 20 años después, en 2014, eran 363 (Sawicki, 2017). Este desarrollo exitoso, sin embargo, esconde preocupaciones con la carrera en todos los niveles. En primer lugar, hay muchos buenos candidatos a doctorado que aspiran a convertirse en politólogos académicos: es común tener 100 candidatos para un puesto vacante de *maître de conferences.* En segundo lugar, si bien las tendencias generales de contratación fueron positivas, solo aumentaron los puestos de profesor titular. Por el contrario, las cátedras se han estancado durante mucho tiempo. Como resultado, se ha vuelto cada vez más difícil convertirse en catedrático. Este fenómeno ha determinado un debate sobre la mejor manera de promocionar a los profesores, y el futuro y las posibles nuevas formas de los *concours d'agrégation* han sido ampliamente discutidos. Los catedráticos son los que menos sufren la incertidumbre, aunque les preocupen los salarios comparativamente bajos y, para la parte más joven, las dudas sobre el futuro de sus pensiones.

Volviendo a los aspectos cognitivos, un patrón tan similar de desarrollo cuantitativo incremental, si bien aún retrasado (y, por lo tanto, limitado), no significa que la Ciencia Política en ambos países haya seguido el mismo camino. Por el contrario, exhiben una serie de diferencias significativas, que pueden reflejar en parte (otra característica que merece un examen más detenido) la diferente reacción al proceso de internacionalización y la actitud con respecto a una corriente principal occidental/europea:

– El desarrollo intelectual de la Ciencia Política en Italia en la década de 1970 ha sido concebido, en gran medida, como un proceso de homologación. Construir la Ciencia Política significó, en gran medida, ponerse al día con la Ciencia Política de habla inglesa, por no decir estadounidense. Al principio, Francia siguió, incluso con sus propias idiosincrasias, un patrón similar en las décadas de 1960 y 1970, una característica que puede reflejarse en los manuales y libros ofrecidos a estudiantes y académicos italianos (Sartori, 1970) y franceses (Birnbaum y Chazel, 1971). Pero Francia empezó entonces a distanciarse cada vez más de esa tendencia, siguiendo su propio camino. Ese hilo peculiar mezclaba preocupaciones epistemológicas, metodológicas y normativas. Era más 'crítico' (para decirlo de una manera demasiado simplificada, *à la Horkheimer*), rechazaba la necesidad de distinguir lo político de lo social (de ahí un apetito declarado por la sociología política con apertura hacia la antropología y la historia social), potenciaba otras tradiciones de investigación que tomaban mucho de autores franceses (desde Durkheim hasta, sobre todo, Bourdieu), pero también influencias alemanas (Elias, Habermas); y se basaba más en enfoques cualitativos con pocos esfuerzos en la capacitación cuantitativa (solo aquellos con necesidades frecuentes de este conjunto de habilidades, como académicos que trabajan en el campo del análisis electoral o la opinión pública, la desarrollaron). La encarnación más sistemática fue el trabajo del departamento de Ciencia Política de la Sorbona, que cambió gradualmente en la década de 1990, y la principal revista, *Politix*. Este giro, que floreció en la década de 1990, puede verse, quizás, como la alternativa francesa del giro hacia el enfoque racional cuantitativo en los Estados Unidos en el mismo período. Incluso si esto no define a toda la comunidad francesa, ciertamente la influenció en su totalidad cuando se trata de identificar problemas, plantear preguntas de investigación y usar un vocabulario específico.

Por su parte, la Ciencia Política italiana comparte una serie de similitudes con las de otros países europeos y, en particular, con las "escuelas" española y portuguesa, que también ofrecían un equilibrio mayor entre subdisciplinas como las relaciones internacionales, la política comparada, el análisis de políticas públicas, etc. Si bien la mayor parte de la Ciencia Política francesa reciente a menudo pertenece a la categoría de sociología política cualitativa constructivista o interpretativa, la Ciencia Política italiana es una versión del enfoque positivista moderado general que se basa con mayor frecuencia en herramientas cuantitativas ahora estándar. El giro de habla inglesa de la principal revista italiana —la *Rivista Italiana di Scienza Politica/Italian Political Science Review*— ya iniciado durante los últimos años de publicación con la editorial tradicional (e italiana) Il Mulino, se ha consolidado con el paso a Cambridge University Press, que ha marcado la decisión de hacer de esta revista una revista internacional, compitiendo con las principales publicaciones para la difusión de trabajos científicos de todos los rincones europeos.

También se pueden encontrar algunos signos de disimilitud entre los dos países en el impacto de las publicaciones internacionales y en términos de trayectorias profesionales. Mientras que en Italia, especialmente después de la introducción de la 'reforma Gelmini', las publicaciones internacionales se tienen debidamente en cuenta para evaluar la fuerza de los candidatos para la contratación o la promoción, este criterio no está fuertemente institucionalizado en Francia, y ni siquiera se considera como un signo incuestionable de calidad. La publicación en las principales revistas francesas, que, a decir verdad, muestran un alto nivel de exigencia intelectual, suele seguir siendo más importante. Estos patrones divergentes, por supuesto, tendrían que ser adecuadamente explorados por más análisis comparativos. Probablemente podrían encontrar una confirmación adicional a través de indicadores que no se recopilan aquí: trabajos presentados en conferencias internacionales, número de paneles dirigidos por académicos, número de instituciones miembros de la ECPR, número de cargos ocupados en órganos ejecutivos de asociaciones internacionales como ECPR, IPSA, etc.

Este no es el lugar adecuado para especular sobre el alcance de estos aspectos divergentes específicos, ya que aquí estamos más interesados en ponderar similitudes y diferencias. Por ello, queremos concluir este apartado con una respuesta provisional y general a las cuestiones planteadas anteriormente.

Sobre la base de nuestro análisis exploratorio, podemos argumentar que algunos factores dependientes de la senda (*path-dependent factors*) explican los dos patrones parcialmente divergentes en el núcleo de la modernización de la Ciencia Política en Francia e Italia. Y podemos argumentar que los principales elementos de diversidad en el diseño original de la disciplina en estos países, en gran parte debido a la diferente configuración cultural de las respectivas élites políticas e intelectuales, siguen siendo de alguna manera evidentes. Las políticas recientes implementadas a nivel doméstico también han tenido algún impacto en la determinación de nuevas estructuras de oportunidades, pero, incluso en este caso, las fuerzas de inercia parecen ser lo suficientemente sólidas como para limitar la perspectiva de "cambios revolucionarios" y volver al tipo de desarrollos incrementales que hemos observado hasta ahora. En particular, debe notarse una característica común de la inercia: la fuerte diferencia en términos de innovación entre "centro y periferias".

Curiosamente, cuando hablamos de centro y periferias en el impacto de la Ciencia Política, no podemos usar la misma definición geopolítica de "centro", refiriéndonos a las instituciones académicas de las ciudades capital. En Italia, de hecho, la Ciencia Política no creció en Roma (cuando los "vetos" de historiadores y juristas eran muy evidentes tanto en las universidades públicas como en las semipúblicas). Históricamente, en Italia, las grandes universidades como las de Bolonia, Turín o Florencia jugaron un papel significativo.

Ocurre lo contrario del ejemplo francés, donde la Ciencia Política ha sido estructurada por la fuerza motriz de París, que acogió Sciences Po, la AFSP, la Sorbona y más tarde otras instituciones. Esto no es particular de la Ciencia Política, ya que en muchos campos de la actividad social, cultural, económica ocurre lo mismo. Dicho esto, esta característica no impide el desarrollo de la disciplina en otros ámbitos. En Francia, generalmente en las ciudades metropolitanas, existen grupos de politólogos que lograron fomentar la investigación y la docencia en el campo. Suele ser el caso de las ciudades que albergan Institutos de Estudios Políticos (como Burdeos, Grenoble, Estrasburgo, Lyon, Toulouse o Rennes), con dos excepciones significativas (Montpellier, Amiens); a veces ambos se combinan, como en el caso de Lille. En Italia, también encontramos estudios de Ciencia Política en otras ciudades, como Pavía, Milán, Padua o Siena. No obstante, en ambos países sigue siendo evidente un problema de subdesarrollo de algunas periferias, como muestra la ausencia de la Ciencia Política en varias universidades pequeñas o medianas, ya sea en pequeñas ciudades universitarias de Francia o del sur de Italia.

DOS COMUNIDADES EUROPEAS DE LA CIENCIA POLÍTICA (DIFERENTES). UNA PRIMERA INTERPRETACIÓN TENTATIVA

En este capítulo, hemos discutido que la evolución de la Ciencia Política en Francia e Italia presenta interesantes elementos de similitud y contraste. De hecho, a pesar del diferente momento de la democratización y los diferentes incidentes históricos que caracterizaron el desarrollo de estos dos sistemas políticos, se puede tomar un conjunto de factores estructurales de inercia comparables para explicar los problemas comunes que enfrenta la disciplina en ambos países. Entre ellos, un comienzo rápido pero de alguna manera falso, niveles relativamente débiles de institucionalización en términos del número de académicos en ejercicio, una persistente fragmentación interna y una relativa falta de relevancia dentro del sistema académico. Esta primera inferencia de nuestra reflexión exploratoria concuerda, así, con los resultados de estudios previos sobre la consolidación general de la disciplina en Europa occidental (Rose, 1990; Easton et al., 1991; Klingemann, 2007).

También estamos de acuerdo con los resultados de encuestas comparativas más recientes sobre la Ciencia Política europea, llevadas a cabo en el marco del proyecto ProSEPS (véase anteriormente): el desarrollo observado en Francia e Italia durante las dos primeras décadas del siglo XXI confirma que la disciplina conserva un papel académico vivo, con una presencia limitada pero significativa en los nuevos programas de enseñanza y aprendizaje y un amplio alcance en la agenda de investigación. Nuestra revisión corrobora una impresión de "vaso medio lleno" (Smith, 2020) que afecta más o menos a toda el área continental (Capano y Verzichelli, 2023). El estado de la disciplina en el área es, por lo tanto, y en general, no tan diferente del aquí analizado, siendo la situación de la Ciencia Política británica (y, en cierta medida, la de los ejemplos nórdicos) bastante excepcional en cuanto al tamaño de la comunidad académica. Francia e Italia, en este sentido, son ejemplos importantes, ya que el escaso impacto de la disciplina en términos de cifras (especialmente si se compara con Alemania y Reino Unido) no impide una evolución significativa en términos de profesionalización, internacionalización y divulgación científica.

Entonces, ¿hasta ahora todo bien? Nuestra revisión cualitativa de los casos francés e italiano confirma lamentablemente todas las preguntas abiertas sobre la consolidación de la disciplina planteadas por Miguel Jerez Mir en su revisión de la Ciencia Política europea del siglo XX (Jerez, 1999). En particular, la persistencia de factores de inercia específicos de cada país y la capacidad limitada de los politólogos para adaptarse a un contexto social e institucional cambiante explican por qué la Ciencia Política sigue "dando vueltas" dentro de los diferentes entornos sociales y académicos. Aquí el vaso tiene que verse necesariamente como "medio vacío", debido al impacto de los factores culturales de la dependencia de la senda.

Del lado italiano, persiste un problema de *masa crítica*, debido al predominio histórico de otras disciplinas, y una relevancia social aún subdesarrollada de la Ciencia Política como materia académica, que a menudo es "confundida" por los estudiantes y la opinión pública con unos conocimientos más generales y unas habilidades genéricas como analista de fenómenos políticos. A diferencia del economista o del sociólogo, el politólogo no está necesariamente asociado a un método específico, a una formación académica o incluso a un título académico específico. De hecho, tal título es muy a menudo reconocido por los medios de comunicación a otro tipo de especialistas, a saber, abogados constitucionalistas, historiadores y expertos en economía política. En Francia, por otro lado, la Ciencia Política, si bien ha alcanzado un nivel probablemente satisfactorio en términos de calidad, sigue siendo una pequeña realidad dentro del mundo académico y, como en Italia, no goza de mucho reconocimiento y visibilidad ante la opinión pública en comparación con los periodistas o encuestadores.

En general, esta mezcla de impresiones de "medio lleno" y "medio vacío" nos convence de que las dos historias que hemos recordado brevemente en este capítulo son muy relevantes para comprender los desafíos de la Ciencia Política en la Europa actual. De hecho, estas historias deben considerarse ilustrativas más que "desviadas", ya que muestran que las circunstancias específicas de cada país importan de todos modos y en todas partes. Por supuesto, lo mismo habría sucedido, por ejemplo, en España o en Portugal, aunque siguiendo una temporización diferente debido a los distintos procesos de democratización. Pero algo no completamente diferente habría caracterizado también el desarrollo de la Ciencia Política de los países nórdicos y, en las últimas dos décadas, también en la escena de Europa Central y del Este.

Sin embargo, el impacto persistente de los factores específicos de cada país también nos dice, y esta es nuestra extrapolación final, que el estado general satisfactorio de la disciplina no la salvaguarda de una perspectiva de olvido. El contexto de crisis permanente de las últimas décadas ha acentuado claramente la importancia de capacidades específicas que hoy parecen necesarias para aumentar la relevancia de los politólogos en la esfera pública (Real-Dato y Verzichelli, 2021). Bajo este punto de vista, las comunidades de estudiosos francesa e italiana no proporcionan fuertes ejemplos de adaptación y nueva sensibilidad. Por el contrario, los factores estructurales de inercia que hemos analizado en este capítulo parecen indicar que los esfuerzos para lograr un compromiso público más pronunciado y una visibilidad social más efectiva de los miembros parecen particularmente difíciles en dos países donde el resultado académico de la Ciencia Política es muy respetado pero no extremadamente difundido. Probablemente esto signifique que la demanda de impacto inmediato sobre la audiencia general y de visibilidad perceptible del trabajo de los politólogos para la opinión pública todavía se considere muy difícil y, en general, una tarea que aquellos no suelen contemplar.

Por tanto, concluimos que un buen historial de institucionalización de la disciplina desarrollado en la segunda mitad del siglo XX y una contundente (aunque limitada) afirmación de la misma en las primeras décadas del nuevo siglo no son condiciones suficientes para vislumbrar un nuevo y relevante papel para la Ciencia Política. Por tanto, dos casos bastante diferentes como los de Francia e Italia muestran que el escenario pospandemia probablemente representará un nuevo y decisivo desafío para la madurez de la Ciencia Política como disciplina académica y como ciencia social relevante.

Referencias

Birnbaum, P., y Chazel, F. (Eds.). (1971). Sociologie politique. Paris: Armand Colin.

Capano, G. (2020). We did well enough. Systemic reforms, changes in recruitment procedures, and the evolution of Italian political science. Italian Political Science, 15(3), 305-315.

Capano, G., y Verzichelli, L. (2016). Looking for eclecticism? Structural and contextual factors underlying political science's relevance gap: Evidence from the Italian case. European Political Science, 15(15), 211-232.

Capano, G., y Verzichelli, L. (2023). The Fate of Political Scientists in Europe. London: Palgrave.

Déloye, Y. (2009). Archives virtuelles de l'AFSP. Paris, AFSP.

Dreyfus, F. G. (1982). Political Science in France. Government and Opposition, 17(4), 429-443.

Easton, D., Gunnell, J. G., y Graziano, L. (Eds.). (1991). The development of political science: a comparative survey. London: Routledge.

Favre, P. (1989). Naissances de la science politique en France, 1870-1914. Paris, Fayard.

Jerez-Mir, M. (1999). Ciencia Política, un balance de fin de siglo. Madrid: Centro de Estudios Políticos y Constitucionales.

Jerez-Mir, M. (2010). The institutionalization of Political Science: the case of Spain. En G. Castro y J. De M. (Eds.), Spain in América. The First Decade of The Prince of Asturias Chair in Spanish Studies at Georgetown University. Madrid: Fundación ENDESA y Ministerio de Educación.

Jerez-Mir, M., y Luque, J. (2016). 30 años de ciencia política en España. Revista Española de Ciencia Política, 40, 179-215.

Klingemann, H.-D. (2007). The State of Political Science in Western Europe. Opladen: Barbara Budrich.

Morlino, L. (1991). Political Science in Italy: Tradition and Empiricism. European Journal of Political Research, 20(3-4), 341-358.

Piattoni, S. (2020). Italian Political Science today: Has the profession changed in the last ten years? Italian Political Science, 15(3), 316-326.

Piano, N. (2019). Revisiting Democratic Elitism: The Italian School of Elitism, American Political Science, and the Problem of Plutocracy. The Journal of Politics, 81(2).

Quermonne, J. L. (1996). The state of Political Science in Europe. Preliminary Conclusions and Prospects. En J. L. Quermonne (Ed.), La Science Politique en Europe. Paris, EPSNet.

Real-Dato, J., y Verzichelli, L. (2021). In search of relevance: European political scientists and the public sphere in critical times. European Political Science, 21(1), 1-16

Rose, R. (1990). Institutionalizing professional political science in Europe: A dynamic model. European Journal of Political Research, 18, 581-603.

Sawicki, F. (2017). Pour une réforme des modalités d'accès au corps des professeurs en science politique. Paris, Ministère de l'Éducation nationale, de l'Enseignement Supérieur et de la Recherche.

Sartori, G. (Ed.) (1963). Il parlamento italiano 1946-1963. Napoli: Edizioni Scientifiche Italiane.

Sartori, G. (Ed.) (1970). Antologia di Scienza Politica. Bologna: Il Mulino.

Sartori, G. (2004). Norberto Bobbio e la scienza politica italiana. Rivista Italiana di Scienza Politica, 1, 7-11.

Scot, M., y Gaïtti B. (2017). A science without scientists? The paradoxes of the emergence of political science in France, 1945-68. Revue Française de Science Politique [English edition], 67(1), 13-42.

Siegfried, A. (1913). Tableau politique de la France de l'ouest sous la Troisième République. Paris: Armand Colin.

Smith, A. (2020). A glass half-full: the growing strength of French political science. European Political Science, 19(2), 253-271.

Capítulo 13

La institucionalización de los estudios estratégicos y de defensa en la Ciencia Política española

ALBERTO BUENO FERNÁNDEZ

LA INVESTIGACIÓN SOBRE UN CAMPO NECESARIAMENTE MULTIDISCIPLINAR

Los asuntos estratégicos, militares y de defensa han experimentado en las últimas décadas en la universidad española un crecimiento muy visible en términos de docencia e investigación. Es un área de conocimiento con implicación de múltiples disciplinas, dado su interés por el análisis de la seguridad internacional y los conflictos, de las fuerzas armadas, la conducción y empleo de la fuerza militar por los Estados, el uso de la violencia por parte de actores no estatales, o la toma de decisiones políticas en materia militar y de defensa. Dado su objeto de estudio, esta podría denominarse estudios estratégicos, como subcampo de los estudios de seguridad internacional (Bueno, 2018). Sin embargo, esta denominación ha encontrado un menor arraigo en España debido a una realidad política y universitaria renuente a tratar estas cuestiones, por lo que se prefirió el término más amplio en enfoque y contenidos de estudios de seguridad y defensa (Bueno, 2020: 214).

El progreso de dichos estudios ha estado definido por, entre otros: la internacionalización de la política de defensa española y la modernización de sus fuerzas armadas, la ampliación del concepto de seguridad a partir del final de la Guerra Fría, o el progreso de la política pública de fomento de la cultura de seguridad y defensa en las universidades españolas y otros ámbitos sociales por parte del Ministerio de Defensa. Junto a estos factores, la consolidación académica de disciplinas muy interesadas en estos temas, como las Relaciones Internacionales o la Ciencia Política, ha influido igualmente.

No obstante, mientras que el tardío desarrollo de las Relaciones Internacionales —insertadas dentro del Derecho Internacional Público (Calduch, 2013; Sanahuja, 2019) y la expansión en su seno de corrientes o escuelas menos interesadas por esos objetos de investigación (Abad, 2019) las ha inclinado hacia una preocupación por la seguridad internacional más multisectorial y normativa, la perspectiva politológica más centrada en el poder y en la acción del Estado explican el mayor alcance de la Ciencia Política en los Estudios estratégicos y de defensa —lo que encaja, además, con la situación en otras academias occidentales y, en particular, la estadounidense, donde la Ciencia Política es el paraguas disciplinar principal que ampara a esta área de larguísima tradición.

Desde la Ciencia Política se han promovido algunas de las más reconocibles instituciones para el área, esto es, la conformación de grupos de expertos, la propuesta de programas de formación o la coordinación de paneles en los principales congresos científicos o en conferencias temáticas. Pese a su trascendencia para la institucionalización de la disciplina en España, las obras que se han interrogado acerca de este objeto han prestado menor atención o han constatado un menor alcance (Jerez, 1999; Vallès, 2002; Jerez, 2010; Jerez y Luque, 2016; Jerez, 2017; García Díez et al., 2018), lo que sugiere un estatus contestado o una menor significación dentro la misma. Empero, y en palabras del profesor José Cazorla (2001: XI), su interés es clave: "la política de defensa y los estudios de seguridad constituyen una línea de investigación y trabajo más de la ciencia política".

En las ciencias sociales, el proceso de institucionalización supone la consecución de financiación y plazas de profesorado, la puesta en marcha de programas de docencia y de investigación, la creación de publicaciones, etc. (Berndtson, 1991, citado en Jerez, 1999: 32); es, además, una de las fuerzas motrices clave en el avance en los estudios de seguridad internacional (Buzan y Hansen, 2009). Como consecuencia, su potencial repercusión política y social.

Así, explicar la institucionalización de un campo de conocimiento o una disciplina implica asumir cierto grado de madurez; pero, al mismo tiempo, puede reflejar dudas acerca de su legitimidad o epistemología (Osborne, 2015). En el caso de los estudios estratégicos y de defensa en España, puede afirmarse que concurren ambas circunstancias. Si bien, se observan algunas tesis doctorales u otras publicaciones que han abordado aspectos del devenir de este campo —aunque varias con mayor atención al ámbito militar que a la comunidad civil (CESEDEN, 1993; Parente, 2008; Laborie, 2011; Morales-San Juan, 2017).

Por tanto, el objetivo de este capítulo es explicar la institucionalización de los Estudios estratégicos y de defensa en la Ciencia Política española.

Como elementos distintivos de su institucionalización[1], se abordan las redes de trabajo y grupos de profesores, determinados productos científicos (monografías clave o revistas académicas), los congresos de la asociación española de ciencia política —como instrumento esencial en la consolidación de la disciplina en España— y las asignaturas en grados. Las fuentes empleadas son primarias y, fundamentalmente, documentales.

Con este trabajo se quiere contribuir tanto al conocimiento sobre los estudios estratégicos y de defensa en España, como al propio progreso de los estudios de institucionalización de la ciencia política española, que han encontrado en la obra del profesor Miguel Jerez un referente y un exponente[2].

LA INSTITUCIONALIZACIÓN EN LA DISCIPLINA POLITOLÓGICA

La evolución de los estudios estratégicos y de defensa en España pueden encuadrarse en dos grandes períodos, aunque de límites necesariamente porosos en virtud de las carreras profesionales de los académicos que protagonizan ambas etapas: el primero se sitúa desde el inicio de la democracia hasta inicios del siglo XXI, mientras que el segundo lo hace desde entonces hasta la actualidad.

Primera etapa

Sus orígenes se trazan, en efecto, a partir de los años ochenta del pasado siglo, cuando el contexto democrático y la modernización e internacionalización de las estructuras estatales llevaron a jóvenes profesores y

---

1 Cuestiones relativas a su agenda de investigación ya han sido abordadas en otros trabajos (Bueno, 2019; 2020).

2 Trabajos parciales previos de esta investigación u otros resultados fueron expuestos en sendos foros académicos promovidos directamente por el profesor Jerez: se presentaron sendas ponencias en los XIII y XIV congresos de la AECPA de 2017 y 2019, en los grupos de trabajo *Historia y desarrollo de la Ciencia Política en Iberoamérica* (ponencia: "Los estudios de seguridad internacional y defensa en la Ciencia Política española: análisis de contribuciones académicas") y *El desarrollo de la Ciencia Política como disciplina en perspectiva comparada* ("Claves en la configuración de los Estudios Estratégicos en España"), respectivamente. Asimismo, un aporte sobre metodología para la investigación sobre su institucionalización, "Los Estudios Estratégicos en España: una nota metodológica para su estudio a partir de Buzan y Hansen", se expuso en la I Jornada sobre la *Historia y Desarrollo de la Ciencia política en Iberoamérica*, celebrada el 16 de febrero de 2018 en la Universidad de Granada.

estudiantes a interesarse —y poder ocuparse— por dichos asuntos. El caso más genuino de este impulso inicial fue el Grupo de Estudios Estratégicos, donde confluyeron algunos politólogos, como Rafael Bardají, Román D. Ortiz e Ignacio Cosidó, con, entre otros, historiadores interesados en la política internacional, como Florentino Portero o Manuel Coma.

Este grupo surgió en torno a una serie de diversos seminarios que, sobre seguridad internacional en plena Guerra Fría, se organizaron en el madrileño Instituto Ortega y Gasset. El GEES tendría una doble orientación: por un lado, una académica vertebrada en torno a un programa de tercer ciclo sobre estudios estratégicos en la UNED; por otro, una orientación hacia las políticas públicas: a su trabajo pionero de análisis sobre estas materias y los desafíos para la política militar y de defensa española —menos preocupado por la contribución científica-teórica—, se añadirían a partir de los años noventa las tareas de asesoramiento de estos politólogos al grupo parlamentario del Partido Popular. A la postre, esta posición les conduciría a puestos de alta dirección pública cuando este partido llegó al poder, sin regresar ya a la universidad.

En otros foros, como el think tank INCIPE, miembros como Bardají o Cosidó colaborarían con economistas o sociólogos. Precisamente desde la sociología, aunque con carácter interdisciplinar, se creó también en los ochenta el CIFAS, red pionera de trabajos sobre fuerzas armadas y sociedad. De esta red formó también parte desde sus orígenes, con un papel clave, el politólogo administrativista José Antonio Olmeda, uno de los precursores de la investigación en relaciones civiles-militares.

Otra referencia de esta primera época se fraguó en la UCM, donde el profesor Antonio Marquina creó el grupo UNISCI. Marquina impartía Seguridad Internacional en asignaturas de Relaciones Internacionales, por lo que su perspectiva fue, en pura lógica, mucho más amplia que la de Estudios estratégicos y de defensa, pero sí que poniendo un foco entonces novedoso en las cuestiones militares. Este hecho permite entender que no solo hubiera jóvenes con un acercamiento "internacionalista", sino que igualmente politólogos u otros científicos sociales comenzaran en este entorno, como Carlos Echeverría o Félix Arteaga.

UNISCI fue marcando cada vez más un perfil de relaciones internacionales, la cual iba buscando su asentamiento disciplinar de manera paulatina. Las nuevas generaciones del grupo se formaron en ese ámbito, lo que evidencia el complejo encuadre de los Estudios estratégicos y defensa debido a los diseños de área disciplinares. En Madrid, por tanto, su avance llegó de la mano del Derecho Internacional Público y las Relaciones Internacionales antes que de la Ciencia Política, aunque esta hubiese sido la disciplina de formación de algunos de sus primeros miembros destacados.

Además de la UCM, la Comunidad en Madrid creció, gracias a la mayor cantidad de universidades públicas y privadas en la región, con la estabilización de sus profesores en la UC3M o la URJC. Por ejemplo, la llegada a ésta última de Fernando Reinares —que había obtenido su cátedra de Ciencia Política y de la Administración en la UBU en el año 2000—, sirvió por su parte para lanzar en dicha universidad una potente línea de trabajo sobre terrorismo, que ya en el siglo XXI se focalizó en el de tipo internacional yihadista.

Otro punto de trabajo relevante se encontró en Barcelona, liderado por el catedrático de Ciencia Política Pere Vilanova y por Rafael Martínez. En la UB sobresalieron los coloquios sobre políticas de defensa y seguridad organizados por el Departamento de Derecho Constitucional y Ciencia Política —el de adscripción de estos profesores—. Ambos marcaron una nítida impronta sobre la administración y las relaciones sociedad-fuerzas armadas. Estos profesores fueron los responsables de la primera propuesta de grupo de trabajo específico sobre estos asuntos en los congresos de la AECPA (véase la Tabla 1): en su IV Congreso, coordinaron el panel "Seguridad y defensa en el umbral del siglo XXI". De ese grupo de trabajo saldría una pequeña monografía publicada por el IUGM sobre "Seguridad y Defensa", con la firma de autores civiles y algún militar, que supuso uno de los primeros trabajos editados en esta línea.

Otro enclave fundamental para la institucionalización se situó en Granada. En el Departamento de Ciencia Política y de la Administración comenzó el trabajo en estos asuntos de la mano de José Cazorla, Juan Montabes y Carlos de Cueto; aunque para los dos primeros esta no era su área de especialización, apoyaron decisivamente este avance desde sus posiciones de liderazgo convencidos de la importancia de arraigar los Estudios de seguridad y defensa como un área propia de la investigación politológica en España. En dicho departamento surgió en el año 2000 el CEAS como seminario permanente de la Facultad de Ciencias Políticas y Sociología, dirigido por De Cueto y la colaboración de Javier Jordán.

La presentación "en sociedad" del CEAS se realizó en un congreso de estudios de seguridad organizado por el centro en el año 2000 bajo el título "La seguridad en la sociedad global", celebrado en la UGR. Este congreso fue uno de los primeros que, con carácter exclusivamente científico —y no solo institucional, como parte del estímulo por mejorar las relaciones entre las fuerzas armadas y las universidades—, se celebró en la academia española. La sucesión en el tiempo con el mencionado IV Congreso de la AECPA, acogido en esa Facultad de Ciencias Políticas y Sociología un año antes, reforzó el atractivo de la cita, dotándole de un componente institucionalizador. Además, estos acontecimientos permitieron que se establecieran colaboraciones iniciales entre los núcleos de la UB y la UGR, a través de Vilanova con aquellos profesores.

Un último elemento que destacar de aquel congreso fue la publicación subsiguiente del libro "Introducción a los Estudios de seguridad y defensa", coordinado por los profesores De Cueto y Jordán. Este presentaba una aproximación a distintos temas relevantes en la agenda y nuevos enfoques para su estudio[3]. Fue la primera obra de este calibre en España, constituyendo así una suerte de hito fundacional puesto que —como la "Guía de recursos para el estudio de la paz, la seguridad y la defensa" del IUGM dos años después— sirve para identificar temáticas y algunos nombres ya esenciales en el campo de seguridad y defensa, con la presencia de algunos politólogos como Román D. Ortiz, Antonio Díaz o los citados investigadores de la UGR.

Un factor notable en la puesta en marcha y desarrollo de muchas de esas iniciativas fue el inicio durante los años noventa de la promoción de la cultura de seguridad y defensa en las universidades por parte del Ministerio de Defensa y los tres ejércitos. A través de esta política pública de fomento de las relaciones entre las fuerzas armadas y el ámbito académico —con el fin de generar conocimiento y mejorar la percepción sobre lo militar— se financiaron jornadas, congresos, cursos de verano, etc., al igual que se establecieron acuerdos con muchas universidades para la realización de prácticas universitarias en instalaciones castrenses o la impartición de asignaturas curriculares o extracurriculares vinculadas con estas materias. Estos programas permitieron la firma de convenios de colaboración entre los centros universitarios y organismos castrenses, o incluso la creación directa de centros de naturaleza mixta, como el ya mencionado IUGM, entre dicho ministerio y la UNED. La mayoría de estas instituciones eran multidisciplinares o estaban vinculadas con departamentos de derecho constitucional o internacional público, que fueron las áreas con las que se comenzó a trabajar.

Sin embargo, en algunos de esas iniciativas, como fue el caso del IUGM —ciertamente, un centro *sui generis* que marcó una diferencia con respecto

---

[3] Entre otros: la evolución de la seguridad, lo aspectos sociales de la seguridad y la defensa, el rol de la ONU para la resolución de conflictos, la adaptación de la OTAN la seguridad en el Mediterráneo, la política europea de seguridad y defensa o economía de la defensa.

a las cátedras o convenios de cooperación—, encontraron acomodo varios de esos politólogos de la que podría considerarse como primera generación. Asimismo, en el magíster sobre "Paz, seguridad y defensa" de este instituto se formaron algunos de los jóvenes profesores que, ya en la segunda etapa, ocuparían puestos séniores en la universidad. En su seno también se lanzó un programa de proyectos de investigación, de la que se beneficiaron politólogos como Antonio Robles, Javier Jordán, Fernando Reinares, Rafael Martínez o Antonio Díaz, con temas generales sobre seguridad internacional y conflictos, o fuerzas armadas y sociedad.

Dentro de esas colaboraciones, destaca la progresión de la ciencia política en Granada de la mano del MADOC —también muy fructíferos con los departamentos de Historia Contemporánea o de Derecho Internacional Público—. Los desarrollos producidos en su universidad fueron claro ejemplo de esa interacción entre la cultura de seguridad y defensa, y la generación de redes académicas e institucionales. Además, en su marco se desenvolverían algunas de las iniciativas más interesantes en términos de institucionalización, como proyectos científicos o congresos, las cuales se beneficiaron de una ostensible disposición hacia la investigación antes que a la docencia, una característica que las distinguió de las cátedras universitarias.

Segunda etapa

El comienzo del segundo período se sitúa a lo largo del primer lustro del siglo XXI, donde muchas de estas iniciativas se afianzaron y maduraron, también en términos de generación y robustecimiento de la comunidad, con nuevos investigadores que ya se situaron directamente en ese campo de estudios de seguridad y defensa en el inicio sus carreras profesionales. Dicha maduración en la institucionalización se aprecia igualmente en el lanzamiento de revistas científicas especializadas, el aumento de profesorados con líneas de investigación en estos asuntos, la presencia de paneles temáticos en los congresos disciplinares o la impartición de asignaturas en los programas de grado.

Así, en 2003 se puso en marcha la revista académica *UNISCI Discussion Papers*, la primera sobre seguridad internacional, y referencia tanto para profesores y estudiantes de Relaciones Internacionales como de Ciencia Política[4]. Durante muchos años fue el casi único referente en publicacio-

---

4 De hecho, de todas las revistas más vinculadas al subcampo, *UNISCI* fue la única que consiguió ingresar en el *Scimago Journal & Country Rank*, llegando a estar

nes orientadas hacia la seguridad internacional. Años después se pondría en marcha la *Revista de Estudios en Seguridad Internacional* desde la UGR, la *International Journal of Intelligence, Security, and Public Affairs*[5] —impulsada en sus inicios por politólogos como Joan Antón Mellón, entre otros académicos— o la *Revista del Instituto Español de Estudios Estratégicos* del instituto homónimo del CESEDEN, la cual invitó para su número 1 a varios politólogos especializados. Asimismo, se constata a lo largo de los años el crecimiento del número de artículos en las revistas generales de Relaciones Internacionales o en las propias de la Ciencia Política, como la REIS o la RECP (Bueno, 2019), que durante décadas habían sido el único espacio científico de este calibre para la publicación de este tipo de trabajos.

Por el número de investigadores, Madrid continuó ofreciendo elementos institucionales interesantes gracias a los másteres sobre seguridad internacional, conflictos y defensa ofrecidos en la URJC, la UCJC, Nebrija o la UCM. Hubo una importante promoción de actividades de la mano del Ministerio de Defensa y del IEEE, aunque acompañada por una significativa proliferación de iniciativas por toda la geografía española en múltiples disciplinas, debido a esa política de fomento de la cultura de seguridad y defensa.

Sí es cierto que, en este entorno madrileño, la mayor presencia de internacionalistas —la cual se acentuó conforme se afianzó como campo distintivo dentro del derecho internacional público— ahondó en esos componentes de seguridad internacional, antes que de defensa o estrategia. No obstante, la aparición de nuevos think tanks, como el Real Instituto Elcano —promovido, entre otros, por Rafael Bardají—, permitió posteriormente que, politólogos como Félix Arteaga, se consolidaran como referentes en estudios de defensa y estratégicos.

Por su lado, Pere Vilanova continuó trabajando sobre la institución militar y el análisis de conflictos armados. Un elemento sobresaliente en el núcleo catalán fue su nombramiento como director de la División de Asuntos Estratégicos y de Seguridad del Ministerio de Defensa entre 2008 y 2010, que representa uno de los muy escasos ejemplos de expertos civiles moviéndose desde la academia hacia posiciones directivas o de asesoramiento en esa administración, y reintegrándose luego en aquella después un tiempo.

---

entre los años 2014 a 2016 en su tercer cuartil. UNISCI alteró la denominación inicial de *UNISCI Discussion Papers* a la de "revista" precisamente para reforzar su carácter de publicación académica.

5 Denominada en sus primeros años como *Inteligencia y Seguridad: Revista de Análisis y Prospectiva.*

En paralelo, Rafael Martínez avanzó una línea de investigación sobre relaciones civiles-militares, que representará la continuidad de estos asuntos en este campo académico en España. Martínez fundaría en 2009 el GRAPA, como red de investigadores de distintas universidades trabajando sobre administración pública y donde se incluyó una línea específica sobre la administración castrense y relaciones civiles-militares. Desde 2007 catedrático de Ciencia Política, fue miembro de los *advisory board* de las secciones de "Fuerzas Armadas y Sociedad" de la IPSA y de "Defensa, Seguridad Pública y Democracia" de la LASA, además de tener una activa presencia en ERGOMAS. En esta red también sobresalen el historiador Carlos Navajas o José Antonio Olmeda, quien fue además nombrado presidente de esta en el año 2012. Desaparecido el CIFAS, estos esfuerzos permitieron reforzar en la disciplina esta línea, que en las primeras décadas había estado mucho más cercana a la sociología militar.

La profesora Marién Durán de la UGR también formó parte del GRAPA en virtud de diversas colaboraciones entre ella y el profesor Martínez. Este es uno de los casos de colaboración entre Barcelona y Granada. En esta última universidad se consolidó uno de los entornos más prolíficos sobre asuntos de defensa y militares desde el punto de vista los estudios estratégicos. En la UGR, y en colaboración con el MADOC, se dieron sendas becas de investigación que permitió a profesores del departamento especializarse en materias vinculadas sobre terrorismo internacional, cooperación civil-militar, comunicación política en conflictos o análisis de conflictos bélicos. Asimismo, se lanzaron diversas propuestas formativas con asignaturas de libre configuración o cursos de extensión universitaria.

Además de los cursos y seminarios especializados, la iniciativa más potente establecida fue el doctorado en "Análisis y estudios de seguridad" como itinerario en Ciencia Política. Su coordinador fue De Cueto y estaba dirigido tanto a militares como a civiles y contaba con materias sobre seguridad nacional, conflictos, seguridad interior, procesos de toma de decisiones, etc. Entre su claustro docente, además de algunos profesores de universidades europeas y centros militares, se encontraron al frente de asignaturas sobre seguridad militar y defensa Jesús M. Rodés o los ya citados Jordán, Echeverría y Arteaga. Junto con el máster de la UNED, fue uno de los programas pioneros de tercer grado conducentes a la obtención del título de doctor especializado en el área de los estudios de seguridad y defensa.

En el año 2004 se celebró el I Congreso de "Estudios de Seguridad", el cual tuvo cuatro ediciones más hasta 2010, convirtiéndose en un referente para estos estudios en España. Por otro lado, los miembros del seminario permanente del CEAS —que iría aminorando su actividad hasta cesar en 2009/2010— dieron lugar a nuevas iniciativas como *Athena Intelligence*, formada, entre otros, por Manuel Torres y Javier Jordán, muy volcada en los estudios de terrorismo y dedicada a la realización de informes como consultora.

Estos mismos profesores, junto con otros antiguos miembros del CEAS —como Miguel G. Guindo, sobre contrainsurgencia, o Marién Durán, sobre cooperación y relaciones civiles-militares, y postconflicto—, pondrían en marcha a partir del año 2011 el GESI. Realmente no constituía un grupo de investigación, sino que venía a conformar una red informal de expertos cuyo vínculo original fue la puesta en marcha a partir del año 2010 de un experto universitario en "Estudios Estratégicos y Seguridad Internacional", el cual se convertiría en 2012 en máster propio de la UGR. De tal forma, el GESI quedó radicado en Granada, pero nutrido tanto con civiles y como militares —tal era la condición profesional de algunos profesores del máster— de Granada u otras localizaciones. Este programa desapareció en 2021 para ceder paso al máster oficial en "Pensamiento Estratégico y Seguridad Global".

El máster tuvo una significación singular para el subcampo, por cuanto supuso de primera oferta formativa con esta orientación específica en la universidad española desde aquel posgrado de la UNED iniciado por el GEES a finales de los ochenta. Como aquel, constituyó una reivindicación expresa de los estudios estratégicos como parte del saber de la ciencia política en su vertiente de estudios internacionales —más focalizado aún, incluso, que aquel del GEES—. Del máster fructificó un manual de igual título, que quiso representar de igual modo una vindicación e introducción de los estudios estratégicos y los estudios de seguridad internacional. El manual replicó la estructura de asignaturas del máster, con contenidos sobre teoría estratégica, innovación militar, derecho internacional —la unidad expresamente no politológica en contenido—, inteligencia, terrorismo internacional, etc.

Vinculado en parte a Granada a través de GESI y del máster, se situó Josep Baqués de la UB, especializado en geopolítica, erigiendo así otro puente de colaboración entre ambos departamentos. Derivado del núcleo politológico de la UGR, también se situaron Miguel G. Guindo en la UJA —aunque luego regresaría a la UGR— y Manuel Torres Soriano, que potenció y consolidó en la UPO de Sevilla una línea de estudios sobre terrorismo, con el curso de verano sobre terrorismo yihadista como referente nacional. La llegada a la UPO en 2010 de Guillem Colom —quien venía de trabajar en la UTRAFAS del Ministerio de Defensa, en otro raro ejemplo de politólogo con bagaje profesional en la administración— reforzó muy claramente el perfil de estudios militares y de defensa de la universidad sevillana, de tal forma que la creación en 2019 de grupo de investigación (reconocido por la Junta de Andalucía) *SEJ-618 de Análisis Político* llevó explícitamente el descriptor de estudios estratégicos en su definición.

Los trabajos desde "el sur" tienen una última referencia en Antonio Díaz en la UCA. El profesor Díaz se convirtió en una de las principales referencias en España en estudios de inteligencia, un área multidisciplinar por definición[6]. No obstante, este politólogo por la UB había iniciado sus pasos con sendos trabajos sobre fuerzas armadas y sociedad, y la institución militar, varios en coautoría con Rafael Martínez.

La otra estructura fundamental donde se aprecia la relevancia de la Ciencia Política para el subcampo son los ya mencionados congresos de la AECPA. Desde que en 1998 se organizase el primer grupo de trabajo, ha sido constante la presentación de ponencias sobre seguridad y defensa. A partir de 2011, en su décima convocatoria, prácticamente todas las ediciones han contado con *working groups*, o bien grupos de trabajo más amplios sobre seguridad donde han participado especialistas, bien con materias de seguridad y defensa, o bien dedicados específicamente a los estudios estratégicos y la seguridad internacional. La Tabla 1 ilustra este progreso, que además ha ido aumentando de forma ostensible en número de grupos de trabajo y comunicaciones defendidas en las distintas convocatorias.

Además de ese grupo precursor, ya resaltado, en la IV edición, en el congreso madrileño de 2005 hubo algunas ponencias sobre guerra asimétrica —uno de los últimos trabajos de Jorge Verstrynge— o sobre la OTAN en el Mediterráneo, mientras que en el VII congreso en la UV, en el grupo de trabajo sobre globalización, hubo una ponencia sobre guerra justa, presentada por Baqués, y otra sobre seguridad internacional y las empresas militares y de seguridad privadas, expuesta por De Cueto.

---

6 Estos estudios ameritan, sin duda, una reflexión propia en lo concerniente a su imbricación con la ciencia política, dada la profusa presencia de politólogos entre sus principales impulsores en España y los recurrentes grupos de trabajo en los congresos de la AECPA.

Los grupos de trabajo que, desde 2011 en adelante, propusieron Javier Jordán y Josep Baqués, luego continuados por Miguel G. Guindo, tuvieron un explícito propósito de reivindicación del subcampo como parte de la ciencia política —pues su desarrollo hasta el momento había tenido lugar en congresos *ad hoc* antes que disciplinares—; es decir, una finalidad de puro reconocimiento, luego institucionalización. Se buscaba al mismo tiempo dar un espacio propio a estos asuntos, que venían integrándose hasta la fecha en otros grupos de trabajo sobre estudios internacionales.

Tabla 1. Grupos de trabajo sobre seguridad y defensa, estudios estratégicos o fuerzas armadas en los congresos de la AECPA (1994-2021)

Congreso (Universidad)	Año	Código y denominación de los grupos de trabajo	Área[a]	NP[b]	Coordinadores/as (Universidad)
XV (Online)	2021	6.6. Lecciones y retos para la Política Común de Seguridad y Defensa europea	EEIA	5	A. Bueno (UGR)
		8.1. Estudios Estratégicos y Políticas de Defensa	IAE	10	M. G. Guindo y A. Bueno (UGR)
		8.2. Repensando el papel de las FAS ante los nuevos desafíos a la seguridad		5	A. Díaz (UB)
XIV (USAL)	2019	8.3. Estudios Estratégicos y Seguridad Internacional	IAE	10	M. G. Guindo (UGR)
XIII (USC)	2017	3.4. Seguridad Internacional y Estudios Estratégicos	EEII y EEA	15	M. G. Guindo (UJA)
		3.3. Fuerzas Armadas: nuevos retos y nuevas amenazas		5	C. Navajas (UR)
XII (UPV)	2015	2.1. Fuerzas Armadas y sociedad	EEIIPP	7	C. Navajas (UR)
XI (UPO)	2013	6.3. Estudios estratégicos y seguridad internacional	EEII y EEA	11	J. Jordán (UGR)
		6.4. Actores no estatales y seguridad internacional		3	M. G. Guindo (UJA)
X (UM)	2011	6.1. Estudios Estratégicos en el siglo XXI	EEII y EEA	13	J. Jordán (UGR) y J. Baqués (UB)
		6.8. Seguridad internacional y seguridad nacional		13	M. Durán (UGR) y R. Martínez (UB)
IX (UMA)	2009	-	-	-	-
VIII (UV)	2007	-	-	-	-
VII ([d])	2005	-	-	-	-
VI ([e])	2003	-	-	-	-

Congreso (Universidad)	Año	Código y denominación de los grupos de trabajo	Área[a]	NP[b]	Coordinadores/as (Universidad)
V (ULL)	2001	-	-	-	-
IV (UGR)	1998	Seguridad y defensa en el umbral del siglo XXI	EEII	9	Rafael Martínez (UB)
III (USAL)	1997	-	-	-	-
II (USC)	1996	-	-	-	-
I (UPV)	1994	-	-	-	-

Elaboración propia.
a. EEA: Estudios de Área; EEII: Estudios Internacionales: EEIIPP: Estructuras e Instituciones Políticas; IEA: Inteligencia y Análisis Estratégico; PI: Política Internacional.
b. NP: Número de ponencias presentadas.
c. GT: Grupo de trabajo.
d. Varias universidades: UCM, UAM, UAH, UC3M, URJC, UNED.
e. Varias universidades: UB, UAB, UPF.

De hecho, la diversidad de áreas de adscripción de esos grupos de trabajo revela que tuvieron que hacerse un hueco propio. En este sentido, sobresale la creación a partir de 2019, en la XIV edición, del área de "Inteligencia y Análisis Estratégico", donde pasaron a incardinarse los grupos de trabajo más vinculados con esos asuntos. En esa área, bajo la coordinación de Antonio Díaz, se reunieron temas sobre técnicas de análisis y prospectiva, estudios militares y asuntos de inteligencia[7]. En cierto modo, era una asunción más o menos implícita de que los estudios estratégicos, aunque cercanos a los estudios internacionales y de seguridad, marcan un campo distintivo en cuanto a su preocupación por el empleo de la fuerza militar, el poder y la toma de decisiones.

Por otro lado, se aprecia la concurrencia en las últimas ediciones de Carlos Navajas con propuestas sobre fuerzas armadas y sociedad; un ejemplo de la compenetración entre disciplinas gracias determinados nombres. Pero, a su vez, de la menor fuerza en los congresos disciplinares de otras ramas. Es el caso de los encuentros de la AHC o de la AEPDIRI, donde la presencia de ponencias sobre estos asuntos fue más escueta, alejadas de la perspectiva estratégica[8].

---

7 Para los temas de inteligencia también supuso su reubicación, tal vez definitiva, ya que tradicionalmente se habían encuadrado —llamativamente— dentro del área de teoría política.

8 Pese a la distancia cuantitativa con los congresos de la AECPA en cuanto a número de ponencias, sí se percibe una leve tendencia a la mayor concurrencia de esos contenidos en sus congresos, aún lejos de sostener una masa crítica comparativamente similar.

En lo que respecta a la formación reglada, las asignaturas de libre configuración fueron la principal vía para introducir materias de seguridad y defensa en las universidades, amén de su encaje en nuevos planes de estudios a partir de los años dos mil a través de la optatividad. En general, todas las licenciaturas de Ciencia Política contaban con asignaturas de Derecho Internacional y Relaciones, o de Política Internacional o Política Exterior; si bien, el enfoque jurídico y normativista era preponderante debido a la primacía del derecho. En ellas, el estudio de teorías de relaciones internacionales u organizaciones internacionales estaba presente; empero, las cuestiones militares y de defensa estaban, sino omitidas, sí estaban relegadas a una posición secundaria o eran abordadas desde una perspectiva crítica.

En líneas generales, esta situación se mantuvo en los grados, aunque ya sólo como asignaturas optativas. La Tabla 2 muestra aquellas asignaturas de los planes de los distintos planes de estudio con mayor presencia de esos contenidos —no necesariamente estratégicos en su conceptualización más estricta—. De entre todas ellas, destacan las asignaturas de "Políticas de Seguridad y Defensa" de la UGR, la UPO, la URJC y la UN por detenerse en mayor medida en contenidos relacionados con el campo. En la Tabla 2 se han incluido también los grados de Relaciones Internacionales dado el interés (in)formativo, como contraste con las titulaciones politológicas.

En este caso, hay un peso repartido entre los de Ciencia Política y los de Relaciones internacionales, con gran presencia además de las universidades privadas. Al respecto, la implantación de los grados de Relaciones Internacionales a partir de 2009, cuando arrancó el nuevo modelo de enseñanza universitario (el conocido como *Plan Bolonia*), constituyó un revulsivo para que estas materias, con contenidos muy amplios de seguridad internacional, ganaran espacio en la docencia reglada. Con todo, sí se observa que la ciencia política ha retenido en buena medida contenidos más próximos a los asuntos de defensa, vinculados a la seguridad militar.

Tabla 2. Asignaturas con contenidos de seguridad y defensa en grados

Univ.	Tipo	Grado[a]	Asignatura
UGR	Pública	CPA	Políticas de Seguridad y Defensa
UPO	Pública	CPA	Políticas de Seguridad y Defensa
			Política Exterior de EEUU
UBU	Pública	CPA	Realismo
UB	Pública	CPA	Política Internacional
	Pública	Seguridad	Geopolítica

Univ.	Tipo	Grado[a]	Asignatura
UAB	Pública	CPA	Análisis de política exterior
UPF	Pública	CPA	Seguridad y Conflictos Internacionales
URL	Privada	RRII	Estudios de paz y seguridad
UCM	Pública	RRII	Seguridad y relaciones internacionales, seguridad y defensa europea
UPC	Privada	RRII	Mención en Política Exterior y Seguridad Internacional
UC3M	Pública	EEII	Seguridad, paz y resolución de conflictos
UFV	Privada	RRII	Geopolítica
			Paz y seguridad internacional
UN	Privada	RRII	Políticas de Seguridad y Defensa
		Seguridad	Análisis y resolución de conflictos internacionales
			Políticas de seguridad y defensa
			Seguridad pública y defensa nacional
URJC	Pública	RRII	Seguridad Y Defensa En El Orden Internacional
			Terrorismo Internacional
UNAV	Privada	RRII	The UE's Common Security and Defense Policy

Elaboración propia.
a. CPA: Ciencia Política y de la Administración; RRII: Relaciones Internacionales; EEII: Estudios Internacionales.

CONCLUSIONES

La institucionalización de los estudios estratégicos y defensa en la ciencia política española es constatable a través del ostensible crecimiento y expansión de redes de profesores, foros científicos (seminarios, jornadas, conferencias, etc.), publicaciones académicas, grupos de trabajo en los congresos de la disciplina o programas de formación en grado y posgrado. Todos ellos, elementos reconocibles de una evolución positiva en términos cuantitativos y cualitativos.

Si bien es posible encontrar investigadores o iniciativas sobre estos asuntos en la mayoría de las facultades, los principales centros se hallan en Madrid, Barcelona y Granada. No obstante, aunque en las grandes universidades madrileñas se iniciaron muchas de las trayectorias profesionales y de producción especializada, en la segunda etapa delimitada se aprecia un desplazamiento del foco a favor de las dos últimas localizaciones —u otras, como Sevilla—, así como un mayor perfilamiento hacia las relaciones internacionales del trabajo en las universidades de la capital.

La puesta en marcha de algunas revistas especializadas o la propuesta de grupos de trabajo en los congresos de la AECPA —en este último caso, hasta ser causa de constitución de un área de trabajo específica—, revelan un progreso continuo en la demanda de espacios genuinos más allá de los estudios internacionales. Asimismo, también ha existido una voluntad institucionalizadora y reivindicativa tras algunos de estos proyectos. En este sentido, se ha perseguido la legitimación de los asuntos de defensa, estratégicos y militares en la academia española.

En ese factor influyó el Ministerio de Defensa y de las Fuerzas Armadas mediante el apoyo a muchos de esas iniciativas, en virtud de la política de fomento de la cultura de seguridad y defensa. Esta realidad estimuló que esa denominación "seguridad y defensa" y sus estudios fuese mayoritaria y la de empleo preferentemente, con evidentes repercusiones en cuanto a sus contenidos: más de seguridad internacional, en sentido amplio, que un foco más concentrado en la fuerza militar. Esta característica, junto con la multidisciplinariedad intrínseca del campo y el propio crecimiento paralelo de las diversas disciplinas involucradas, muestra el peso y la cooperación con colegas procedentes de otros ámbitos, como las relaciones internacionales, la historia contemporánea o la sociología.

En definitiva, sin ser patrimonio exclusivo de la ciencia política, resulta evidente que los estudios estratégicos y de defensa han sido y han de ser un campo de conocimiento e interés de primer orden para la disciplina en España. Su desarrollo y maduración no impiden apreciar los esfuerzos, todavía necesarios, de consolidación *ad intra* y de reconocimiento vis-à-vis otras disciplinas. Por tanto, una apuesta estratégica para contribuir a la relevancia de la ciencia política en un conflictivo siglo XXI.

Referencias

Abad, G. (2019). El liberalismo en la teoría de relaciones internacionales: su presencia en la Escuela Española. Comillas Journal of International Relations, 16, 56-64.

Bueno, A. (2020). Desde los márgenes de la 'seguridad y la defensa': la literatura científica española sobre estudios estratégicos. En Sanahuja, J.A., et al. (Eds.), 100 años de Relaciones Internacionales. Una mirada reflexiva (pp. 211-223). Valencia: Tirant lo Blanch.

Bueno, A. (2019). La evolución de los estudios estratégicos en la comunidad académica española: análisis de su agenda de investigación (1978-2018). Revista Española de Ciencia Política, 51, 177-203.

Bueno, A. (2018). De los Estudios Estratégicos. Conceptualización y evolución de un campo de estudio. Revista de Estudios en Seguridad Internacional, 4(1), 237-256.

Buzan, B., y Hansen, L. (2009). The evolution of international security studies. New York: Cambridge University Press.

Calduch, R. (2013). La escuela española de Relaciones Internacionales. Revista de Relaciones Internacionales de la UNAM, 115, 9-32.

Cazorla, J. (2001). Prólogo. En C. De Cueto y J. Jordán (Coords.), Introducción a los estudios de seguridad y defensa (pp. XI-XIII). Granada: Comares.

CESEDEN (1993). Los estudios estratégicos en España. Cuadernos de Estrategia, 66. Madrid: Ministerio de Defensa.

Jerez, M. (2017). ¿De dónde venimos y qué hemos investigado? Apuntes sobre la procedencia académica y la evolución en los temas de investigación de los integrantes del núcleo fundacional de la Ciencia Política española institucionalizada (1985-1992). En C. Colino et al. (Comps.), Ciencia y política, una aventura vital (pp. 905-921). Valencia: Tirant lo Blanch.

Jerez, M. y Luque, J. (2016). Treinta años de Ciencia Política en España: profesionalización, expansión y ajuste. Revista Española de Ciencia Política, 40, 179-215.

Jerez, M. (2010). The Institutionalization of Political Science: the case of Spain. En G. De Castro y J. De Miguel (Eds.), Spain in America: The First Decade of the Prince of Asturias Chair in Spanish Studies at Georgetown University (pp. 281-329). Madrid: Fundación Endesa.

Jerez, M. (1999). Ciencia Política, un balance de fin de siglo. Madrid: Centro de Estudios Políticos y Constitucionales.

García Díez, F., et al. (2018). Spanish political science in Spain and abroad: top-ranked publications (1999-2014). European Political Science, 17, 32-56.

Vallès, J. M. (2002). Political Science in contemporary Spain: an overview. En D. Easton, J. G. Gunnel y L. Graziano (Eds.), The development of political science: a comparative survey (pp. 201-222). New York: Routledge.

Laborie, M. (2011). El futuro de los estudios estratégicos en España (Documento de Análisis 30/2011). Madrid: Instituto Español de Estudios Estratégicos.

Morales San-Juan, J.C. (2017). Los centros de pensamiento y su influencia en la política exterior y de seguridad [tesis doctoral, UNED]. Repositorio UNED.

Osborne, T. (2015). In defence of security. En T.V. Berling y C. Bueger (Eds.), Security Expertise. Practice, Power, Responsibility (pp. 1-18). New York: Routledge.

Parente, G. (2008). Los estudios estratégicos en España (Boletín de Información del CESEDEN, 306, 4-14). Madrid: CESEDEN.

Sanahuja, J. A. (2019). Relaciones Internacionales en España: una aproximación disciplinaria e institucional. Revista de Relaciones Internacionales de la UNAM, 33, 159-184.

Anexo: Siglas y acrónimos empleados

AECPA: Asociación Española de Ciencia Política y de la Administración.

AHC: Asociación de Historia Contemporánea.

APEDIRI: Asociación Española de Profesores de Derecho Internacional y Relaciones Internacionales.

CEAS: Centro de Estudios y Análisis de Seguridad.
CESEDEN: Centro Superior de Estudios de la Defensa Nacional.
CIFAS: Comité de Investigación Fuerzas Armadas-Sociedad.
ERGOMAS: European Research Group on Military and Society.
GEES: Grupo de Estudios Estratégicos.
GESI: Grupo de Estudios en Seguridad Internacional.
GRAPA: Group of Research y Analysis on Public Administration.
IEEE: Instituto Español de Estudios Estratégicos.
INCIPE: Instituto de Cuestiones Internacionales y Política Exterior.
IPSA: International Political Science Association.
IUGM: Instituto Universitario General Gutiérrez Mellado.
LASA: Latin American Studies Association.
MADOC: Mando de Adiestramiento y Doctrina del Ejército de Tierra.
RECP: Revista Española de Ciencia Política.
REIS: Revista Española de Investigaciones Sociológicas.
UAB: Universidad Autónoma de Barcelona.
UAH: Universidad de Alcalá de Henares.
UAM: Universidad Autónoma de Madrid.
UB: Universidad de Barcelona.
UBU: Universidad de Burgos.
UCA: Universidad de Cádiz.
UC3M: Universidad Carlos III de Madrid.
UCM: Universidad Complutense de Madrid.
UCJC: Universidad Camilo José Cela.
UFV: Universidad Francisco de Vitoria.
UGR: Universidad de Granada.
UJA: Universidad de Jaén.
ULL: Universidad de La Laguna.
UM: Universidad de Murcia.
UMA: Universidad de Málaga.
UN: Universidad de Nebrija.
UNAV: Universidad de Navarra.
UNED: Universidad Nacional de Educación a Distancia.
UNISCI: Unidad de Investigación sobre seguridad y cooperación.
UPF: Universidad Pompeu Fabra.
UPO: Universidad Pablo de Olavide de Sevilla.
UPV: Universidad del País Vasco.
UR: Universidad de La Rioja.
URJC: Universidad Rey Juan Carlos.
USAL: Universidad de Salamanca.
USC: Universidad de Santiago de Compostela.
UTRAFAS: Unidad de Transformación de las Fuerzas Armadas.
UV: Universidad de Valencia.

Capítulo 14
Los estudios de género y su presencia académica en el ámbito de la Ciencia Política

RAFAEL VÁZQUEZ GARCÍA

LA NATURALEZA POLÍTICA DE LOS ESTUDIOS DE GÉNERO

A partir de la segunda posguerra mundial y durante los años cincuenta se asentaron tres ejes importantes de visibilidad que permitieron pensar a las mujeres como nuevos sujetos sociales.

Por un lado, miles de mujeres anónimas en centros urbanos de diferentes países occidentales instituyen prácticas transformadoras en su vida cotidiana, su irrupción masiva en el mercado laboral, su acceso a la educación secundaria y terciaria, cierta adquisición de códigos públicos, las transformaciones tanto en las formas de los contratos conyugales como en sus regímenes de fidelidad, nuevas modalidades de vivir su erotismo, la problematización de la vida doméstica.

Por otra parte, y en estrecha relación con lo anterior se intensifica una labor, que si bien no resultaba novedosa en absoluto, sí que adquiría unas nuevas formas más estables, plurales y crecientemente fuertes. Esto es, los movimientos feministas Su lucha sistemática en los planos legal y laboral por leyes y normativas más justas para las mujeres, su denuncia permanente de la discriminación de género tanto en sus formas más evidentes como en aquellas más invisibles, la institución de grupos de reflexión, de autoayuda, etcétera, han constituido un factor decisivo en la lucha contra la opresión de las mujeres.

En último lugar cabría destacar la creciente, aunque insuficiente en la mayoría de los casos, presencia de académicas dedicadas a este campo de estudio en el seno de instituciones universitarias, analizando y constatando muy frecuentemente la ausencia de la dimensión de género en sus respectivas disciplinas, así como también sus consecuencias. De tal forma los Estudios de la Mujer y posteriormente los Estudios de Género han posibilitado que comiencen a hacerse manifiestos los sesgos sexistas en cada una de las ciencias

La incorporación de la perspectiva de género instalada desde el pensamiento feminista en el campo de los estudios políticos permite poner de relieve que las ciencias en general y la Ciencia Política en particular, poseen sesgos de género, ya que sus abordajes toman como referente universal de la humanidad al varón y son, por lo tanto, parciales. Precisamente, lo que aporta el Feminismo es un cambio epistemológico, que consiste en reconocer la significación teórica y política de la diferencia sexual en el análisis político.

La categoría de género aporta los elementos necesarios para analizar y comprender las diversas relaciones de poder entre hombres y mujeres, en una determinada sociedad y cultura. Dicho concepto hace referencia a categorías, mandatos, roles, estereotipos...vinculados con el entendimiento de la masculinidad y la feminidad en las sociedades (Martínez, 2016: 132). Con ello, no sólo contribuye a la comprensión de lo que las teorías clásicas no explican —u omiten— de la realidad, sino que a la vez posibilita deslegitimar la desigualdad de los sujetos políticos y sociales en función de su género en el proceso político real.

A los efectos de la construcción de su cuerpo teórico, los Estudios de las Mujeres "nacen en oposición", pues "antes de generar sus propios datos e ideas, tienen que negar primero las teorías y prácticas, ideologías e instrumentos dominantes" (Stimpson, 1998:130). Esto es, poner de relieve que la ciencia posee sesgos de género, ya que sus abordajes y referencias se centran en la perspectiva del varón y por lo tanto, deben considerarse parciales. En consecuencia, los denominados *Estudios de Mujeres* han conducido, a partir de la teoría feminista, a cuestionar tanto el saber en general como su partición rígida en campos científicos demasiado estrechos, llevándolos igualmente a denunciar la supuesta neutralidad científica y la ideología dominadora que lo encubre (Comesaña, 1995: 4). Se impone entonces, una revisión tanto de los conceptos como de los métodos y se hace necesario construir dichos conceptos desde un enfoque inclusivo de lo femenino.

Se trataría de incorporar una metodología propiamente feminista, una nueva perspectiva epistemológica que sea capaz de abordar nuevas formas de conocimiento que vayan más allá de las epistemologías presentes, las cuales han venido presentando un claro sesgo jerárquico en lo referido a las relaciones hombres-mujeres (Mazur, 2011; Hawkesworth, 2006). Una de las principales propuestas de metodología alternativa ha venido de la mano de la *Feminist Standpoint Theory* (Teoría del Punto de Vista Feminista). El punto de partida básico es que la práctica totalidad de conocimiento legitimado y transmitido hasta nuestros días procede de la cúpula dirigente de las distintas sociedades, y más concretamente de hombres pertenecientes a clases, etnias y culturas dominantes (Alonso y Lombardo, 2014). La principal defensora de este enfoque, Sandra Harding, propone una recuperación histórica del punto de vista de las mujeres en todas aquellas áreas en las que su pensamiento ha sido marginado, silenciado o directamente excluido, fundamentalmente en la economía, la política, la cultura y la ciencia (Harding, 1991). El punto de partida de esta propuesta es el reconocimiento de que todo conocimiento de la realidad es un conocimiento "situado", frente a la pretendida objetividad universal, absoluta y neutral que pretende disponer la historiografía oficial. Es por ello, tal y como recalcan Alonso y Lombardo en relación al trabajo de Harding que "en una sociedad que ha estado históricamente organizada alrededor de determinadas jerarquías de género (...) fundar el conocimiento a partir de las vidas de las mujeres contribuye a aumentar la objetividad de los resultados de la investigación ya que lleva a afirmaciones (socialmente construidas) menos parciales y distorsionadas de las (también socialmente construidas) que se hacen si se toma como punto de referencia tan solo la perspectiva de las vidas de los hombres" (Alonso y Lombardo, 2014: 17).

Así, cuando los Estudios de las Mujeres irrumpen en la Ciencia Política en general, y más tarde en la Teoría Política en particular, constituyen un cambio cualitativo en cuanto a la forma de abordar la reflexión política y social, pues desentrañan que bajo el disfraz aparentemente inocente de "neutralidad de género" con el que ha abordado su objeto: el mundo de lo público y el poder, éstos se han definido en términos masculinos (Martín, 2013: 5). Además, en el caso de los estudios de género se da una circunstancia excepcional que no tiene mucho parangón en otro tipo de áreas de estudio. Se trataría de la estrecha relación que existe entre el sujeto y el objeto de investigación. La propia actividad docente e investigadora en el área permean al sujeto que las lleva a cabo, lo que (pre)supone un posicionamiento feminista ya preexistente al abordaje de la disciplina.

La relación entre estudios de mujeres y feminismo parece quedar clara por muchas razones. Edurne Uriarte señala cuatro principalmente. Los estudios sobre la mujer logran —cuando lo hacen— institucionalizarse académicamente gracias al impulso y el progresivo fortalecimiento de los movimientos feministas. Y esto es ampliamente demostrable para la mayoría de los países. En segundo lugar, como ha resultado evidente hasta el momento, han sido mayoritariamente mujeres feministas quienes se han ocupado de esta área de estudio. Otro factor es que el feminismo en sí mismo es objeto de estudio prevalente en estos estudios. Por último, el feminismo ha incorporado perspectivas metodológicas propias para el análisis de la realidad sociopolítica por parte de la Ciencia Política (Uriarte, 1997: 19-20)

Conceptualizar el género como sistema ha allanado el camino para estudios que confirman empíricamente el eslogan feminista “lo personal es político” conectando experiencia para comprender cómo “el poder de género y la desventaja se crean y mantienen no solo a través de la ley pero también a través de procesos institucionales, prácticas, imágenes, ideologías y mecanismos de distribución” (Hawkesworth, 2005: 146).

Es por todo ello que la “perspectiva de género”, en referencia a los marcos teóricos adoptados para una investigación, capacitación o desarrollo de políticas o programas, va a implicar, en suma:

a) reconocer las relaciones de poder que se dan entre los géneros, en general favorables a los varones como grupo social y discriminatorias para las mujeres;

b) que dichas relaciones han sido constituidas social e históricamente y son constitutivas de las personas;

c) que las mismas atraviesan todo el entramado social y se articulan con otras relaciones sociales, como las de clase, etnia, edad, preferencia sexual y religión.

La perspectiva de género opta por una concepción epistemológica que se aproxima a la realidad desde las miradas de los géneros y sus relaciones de poder. Sostiene que la cuestión de los géneros no es un tema a agregar como si se tratara de un capítulo más en la historia de la cultura, sino que las relaciones de desigualdad entre los géneros tienen sus efectos de producción y reproducción de la discriminación, adquiriendo expresiones concretas en todos los ámbitos de la cultura: el trabajo, la familia, la política, las organizaciones, el arte, las empresas, la salud, la ciencia, la sexualidad, la historia. La mirada de género no está supeditada a que la adopten las mujeres ni está dirigida exclusivamente a ellas. Tratándose de una cuestión de concepción del mundo y de la vida, lo único definitorio es la comprensión de la problemática que abarca y su compromiso vital.

CIENCIA POLÍTICA Y ESTUDIOS DE GÉNERO

De forma paralela al proceso de institucionalización de la Ciencia Política, como consecuencia de la existencia de una denominación reivindicada en común, un acuerdo sobre objeto de estudio como competencia específica de esa disciplina, unas instituciones de enseñanza y de investigación estables y permanentes, unos soportes propios para la difusión y reproducción de los resultados, y la definición del objeto, el método y los enfoques politológicos descritos (Jerez Mir, 2010), se ha venido produciendo la consolidación de áreas de investigación totalmente interdisciplinarias (Holbert, 2005: 511) en las cuáles también ha protagonizado un importante papel de aporte la Ciencia Política. De esta forma, a lo largo del siglo XX se comienza a tratar los Estudios de Género como subdisciplina comprendida en la Ciencia Política —principal si bien no exclusivamente en la Teoría Política—, aunque también en otras disciplinas. La interdisciplinariedad comienza a tomar forma cuando el interés de diferentes investigadores arraigados en distintas disciplinas converge en un mismo tema, y es cuando los que abordan ese tema buscan arreglos, formales o informales, en otras disciplinas cuando se produce esta interacción disciplinar. Cuando la comunidad investigadora cristaliza su labor alrededor de la intersección entre los procesos políticos y los procesos comunicativos, es cuando se puede hablar de la institucionalización de un campo de estudio (Nimmo y Swanson, 1990: 13). Las disputas identitarias no deben ser planteadas en términos de a qué disciplina debe adscribir prioritariamente esos estudios o de si son o no son Ciencia Política. Las fronteras de la Ciencia Política, como la del resto de ciencias sociales, son abiertas y no necesitan ser definidas de forma estanca.

Pese las dificultades para la institucionalización de los estudios de género en la Ciencia Política, no es menos cierto que en las últimas décadas, ha habido alentadores signos de cambio, a medida que la investigación relacionada con el género ha ganado visibilidad en el campo. Particularmente desde la década de 1990, se puede contemplar la influencia creciente de la idea de interseccionalidad, no solo en Ciencia Política, sino a través de las ciencias sociales y las humanidades en general. La idea de las "exclusiones múltiples" ha resultado particularmente relevante y eficiente a la hora de introducir y/o consolidar los estudios de género, sobre todo a partir de la toma de conciencia por parte de las posiciones feministas hegemónicas en los sesenta y setenta de la multiplicidad de opresiones por las que circulan colectivos diversos de mujeres —especialmente constatable en el caso de la exclusión racial.

Tras la revolución por el sufragio universal durante el siglo XX y el Movimiento de Liberación de las Mujeres de la década de 1970, se promovió dentro del mundo feminista el "examinar activamente" las versiones más comunes y aceptadas de la historia conocida hasta ese momento. En este contexto, se gestó una nueva forma de analizar la historia, y que daría origen a los Estudios de Historia de Género.

La *National Women's Studies Association* (NWSA) fundada en 1977 en los USA llamó la atención sobre la necesidad de establecer vasos comunicantes entre los estudios de mujeres o estudios de género en lo académico y las movilizaciones sociales y políticas que estaban teniendo lugar y las llamadas a tener. Se trataba de que la estrategia educativa diese un verdadero impulso al conocimiento científico sobre la realidad de las mujeres para coadyuvar en la transformación social en su conjunto. Como señala Marylin Boxer "al insistir en que lo académico es político y que lo cognitivo es afectivo, la NWSA estaba reflejando claramente la influencia del movimiento de liberación de las mujeres en los estudios de mujeres" (Boxer, 1982: 662).

El feminismo del siglo XX, nuevo episodio de una historia ya larga, presentaba la especificidad de haber producido, además de efectos políticos y sociales, efectos en el campo del conocimiento, efectos que se señalan o incluso se institucionalizan bajo la fórmula estudios feministas (pero también estudios sobre las mujeres, estudios femeninos, estudios de género) (Collin, 1993: 318). En las últimas décadas y, sobre todo, a partir de la irrupción de las feministas del tercer mundo o feministas de color, que visibiliza la perspectiva interseccional en el feminismo y en los estudios de género un planteamiento teórico sobre la manera en que interactúan las diferentes discriminaciones, el sujeto de estudio —y político— del feminismo, no es ya "la mujer", sino la diversidad de mujeres y sus condiciones de clase, etnia-raza, orientación sexual, edad, etcétera, dentro del sistema sexo-género y de la sociedad.

Asimismo, surgen corrientes y afiliaciones diversas, a veces opuestas o disyuntivas: doble militancia o no; feminismo socialista, radical o liberal; feminismo de la igualdad o de la diferencia, ciber y ecofeminismo. Se enriquecen las propuestas y crecen las feministas influyentes: representantes sociales, académicas, líderesas sindicales, políticas. La variedad de movimientos feministas en este período y que recogen la herencia de las movilizaciones anteriores es ingente (Nash, 2004). En los últimos años, se abren caminos feministas nuevos y otras versiones, actividades y propuestas que nos llevan a pensar en una cuarta ola: transfeminismo, teoría queer, movimiento Femen, activistas en las redes y en países sin tradición feminista, escraches, políticas de la identidad, posfeminismo, feminismos poscoloniales, transfeminismo, interseccionalidad, biopolítica o ciberfeminismo

¿Qué efecto, pues, ha tenido el estudio del género en la Ciencia Política? En comparación con otras ramas de las ciencias sociales, la Ciencia Política ha sido una de las más resistentes al análisis feminista (Ritter, 2000).

Debido a que la Ciencia Política ha tenido tradicionalmente un marco centrado en el Estado y a que las mujeres generalmente han sido excluidas del propio Estado y sus actividades, los académicos en los departamentos de ciencias políticas han tendido a ignorar el género (Bayes, 2012: 23). Hasta hace poco, la Ciencia Política ha sido una disciplina dominada por los hombres, incluso en las naciones industrializadas occidentales. Establecer el campo de "mujeres y política", que posteriormente se convirtió en "género y política", como un "campo" en la disciplina, ha sido una lucha apoyada y dependiente de los movimientos de mujeres fuera de la academia principalmente en la última parte del siglo XX.

Los estudios transversales en la disciplina son, además, mucho menos frecuentes aún, así como la bibliografía al respecto. Destaca en este sentido el trabajo colectivo coordinado por Marta Lois y Alba Alonso, *Ciencia Política con perspectiva de género* (Lois y Alonso, 2014). Como tendremos ocasión de ver más tarde, la mayor parte de las veces su presencia se circunscribe a asignaturas concretas, fundamentalmente en el área de la Teoría Política. Y ello por varias razones. La teoría política occidental típicamente incorpora ciertos supuestos sobre el sexo y el género como naturales, invariables y "prepolíticos". Sin embargo, no siempre se ha enfrentado a la idea ilusoria de que existen cuerpos fuera de la política y más allá del alcance del estado. El innovador relato de la interseccionalidad demuestra cómo las concepciones populares de la naturaleza humana —pública y privada—, de la ciudadanía, la libertad, el estado y la (in)justicia han relegado a las mujeres, las personas de color, las minorías sexuales y las personas con variaciones de género a un estado inferior a pesar de garantías constitucionales de igualdad ante la ley. Hawkesworth argumenta, en este sentido, que la teoría política tradicional ha contribuido a la perpetuación de formas perniciosas de injusticia al enmascarar el papel del estado en la creación de sujetos subordinados y estigmatizados, por lo que se requeriría también una transformación de esta con perspectiva de género (Hawkesworth, 2019)

Dada esta persistente importancia del género en la política, uno podría esperar que haya un intelectual y sustancial tráfico entre la disciplina de la ciencia política y el campo interdisciplinario de estudios de género, pero este generalmente no ha sido el caso. Desde hace décadas, los observadores han concluido que las oportunidades para un intercambio fructífero entre los académicos en estos campos permanece en gran parte sin explotar (Shanley, 1980; Lovenduski, 1998; Hawkesworth, 2005; Cassese, Bos y Duncan, 2012) Este potencial no catalizado es especialmente sorprendente dado el amplio reconocimiento en las ciencias sociales que el género es una relación social irreductible...[1].Además, al menos en el campo de los estudios de género, se toma como axiomático que el género diferencia y marca no sólo una distinción, sino un orden jerárquico (Lorber, 1994). Esta es una visión profundamente política, y proporciona la base para amplia investigación de cómo la desigualdad de género ha sido institucionalizada, aplicada, habilitada y disputada en diferentes sistemas políticos a lo largo del tiempo (Tolleson-Rinehart y Carroll, 2006; Williams, 2016: 87-88).

ORÍGENES Y EVOLUCIÓN DE LOS ESTUDIOS DE GÉNERO

Los estudios con perspectiva de género tienen como uno de sus fines contribuir a la construcción subjetiva y social de una nueva configuración a partir de la resignificación de la historia, la sociedad, la cultura y la política desde las mujeres y con las mujeres.

Impulsados por la segunda ola del Feminismo (década de 1970), los Estudios de las Mujeres ingresan en los ámbitos académicos primero en EEUU y Europa y luego en los países latinoamericanos. Varias autoras contribuyeron a la introducción y difusión del concepto "género" en la academia (Rubin, 1975, Mackinnon, 1980). Será más tarde cuando Judith Butler le dé una significación constructivista en la tradición foucaultina (Butler, 1990)

En la segunda mitad de los años sesenta del siglo XX comienzan a tomar naturaleza los estudios de mujeres, coincidiendo con el paulatino acceso de un mayor número de mujeres a los estudios universitarios en los Estados Unidos de América. La perspectiva de los estudios de género desde una concepción académica, ilustrada y científica, pretendía sintetizar la teoría y la filosofía liberadora, creadas por las mujeres y forma parte de la cultura feminista (Lagarde, 1996) Es por ello, por lo que la mayor parte de las autoras, si bien dentro de un debate no cerrado, entienden que son los círculos universitarios donde "el contenido intelectual de la ideología feminista era muy alto y el ataque a las premisas de las ciencias de comportamiento muy significativo" como reseña Sheila Tobias (Tobias, 1999) quienes impulsan el movimiento feminista y sus reivindicaciones.

---

1 En la clasificación UNESCO no hay un código específico para los estudios de género dentro de la Ciencia Política, si bien si hay referencia a los estudios sobre "Posición social de la mujer" (630909) dentro de la rama de Grupos Sociales (6309) en la propia disciplina de la Sociología

Además, el apogeo del movimiento por los derechos civiles en su lucha contra el racismo, la segregación, la homofobia y hasta la rapacidad del sistema capitalista, proporcionó la transversalidad necesaria y requerida para el asentamiento definitivo de los estudios de mujeres. Ya para 1979, Esther Stineman contabiliza más de 300 programas de estudios de mujeres en los USA (Stineman, 1979). Casi diez años ya habían aparecido las primera publicaciones científicas, interdisciplinares y periódicas sobre estudios de las mujeres. Women's Studies, Feminist Studies y el Women's Studies Newsletter. La serie de monográficos de Female Studies recoge esta impresionante evolución desde 1970 a 1976. Y lo más importante de todo ello es que se entiende esta fase de acceso a la educación universitaria por parte de las mujeres como la verdaderamente significativa para cuestionar e invalidar los genuinos cimientos del esqueleto patriarcal y los discursos hegemónicos masculinos.

Los Estudios de la Mujer o Women's Studies (así denominados en Inglaterra, o Études Féministes en Francia) se inician en los países altamente industrializados y se extienden al resto, como una ola expansiva, a lo largo de las dos últimas décadas del siglo pasado. Se podría considerar como un hecho singular que los Estudios de la Mujer irrumpen en aquellas sociedades en las cuales la conflictividad específica de género ya ha permeado el discurso social ante la presión de un colectivo de mujeres y, en especial, del movimiento feminista (Bellucci, 1993). Los Estudios de las Mujeres están integrados hace treinta años en la enseñanza formal de las universidades norteamericanas y europeas, que cuentan con departamentos especializados y que, incluso, conceden titulaciones específicas en la disciplina. En América Latina, ingresan al ámbito académico a partir de los años 80. Así, desde esa década, se observa el impacto de la incorporación de la noción del "sistema de género" en las Ciencias Sociales.

En España, no obstante, los abordajes sobre las mujeres y la política desde la Ciencia Política y la Teoría Política han venido siendo relativamente escasos, puesto que la mayoría de las investigaciones son realizadas desde otras disciplinas, como la Sociología, la Antropología o la Historia. Desde los años noventa, las aportaciones de la Teoría Política Feminista empieza a ser reconocidas en la Filosofía y la Ciencia Política (Uriarte, 1997; Bodelón, 1998)

Todavía a mediados de los años de los años noventa la Ciencia Política española apenas ha incorporado sustantivamente los estudios de género en sus planes de estudio. Como muy certeramente ha señalado Edurne Uriarte son tres los factores que pueden ayudar a comprender tal situación:

la juventud de la disciplina de la Ciencia Política en España y su reciente institucionalización; la herencia de la dictadura franquista; y el rechazo, desinterés y/o escepticismo que muchos investigadores proyectaban hacia esta área de estudio (Uriarte, 1997: 16-17). En relación al primer elemento, no es hasta el año 1983 cuando se crea un área de Ciencia Política y de la Administración a nivel universitario. Los años posteriores asisten a una progresiva implantación de la disciplina donde algunas temáticas (comportamiento político, relaciones internacionales, ciencia de la administración...) comienzan a ocupar la mayor parte del espacio docente e investigador, mientras que otras apenas ocupan un lugar testimonial como los estudios de género. La dictadura impermeabilizó a la academia española en general y los estudios políticos en particular por su propia naturaleza, de las influencias de cambio y modernización que se venían dando en muchos otros países. El rechazo explícito a cualquier tipo de emancipación femenina que no casase con el prototipo primorriverista, imposibilitó cualquier mínimo atisbo de incorporación de los estudios de mujeres y condicionó muy negativamente durante años la posibilidad de introducción y desarrollo de los mismos tras el fin del autoritarismo franquista. Durante gran parte de la década de los ochenta, como destaca Uriarte, "los valores tradicionales, además, se combinan con la todavía bajísima presencia de las mujeres en el mundo laboral, con su menor presencia en las universidades y con su débil participación en los núcleos de poder cultural" (Uriarte, 1997: 17). Por último, nos encontramos con el desdén, no disimulado en la mayor parte de las ocasiones y por mayoría de investigadores masculinos —pero no exclusivamente— hacia esta área de estudios, vituperada como ideológica y como de escasa importancia, y aceptada a regañadientes como un campo menor de la Ciencia Política.

Ello ha ocasionado que desde entonces y hasta la actualidad en gran medida, la mayor parte de los trabajos no ya feministas sino sobre mujeres, hayan sido realizados por investigadoras y docentes. La inclusión de presencia masculina ha venido siendo prácticamente anecdótica y no pocas veces cuestionada. Uriarte lo expone de manera explícita: "Los hombres muy raramente se interesan por este campo de investigación, ya que lo consideran de categoría menor, y además, tienen el enorme temor de ser confundidos con las feministas, lo cual no se interpreta como un mérito, sino como una importante mancha en el expediente" (Uriarte, 1997: 18)

En los últimos años la situación se ha transformado de manera notoria, Más allá de los estudios de grado en el ámbito de los estudios de posgrado, se han establecidos relevantes programas en estudios de género. Tal vez el más reconocido sea el Master en Estudios de las Mujeres y de Género de la

Universidad de Granada, distinguido desde hace ya más de diez años como el único Master Erasmus Mundus de Europa. Entre otros masters universitarios e estudios de género en España pueden destacarse los siguientes:

– Master Universitario en estudios de Género (Universidad Complutense de Madrid)

– Master Universitario en estudios de Género (UNED)

– Máster de Estudios de Mujeres, Género y Ciudadanía (Universidad de Barcelona)

– Máster Universitario en Estudios Interdisciplinares de Género (Universidad Autónoma de Madrid)

– Máster Universitario en Estudios de Género y Políticas de Igualdad (Universidad de La Laguna)

– Máster Universitario en Investigación Aplicada en Estudios Feministas, de Género y Ciudadanía (Universidad Jaume I)

– Máster Universitario en Estudios de Género y Desarrollo Profesional (Universidad de Sevilla)

LOS ESTUDIOS DE GÉNERO EN LA ACADEMIA Y EL ASOCIACIONISMO PROFESIONAL. UNA PRIMERA APROXIMACIÓN DESDE LAS PRINCIPALES ASOCIACIONES DE CIENCIA POLÍTICA

IPSA (Asociación Internacional de Ciencia Política)

John Trent señala en su resumen de los primeros siete libros de la serie de libros IPSA World of Political Science, que la Ciencia Política como disciplina ha estado "dominada por Occidente" (Trent, 2009:14) y principalmente por un Occidente "masculino y blanco". Informa igualmente que, a nivel mundial, apenas un tercio de los politólogos son mujeres[2]

Dentro de la Asociación Internacional de Ciencia Política, el Comité de Investigación de IPSA sobre Roles Sexuales y Política se creó por primera vez como un grupo de estudio en 1976 en las reuniones de IPSA en Escocia y se transformó en un Comité de Investigación permanente tres años

---

[2] Estos son datos de 2009

después. Los objetivos buscados en la creación del comité de investigación en ese momento debían abordar "una amplia gama de temas relacionados con género y política"

En 1988 un grupo de miembros de IPSA RC 19 creó el Grupo de Investigación IPSA sobre Mujeres, Política y Naciones en Desarrollo. En 1992, IPSA reconoció a este grupo como un Comité de Investigación (RC 7)

El *Nuevo Manual de Ciencia Política* es el texto oficial en el que la Asociación Internacional de Ciencia Política encargó expresamente cada uno de sus capítulos a los especialistas internacionales más reputados en su materia coordinados con Robert Goodin y Hans Dieter Klingemann. Sin embargo, cualquier análisis del mismo no revela referencia explícita a los estudios de género como rama específica

Mientras que la IPSA ha querido priorizar el estudio de la participación política de las mujeres desde su primer proyecto de investigación, tardó, sin embargo, más de cuarenta años desde su fundación en 1949, en elegir a una mujer como presidenta de la misma. Fue Lourdes Sola, de la Universidad de Sao Paulo, quien fue presidenta entre 2006 y 2009. Actualmente, la presidenta es otra mujer, Marianne Kneuer de la Universidad de Hildesheim, siendo la tercera en el cargo tras la profesora Helen Milner, de Princeton University la mencionada Lourdes Sola. En el período actual (2021-2023), tenemos de nuevo a una mujer (la primera vez de manera consecutiva). Se trata de la profesora Dianne Pinderhughes, de University of Notre Dame

La IPSA, tal y como se recoge en su IPSA Gender and Diversity Monitoring Report 2017, destaca tres importantes razones para el impulso de los estudios de género en la asociación, (IPSA, 2018). Primero, la investigación contemporánea sobre género y erudición feminista está muy en sintonía con el hecho de que la experiencia de las mujeres puede variar considerablemente en virtud de líneas de identidad y diferencias (como las relacionadas con la clase o la raza/etnia entre muchos otros factores) Segundo, la atención al género y las prácticas en relación con la promoción dela igualdad de oportunidades, puede contribuir al apoyo de otros grupos marginados en la profesión y, por lo tanto, es pertinente comenzar a considerar tales sinergias. Finalmente un objetivo central de IPSA al trabajar sobre género ha sido rastrear la situación cambiante en el profesión desde una perspectiva comparativa en sintonía con las variaciones regionales y nacionales, y para mejorar la discusión y la conciencia sobre la igualdad de género

En 2016, IPSA alcanzó su mayor proporción de mujeres miembros hasta la fecha el 40.4 por ciento de los miembros, alrededor de 15-20 puntos porcentuales más que una década anterior. Este porcentaje se estabilizó en un 37.7 en 2017. Así, desde 2012, la proporción de mujeres miembros ha promediado el 38,2% de la membresía IPSA, un aumento de cerca de 10 puntos porcentuales cuando lo comparamos con el período de seis años anterior (2006-2011: 29,5%)

IPSA actualmente patrocina dos comités de investigación (RC) con un interés específico en aplicar un enfoque de género a la política. Como ya hemos señalado en 1976, se estableció el grupo de estudio sobre Roles sexuales y política. En 1979, se le dio el estado de RC como RC19. En 2003, después de una votación de sus miembros, el RC19 cambió su nombre a Política y política de género. Otra iniciativa fue la creación en 1988 de un grupo de estudio sobre mujeres, política y Naciones en desarrollo, que se convirtió en RC en 1992 como RC07. En 2015, el RC07 cambió su nombre a Mujeres y Política en el Sur Global.

La participación de las mujeres en los Congresos Mundiales de IPSA ha ido en constante aumento con ella última década. De un bajo 15 a 20 por ciento de 1988 a 2003, la participación de mujeres realmente comenzó a aumentar con el 26% en el Congreso de Fukuoka, el 37% en el congreso de Santiago en 2009, al máximo histórico del 42% en Madrid en 2012 y en Poznan en 2016.

ECPR (Consorcio Europeo para la Investigación en Ciencia Política)

Según los datos que maneja el propio ECPR la Ciencia Política sigue siendo una "disciplina masculina" en toda Europa, representando las mujeres profesoras de la misma sólo el 23% del total. No obstante, alrededor de la mitad de las cuentas de MyECPR pertenecen a mujeres académicas, y cerca del 50% de los participantes de los eventos del ECPR son mujeres.

Las mujeres comprenden aproximadamente el 45 de participantes en las General Conference y las Joint Sessions. En la Escuela de Metodología hay incluso un porcentaje superior al 50% de mujeres. Sin embargo, si nos movemos hacia arriba de la jerarquía, como la dirección de grupos de trabajo, las nominaciones para premios, o los oradores plenarios, los números son menos igualitarios (ECPR, 2018).

Un ejemplo del largo camino que aún resta por avanzar es que de todo el banco de datos que tiene el Standing Group on Gender sobre programas de asignaturas sobre género impartidas en universidades de toda Europa, sólo hay dos que están coordinados por hombres y uno de ellos es: *Gender, Security and Militarism*, impartido en la Central European University por Paul Roe. El otro es el que aquí les estoy exponiendo.

ALACIP (Asociación Latinoamericana de Ciencia Política)

Cuenta con un grupo específico en estudios de género que es el *Grupo de investigación: género y política en América Latina.* Los objetivos de dicho grupo consisten literalmente en "difundir un conjunto de temas en género y política que incluyan estrategias para el acceso de las mujeres al poder político para su reconocimiento social a través de los media y el desarrollo de teorías políticas feministas". El grupo se orienta al estudio de los procesos políticos de América Latina, centrado en la participación política de las mujeres. Los integrantes enfocan sus investigaciones en las relaciones entre las mujeres y las instituciones políticas y sociales entendidas en un sentido amplio, y el impacto de los sistemas políticos, electorales y de partidos sobre el acceso de las mujeres a los procesos de decisión, en particular bajo la vigencia de cuotas de género. También se destaca el impacto de la acción colectiva de las mujeres desde los partidos políticos y los movimientos de mujeres y feministas sobre las políticas públicas de género.

La constitución de este Grupo de Investigación sobre Género y Política pasó por dos etapas. La primera tuvo un período de difusión en distintos centros de estudio. Se invitó a sumarse a investigadores cuyo objeto tengan como foco de atención a América Latina. Una segunda etapa consistió en la organización de una primera reunión a los fines de elaborar una matriz de trabajo conjunta. En esta dirección, se decidió aprovechar el XXI Congreso Mundial de Ciencia Política (IPSA) en la ciudad de Santiago de Chile para efectuar un encuentro entre los distintos colegas que aceptaron formar parte del grupo. El 14 de julio de 2009 se realizó la primera reunión en la sede de la Fundación Chile 21.

AECPA (Asociación Española de Ciencia Política)

Desde el mismo año 2021, contamos con la existencia de un Grupo Permanente en Estudios de Género, coordinado por María Caterina La Barbera y por Jone Martínez Palacios, entre cuyos objetivos, como puede leerse en la propia web de la AECPA, se encuentran: Promover y difundir la investigación en género y política, Incorporar una perspectiva de género en la investigación y la docencia en ciencia política, y Promover el desarrollo de políticas de igualdad de género en el marco de AECPA.

Aunque ya antes hubo grupos de trabajo especialmente vinculados a la sección de Teoría Política, es en el último congreso hasta el momento de la disciplina, el XIV, celebrado en Salamanca durante los días 10-12 de julio de 2019, cuando por vez primera se presentó un área propia en estudios de género (Área VII: Género y política), coordinada por las profesora María Bustelo Ruesta, dividida en siete grupos de trabajo y con un total de 40 ponencias presentadas. Los grupos fueron los siguientes:

GT 7.1 las políticas de igualdad de género en las universidades europeas y españolas: alianzas y obstáculos

GT 7.2 explorando los estudios de resistencia desde una mirada feminista

GT 7.3 el sujeto político del feminismo: reflexiones, propuestas y experiencias para el debate

GT 7.4 mujeres en el espacio político: transformando desde lo colectivo

GT 7.5 la representación política de género: efectos, límites y retos

GT 7.6 las políticas de conciliación y corresponsabilidad: avances y retrocesos

A MODO DE CONCLUSIÓN PROVISORIA

El campo de los estudios de género en Ciencia Política ha experimentado avances significativos pero enfrenta desafíos que obstaculizan su consolidación y reconocimiento tanto en la academia como en la sociedad en general.

Internamente, los estudios de género han experimentado un notable crecimiento, diversificación y profesionalización. Esta consolidación interna ha ampliado el alcance y la profundidad de la investigación, fomentando enfoques interdisciplinarios y creando un marco académico más sólido en muchas universidades y centros de investigación

Externamente, los estudios de género continúan buscando un reconocimiento más amplio dentro de los límites disciplinarios. A pesar de los avances, lograr un reconocimiento completo como disciplina académica legítima sigue siendo un desafío persistente.

Sin embargo, el futuro de los estudios de género enfrenta varios obstáculos. En primer lugar, existe el potencial de fragmentación y desintegración, lo que representa una amenaza para la coherencia y el avance colectivo del campo. En segundo lugar, enfrentar las estructuras jerárquicas en la producción de conocimiento es crucial para abordar los desequilibrios de poder y los sesgos presentes en la academia.

Además, persiste la reproducción de hegemonías y la marginación del análisis político feminista en el discurso dominante de la Ciencia Política. Esta marginación refleja la lucha continua por integrar perspectivas feministas en el discurso académico convencional.

Además, la relación cambiante entre la academia y la sociedad presenta complejidades para los estudios de género. Equilibrar el rigor académico con la relevancia social, mientras se navegan las dinámicas sociales cambiantes, es un desafío continuo.

Finalmente, hay una creciente oposición a los programas e investigaciones de estudios de género. Esta resistencia refleja tensiones sociales más amplias y conflictos ideológicos, representando amenazas para la sostenibilidad y el apoyo a las iniciativas de estudios de género.

En resumen, si bien los estudios de género han logrado un crecimiento interno y avances en reconocimiento, enfrentan desafíos intrincados. Abordar la fragmentación, los desequilibrios de poder, la marginación, las dinámicas sociales cambiantes y la oposición exige un esfuerzo concertado para garantizar la vitalidad y relevancia continuas de los estudios de género en la academia y la sociedad.

Referencias

Ahrens, P., Erzeel, S., Evans, E., Kantola, J., Kuhar, R., y Lombardo, E. (2021). Gender and politics research in Europe: towards a consolidation of a flourishing political science subfield? European Political Science, 20, 105-122.

Alberdi, I. (1999). El significado del género en las Ciencias Sociales. Política y Sociedad, 32, 9-21.

Almond, G. (1990). A Discipline Divided. Newbury Park: Sage.

Alonso, A., y Lombardo, E. (2014). Métodos en Ciencia Política. En M. Lois y A. Alonso (Coords.), Ciencia Política con perspectiva de género. Madrid: Akal.

Bayes, J. H. (Ed.). (2012). Gender and Politics: The State of the Discipline. Toronto: Barbara Budrich Publishers.

Belluci, M. (1992). De los estudios de la mujer a los estudios de género: han recorrido un largo camino. En A. M. Fernández (Ed.), Las mujeres en la imaginación colectiva: Una historia de discriminación y resistencias. Barcelona: Paidós.

Bonder, G. (Ed.). (1998). Estudios de la mujer en América Latina. Washington, DC: CIDI, OEA.

Boxer, M. (1982). For and about Women: The Theory and Practice of Women's Studies in the United States. Signs, 7(3), 661-695.

Butler, G. (1990). Gender Trouble: Feminism and the Subversion of Identity. New York: Routledge.

Cassese, E. C., Bos, A., y Duncan, L. (2012). Integrating gender into the political science core curriculum. PS: Political Science y Politics, 45(2), 238-243.

Castells, C. (Comp.). (1996). Perspectivas feministas en teoría política. Barcelona: Paidós.

Celis, K., et al. (Eds.). Introduction: Gender and Politics: A gendered world, a Gendered Discipline. En G. Waylen, K. Celis, J. Kantola, y S. Laurel Weldon (Eds.), The Oxford Handbook of Gender and Politics. New York: Oxford.

Cobo, R. (2005). El género en las Ciencias Sociales. Cuadernos de Trabajo Social, Universidad de A Coruña.

Collin, F. (1993). Diferencia y diferendo: La cuestión de las mujeres en filosofía. En Historia de las mujeres. Historia de las mujeres de Occidente. El Siglo XX. Tomo 5, 291-321. Ed. Taurus, Madrid.

Dryzeck, J. (1986). The Progress of Political Science. Journal of Politics, 48, 301-320.

Dryzeck, J., y Leonard, S. (1988). History and Discipline in Political Science. American Political Science Review, 82, 1245-1260.

European Consortium for Political Research —ECPR—. (2018). Gender Study 2017. Colchester: ECPR Press.

Goodin, R., y Klimgemann, H. (1996). A New Handbook of Political Science. Oxford: Oxford University Press.

Grant, R. (2002). Political Theory, Political Science, and Politics. Political Theory, 30(4), 577-595.

Gunnel, J. (1986). Between Philosophy and Politics. Amherst: The University of Massachusetts Press.

Harding, S. (2003). The Feminist Standpoint Theory Reader: Intellectual and Political Controversies. London: Routledge.

Hawkesworth, Mary. (2005). Engendering political science: An immodest proposal. Politics y Gender, 1(1), 141-156.

Hawkesworth, M. (2006). Feminist Inquiry. New Jersey: Rutgers University.

Hawkesworth, M. (2019). Gender and Political Theory: Feminist Reckonings. London: Polity Press.

International Political Science Association —IPSA—. (2018). Gender and Diversity Monitoring Report 2017. Montreal: The International Political Science Association.

Jerez Mir, M. (2010). The Institutionalization of Political Science: The Case of Spain. En G. Castro y J. Miguel (Eds.), Spain in America: The First Decade of the Prince of Asturias Chair at Georgetown University. Madrid: Fundación ENDESA.

Lagarde, M. (1996). Género y Feminismo. Desarrollo humano y democracia. Madrid: Editorial Horas y Horas.

Lorber, J. (1994). Paradoxes of Gender. New Haven: Yale University Press.

Lovenduski, J. (1998). Gendering research in political science. Annual Review of Political Science, 1(1), 333-356.

MacKinnon, C. (1989). Toward a Feminist Theory of the State. Boston: Harvard University Press.

Mazur, A. G. (2011). A Feminist Empirical and Integrative Approach in Political Science: Breaking-Down the Glass Wall? In H. Kincaid (Ed.), The Oxford Handbook on Epistemology and Methodology in the Social Sciences. Oxford: Oxford University Press: 553-58.

Moon, D. (1991). Pluralism and Progress in the Study of Politics. En W. Crotty (Ed.), Political Science: Looking to the Future. Evanston: Northwestern University Press.

Navarro, M., y Stimpson, C. (Comps.). (1998). ¿Qué son los estudios de mujeres? México DF: Fondo de Cultura Económica.

Nash, M. (2004). Mujeres en el mundo. Historia, retos y movimientos. Madrid: Alianza Editorial.

Pye, L., et al. (1985). Political Science and the Humanities. Political Science and Politics, 18(2), 247-259.

Ricci, D. (1984). The Tragedy of Political Science, Politics, Scholarship and Democracy. New Haven: Yale University Press.

Ritter, G. (2000). The State of Gender Studies in Political Science. The Annals of the American Academy of Political and Social Science, 571(1), 121-134.

Rubin, G. (1975). The traffic in women: Notes on the "Political Economy" of Sex. En R. Reiter (Ed.), Toward an Anthropology of Women. New York: Monthly Review Press.

Seidelman, R., y Harpham, E. (1985). Disenchanted Realists. Political Science and the American Crisis, 1884-1984. Albany: State University of New York Press.

Shapiro, M. (1990). Political Criticism. Berkeley: University of California Press.

Stineman, S. (1979). Women's Studies. A Recommended Core Bibliography. Littleton: Libraries Inc.

Tobias, S. (1998). Faces of Feminism: An Activist's Reflections On The Women's Movement. New York: Perseus.

Tolleson-Rinehart, S., y Carroll, S. J. (2006). "Far from Ideal:" The Gender Politics of Political Science. The American Political Science Review, 100(4), 507-513.

Uriarte, E. (1997). Estudios de mujeres y política en España. En E. Uriarte y A. Elizondo (Coord.), Mujeres en política. Barcelona: Editorial Ariel.

Vázquez, R. (2007). La vigencia de la Teoría política en el nuevo siglo. Revista Internacional de Filosofía Política, 29, 218-222.

VVAA. (2019). Feminismos. La Historia. Madrid: Akal.

Williams, J. (2016). Gender Studies and Political Science. En M. Golder y S. Golder (Eds.), The Organized Section in Comparative Politics of the American Political Science Association. Comparative Politics Newsletter, 27(1). Washington.

PARTE 3

PROCESOS DE TRANSICIÓN Y (DE)CONSOLIDACIÓN DEMOCRÁTICA

Capítulo 15

Las raíces de la asistencia internacional a la democracia en la Unión Europea: la ampliación ibérica[1]

JOSÉ M. MAGONE

INTRODUCCIÓN: LAS RAÍCES DE LA PROMOCIÓN INTERNACIONAL DE LA DEMOCRACIA

Desde la década de 1970, la promoción de la democracia internacional se ha convertido en un elemento importante de la política exterior estadounidense y europea. La democratización del sur de Europa fue un poderoso catalizador para el surgimiento de una promoción internacional de la democracia más sistemática. El 25 de abril de 1974, Portugal se embarcó en una transición democrática que se conoció como la Revolución de los Claveles (*Revolução dos Cravos*). En julio del mismo año, la junta militar en Grecia tuvo que ceder el poder a un gobierno civil encabezado por el 'salvador' Kostas Karamanlis, que regresaba de París. Finalmente, el 20 de noviembre de 1975, murió el dictador general Francisco Franco, lo que desencadenó un proceso de transición pacífica a la democracia liderado por las élites. Estas tres transiciones democráticas simultáneas iniciaron un efecto dominó en todo el mundo, que se conoció como la "tercera ola de democratización" (Huntington, 1991).

Paralelamente a este proceso de democratización global, el proceso de integración europea cobró nuevo impulso debido a la democratización del sur de Europa. Las tres democracias del sur de Europa eran miembros (Portugal, Grecia) o estaban conectadas (España) a la Organización del Tratado del Atlántico Norte (OTAN), la principal alianza de defensa liderada por Estados Unidos contra la Unión Soviética y sus aliados. Entonces, la Comunidad Europea (CE) era parte del mundo occidental y fue un agente

---

1 Título original: *The Roots of International Democracy Assistance in The European Union: The Iberian Enlargement.* Traducido por José Real-Dato.

importante para impulsar la democratización del sur de Europa después del colapso de los tres regímenes autoritarios. Portugal, España y Grecia fueron, por tanto, los primeros ejemplos concretos en los que la CE actuó como agente de democratización, que más tarde, con la democratización de Europa central y oriental en los años noventa, se volvió aún más sofisticada. Se puede llamar una "tecnología de democratización" que se desarrolló durante un período de 60 años (Magone, 2006: 106-8).

El capítulo se concentra en analizar cómo la CE/UE dio forma al proceso de democratización en relación con los dos países ibéricos, Portugal y España. Esta primera experiencia puede considerarse como las raíces de la promoción de la democracia internacional por parte de la UE. El capítulo comienza con una sección sobre la evolución de la promoción de la democracia internacional y el lugar de la Unión Europea en ella. La siguiente parte resume brevemente la transición y consolidación democrática en Portugal y España. A continuación, se analizará el impacto de la UE en la configuración de la transición y consolidación democrática. Finalmente, se extraerán algunas conclusiones.

PROMOCIÓN DE LA DEMOCRACIA INTERNACIONAL DE LA UNIÓN EUROPEA

Hoy en día, la promoción internacional de la democracia se ha convertido en una industria global. La financiación de diferentes países ha dado lugar a la creación de numerosas organizaciones no gubernamentales (ONG). Los orígenes de la promoción internacional de la democracia se remontan a finales del siglo XIX, cuando España perdió la guerra hispanoamericana en 1898. Las antiguas colonias españolas de Filipinas, Cuba y Puerto Rico quedaron bajo dominio estadounidense.

Estados Unidos, un feroz oponente de las potencias coloniales europeas, ya había proclamado la llamada Doctrina Monroe en 1823, estableciendo que las potencias coloniales europeas debían permanecer fuera de América y no interferir en los asuntos internos de los nuevos Estados independientes. Filipinas se convirtió en el primer país en experimentar intentos de transformar el régimen colonial español en una democracia moderna, siguiendo el modelo estadounidense, aunque los logros fueron modestos durante la prolongada ocupación hasta 1947 (Smith, 2012: capítulo 2).

La intervención más exitosa en la promoción de la democracia internacional fue la democratización de Alemania y Japón en la segunda posguerra mundial. La ocupación militar de ambos países se utilizó para dirigirlos hacia una gobernanza democrática. Alemania y Japón, según el Índice de Democracia de The Economist para el año 2020, se encuentran entre las 24 mejores democracias del mundo (The Economist, 2021).

Además, Estados Unidos fue crucial en la reconstrucción de Europa occidental a través del Plan Europeo de Recuperación/Plan Marshall. Aunque Estados Unidos quería crear unos Estados Unidos de Europa co-géneris, los Estados miembros de la Organización de Cooperación Económica Europea (OECE) se resistieron. A pesar de este fracaso, sentaron las bases para la redemocratización del continente europeo, excepto Portugal, que aún estaba gobernado por el dictador Antonio Oliveira Salazar en ese momento (Milward, 1987: 69; 144-145).

El éxito en Europa se convirtió en un modelo para el resto del mundo. A lo largo de las décadas de 1950 y 1960, Estados Unidos participó en programas de ayuda al desarrollo centrados en transformar sociedades tradicionales en modernas, vinculados a la ideología principal de la Guerra Fría. La experiencia europea condujo a la participación en el sudeste asiático y América Latina, con el objetivo de contrarrestar la insurgencia comunista (Price, 1955).

La administración de John F. Kennedy intentó cambiar el enfoque hacia la construcción de participación e instituciones democráticas de base, pero la doctrina de seguridad a menudo prevaleció. Un ejemplo es el despliegue de la AFL-CIO para construir o apoyar sindicatos anticomunistas en América Latina, financiado por la CIA (Packenham, 1973: 80-81).

En 1968, Samuel Huntington escribió un importante libro titulado 'El orden político en las sociedades cambiantes', criticando la transferencia del modelo estadounidense a los países en desarrollo. Robert A. Packenham (1973) preparó el primer estudio crítico de las doctrinas y teorías del desarrollo político dominantes entre 1945 y 1973, mostrando tres doctrinas: económica, de seguridad y política.

La derrota de Estados Unidos en la guerra de Vietnam marcó el fin de esta fase de posguerra de promoción de la democracia global. La segunda fase comenzó con la tercera ola de democratización. Las transiciones democráticas de Portugal, España y Grecia contribuyeron al desarrollo de un enfoque más sofisticado para construir la democracia. En términos de promoción de la democracia internacional, se observó un intenso compromiso de fundaciones políticas alemanas en el proceso.

En 1982, el gobierno de Ronald Reagan creó la Fundación Nacional para la Democracia (National Endowment for Democracy, NED), presentando un modelo alternativo al comunismo. Financiando proyectos en todo el mundo, la NED se convirtió en una empresa internacional de promoción de la democracia, influyendo en organizaciones no gubernamentales (ONG) en diferentes países (Mitchell, 2016; Carothers, 2004).

La tercera ola de democratización en América Latina, Asia y África siguió al surgimiento de las democracias en el sur de Europa. La caída del Muro de Berlín llevó a la democratización de Europa central y oriental, consolidando la Unión Europea como un socio en la promoción de la democracia junto a Estados Unidos.

Después de los ataques del 11 de septiembre de 2001, la política exterior estadounidense volvió a una doctrina de seguridad contra Al Qaeda y el terrorismo islámico. Las intervenciones en Afganistán e Irak fueron momentos cruciales en la promoción internacional de la democracia por parte de Estados Unidos, aunque su reputación se vio afectada. Las Revoluciones de Color y las ocupaciones impactaron a las potencias regionales Rusia y China, que aumentaron su presencia global y desarrollaron estrategias contrarias.

En una última fase, la Primavera Árabe en 2011 y las crisis financieras y migratorias en la Unión Europea debilitaron la promoción de la democracia internacional. Finalmente, la pandemia de la COVID-19 complicó aún más este trabajo desde mediados de 2020.

En resumen, la promoción de la democracia por parte de Estados Unidos y la UE ha contribuido a la democratización mundial, pero su reputación ha disminuido debido a la politización y a los cambios en el panorama geopolítico. La próxima sección examina la década de 1970, cuando Portugal, España y Grecia transitaban de regímenes autoritarios a democracias, y cómo la Unión Europea desempeñó un papel clave en su estabilización y consolidación.

LA TRANSICIÓN IBÉRICA Y LA CONSOLIDACIÓN DE LA DEMOCRACIA

Mientras que Grecia se unió a la CE en 1981, Portugal y España lo hicieron en 1986. Esto significa que Portugal y España tuvieron que esperar más para ser miembros de la UE y, por lo tanto, estuvieron sujetos a un seguimiento y control más estrictos por parte de la Unión Europea. El principal motivo de este retraso no fue Portugal, sino España, que fue bloqueada por

Francia debido a su gran sector agrícola. Finalmente, en 1984, el presidente francés François Mitterrand tuvo una reunión con Felipe González en la que pudieron acordar la próxima membresía de España (Prego, 2000: 229-234).

Las dos transiciones ibéricas a la democracia fueron bastante diferentes entre sí. La Revolución Portuguesa de los Claveles fue más tumultuosa y estuvo dominada por las masas populares. Se caracterizó por la incertidumbre y las luchas inconclusas de las élites. Fue un proceso bastante confuso. La Transición Española a la democracia fue más bien un proceso liderado por las élites, en el que los movimientos sociales fueron importantes, pero lejos del nivel de Portugal.

El impacto de la UE fue más fuerte en Portugal que en España. La razón principal es que el llamado período del proceso revolucionario (*período revolucionário em curso*-PREC), que tuvo lugar del 25 de abril de 1974 al 25 de noviembre de 1975, se radicalizó con el tiempo. Podemos reconocer aquí diferentes fases en este proceso. Este resumen está basado en mi libro "The Changing Architecture of Politics" (1996) y Medeiros (1983):

1ª fase) Euforia revolucionaria (25 de abril-28 de septiembre de 1974): El 25 de abril de 1974, el Movimiento de las Fuerzas Armadas (*Movimento das Forças Armadas*-MFA), liderado por coroneles, logró derrocar un régimen autoritario de 48 años. El pueblo apoyó este golpe de Estado. En los primeros meses, Portugal vivió un período de euforia revolucionaria. El presidente provisional fue el general de derecha Antonio de Spinola. En el verano, aumentaron las tensiones entre el presidente Spinola y el MFA. El 28 de septiembre de 1974, Spinola intentó movilizar a la llamada "mayoría silenciosa" a través de una gran manifestación contra el MFA, pero acabó derrocado por el MFA y el general Costa Gomes se convirtió en el nuevo presidente provisional. El intento de Spinola de movilizar más masas de derechas fue visto por el MFA como un pequeño golpe de Estado (intentona).

2ª fase) Lucha entre partidos y radicalización del MFA (28 de septiembre de 1974-11 de marzo de 1975): Ya en julio de 1974, el primer ministro Inácio Palma Carlos, cercano a Spinola, había sido reemplazado por un miembro del MFA, el coronel Vasco Gonçalves, que También miembro del Partido Comunista. Sus políticas polarizaron a los nuevos partidos políticos, particularmente a los socialistas (*Partido Socialista-PS)* y al *Partido Popular Democrático* (PPD) por un lado, y al Partido Comunista (*Partido Comunista Português-PCP)* por el otro. El punto culminante del enfrentamiento se centró en la organización de los sindicatos. Los comunistas querían un modelo unitario centralizado (*unicidade*) y los socialistas querían más pluralismo. Al final, las nuevas instituciones paralelas al Estado aceptaron el modelo de unicidio. La lucha entre partidos políticos continuó y, al mismo tiempo, el MFA se radicalizó cada vez más. El 11 de marzo de 1975, Antonio de Spinola intentó un importante golpe de Estado con mercenarios de derecha basados en España, pero fracasó. Tuvo que huir a Brasil. Sus fallidos intentos de golpe radicalizaron aún más al MFA, de modo que los partidos políticos temieron que las elecciones previstas para la Asamblea Constituyente el 25 de abril de 1975 fueran pospuestas o incluso suspendidas. En lugar de ello, los militares decidieron hacer un pacto con los partidos políticos, asegurando así el dominio del MFA sobre el proceso político durante los próximos cinco años. A cambio, el MFA permitió la celebración de elecciones fundacionales democráticas.

3ª fase) Radicalización del campo político (11 de marzo de 1975-25 de noviembre de 1975): El fallido intento de golpe de Spinola radicalizó aún más al MFA, de modo que los partidos políticos temieron que las elecciones previstas para la Asamblea Constituyente el 25 de abril de 1975 fueran pospuestas o incluso suspendidas. En lugar de ello, los militares decidieron hacer un pacto con los partidos políticos, asegurando así el dominio del MFA sobre el proceso político durante los próximos cinco años. A cambio, el MFA permitió la celebración de elecciones fundacionales democráticas.

En las elecciones del 25 de abril de 1975, los partidos moderados consiguieron la mayoría, mientras que el Partido Comunista solo obtuvo alrededor del 12 por ciento de los votos. En particular, en el norte de Portugal, los pequeños agricultores influenciados por la Iglesia católica desempeñaron un papel clave a la hora de contener la expansión del Partido Comunista. Por el contrario, la parte sur del país, especialmente el Alentejo, votó a los comunistas. Los grandes ganadores de las elecciones fueron los socialistas de Mário Soares y el Partido Democrático Popular de Francisco Sá Carneiro.

Las tensiones entre los moderados y el Partido Comunista continuaron durante la primavera y el verano. El llamado "verano caluroso" (verão quente) de agosto provocó una situación bastante caótica. El primer ministro Vasco Gonçalves se vio obligado a dimitir porque los partidos moderados abandonaron el gobierno de unidad provisional. En otoño, el nuevo gobierno provisional del almirante José Pinheiro de Azevedo tuvo que lidiar con insubordinaciones en el ejército, protestas masivas de izquierda contra el gobierno, incluido un asedio al gobierno.

El proceso revolucionario terminó el 25 de noviembre de 1975, cuando paracaidistas militares vinculados a grupos de extrema izquierda intentaron un golpe de Estado, al que respondió con éxito un contragolpe de grupos moderados de izquierda en torno al coronel António Ramalho Eanes.

4ª fase) Decisión (25-26 de noviembre de 1975-27 de julio de 1976): A partir de entonces, todo el proceso de transición evolucionó hacia la democracia liberal de mercado. El 2 de abril de 1976 se aprobó una nueva constitución, que precedió a las elecciones presidenciales y legislativas del 25 de abril y el 27 de junio de 1976, respectivamente. El nuevo presidente fue Antonio Ramalho Eanes, mientras que el primer gobierno constitucional estuvo encabezado por Mário Soares. Prestó juramento el 27 de julio de 1976.

5ª fase) Consolidación (1976-1985): Entre 1976 y 1985, la democracia portuguesa se consolidó, a pesar de una considerable inestabilidad gubernamental. Hubo 10 gobiernos entre 1976 y 1985. En este período, Portugal, al igual que España, estaba inmerso en el proceso de adhesión a la CE.

Si bien la Revolución portuguesa fue tumultuosa, la transición española a la democracia ganó una reputación más amplia a nivel internacional. Una de las características más notables es que estaba dirigido por las élites. Un proceso de apertura (aperturismo) ya había comenzado con el nombramiento de Carlos Arias Navarro el 29 de diciembre de 1973. Sin duda, fue ayudado por una red de jóvenes políticos católicos llamada 'Tácito', que quería impulsar la modernización y democratización del país. Su fuerte arraigo en el régimen autoritario les dio una posición estratégica para transformar el régimen. La mayor parte de la información posterior proviene de mi Changing Architecture of Politics (1996) y Arango (1995: capítulo 5):

1ª fase) Reforma pactada (20 de noviembre de 1975-15 de diciembre de 1976): El 20 de noviembre de 1975 murió el dictador Francisco Franco y se abrió una oportunidad para acelerar el proceso de democratización. El 22 de noviembre de 1975 se restableció la monarquía y el rey Juan Carlos fue coronado nuevo rey de España. Legalmente, la Ley de Sucesión había sido aprobada por las Cortes en 1969.

En julio de 1976, el rey Juan Carlos nombró Presidente del Gobierno a Adolfo Suárez. Su gabinete estaba formado principalmente por gente de 'Tácito'. Suárez comenzó entonces a acelerar el proceso de democratización. La medida más importante fue permitir la legalización de los partidos políticos, incluido el Partido Comunista, a pesar de la resistencia del búnker. En octubre de 1976, la Ley para la Reforma Política transformó el parlamento en un parlamento bicameral elegido por voto directo, universal y secreto. Esto fue confirmado abrumadoramente mediante un referéndum con un 94,2 por ciento de aprobación.

2ª fase) Ruptura pactada (20 de diciembre de 1976-15 de junio de 1977): En enero de 1977 se legalizó el Partido Comunista, en contra de la voluntad de los militares. El 15 de junio de 1977 se llevaron a cabo elecciones a Cortes Constituyentes. Ninguno de los partidos logró alcanzar la mayoría absoluta, pero el presidente Adolfo Suárez obtuvo el 39,9 por ciento de los votos con su coalición de partidos Unión de Centro Democrático (UCD).

3ª fase) Toma de decisiones (15 de junio de 1977-1982): La adopción de la Constitución en diciembre de 1978, por abrumadora mayoría mediante referéndum, fue una decisión para avanzar hacia una democracia liberal. Entre 1978 y octubre de 1982, el gobierno de la UCD presidido por Adolfo Suárez y, más tarde, por Calvo Sotelo, continuó el camino de la construcción del régimen. Probablemente, el aspecto más importante fue la descentralización del sistema político mediante la introducción del "Estado de las Autonomías" después de 1982.

La victoria del Partido Socialista Obrero Español-PSOE en 1982 completó la transición democrática y preparó el camino para la consolidación. En 1986, España se unió a la Comunidad Económica Europea.

LA COMUNIDAD EUROPEA COMO OBSERVADOR EXTERNO DE LA DEMOCRATIZACIÓN IBÉRICA

Portugal: guiando a un país a través de aguas turbulentas

Después de describir la transición democrática y la consolidación temprana en Portugal y España, nos centraremos en cómo la Comunidad Europea contribuyó a guiar a los dos países para que permanecieran en el camino de la democracia liberal. Entre 1974 y 1986, la CE fue un importante punto de referencia para ambos países. Los principales partidos políticos eran todos proeuropeos. Como ha demostrado Berta Álvarez-Miranda en su libro fundamental, todos los partidos políticos españoles eran proeuropeos, y en Portugal solo el Partido Comunista tenía una posición euroescéptica. Este consenso a nivel de élite fue una condición previa importante para participar en el proceso de adhesión hacia la membresía. Significaba que después de décadas de régimen autoritario, los dos países ibéricos regresaban a Europa (Álvarez-Miranda, 1986).

Lawrence Whitehead caracterizó a la CE/UE como una "comunidad regional de Estados democráticos" con valores afines (Whitehead, 2001: 395). Geoffrey Pridham enfatiza que la CE funcionó como un importante vínculo interno dirigido a enmarcar el desarrollo político de España y Portugal hacia la democratización y la integración europea (Pridham, 1995: 179-188).

Para ser aceptados por parte de esta comunidad, los dos países ibéricos tuvieron que implementar un paquete bastante considerable de acervo legislativo comunitario de la CE. La Unión Europea fue un "monitor externo" de la democratización de Portugal y España en su afán de convertirse en miembros de la comunidad democrática regional. La CE promueve un enfoque tecnocrático muy sofisticado de la democracia. De hecho, los dos países ibéricos tuvieron que implementar un paquete de leyes de liberalización económica para poder hacer frente al mercado común.

Hay que diferenciar dos fases en este seguimiento externo. El período de transición democrática y el de consolidación democrática (Pridham, 1995: 168-172). Entre los dos países, Portugal fue el más difícil de tratar debido al proceso revolucionario y al establecimiento de estabilidad durante la fase de consolidación democrática (1976-1985).

En el primer período, la CE concentró la mayor parte de su atención en Portugal, debido a la radicalización de la Revolución de los Claveles. El 3 de mayo de 1974, el Ministro de Asuntos Exteriores portugués, Mário Soares, inició ya contactos con Bruselas. El aspecto más importante fue movilizar fondos de apoyo para la nueva democracia. Además, Soares quería iniciar el proceso de asociación y posiblemente de membresía en la CE. En aquel momento, Portugal había firmado un acuerdo de relaciones especiales en 1972, y ahora quería sustituirlo por un acuerdo de asociación completo (European Communities, 1974a: 65). El 26 de junio de 1974, el Primer Ministro Adelino Palma Carlos y Mário Soares se reunieron con el entonces presidente de la Comisión, François-Xavier Ortoli, y el vicepresidente, Sir Christopher Soames (European Communities, 1974b: 77-78). Sin embargo, este reproche terminó abruptamente, cuando Palma Carlos se vio obligado a dimitir el 9 de julio de 1974, y sustituido por el coronel Vasco Gonçalves, que, como ya hemos dicho, era miembro del Partido Comunista. Claramente aceleró el proceso revolucionario, lo que generó grandes preocupaciones entre la élite de Bruselas.

En febrero de 1975 también se debatió en el Parlamento Europeo el deterioro de la situación en Portugal. Un problema importante fue el impedimento del partido conservador demócrata cristiano (Centro Democrático

Social-CDS) para llevar a cabo su Congreso fundacional (European Communities, 1975a: 61). Existía un temor general de que el MFA no permitiera las elecciones libres y justas previstas para el 25 de abril de 1975. El 11 de abril de 1975, Portugal fue el centro de las discusiones en el Parlamento Europeo.

Sin embargo, después de las exitosas elecciones fundacionales, la CE continuó sus negociaciones en el Comité Conjunto CE-Portugal, en relación con un acuerdo de libre comercio. Allí se estableció como condición previa para cualquier ayuda procedente de la CE el establecimiento de una democracia pluralista (European Communities, 1975b: 71).

La radicalización del proceso revolucionario condujo a un congelamiento de las relaciones entre Portugal y la CE. Justo cuando el primer ministro Vasco Gonçalves fue reemplazado por el más moderado almirante José Pinheiro de Azevedo, la CE volvió a dialogar con funcionarios portugueses. Finalmente, los días 6 y 7 de octubre, el Consejo de Ministros acordó desembolsar 180 millones de ecus, incluidos créditos con tipos de interés bajos (Comunidades Europeas 1975c: 96).

Después del 25 de noviembre, la relación entre la CE y Portugal se hizo más fácil. La adopción de la Constitución el 2 de abril de 1976 fue un hito importante para incrementar la actividad bilateral entre la CE y Portugal.

Un problema importante fue que, después del proceso revolucionario, la economía portuguesa se había derrumbado. Portugal dependía en gran medida del apoyo de la Comunidad Europea. El 20 de septiembre de 1976 se firmó entre las dos partes el llamado Protocolo Financiero, que se aplicó durante un período de cinco años. El 8 de enero de 1977 se concedieron a Portugal unos 200 millones de ecus para estabilizar la economía (Nicholson y East, 1987: 240-241).

Finalmente, el 28 de marzo de 1977, Portugal presentó su solicitud de ingreso en la CE. Sin embargo, los Estados miembros estaban divididos sobre las perspectivas de una mayor ampliación, y algunos países, como los Países Bajos y Bélgica, querían primero consolidar y profundizar la CE antes de ampliarla (Frankfurter Allgemeine Zeit, 8 de febrero de 1977). La solicitud fue apoyada por los países de la Zona Europea de Libre Comercio, de la cual Portugal también era miembro. El 18 de mayo de 1978, la Comisión emitió una opinión positiva sobre las perspectivas de que Portugal se convirtiera en miembro de la CE. Un área problemática crucial fueron los problemas de ajuste que tendría el país al ingresar a la CE (Comunidades Europeas, 1978).

Las negociaciones comenzaron oficialmente el 19 de octubre de 1978; las negociaciones más sustanciales no comenzaron hasta 1980. Se firmaron protocolos adicionales que ampliaron también el apoyo financiero. Este apoyo fue esencial para la consolidación de las finanzas públicas (Nicholson y East, 1987: 243). Además, Portugal recibió dos créditos *stand by* del Fondo Monetario Internacional (FMI) en 1979-80 y 1983-4 e implementó dos paquetes de austeridad para consolidar la economía (Cravinho, 1986: 117-126).

En 1982 se modificó la constitución portuguesa, reduciendo completamente el poder de los militares en el sistema político. En particular, los poderes del presidente elegido directamente se redujeron considerablemente y el Consejo de la Revolución, que también tenía poderes de revisión constitucional, fue abolido y reemplazado por un Tribunal Constitucional. Esta importante revisión constitucional fue llevada a cabo por una coalición de centro derecha de tres partidos (Partido Socialdemócrata-PSD; CDS y el Partido Popular Monárquico-PPM) (Balsemao, 1986). Finalmente, la elección de Mário Soares como Presidente de la República portuguesa en 1986 completó el proceso de consolidación de la democracia portuguesa.

España: un suave apoyo de Europa al proceso de democratización

Durante el régimen autoritario del general Francisco Franco, en 1962, España intentó cerrar un acuerdo de asociación con la CE. Sin embargo, el llamado informe Birkelbach del Parlamento Europeo dejó claro que solo las democracias podían ser miembros de la Comunidad Europea. Esto se aplicó no solo a España, sino también a Turquía y Portugal (Assemblée Parlamentaire Européenne, 1962). Después de tres años de negociación, España firmó un acuerdo preferencial con la CE. Se firmaron más acuerdos con los nuevos Estados miembros. En 1973 y 1975 se celebraron nuevas negociaciones inconclusas sobre un nuevo acuerdo. La ejecución de miembros de la organización terrorista ETA provocó la ruptura de las relaciones económicas el 6 de octubre de 1975 (Nicholson y East, 1987: 214).

El 20 de noviembre de 1975, la muerte del dictador Franco lo cambió todo de la noche a la mañana. Su muerte abrió el camino hacia la democratización y la adhesión a la UE. El 28 de julio de 1977, el ministro español de Asuntos Exteriores, Oreja Aguirre, presentó la solicitud española de adhesión, que fue bien recibida por el Consejo de Ministros de Asuntos Exteriores el 20 de septiembre de 1977. El 20 de noviembre de 1978, el dictamen de la Comisión sobre la solicitud de adhesión de España fue positivo, pero mencionó problemas de ajuste para algunos sectores como la agricultura, la pesca o determinadas industrias. El dictamen destacó que la adhesión de Portugal y España estaba diseñada para fortalecer el proceso de democratización. Sin embargo, el hecho de que España sea un país más grande tendría implicaciones importantes para el marco institucional de la CE (CE, 1978b).

Las negociaciones formales comenzaron a principios de febrero de 1979, aunque Francia quería evitar una adhesión anticipada. El 27 de junio de 1979, el Vicepresidente de la Comisión Europea, L. Natali, visitó España y se reunió con las élites del país. Un día después, en un debate parlamentario, el Presidente Leopoldo Calvo-Sotelo dijo sobre el apoyo general a la CE: "porque es nuestro privilegio ser parte de Europa, y no debemos estar ausentes de donde se está perfilando su nuevo futuro unido".

La mayor oposición a la ampliación de la Península Ibérica provino del presidente francés Giscard D'Estaing, quien claramente veía a España como un competidor potencial en el sector agrícola. Las reservas francesas contribuyeron a que el Consejo de Ministros de Asuntos Exteriores de la CE, celebrado en Bruselas los días 21 y 22 de julio de 1980, se negara a respaldar una propuesta de la Comisión. El 1 de enero de 1983 debería ser la fecha objetivo oficial para la adhesión de Portugal y España, aunque prometió "negociaciones ininterrumpidas" para incorporar a los dos países a la Comunidad lo antes posible.

El primer ministro Calvo-Sotelo y el gobierno español continuaron sus esfuerzos para negociar una pronta entrada en la CE. En junio de 1981, el Presidente Calvo-Sotelo y François Mitterrand intentaron resolver las dudas francesas sobre las cuestiones agrícolas. Durante el Consejo Europeo de Londres de noviembre de 1981 tuvo lugar otra reunión, en la que ambas partes se comprometieron a llegar a una conclusión exitosa de las negociaciones de adhesión. A finales de diciembre, el Presidente de la Comisión, Gustav Thorn, expresó su apoyo incondicional a España como candidato a miembro de la Comunidad (Nicholson y East, 1987: 220-21).

A mediados de noviembre de 1983, el Presidente español, Felipe González, quiso formar una posición común con su colega portugués, Mário Soares, pero este último se negó. La razón principal fue que Portugal no quería que su adhesión se retrasara más debido a la resistencia de Francia contra la adhesión de España. A finales de 1982, la mayoría de los expedientes relacionados con la agricultura, la pesca, la asignación presupuestaria y la adaptación institucional aún no habían comenzado a negociarse o seguían sin terminar. A lo largo de 1983 y 1984 no se lograron muchos avances (The Economist, 18 de diciembre de 1982: 6).

Complicando la entrada de España en la CE estuvieron las exigencias de la Primera Ministra británica, Margaret Thatcher, que renegociaba la contribución financiera del país y pedía rebajas que le fueron concedidas en el Consejo Europeo de Fontainebleau de los días 25 y 26 de junio de 1984.

Finalmente, tras una conversación entre el Presidente del Gobierno español, Felipe González, y el Presidente francés, François Mitterrand, hubo acuerdo sobre el sector agrícola, por lo que en el Consejo Europeo del 29 y 30 de marzo se decidió la ampliación y España podría tener 29 sesiones de negociación con la Comunidad Europea.

La economía española se encontraba en una situación desesperada durante este período de adhesión. Ya en diciembre de 1978, el gobierno logró que los interlocutores sociales firmaran los Pactos de Moncloa que restringían los aumentos salariales y regulaban las relaciones laborales. A partir de 1981, España pudo conseguir financiación del Banco Europeo de Inversiones (BEI). Inicialmente se desembolsaron 200 millones de ecus para 1981 y 1982, pero pronto se concedieron más fondos a España como ayuda de preadhesión (Deubner, 1982).

Integración en la CE como protección del flanco sur de la Organización del Tratado del Atlántico Norte (OTAN)

Una de las principales razones por las que la CE estuvo tan comprometida con Portugal y España fue porque Estados Unidos temía que la popularidad de los partidos de izquierda en la periferia del sur de Europa debilitara el flanco sur de la Organización del Tratado del Atlántico Norte (OTAN). En la década de 1970, Estados Unidos estaba perdiendo la guerra de Vietnam y temía que varios países miembros de la OTAN se volvieran comunistas. La transición a la democracia en Grecia provocó una considerable protesta antiamericana debido al apoyo de Estados Unidos a la junta militar autoritaria. En Italia, el Partido Comunista quedó en segundo lugar después de la dominante Democracia Cristiana.

Aunque España no formaba parte de la OTAN, trabajó estrechamente con ella. La transición a la democracia fue un factor importante de inseguridad. Por último, el peor caso fue Portugal, debido al proceso revolucionario. El Partido Comunista fue muy activo en la colonización de las estructuras del Estado. Entre julio de 1974 y agosto de 1975 estuvieron más o menos a cargo. De septiembre a noviembre de 1975 desestabilizaron el país en las calles. Sabemos que Estados Unidos estuvo muy involucrado en el sur de Europa, particularmente en Portugal. La documentación publicada recientemente muestra la fuerte participación de Estados Unidos en el apoyo a las fuerzas moderadas en el ejército y entre los partidos políticos contra el dominio de los comunistas.

Un papel crucial fue desempeñado por el líder socialista Mário Soares, que contaba con el apoyo financiero y logístico de la CIA, los servicios secretos estadounidenses, en su oposición a los comunistas y a los elementos radicales del MFA (Gomes y Sá, 2008). Esta canalización de fondos se realizó a través de fundaciones políticas alemanas, en particular la Fundación Friedrich Ebert del Partido Socialdemócrata de Alemania (SPD). Sabemos también que el SPD también participó en España, apoyando al Partido Socialista Obrero Español (PSOE) (Eisfeld, 1984: 131-2; Muñoz-Sánchez, 2012).

El flanco sur se convirtió entonces en un imperativo para los EE.UU., pero también para la CE. En este sentido, la alianza occidental tuvo un impacto importante en la transición democrática en los dos países. Durante los gobiernos de Vasco Gonçalves (julio de 1974-agosto de 1975), a los comunistas portugueses se les prohibió participar en las reuniones de la OTAN. Es probable que Estados Unidos estuviera involucrado en el contragolpe del 25 de noviembre de 1975 apoyando al coronel Ramalho Eanes.

La pertenencia a la OTAN fue aún más controvertida en España. En 1981, el tratado militar con Estados Unidos firmado en 1976 debía renovarse. Había una presión creciente por parte de Estados Unidos para que España se uniera a la OTAN. Calvo-Sotelo consiguió la aprobación del parlamento para unirse a la OTAN el 10 de diciembre de 1981 (Rodrigo, 1995: 58).

Sin embargo, el PSOE ganó las elcciones de octubre de 1982 y anunció que pondría fin a la membresía en la OTAN. Sin embargo, más tarde, más cerca de la fecha de ingreso en la CE, suavizó el tono radical al prometer un referéndum sobre la membresía después de las elecciones legislativas de 1986. En marzo de 1986 se celebró ese referéndum. Sorprendentemente Felipe González y el gobierno de mayoría absoluta socialista hicieron campaña para permanecer. El resultado final fue un 52,5 por ciento a favor de permanecer en la OTAN y un 39,8 por ciento en contra (Rodrigo, 1995: 63). Desde entonces, tanto Portugal como España han sido miembros leales de la OTAN.

En resumen, razones geoestratégicas y democráticas jugaron un papel importante para que la CE desempeñara un papel decisivo en la configuración de los procesos de democratización en Portugal y España.

CONCLUSIONES: LOS ORÍGENES DE LA PROMOCIÓN INTERNACIONAL DE LA DEMOCRACIA POR PARTE DE LA CE

Esta contribución busca destacar que la mayoría de los estudios están equivocados acerca de los orígenes de la promoción internacional de la democracia por parte de la CE. En realidad, la transición a la democracia en el sur de Europa en la década de 1970 fue un primer paso importante hacia la promoción internacional de la democracia. Aunque la evaluación y el seguimiento del acceso a la membresía fueron mucho más suaves, crearon una riqueza importante de medios para apoyar a las nuevas democracias necesitadas. La exitosa transición a la democracia en el sur de Europa impulsó también la tercera ola de democratización, que, como una ficha de dominó, derribó muchos regímenes autoritarios y totalitarios en todo el mundo.

Después de 1989, la CE/UE emprendió nuevamente un importante esfuerzo de democratización en Europa central y oriental. Muchas lecciones aprendidas de la experiencia ibérica podrían aplicarse ahora a 13 países. Es esta sociología del conocimiento de una tecnología externa de democratización lo que hace que valga la pena volver a estudiar los casos portugués y español.

Referencias

Álvarez-Miranda, B. (1996). El sur de Europa y la adhesión a la Comunidad: Los debates políticos. Madrid: Centro de Investigaciones Sociologicas.

Arango, R. E. (1995). Spain. Democracy Regained. Second Edition. Boulder: Westview Press.

Assemblée Parlementaire Européenne. (1962). Rapport fait au nom de la commission politique sur les aspects politiques et institutionnels de l'adhésion ou de l'association à la Communauté par M. Willi Birkelbach Rapporteur (19 December 1961). S.l: Services des publications des Communautés européennes, 15.01.1962, Documents de séance 1961-1962, Document 122, section II.3.

Balsemao, F. (1986). The Constitution and Politics: Options for the Future. En K. Maxwell (Ed.), Portugal in the 1980s. Dilemmas of Democratic Consolidation (pp. 197-232). New York: Greenwood Press.

Carothers, T. (2004). Critical mission. Essays on democracy promotion. Washington, DC: Carnegie Endowment for International Peace.

Deubner, C. (1982). Spanien und Portugal. Der unsichere Konsens. Der Beitritt zur EG als soziales und innerpolitisches Problem. Baden-Baden: Nomos Verlagsgesellschaft.

European Communities. (1974a). Bulletin of the European Communities, nr.5. Luxembourg: Office of the Official Publications of the European Communities.

European Communities. (1974b). Bulletin of the European Communities, nr.6. Luxembourg: Office of the Official Publications of the European Communities.

European Communities. (1975a). Bulletin of the European Communities, nr.2. Luxembourg: Office of the Official Publications of the European Communities.

European Communities. (1975b). Bulletin of the European Communities, nr.7-8. Luxembourg: Office of the Official Publications of the European Communities.

European Communities. (1975c). Bulletin of the European Communities, nr.10. Luxembourg: Office of the Official Publications of the European Communities.

European Communities. (1978a). Opinion of the Accession Application of Portugal. In: Bulletin of the European Communities nr. 7-8. Supplement. Luxembourg: Office of the Official Publications of European Communities.

European Communities. (1978b). Opinion of the Accession Application of Spain. In: Bulletin of the European Communities nr. 9. Supplement. Luxembourg: Office of the Official Publications of European Communities.

Gomes, B., y Sá, T. M. (2008). Carlucci vs. Kissinger. Os EUA e a Revolução Portuguesa. Lisboa: Dom Quixote.

Huntington, S. P. (1991). The third wave. Democratization in the late twentieth century. 1. ed. Norman: Univ. of Oklahoma Press (Julian J. Rothbaum distinguished lecture series, 4).

Magone, J. M. (1996). The changing architecture of Iberian politics (1974-1992). An investigation on the structuring of democratic political systemic culture in semiperipheral southern European societies. Wien, Univ., Diss. Lewiston, NY: Mellen Univ. Press.

Magone, J. M. (2006). The new world architecture. The role of the European Union in the making of global governance. New Brunswick, NJ: Transaction Publishers.

Milward, A. S. (1984). The Reconstruction of Western Europe 1945-51. London: Routledge.

Mitchell, L. A. (2016). The democracy promotion paradox. Washington, D.C.: Brookings Institution Press.

Muñoz-Sánchez, A. (2012). El amigo alemán. El SPD y el PSOE de la dictadura a la democracia. Barcelona: RBA.

Nicholson, F., y East, R. (1987). From the Six to the Twelve. The Enlargement of the European Communities. London: Longman.

Packenham, R. A. (1973). Liberal America and the Third World. Political Development Ideas in Foreign Aid and Social Science. Princeton: Princeton University Press.

Prego, V. (2000). Presidentes: Veinticinco años de historia narrada por los cuatro jefes de gobierno de la democracia. Barcelona: Plaza & Janes.

Pridham, G. (1995). The International Context of Democratic Consolidation: Southern Europe in Comparative Perspective. En R. Gunther, P. N. Diamandouros, y H.-J. Puhle (Eds.), The Politics of Democratic Consolidation. Southern Europe in Comparative Perspective (pp. 166-203). Baltimore and London: John Hopkins University Press.

Smith, T. (2012,1994). America's Mission. The United States and the Worldwide Struggle for Democracy. Princeton, Oxford: Princeton University Press.

The Economist. (2021). Democracy Index 2020. In sickness and in health? London: The Economist Intelligence Unit.

Whitehead, L. (2001). Democratic Regions, Ostracism, and Pariahs. En L. Whitehead (Ed.), The International Dimension of Democratization: Europe and the Americas (pp. 395-412). Oxford: Oxford University Press.

Capítulo 16

Preparando las elecciones parlamentarias en un autoritarismo electoral: Las elecciones rusas de la Gosduma *de septiembre de 2021*[1]

MAURIZIO COTTA

EL INESTABLE EQUILIBRIO DEL AUTORITARISMO ELECTORAL

El fenómeno de los regímenes "híbridos", como los autoritarismos electorales que combinan características autoritarias y elecciones parcialmente competitivas, ha estado bajo la lente de los politólogos desde hace mucho tiempo (Bogaards 2009, Diamond, 2002, Levitsky y Way, 2010, Morse, 2012, etc.). La configuración peculiar y mixta de estos regímenes responde a su necesidad de combinar una autoridad política sin restricciones con algunos elementos de legitimidad popular (Cotta, 2020). Un grado de legitimidad popular puede verse como un "economizador" de herramientas de poder más desnudas y costosas. La necesidad de mantener o introducir instituciones y mecanismos de representación democrática (por limitados que sean) puede estar vinculada también a contingencias políticas: ya sea porque dicho régimen es el resultado de una transición democrática interrumpida y sería demasiado costoso abolir las instituciones democráticas establecidas durante este proceso; o, alternativamente, porque un régimen autoritario ha decidido en un momento de crisis introducir un mínimo de democracia para enfrentar el descontento popular y controlar a los oponentes potenciales.

Cualesquiera que sean los procesos específicos que han dado lugar a tal situación híbrida, la combinación de elementos heterogéneos implica necesariamente cierta cantidad de tensión interna. Fácilmente podemos suponer que el líder y su círculo de poder no pretenden someter su autoridad a un juicio abierto y justo por parte de los votantes; al mismo tiempo, las elecciones, para cumplir con su propósito legitimador, no deben ser

---

1 Título original: *Preparing for parliamentary elections in an electoral authoritarianism. Russian* Gosduma *elections of September 2021*. Traducción de José Real-Dato. El trabajo se redactó en noviembre de 2021.

totalmente falsas. Por lo tanto, existe cierto riesgo de que las elecciones produzcan resultados inesperados. Por un lado, el régimen utilizará todos los instrumentos represivos y manipuladores que controla para estabilizar su control sobre el poder estatal. Por otro lado, tendrá que permitir cierto grado (limitado) de libertad y la(s) oposición(es) intentarán explotarlo. El régimen se enfrenta así a la necesidad de mantener un firme control sobre el proceso democrático sin privarlo por completo de su legitimidad.

Entre elecciones, si las cosas funcionan "bien", el régimen no tiene que enfrentarse a muchos problemas dentro de las instituciones "democráticas" existentes. En el parlamento, el partido hegemónico suele controlar una gran mayoría, y la mayoría de los miembros de la oposición admitidos son fáciles de manipular. Los desafíos pueden provenir de manifestaciones masivas que pueden haber sido provocadas por malas políticas gubernamentales. Contra esto, el régimen tiene instrumentos especiales (represivos) y puede contar con la pasividad (y el miedo) de la mayoría de los ciudadanos. Las elecciones son un momento más crítico, ya que tienen que mostrar cierto grado de democracia y dejar cierto espacio a las oposiciones[2].

Antes de profundizar en este punto, también debemos prestar atención a los arreglos institucionales adoptados, ya que pueden influir en cierta medida en el desarrollo del "juego". Con mucha frecuencia, la forma institucional adoptada en tales regímenes es presidencial o semipresidencialista. Esto significa que hay elecciones separadas, por un lado, para el jefe de estado (muy poderoso) y, por otro lado, para el parlamento (menos poderoso); la realización de dos elecciones separadas (una monocrática, la otra colectiva) conlleva problemas diferentes. Por el contrario, si la fórmula institucional adoptada fuera parlamentaria, solo habría un tipo de elección a tener en cuenta. Pero esta situación es poco común en los regímenes híbridos.

El modelo presidencial o semipresidencial implica que en las elecciones presidenciales, el líder del régimen participará directamente con su persona en la competencia electoral. Desafiar frontalmente al líder es una tarea casi imposible para las oposiciones, pero en las elecciones parlamentarias la presencia del líder será solo indirecta: uno o más partidos participarán e

---

2 El autor utiliza repetidamente el término 'oposiciones', en plural, y no el genérico de 'oposición', para subrayar la diversidad de las mismas. Aquí se ha optado por mantener dicha utilización, si bien en español suele ser más habitual utilizar el singular genérico (N. del T.).

indirectamente lo "representarán" en la competición. La imagen popular y los ratings del "partido o partidos del régimen", que pueden no coincidir exactamente con los del líder (de hecho, generalmente son menos positivos), jugarán así un papel significativo en el resultado electoral. Las elecciones parlamentarias pueden, por tanto, proporcionar algunos elementos relevantes para juzgar el estado del régimen y el apoyo popular a sus componentes.

EL DELICADO MOMENTO DE LAS ELECCIONES

Como se anticipó, las elecciones son uno de los momentos más críticos para el equilibrio de un régimen híbrido. Salvo que sean totalmente manipuladas y falsificadas como ocurre en regímenes totalmente autoritarios y totalitarios —pero no es el caso en un autoritarismo electoral que quiere mantener una apariencia de democracia— las elecciones generan algún riesgo para el régimen y alguna oportunidad para la oposición. El régimen quiere obtener una victoria clara que confirme su apoyo popular y una derrota de la oposición en la que se haga evidente su marginalidad e irrelevancia. En el frente opuesto, las oposiciones que no están completamente capturadas por el régimen quieren aprovechar esta oportunidad, si no para obtener una victoria, al menos para exponer las debilidades del régimen y aumentar su apoyo.

Las elecciones implican, pues, un doble juego que se juega con diferentes objetivos y diferentes medios. Salvo graves errores de cálculo por parte de los detentadores del poder —que a veces suceden (véase el caso del plebiscito chileno de 1988 cuando Pinochet fue derrotado por la oposición democrática)— el régimen no será derrotado. Sin embargo, su victoria podría ser menos clara de lo esperado y la oposición podría anotar algunos puntos.

¿Cuáles son, entonces, los instrumentos que las dos partes pueden utilizar en el juego electoral? Del lado del régimen hay disponible una variedad de instrumentos, algunos de ellos más abiertos y brutales, otros de carácter más sutil. Sin embargo, existen algunas limitaciones: se deben ganar las elecciones, pero al mismo tiempo se debe mantener cierta apariencia de regularidad. Un "buen" resultado para el régimen es cuando el partido o partidos que lo apoyan obtienen un alto porcentaje y esto se puede lograr sin manipulaciones demasiado visibles; un "mal resultado" cuando se dan las condiciones opuestas.

¿Cuáles son los instrumentos para ganar de "buena" o de "mala" manera? El control de los medios es obviamente uno de los más importantes.

Los principales canales de televisión estarán presumiblemente bajo estricta vigilancia del régimen y solo permitirán un espacio limitado o nulo a la oposición. Lo mismo se aplicará a los periódicos más leídos. El régimen también aplicará fuertes limitaciones a las manifestaciones públicas de la oposición (el período COVID ofreció algunas buenas excusas). Las normas electorales, tales como las restricciones legales o administrativas a la participación de los partidos y candidatos a las elecciones, también pueden ser utilizadas contra las oposiciones. La presencia (y el aliento y apoyo subterráneos a los círculos gobernantes) de oposiciones manipuladas puede utilizarse para confundir a los votantes y restar apoyo a las oposiciones "reales". También se pueden implementar instrumentos más fuertes, como procesos judiciales injustos y detenciones ilegales contra líderes de la oposición. Y, por supuesto, la manipulación de papeletas electorales es otro instrumento del que el régimen no se abstendrá, particularmente en áreas periféricas donde los controles externos son más débiles.

Sin embargo, algunos de estos instrumentos pueden ser contraproducentes si se usan sin precaución. Podrían atraer protestas internacionales y también reacciones negativas entre la población. El "precio" de los diferentes instrumentos varía: algunos son más costosos que otros (y los costos pueden ser costos internacionales o internos).

Las oposiciones, por su parte, pueden utilizar el espacio limitado que se permite durante la campaña electoral en los medios oficiales, pero siempre que sea posible, utilizarán principalmente medios en línea no oficiales que están controlados con menor eficacia. Varios canales de Internet (Telegram, Youtube, Facebook, etc.) pueden desempeñar un papel importante. Las manifestaciones y reuniones políticas también podrán obtener mayor espacio durante las campañas electorales. La oposición también puede beneficiarse de la atención internacional y la presencia de observadores internacionales, pero enfrentará dificultades para financiarse y reclutar candidatos (por temor a represalias). Las divisiones entre oposiciones más moderadas y más extremas a menudo debilitan sus acciones. Una hábil estrategia de *divide et impera* puesta en marcha por el régimen es uno de los obstáculos más fuertes para las oposiciones. Participar en las elecciones o boicotearlas es un dilema que, a menudo, las divide. También para las oposiciones, los costos de los diferentes instrumentos varían significativamente.

RUSIA: LAS ELECCIONES A LA DUMA ESTATAL DE SEPTIEMBRE DE 2021

En septiembre de 2021 tuvieron lugar elecciones nacionales en Rusia para la Duma Estatal (*Gosduma*), la primera y más importante cámara del parlamento ruso. Hay algunas buenas razones para dedicar una atención específica a este evento. En primer lugar, Rusia es hoy un claro caso de autoritarismo electoral, y las elecciones ponen de manifiesto su evolución a través de diferentes niveles de hibridez, como bien lo demuestran las características y resultados de las distintas vueltas electorales. En segundo lugar, las elecciones de 2021 tuvieron lugar en un momento delicado para el régimen.

A lo largo de la historia postsoviética de Rusia, las elecciones han mostrado niveles variables de competitividad. Las elecciones presidenciales hasta el año 2000 mostraron un aceptable nivel de competitividad, obteniendo el ganador poco más del 50%. A partir de 2004 el porcentaje del candidato del régimen siempre fue superior al 70% (excepto en 2012, cuando Putin obtuvo solo el 63%), lo que demuestra que la competitividad se ha visto obstaculizada.

Las elecciones parlamentarias muestran aún más claramente los diferentes niveles de control del régimen. Con el tiempo, los resultados del principal partido del régimen —1999: 23% (*Unidad*); 2003: 37,6% (*Rusia Unida*, RU); 2007: 64% (RU); 2011: 49% (RU); 2016: 54% (RU)— indican que cuando se mantiene un mínimo de libertad electoral ganar la mayoría del voto popular por un partido del régimen es menos fácil que por un candidato presidencial.

Es evidente que el control de la Duma se obtuvo en el pasado con la ayuda de una variedad de instrumentos más o menos ortodoxos: el sistema electoral y el papel de la "oposición sistémica" fueron particularmente importantes, si bien también lo fueron la intimidación de la oposición y el fraude.

El sistema electoral mixto, que prevé que la mitad de los escaños se asignen mediante un sistema de mayoría simple (*first past the post*, FPTP), permite que el partido mayoritario (suponiendo que sea el partido del régimen) mejore significativamente sus resultados en comparación con los obtenidos en la mitad proporcional. Con una oposición fragmentada, los escaños del FPTP son una herramienta crucial para ganar sin demasiado esfuerzo una (gran) mayoría en la Duma.

La presencia de partidos de la llamada "oposición sistémica" también fue en elecciones pasadas un instrumento importante: por un lado, para mostrar la existencia del pluralismo y, por otro lado, para dividir el campo de la oposición y tener una oposición que nunca desafiara realmente al régimen.

Cierto nivel de fraude electoral también ha sido parte del juego. Se puede encontrar una amplia prueba comparando encuestas y sondeos a boca de urna: en 2016, los resultados de las encuestas para RU fueron de, al menos, 6 a 8 puntos porcentuales por debajo de los resultados oficiales. Varios estudios (matemáticos) más sofisticados han proporcionado más pruebas de fraude electoral (Enikolopov, Korovkin, Petrova, Sonin y Zakharov, 2013; Rundlett y Svolik, 2016). Posiblemente no fue tan extenso ya que otros medios (políticamente más baratos) fueron suficientes para obtener el resultado deseado.

En este marco cobran especial interés las elecciones parlamentarias de 2021, al tener lugar en un momento crucial para el régimen, en el que el problema de la continuidad de Putin en el poder se ha agudizado. La perpetuación del liderazgo y, en su caso, el traspaso a un nuevo "líder de continuidad" es un momento delicado para cualquier régimen autoritario que no tenga procedimientos bien definidos para este fin. La sucesión, desde el punto de vista del titular del poder, debe en todo caso asegurar que el presidente saliente esté protegido contra posibles ataques judiciales a su persona o a sus bienes. Por lo tanto, un sucesor debe ser cuidadosamente elegido y preparado (ver, por ejemplo, la sucesión entre Yeltsin y Putin). En ambos casos (perpetuación o transferencia de liderazgo) la mayoría parlamentaria es importante para aumentar la legitimidad del proceso. Pero hoy es menos fácil de conseguir al no gozar el partido del presidente de muy buena salud.

A esto habría que añadir el factor Bielorrusia: la imagen negativa de Bielorrusia, donde en 2019 un resultado electoral groseramente manipulado desencadenó grandes protestas de la oposición, probablemente pesaba mucho a los ojos de los habitantes del Kremlin.

Finalmente, en 2024, con la finalización de su cuarto mandato como presidente y dos mandatos como primer ministro, Putin, a la edad de 72 años, habrá estado al frente de Rusia durante 24 años. La Constitución rusa original, con su límite de dos mandatos seguidos (art. 81.3), habría puesto fin al reinado de Putin en 2024, a menos que repitiera el incómodo escamoteo de 2008, cuando asumió el cargo de primer ministro e hizo instalar a Medvedev como presidente de fachada. Usar este truco nuevamente en

2024, con Putin en el poder durante tantos años, además de no ser muy elegante, implicaría el riesgo de alentar a un competidor.

Que la preservación de la continuidad del régimen se había convertido en un problema real se hizo evidente en 2020, cuando Putin propuso una revisión amplia de la Constitución y la Duma y un referéndum que los problemas de la pandemia de la Covid no lograron impedir.

Como las normas constitucionales anteriores parecían insuficientes para asegurar la continuidad del régimen, la reforma constitucional aprobada en 2020, además de reforzar el tono "nacionalista" de varios artículos (Sadowski, 2021) y restringir el acceso de los ciudadanos a la Corte Constitucional, ha permitido al presidente titular postularse para más mandatos. La nueva versión del artículo 83, restringe, por un lado, el número de mandatos a dos (ahora sin la cláusula "consecutivos") pero, al mismo tiempo, establece que un nuevo cómputo se inicia con la constitución revisada. Por lo tanto, Putin puede volver a ser candidato en 2024 y, eventualmente, postularse para dos mandatos más. Un Consejo de Estado fortalecido (art. 83), una institución no mencionada anteriormente en la Constitución, podría ser otro instrumento para asegurar una posición de influencia a Putin en caso de que no quisiera volver a competir como presidente.

Las nuevas normas constitucionales son un importante instrumento de continuidad del régimen, pero no son suficientes. También se requiere el apoyo del parlamento. Hasta ahora, el partido del presidente, Rusia Unida, pudo obtener una "mayoría constitucional", pero tal resultado parecía bastante improbable en 2021, e incluso una mayoría simple, según un documento estratégico interno de RU Moscú, habría requerido una campaña grosera y de manos libres, especialmente en Moscú, donde se esperaba que RU no obtuviera más del 20% de los votos (Meduza, 2021a). Si bien se aseguró la continuidad del control de Putin en el poder, hubo algunos signos de fatiga de este largo mandato y, por lo tanto, las elecciones parlamentarias de 2021 se han convertido en una prueba crucial para el régimen, pero también para la oposición.

GESTIONANDO Y OPONIÉNDOSE A LAS ELECCIONES

Podemos abordar esta competición política desde dos lados opuestos: el régimen y la oposición. El primer actor tiene muchas herramientas importantes a su disposición y, si las necesita, no se abstendrá de usarlas, a menos que resulten demasiado costosas.

Como se mencionó anteriormente, la primera herramienta legal, que ya existe desde hace algunos años, es el sistema electoral. Se trata de un sistema mixto que establece un número igual de escaños proporcionales y mayoritarios. La primera categoría de escaños obviamente favorece a los grandes partidos, y en elecciones pasadas, gracias también a la fragmentación de las oposiciones, la RU pudo explotar plenamente esta ventaja. En 2016, por ejemplo, con el 48% de los votos en los distritos uninominales, la RU pudo ganar 203 de los 225 escaños (90%). En las circunscripciones plurinominales, con el 54% de los votos, obtuvo solo 140 de 225 (62%).

Menos importante, pero no irrelevante, es el umbral nacional del 5% requerido para participar en la distribución de escaños a nivel regional. De hecho, ha excluido del Parlamento tanto en 2011 como en 2016 a *Yabloko*, uno de los partidos de oposición menos controlados y tradicionales.

Las reglas sobre candidaturas y participación de los partidos en las elecciones también ayudan a contener a la "oposición no sistémica". Dada la falta de independencia del poder judicial y de las autoridades administrativas, no es demasiado difícil excluir a candidatos individuales por (presuntas) violaciones legales. En cuanto a los partidos, el número de firmas requeridas y la posibilidad de invalidar muchas firmas también pueden utilizarse para excluir de la competencia a un partido o candidato peligroso. Este instrumento fue ampliamente utilizado recientemente para las elecciones de 2019 del Concejo Municipal de Moscú (Novaya Gazeta, 2019), cuando la mayoría de los candidatos independientes fueron rechazados por la comisión electoral debido a (supuestas) firmas irregulares.

La ley de "agentes extranjeros" es otra herramienta que afecta indirectamente a las oposiciones. Fundaciones, asociaciones, personas que apoyan a la oposición (pero también centros de investigación como el respetado centro de encuestas Levada) han sido golpeados por este estigma (que tienen que repetir al pie de cada declaración pública) y que, al manchar su imagen, reduce su papel potencial en las campañas electorales.

Cuando se trata del día de las elecciones, la movilización de los empleados estatales es un instrumento apreciado para llevar a las urnas a (supuestamente) simpatizantes del partido de gobierno. Asimismo, los candidatos saboteadores y los partidos saboteadores también pueden utilizarse para fragmentar a la oposición (el partido Rusia Justa fue un ejemplo de ello en el pasado). Finalmente, como ya ha ocurrido antes (Enikolopov, Korovkin, Petrova, Sonin y Zakharov, 2013), se puede esperar que exista cierto grado de fraude cuando se cuentan las papeletas.

El régimen cuenta así con una amplia gama de instrumentos. Para las elecciones de 2021 comenzó a utilizar algunos de ellos meses antes del inicio de la campaña electoral mientras que otros se pusieron en marcha al acercarse la jornada electoral y antes de publicarse los resultados finales. También se endureció progresivamente el control sobre las redes sociales para debilitar su uso por parte de la oposición.

En el lado de la oposición, ¿qué herramientas estaban disponibles y qué estrategia se podía diseñar? El primer punto que hay que tener en cuenta es que las oposiciones tienen serios problemas de comunicación y financiación: están excluidas de los medios más vistos o leídos (televisión nacional, periódicos) y tienen grandes dificultades para recaudar dinero. Las oposiciones obviamente esperaban capitalizar el descontento de los ciudadanos rusos con el actual estado (económico) de las cosas. Las encuestas de opinión sugieren que existía un gran porcentaje de personas que no estaban contentas con Putin, un descontento que era mayor aún con el gobierno y con el estado del país (ver, por ejemplo, las encuestas realizadas por el Centro Levada o por VSIOM).

Sin embargo, la oposición se encontraba con serios problemas para traducir esto en un éxito electoral. En primer lugar, porque gran parte del descontento se canalizaba hacia el abstencionismo electoral, que no había dejado de aumentar (la participación en las elecciones parlamentarias pasó del 63,7 % en 2006 al 60,2 % en 2011 y al 47,9 % en 2016). Este es un problema particularmente grave para las oposiciones no sistémicas. El escepticismo sobre su posibilidad de lograr un avance electoral reduce aún más las posibilidades de los verdaderos partidos de oposición.

Otro problema es la división entre oposiciones. Se detectan al menos tres componentes: 1. La llamada oposición "sistémica" formada por partidos que realmente no desafían al régimen de Putin (el Partido Liberal-Demócrata, el Partido Comunista, Una Rusia Justa) y han encontrado un *modus vivendi* con el régimen; 2. La oposición tradicional, que existe desde hace algún tiempo, es muy crítica con el régimen, pero no utiliza medios no convencionales y está representada principalmente por los liberales de *Yabloko*; 3. La oposición no convencional o no sistémica que ha surgido principalmente de mítines y manifestaciones populares en los últimos años y que hoy está dirigida por Alexei Navalny y sus asociados. La división entre las oposiciones, más o menos encubiertamente alentada por el régimen, obviamente favorece al partido del régimen, particularmente en los distritos uninominales.

Hasta ahora no ha sido posible una verdadera coalición entre los opositores. El intento más fuerte de superar la debilidad de la oposición fue realizado por Navalny y su equipo con la llamada herramienta de "votación inteligente", mediante la cual se alentaba a los votantes insatisfechos a concentrar sus votos en los candidatos de oposición potenciales más fuertes para derrotar a los candidatos de RU. Sobre el principio de 'cualquiera menos RU', esta estrategia se basaba fundamentalmente en las nuevas redes sociales (Telegram, Youtube, etc.) a través de las cuales se facilitaba a los votantes los nombres de los opositores de RU mejor situados en los diferentes distritos. Sin embargo, esta estrategia fue fuertemente cuestionada por algunos componentes de la oposición (en particular, *Yabloko*), ya que la elección de los oponentes mejor posicionados a menudo terminaba eligiendo a miembros de la oposición sistémica.

Las reuniones no autorizadas son otro instrumento propuesto por la oposición no sistémica: debido a las estrictas normas administrativas, este instrumento expone a los participantes a elevadas multas y arrestos. Debido a los costos personales y colectivos tan altos, han crecido las disensiones entre los opositores también sobre la adopción de esta estrategia. Un artículo del Código Penal (el 151.2) que condena la incitación a involucrar a menores en la comisión de actos ilegales, como participar en reuniones no autorizadas, ha llegado a ser ampliamente utilizado por el régimen para bloquear a los medios de comunicación de oposición simplemente por mencionar mítines y reuniones.

La falta de unidad es obviamente un problema importante para las oposiciones. A menos que se supere, el impacto de la oposición se debilita seriamente. La capacidad de seleccionar candidatos calificados puede ser una herramienta importante, particularmente en vista de la baja calidad de los candidatos de RU. Pero los candidatos de la oposición serán vulnerables a los instrumentos administrativos utilizados por el poder central para excluirlos de la competencia.

Dada la importancia estratégica de las elecciones de 2021 para ambas partes, algunos eventos especiales adquirieron un significado especial y fueron explotados desde esta perspectiva. Está bastante claro que los acontecimientos en Bielorrusia jugaron un papel en esta campaña electoral. El resultado de las elecciones presidenciales de agosto de 2020 en el país vecino, siendo ampliamente disputado por la población, evocó en la mente del líder ruso el fantasma de otra revolución de color como la que había ocurrido en Ucrania y otros lugares contra líderes autoritarios, y reforzó la determinación de evitar cualquier situación en la que se pueda replicar una situación similar.

Además de este ejemplo internacional, un desafío interno muy visible se estaba desarrollando en Rusia mucho antes de las elecciones a la Duma. Fue el desafío lanzado por el líder opositor Navalny. Debido al alto nivel de personalización y visibilidad, lo llamaré "el duelo".

EL DUELO

El duelo Navalny/Putin fue un episodio especial pero crucial de esta campaña electoral. La "política del cuerpo" fue un aspecto central de este duelo a vida o muerte. La victoria de uno fue (casi) la muerte del otro. Y en este caso, "muerte" tomó un significado muy realista. Navalny escapó una vez de la muerte física real y aún puede ser un riesgo en el futuro cercano en las cárceles del régimen. Para Putin el resultado sería, si Navalny pudiera ganar, no la muerte física, pero sí la muerte política y, posiblemente, legal (y financiera).

Después del asesinato en 2015 de Boris Nemtsov, el entonces principal líder de la oposición, Navalny emergió como la principal figura de la oposición que llevó a un nuevo nivel el desafío de la oposición no sistémica al régimen. De hecho, el duelo comenzó mucho antes de la campaña electoral para las elecciones de Duma 2021. Aquí se resumen brevemente los momentos principales del duelo.

- 2017: comienza la campaña contra la corrupción de Medvedev.
- 2018: Navalny se postula para Presidente, pero su participación es impedida por razones judiciales.
- 2018: se lanza el proyecto de *votación inteligente* (Умного голосования).
- 2019: elecciones a la Duma de Moscú. Navalny, como muchos otros candidatos independientes, está excluido de postularse. *La votación inteligente* se aplica en Moscú.
- 2020: se aplica el *voto inteligente* en las elecciones locales. Divisiones entre los opositores (véanse las fuertes críticas de Grigory Yavlinski, líder de *Yabloko*) sobre esta táctica, pero que tuvo éxito en un número significativo de casos[3].

[3] Sobre los efectos del voto inteligente, véase Bol´shakov y Perealov (2020a; 2020b).

- Agosto de 2020: envenenamiento de Navalny en Tomsk. Navalny es trasladado a Alemania para recibir tratamiento.
- Diciembre de 2020: se encuentran y publicitan pruebas sobre el papel del FSB (Servicio de Seguridad Federal ruso) en el envenenamiento.
- Enero de 2021: regreso de Navalny a Rusia. Detención.
- Marzo de 2021: Prisión y tortura "ligera". Campaña por la liberación de Navalny (la meta de 500000 *clics en línea* establecida antes del lanzamiento de una manifestación "Free Navalny").
- 16 de abril: La campaña de *clics* ha alcanzado los 439000 me gusta; Las autoridades de seguridad registran el *Fondo Anticorrupción* (FBK) y lo declaran organización extremista.
- 19 de abril: los asociados de Navalny convocan reuniones en más de 100 ciudades rusas para pedir su libertad.
- 21 de abril: discurso de Putin al país; reuniones "Free Navalny" en al menos 70 ciudades. Represión limitada en Moscú; mucho más fuerte en San Petersburgo y otros lugares.
- 26 de abril: un tribunal de Moscú examina las acusaciones contra FBK como organización extremista. La decisión se hace firme el 4 de agosto de 2021.
- 26 de mayo: la Duma aprueba una ley que prohíbe la participación en todos los niveles de las elecciones a personas que hayan apoyado o colaborado con "organizaciones extremistas" (la ley es ratificada por la Cámara alta y firmada por el Presidente).

El "duelo" muestra la dramática escalada del conflicto entre el régimen y esta nueva oposición. A pesar de los grandes esfuerzos realizados por Navalny y sus asociados, el régimen pudo limitar el impacto de esta campaña. El uso sistemático de medios represivos judiciales, administrativos y policiales impidió que las protestas crecieran como una bola de nieve. Al final, el impacto sobre la opinión pública general de Navalny siguió siendo limitado.

¿CÓMO SE DESARROLLARON LAS COSAS ANTES DEL DÍA DE LAS ELECCIONES?

En la primavera de 2021, las previsiones aún mostraban una gran incertidumbre con respecto a los resultados electorales (Gráfico 1). Incertidumbre no tanto sobre la capacidad de Rusia Unida para obtener una mayoría en la Duma (gracias a los escaños del FPTP), sino sobre su capacidad para obtener una mayoría de votos en la mitad proporcional de la votación (y una puntuación comparable a la anterior) y alcanzar la "mayoría constitucional" de dos tercios de los escaños de la Duma que permite cambios en la Constitución. El régimen estaba destinado a ganar, pero ¿cuán limitada y costosa iba a ser su victoria?

Gráfico 1. Pronósticos electorales (Levada Centre-Moscú): Los cuatro grandes

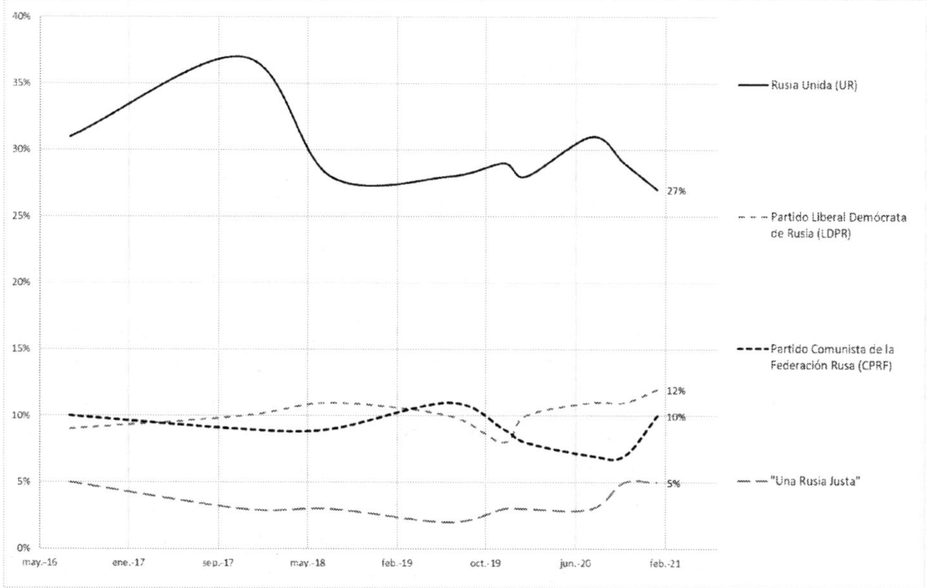

Nota: ¿Por cuál de estos partidos votaría, o iría a las urnas, estropearía y se llevaría su papeleta?; Porcentaje de los que han decidido votar o anular la papeleta.
Fuente: Levada Center (https://www.levada.ru/en/2021/03/18/electoral-party-ratings/).

Las perspectivas electorales eran bastante negativas para el partido del régimen, y en la primavera de 2021 había mucho miedo en el campo del régimen y esperanzas en la oposición. La consecuencia fue un endurecimiento progresivo de las medidas antioposición en los meses siguientes. Especial atención merece lo ocurrido en materia de procesos administrativos y penales contra potenciales candidatos de la oposición y organizaciones o medios vinculados a ella, pues iba a afectar gravemente el campo electoral.

En julio de 2021 la presión sobre la oposición aumentó: más grupos fueron estigmatizados como agentes extranjeros, como organizaciones extremistas, etc. Se propusieron nuevas leyes represivas en la Duma. Una que excluía a todos aquellos relacionados con "organizaciones extremistas" para ser candidatos a las elecciones, fue aprobada en mayo por la Duma y firmada por el Presidente. Se hizo así cada vez más difícil a la oposición no sistémica participar en el debate político, y más aún presentar candidatos a las elecciones. El 27 de julio *Roskomnadzor* (el Servicio Federal de Supervisión de las Comunicaciones) restringió el acceso a casi 50 sitios asociados con el político Alexei Navalny, presionándose en particular a YouTube.

También se pusieron en marcha otros medios menos visiblemente represivos. Uno típico era crear confusión entre los votantes fomentando el desarrollo de oposiciones leales. Un ejemplo fue la fusión (el 22 de febrero de 2021) del autodenominado partido de oposición "izquierdista" a favor del régimen, *Rusia Justa*, con *Patriotas y por la Verdad*; esta fusión fue alentada abiertamente por la administración presidencial, como declaró en una entrevista Sergej Mironov, el líder de *Rusia Justa*. Otro fue la creación en 2020 por parte del oligarca de la industria cosmética Aleksey Nechayev del partido "liberal" *Gente Nueva*. Este partido también fue muy alentado y ayudado por la gente del Kremlin, como lo documentó cuidadosamente *Meduza* (2021b).

Hay que decir también que en el campo de la verdadera oposición los problemas eran relevantes. Particularmente grave es la persistente división entre la oposición más tradicional y convencional, pero hasta ahora poco exitosa (*Yabloko*) y la nueva oposición menos convencional encarnada por Navalny y su estrategia de *voto inteligente*. Tanto *Yabloko* como muchos opositores liberales insisten en que, dado que la oposición sistémica está totalmente controlada por Putin, la estrategia del *voto inteligente*, que termina canalizando votos a partidos como el Partido Comunista, es ilusoria. Las disensiones en el campo de la oposición no son infrecuentes en los regímenes autoritarios donde las difíciles condiciones en las que trabajan las oposiciones a menudo las colocan frente a alternativas difíciles y divisivas. La capacidad de superarlos es crucial para el éxito. Está claro que esta capacidad faltaba en Rusia en 2021.

DÍA DE LAS ELECCIONES Y RESULTADOS

Las encuestas disponibles sugirieron que las preocupaciones de los cargos de *Rusia Unida* eran realistas. El apoyo a RU se mantuvo bajo hasta unos días antes de las elecciones. Al mismo tiempo era visible un crecimiento del *Partido Comunista* y también de *Gente Nueva*.

Sin embargo, las cosas cambiaron significativamente cuando consideramos otras encuestas justo antes del día de las elecciones y las encuestas a pie de urna. Todas estas fuentes indicaron resultados consistentemente similares, con *Rusia Unida* oscilando entre 41 y 45%, y el *Partido Comunista* entre 18 y 21%. Cómo se explica el crecimiento significativo en el apoyo a Rusia Unida está abierto a debate. ¿Podemos imaginarnos que tiene que ver con diferentes niveles de movilización de RU y votantes de oposición (que prefieren no votar)?

La votación se llevó a cabo en tres días y se utilizó el voto electrónico en Moscú y otros lugares. La participación fue un poco más alta que en 2016 pero baja, apenas por encima del 50% (2021: 51,7%; 2016: 47,9%; 2011: 60,1%; 2007: 63,7%). Los resultados definitivos se retrasaron hasta el viernes, por lo que surgieron sospechas de fraude. En particular, el voto electrónico de Moscú llegó tarde y anuló los resultados en varios distritos uninominales. En San Petersburgo surgieron muchas noticias sobre irregularidades.

Los resultados finales (Tabla 1) muestran diferencias significativas en comparación con las encuestas de salida (y de campaña). *Rusia Unida* no alcanzó el nivel del 50% pero estuvo muy cerca y gracias a los distritos uninominales pudo lograr una cómoda "mayoría constitucional". Hubo una caída significativa en comparación con 2016 (pero, curiosamente, un resultado similar al de 2011, cuando Putin no era presidente, sino primer ministro).

Gráfico 2. Encuestas de campaña (20 de junio-9 de septiembre)

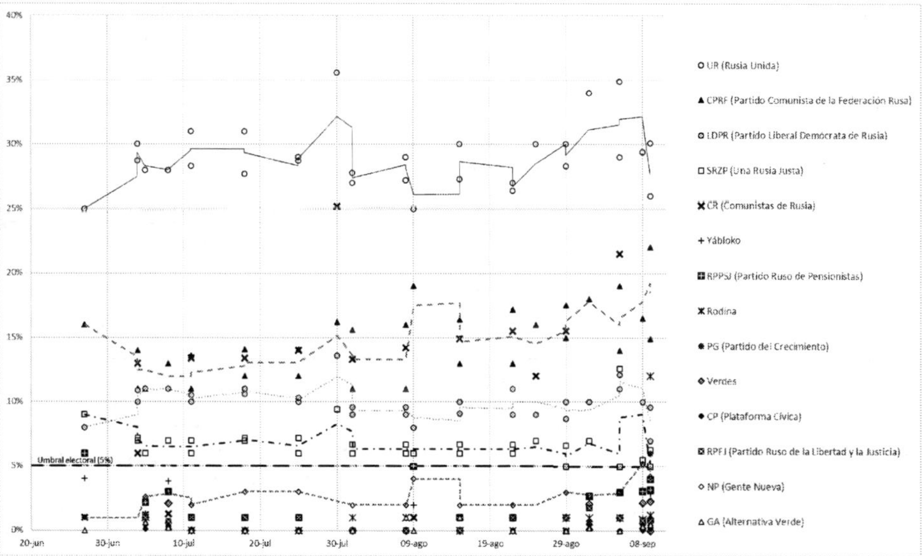

Nota: Las líneas representan la media móvil con un período de retardo.
Fuente: Wikipedia, Elecciones legislativas de Rusia 2021 (https://es.wikipedia.org/wiki/Elecciones_legislativas_de_Rusia_de_2021#cite_note-48, consultada 10/12/2021).

El *Partido Comunista* obtuvo un fuerte aumento de votos y algo menos de escaños. El partido recién formado, *Gente Nueva,* pudo pasar el umbral y obtener una pequeña representación en la Duma. Solo 8 diputados de escaños uninominales pasaron a otros grupos políticos.

Algunos estudios preliminares afirman que el fraude desempeñó un papel en inflar el voto de RU y dañar los votos de otros partidos. Un análisis estadístico elaborado por el analista independiente Sergey Shpilkin (2021) y basado en los resultados de las votaciones publicados por la Comisión Electoral Central de Rusia parece demostrarlo. Shpilkin muestra la peculiar relación entre la participación y el apoyo a los dos partidos políticos más populares del país, *Rusia Unida* y el *Partido Comunista* (KPRF), en colegios electorales individuales en todo el país. Donde la participación fue mayor, *Rusia Unida* obtuvo más votos y donde la participación fue normal, obtuvo significativamente menos votos. Exactamente lo contrario sucedió con el *Partido Comunista.* Esto sugiere que se agregaron papeletas manipuladas para mejorar el resultado de *Rusia Unida* y se restaron para reducir el del *Partido Comunista.*

Tabla 1. Votos y escaños (divididos por distritos uninominales y plurinominales)

PARTIDOS	2021 Votos (%) y escaños (N y %)	2016 Votos (%) y escaños (N y %)
Rusia Unida	**49,8%** 324 (126+198) (72%)	**54,2%** 343 (140+203) (76%)
Partido Comunista	**18,9%** 57 (48+9) (12,7 %)	**13,3%** 42 (37+5) (9,3%)
Partido Liberal Democrático	**7,5%** 21 (19+2) (4,7%)	**13,1 %** 39 (34+5) (8,7%)
Una Rusia Justa	**7,4%** 27 (19+8) (6%)	**6,2%** (5,1%) 23 (16+7)
Gente Nueva	**5,3%** 13 (13+0) (2,9%)	---
Otros	**10,9%** 8 (0+8) (0,2%)	

Fuente: Wikipedia, Elecciones legislativas de Rusia 2021 (https://es.wikipedia.org/wiki/Elecciones_legislativas_de_Rusia_de_2021#cite_note-48, consultada 10/12/2021).

CONCLUSIONES

Las principales características de esta elección se pueden resumir de la siguiente manera:

- *Rusia Unida* (o, más bien, el Kremlin) lo logró: pudo obtener la supermayoría requerida para los cambios constitucionales.
- Pudo así superar el peor escenario que pronosticaban las encuestas preelectorales.
- Sin embargo, recibió una clara señal de su popularidad en declive.
- Hasta cierto punto, esto se vio compensado por el resultado positivo de un partido recientemente creado y apoyado por el Kremlin (*Gente Nueva*).
- Sin embargo, el resultado positivo (para el régimen) se logró gracias a un uso creciente y despiadado de medios legales, judiciales y administrativos para obstaculizar las oposiciones y también a través del apoyo especial brindado por las autoridades estatales a RU y sus "competidores amigos".
- Entre las "oposiciones sistémicas" el *Partido Comunista* tuvo un buen resultado indicándolo como un competidor no tan irrelevante.
- Las oposiciones no sistémicas fueron fuertemente atacadas con medidas represivas, pero tampoco pudieron superar las divisiones y no lograron ingresar a la *Gosduma.*
- También se empleó una manipulación significativa (pero no fácilmente cuantificable) de los votos.

¿Qué podemos decir si miramos más allá de este evento específico? Una pregunta que surge de inmediato se refiere a la futura relación entre el partido de régimen (RU) y la oposición sistémica. ¿Cuáles pueden ser las consecuencias del crecimiento de los partidos de oposición sistémicos (en particular, el *Partido Comunista,* pero también *Rusia Justa* y *Gente Nueva*) y el debilitamiento de *Rusia Unida,* y qué tipo de dinámica (si la hay) puede introducir esto en el régimen de Putin? Todavía es pronto para hacer predicciones, pero la subordinación total al régimen de estos partidos de oposición podría no estar completamente asegurada.

Una de las primeras señales de que el régimen percibe la necesidad de fortalecer sus bases locales proviene de una nueva propuesta de cambio en las reglas relativas a los mandatos de los gobernadores regionales. Un nuevo proyecto de ley preparado recientemente para la nueva Duma por dos amigos del Kremlin propone eliminar el límite de dos mandatos, lo que permitiría que los "buenos" gobernadores aprobados por el Kremlin permanezcan en el poder por períodos más largos y dificulten la aparición de nuevos desafíos. Un aspecto complementario importante a esta innovación es que el Presidente Federal (Putin) puede emitir reprimendas y advertencias a los gobernadores y expresar su "pérdida de confianza", por lo que los gobernadores tendrán que renunciar. De esta forma, Moscú espera poder disciplinar los impulsos centrífugos que puedan aparecer en la periferia de Rusia.

Se puede adelantar una observación final: los círculos de la élite en torno a Putin están cerrando filas para enfrentar la creciente insatisfacción sobre la conducta del país y la disminución del apoyo al partido del régimen. Dado que la perpetuación del statu quo del régimen está estrictamente vinculada a la continuidad personal de Putin en el cargo más alto, se requieren repetidamente revisiones de las normas constitucionales y de otras leyes conexas para gestionar esta continuidad. El partido del régimen es, por supuesto, un instrumento del mantenimiento del statu quo, pero su eficacia parece cada vez más limitada. Por lo tanto, el régimen debe desarrollar otros instrumentos para preservar su predominio. El debilitamiento de su popularidad y la falta de alternativas empuja a un mayor uso de medidas represivas. Su efecto temporal es claro; más discutible es su capacidad para restaurar la confianza en declive de la población en el régimen de Putin.

Referencias

Bogaards, M. (2009). How to classify hybrid regimes? Defective democracy and electoral authoritarianism. Democratization, 16(2), 399-423.

Bol'shakov, I., y Perevalov, V. (2020a). Consolidation or Protest? "Smart Voting" in Moscow Elections. The Journal of Political Theory, Political Philosophy and Sociology of Politics Politeia, 96(1), 50-73 (en ruso). doi:10.30570/2078-5089-2020-96-1-50-73. Consultado el 20/12/2021.

Bol'shakov, I., y Perevalov, V. (2020b). Assessing the Effectiveness of "Smart Voting" Strategy: A Discussion of Analytical Approaches. Electoral Politics, 3(1), consultado el 22/12/2021.

Diamond, L. (2002). Elections without democracy: Thinking about hybrid regimes. Journal of Democracy, 13(2), 21-35.

Enikolopov, R., Korovkin, V., Petrova, M., Sonin, K., y Zakharov, A. (2013). Field experiment estimate of electoral fraud in Russian parliamentary elections. Proceedings of the National Academy of Sciences, 110(2), 448-452.

Gel´man, V. (2014). The rise and decline of electoral authoritarianism in Russia (en ruso). Demokratizatsiya, 22(4).

Levitsky, S., y Way, L. A. (2010). Competitive authoritarianism: Hybrid regimes after the Cold War. Cambridge: Cambridge University Press.

Meduza (2021a, 26 de marzo). A new strategy for Moscow. Meduza¸ https://meduza.io/en/feature/2021/03/26/a-new-strategy-for-moscow, consultado el 29/03/2021.

Meduza (2021b, 5 de octubre). Nechayev money, Kovalchuk brains. Meduza. https://meduza.io/en/feature/2021/10/05/nechayev-money-kovalchuk-brains, consultado el 10/12/2021.

Morse, Y. L. (2012). The era of electoral authoritarianism. World Politics, 64(1), 161-198.

Novaya Gazeta (2019, 17 de julio). Operation Yktorvna ("Операция" Ыкторвна). Novaya Gazeta¸ https://novayagazeta.ru/articles/2019/07/16/81267-operatsiya-yktorovna, consultado 09/02/2022. Consultado el 10/12/2021.

Rundlett, A., y Svolik, M. W. (2016). Deliver the vote! Micromotives and macrobehavior in electoral fraud. American Political Science Review, 110(1), 180-197.

Sadowski, J. (2021). Amendments of 2020 to the Russian Constitution as an Update to Its Symbolic and Identity Programme. International Journal for the Semiotic of Law, publicado online el 15 de febrero de 2021, 1-14, https://doi.org/10.1007/s11196-020-09802-w.

Shpilkin, S. (2021). Post del 21 de septiembre de 2021. *Facebook,* https://www.facebook.com/sergey.shpilkin/posts/4398836840204918, consultado el 10/12/2021.

PARTE 4
SISTEMA POLÍTICO ESPAÑOL

Capítulo 17

Rendimientos del sistema electoral del Congreso de los Diputados, 1977-2019[1]

JOSÉ RAMÓN MONTERO
CARLOS FERNÁNDEZ ESQUER

En el marco de las elecciones para órganos legislativos, los sistemas electorales contienen las reglas que especifican cómo los votantes expresan sus preferencias (a través de la estructura del voto) y, sobre todo, cómo los votos se traducen en escaños que se asignan a los partidos (Shugart y Taagepera, 2017: 2). Aunque presentan muchas variaciones entre países, todos ellos comparten una característica importante en su funcionamiento: suelen favorecer en una medida u otra a los principales partidos. Douglas W. Rae (1971 [1967]: 86), el primer politólogo que analizó comparativamente los sistemas electorales, los equiparó con el acérrimo enemigo de Robin Hood, el Sheriff de Nottingham, que se encargaba de entregar a los ricos lo que robaba a los pobres: todos los sistemas electorales favorecen así a los grandes partidos, que reciben más escaños de los que les corresponden, y perjudican a los partidos menores, que obtienen muchos menos.

Pero mientras que algunos sistemas electorales *roban* muy pocos escaños, otros lo hacen de forma sustancial y hasta descarada. Este resultado depende en buena medida de la cercanía o distancia de los sistemas electorales a uno de los dos principios de representación existentes, el *mayoritario* y el *proporcional* (Nohlen, 2004: 110 ss.). Se trataría de dos tipos ideales situados en los extremos de un continuo. El principio mayoritario tiene por

---

1 Este capítulo es una versión reducida y actualizada del artículo "Cuatro décadas del sistema electoral español, 1977-2016", que los autores publicaron en 2018 en *Política y Gobernanza,* 2, pp. 5-46; algunas de las cuestiones aquí tratadas se abordan con mayor detalle en Lago y Montero (2005) y en Montero y Fernández-Esquer (2020). Aunque el profesor Miguel Jerez no ha sido un estudioso de las instituciones políticas, podrá reconocer en este texto numerosas huellas de las muchas discusiones que hemos mantenido a lo largo de los últimos años en los Ogíjares o en su casa del Realejo granadino sobre las reglas electorales de la democracia española y sus improbables reformas.

finalidad la de lograr que el partido vencedor en unas elecciones obtenga una mayoría absoluta de escaños desde la que aplicar como gobierno el *mandato* de sus votantes. Y el principio proporcional pretende que la representación de los partidos en el Parlamento sea proporcionada respecto a sus porcentajes de voto, de forma que la Cámara sea una especie de *espejo* de las preferencias políticas de sus votantes. Entre el *mandato* y el *espejo*, cada sistema electoral estará situado en algún punto intermedio del continuo, más o menos cerca del principio mayoritario o del proporcional en función de las características de sus elementos constitutivos.

El sistema electoral para el Congreso de los Diputados está a caballo entre ambos principios, más cerca quizás del Sheriff de Nottingham que de Robin Hood. Aunque conceptuado habitualmente como un sistema proporcional "moderado" o "corregido", podría también ser caracterizado como un sistema mayoritario "atenuado" o "restringido" (Montero y Vallès, 1992: 6-8). En este capítulo ofreceremos una recapitulación del sistema electoral español tras cuatro décadas de funcionamiento, incluyendo las elecciones de 2015, 2016 y 2019. En las siguientes páginas examinaremos sucesivamente las etapas de su creación, sus elementos constitutivos, sus principales efectos y algunas de las muchas propuestas que se han formulado para modificarlo.

LOS ELEMENTOS DEL SISTEMA ELECTORAL: LOS TRES SUBSISTEMAS

Los componentes del sistema electoral español contienen rasgos relevantes para la aparición de efectos *mecánicos* y *psicológicos* (Duverger, 1984 [1951]). El primer elemento distintivo radica en el reducido tamaño del Congreso de los Diputados, que supone una de las ratios entre diputados y electores más bajas de los países europeos. El reparto de los 350 escaños entre los 52 distritos previstos significa que su magnitud media es 6,7 escaños y la mediana 5; el umbral efectivo está en el 10,2 por ciento[2].

Además, el sistema español refuerza esta característica con una considerable variabilidad de las magnitudes de circunscripción. El rango de su heterogeneidad se extiende desde 1 a 37 escaños. En realidad, más que de un *sistema* electoral, deberíamos mencionar la existencia de tres *subsistemas*

2 El *umbral efectivo*, calculado con la fórmula propuesta por Lijphart (1995: 63 ss.), es el porcentaje de votos que debe acumularse para conseguir representación.

bien diferenciados (Penadés, 1999: 293): uno mayoritario (que incluye los distritos de 1 a 5 escaños), otro proporcional (con 10 o más escaños) y otro intermedio, formado por los distritos medianos (de 6 a 9 escaños). Los rasgos definitorios de esos subsistemas, recogidos en la Tabla 1, proporcionan incentivos muy distintos para la competición entre los partidos y arrojan efectos diferenciados para cada uno de ellos.

Tabla 1. Subsistemas electorales en el sistema electoral español, 2019

	Subsistemas electorales			
Características	**Mayoritario (1 a 5 escaños)**	**Intermedio (6 a 9 escaños)**	**Proporcional (más de 10 escaños)**	**Total**
Circunscripciones				
N %	28 54	17 33	7 13	52 100
Diputados				
N %	103 29	118 34	129 37	350 100
Magnitud media	3,7	6,9	18,4	6,7
Votantes a candidaturas				
N (en miles) %	5.007 20,8	7.870 32,7	11.164 46,5	24.041 100
Electores				
N (en miles) %	7.795 21	12.863 34,8	16.343 44,2	37.001 100

Fuente: Actualizada hasta las elecciones de 2019 en base a los criterios de Penadés (1999: 293).

El prorrateo (o la distribución de los escaños entre las provincias) incide también en el valor del voto de los electores integrados en cada una de ellas. La aplicación por la Ley Orgánica del Régimen Electoral General (LOREG) del doble criterio previsto en el artículo 68.2 de la Constitución (dos diputados iniciales a cada distrito y la asignación de los restantes en función de su población) produce unos desequilibrios muy intensos en la influencia individual de los votos. Las circunscripciones con menos escaños se encuentran así notablemente sobrerrepresentadas en la ratio electores/escaños, mientras que las que más tienen sufren una aguda infrarrepresentación. Los distritos extremos que habitualmente sirven como referencia son Teruel, donde bastan alrededor de 35.800 electores para escoger un diputado, y Madrid, donde se necesitan unos 137.500. En otras palabras, el voto de un ciudadano de Teruel tiene un valor, en términos de representación parlamentaria, casi cuatro veces superior al de uno en Madrid. Según un índice elemental de representación, tres de cada cuatro distritos resultan sobrerrepresentados, y en la mitad de ellos la sobrerrepresentación es considerable. La desviación del prorrateo en España se encuentra así entre las mayores del mundo, sólo por detrás de las de Luxemburgo, Chipre y Andorra en Europa (Simón, 2009; Ong, Kasuya y Mori, 2017: 26).

La fórmula electoral seleccionada tampoco es ajena a estas desviaciones. El artículo 204 del Decreto-ley de 1977 y luego el 163 de la LOREG han establecido la fórmula D'Hondt, aunque sin nombrarla, para la distribución de los escaños en cada una de las circunscripciones españolas. Como es conocido, está basada en la serie de divisores de números naturales (1, 2, 3, 4, etc.) y en el criterio de la media o cociente más elevado de votos por escaño, es decir, en el *coste* medio de votos que cada partido tiene que *pagar* por cada escaño. Combina la sencillez de su procedimiento de cálculo con la aceptación de que disfruta, ya que es la fórmula más utilizada en los países con sistemas proporcionales. Por lo demás, la fórmula D'Hondt tiene una bien conocida tendencia a favorecer en mayor medida a los partidos grandes y a castigar a los partidos pequeños, sobre todo si son de ámbito nacional. Pero sus efectos dependen de la magnitud de la circunscripción. En los distritos grandes (como Madrid y Barcelona), sus efectos no se diferencian, o lo hacen poco, de los que tendrían otras fórmulas proporcionales. Pero su influencia aumenta progresivamente a medida que desciende la magnitud de la circunscripción, siendo muy intenso su sesgo en favor de los partidos más votados cuando se aplica en magnitudes de distrito de 5 o menos escaños.

El último componente de la dimensión interpartidista del sistema electoral español radica en la barrera electoral, que establece el nivel mínimo de apoyo electoral que un partido necesita para obtener representación (Oliver, 2017). En el caso español se fijó en el ámbito provincial para evitar que los partidos nacionalistas quedasen fuera del Congreso, y se fijó en el 3 por ciento de los votos válidos con el propósito explícito de reducir la proporcionalidad. Pero su incidencia depende, de nuevo, de la magnitud de las circunscripciones. De hecho, sólo puede funcionar realmente en distritos a partir de 24 escaños, es decir, en los de Madrid y Barcelona. El umbral *efectivo* de todos los distritos (excepto Madrid y Barcelona) es significativamente más alto, sobre todo cuanto menor sea su magnitud.

LOS EFECTOS DEL SISTEMA ELECTORAL

La dimensión interpartidista: desproporcionalidad y número de partidos

¿Cómo han afectado estos elementos a los resultados de las 15 elecciones legislativas al Congreso celebradas hasta ahora?[3] Aunque buena parte de sus efectos son conocidos, su importancia exige que demos cuenta de ellos brevemente. El primero de ellos consiste en su *sesgo mayoritario*, esto es, en la sobrerrepresentación sistemática de los partidos mayoritarios a costa de los minoritarios. Además, la identidad ideológica de los partidos tiene suma importancia. Todo lo demás igual, los partidos mayoritarios de centro-derecha resultan más sobrerrepresentados que los de centro-izquierda, mientras que los minoritarios de centro-derecha resultan menos infrarrepresentados que los de centro-izquierda. Hemos denominado a este efecto como el *sesgo conservador* del sistema español.

La magnitud de distrito suele caracterizarse, con razón, según los términos de Rein Taagepera y Matthew S. Shugart (1989: 112), como el "factor decisivo" para comprender las consecuencias políticas de los sistemas electorales. Cuanto mayor sea la magnitud de la circunscripción, mayor será la proporcionalidad al permitir la entrada de un mayor número de partidos en el reparto de los escaños. Lo contrario también es cierto: cuanto menor sea el distrito, más desproporcionales serán los resultados al acaparar los partidos mayoritarios todos los escaños, quedando los partidos menores sin representación, pese a poder haber conseguido un número considerable de votos. Dada la reducida magnitud media del sistema electoral español, sus efectos son, como subraya Giovanni Sartori (1994: 37), "muy fuertes". Así se deduce de los principales indicadores que suelen emplearse para caracterizar los sistemas electorales y los sistemas de partidos. En la Tabla 2 hemos seleccionado, para cada una de las 15 elecciones, los relativos a la fragmentación, la desproporcionalidad y los porcentajes de votos sin representación. Expresada mediante el índice del número efectivo de partidos electorales y parlamentarios, la fragmentación partidista ha sido en España relativamente baja, menor incluso que en Francia y sólo algo mayor que en Reino Unido. Y ha ido descendiendo desde los años noventa, cuando el crecimiento electoral del PP redujo la distancia que mantuvo durante la década de los ochenta con el PSOE, para crecer considerablemente en los comicios recientes como consecuencia de la llegada al Congreso de Podemos, Ciudadanos (Cs) y Vox. En las elecciones de 2011, el número de

---

[3] Este texto fue escrito unos pocos meses antes de las elecciones generales de 23 de julio de 2023, razón por la que sus resultados nos han podido ser objeto de análisis en este capítulo.

partidos electorales era de 3,3, y el de partidos parlamentarios, de 2,6; en ambos casos se situaban entre los más bajos de los países europeos. Cuatro años después, sin embargo, estos índices se dispararon hasta alcanzar los niveles de 5 y de 4,1, respectivamente. En las elecciones de abril y noviembre de 2019, se registraron los índices más elevados del período democrático, con niveles de 5,5 y 5,6 en su versión electoral y de 4,9 y 4,6 en su versión parlamentaria, superando incluso a los de las elecciones generales de 1977 y 1979, las dos primeras del nuevo periodo democrático, en las que fue habitual subrayar, sobre todo en las primeras, la presencia de una verdadera *sopa de letras*.

Por lo que hace a los votos sin representación, o *malgastados*, sus porcentajes han ido descendiendo a medida que se sucedían las elecciones, especialmente entre los españoles residentes en las 28 circunscripciones con cinco o menos escaños, que en cierta medida han *aprendido* a cómo no *desperdiciarlos* adoptando comportamientos racionales desde el punto de vista de la utilidad de sus votos. Pese a ello, en 2015, el porcentaje de votos desperdiciados cuadriplicó el de las anteriores elecciones. Ante las encuestas que concedían posibilidades de éxito a los dos nuevos partidos, parece como si muchos votantes hubieran optado *a ciegas* o con los *ojos vendados*, es decir, ignorantes u olvidadizos del fuerte impacto reductor de esos pequeños distritos (Montero, Fernández-Esquer y Rama, 2016). En las últimas tres elecciones generales los porcentajes de votos desperciados parecen haberse estabilizado en torno al 10 por ciento, un dato al que ha contribuido el carácter extraparlamentario de partidos como PACMA; y, sobre todo, al hecho de que partidos que se sitúan en cuarta y quinta posición en distintas circunscrupciones (Podemos, Cs y Vox) no consiguen que sus votos se materialicen en escaños.

Tabla 2. Número efectivo de partidos, desproporcionalidad electoral y votos sin representación en elecciones generales, 1977-2019

	Número efectivo de partidos[a]		Desproporcionalidad electoral[b]	Votos sin representación (en %)
Elecciones	Electorales	Parlamentarios		
1977	4,5	2,9	10,62	23,57
1979	4,3	2,8	10,54	20,75
1982	3,2	2,3	8,17	18,17
1986	3,6	2,7	7,35	17,63
1989	4,1	2,8	8,97	20,11
1993	3,5	2,7	6,82	15,06
1996	3,3	2,7	5,33	11,28
2000	3,0	2,5	5,61	11,72
2004	2,9	2,5	4,63	3,22

Elecciones	Número efectivo de partidos[a]		Desproporcionalidad electoral[b]	Votos sin representación (en %)
	Electorales	Parlamentarios		
2008	2,8	2,3	4,51	3,03
2011	3,3	2,6	6,92	3,29
2015	5,0	4,1	5,94	13,25
2016	4,4	3,8	5,28	10,61
2019 (a)	5,5	4,9	5,6	10,02
2019 (b)	5,6	4,6	5,42	10,15
Media	3,9	3,1	6,78	12,79
Desviación típica	0,9	0,8	1,99	6,5

Notas: [a] De acuerdo con el índice creado por Laakso y Taagepera (1979). [b] De acuerdo con el índice de Gallagher (1991).

Tabla 3. Diferencias entre las proporciones de votos y de escaños en elecciones generales, 1977-2019[a]

	Partidos										
Elecciones	PCE/IU	Podemos	PSOE	CDS	UPyD	UCD	Cs	AP/PP	Vox	CiU/DyL	PNV
1977	-3,6		4,4			12,9		-3,8		-0,6	0,6
1979	-4,2		4,1			12,9		-3,5		-0,5	0,4
1982	-2,4		10,4	-2,2		-3,1		4,7		-0,2	0,5
1986	-2,7		8,5	-3,8				3,9		0,1	0,2
1989	-4,3		10,4	-3,9				4,8		0,1	0,2
1993	-4,5		6					5,5		0	0,2
1996	-4,6		2,8					5,7		0	0,1
2000	-3,2		1,6					7,8		0,1	0,5
2004	-3,5		4,2					4,6		-0,4	0,4
2008	-3,2		4,6		-0,9			3,6		-0,1	0,5
2011	-3,8		2,7		-3,3			8,5		-0,4	0,1
2015	-3,1	-0,9	3,7				-2,5	6,4		0,0	0,5
2016		-0,8	1,3				-3,9	6,1		0,3	0,2
2019 (a)		-2,3	6,5				0,4	2,2	-3,4	0,1	0,2
2019 (b)		-2,8	6,3				-3,9	4,3	-0,2	0,1	0,2
Media	-3,59	-1,7	5,2	-3,3	-2,1	7,57	-2,5	4,1	-1,6	-0,1	0,3

Nota: [a] Los signos positivos indican situaciones de sobrerrepresentación, ya que los partidos obtienen porcentajes de escaños superiores a los de voto; los negativos, de infrarrepresentación. Fuente: Actualizada hasta las elecciones de 2019 a partir de Montero y Riera (2009: 235).

Los datos relativos a la desproporcionalidad electoral son también interesantes[4]. La combinación de numerosos distritos de magnitud reducida con la fórmula D'Hondt y con las diferencias en los apoyos electorales de los dos primeros partidos ha ocasionado, en algunos comicios, sesgos desproporcionales no muy distantes de los observables en los países que cuentan con alguna variante de sistema mayoritario. Tras las elecciones de 2015, el índice de desproporcionalidad, que había venido bajando desde los años noventa, lo hizo solo en un punto, estabilizándose en las siguientes. Estos datos se complementan con los de la Tabla 3, que recoge la relación entre las proporciones de votos y escaños para los principales partidos. Como puede fácilmente comprobarse, los dos principales (UCD y PSOE en el primer período, y AP/PP y PSOE desde entonces) han obtenido siempre unas sustanciosas ventajas en sus proporciones de escaños con respecto a las de sus votos. Es cierto que estas ventajas han disminuido un tanto a medida que se ha incrementado la competición electoral; pero aun así siguen siendo relevantes. De otra parte, esas ventajas son más elevadas para el primer partido (UCD en 1977 y 1979; PSOE y PP en las restantes consultas). Los partidos minoritarios con apoyos electorales dispersos en todo el territorio nacional han sido sistemáticamente perjudicados en su relación de votos y escaños: así ha ocurrido con AP y CDS en el primer periodo, con UPyD, Cs (excepto en las elecciones de abril de 2019), Podemos y Vox más recientemente, y con el PCE/IU en todas y cada una de las consultas. En cambio, los partidos con votantes concentrados en uno o en unos pocos distritos, normalmente de naturaleza nacionalista y regionalista, han logrado una representación equilibrada. De esta forma, el sistema electoral presenta dos direcciones contradictorias: mientras que en el ámbito nacional contiene unos fuertes incentivos contra la fragmentación, permite la fragmentación derivada del apoyo electoral a los partidos autonómicos o provinciales.

Sesgos electorales y elecciones de 2015, 2016 y 2019

En este orden de cosas, el rasgo más novedoso de las elecciones de 2015, 2016 y 2019 radicó en el surgimiento de los *partidos medianos*. Hasta enconces, en ninguna de las once elecciones anteriores algún partido había sido capaz de situarse en el intervalo de votos que va del 10,8 por ciento

---

4 La desproporcionalidad se calcula mediante el índice de mínimos cuadrados, utilizado por Gallagher (1991: 38-40); los extremos del índice se sitúan entre un máximo de 100 y un mínimo de 0.

obtenido por el PCE en 1979 y el 25,7 por ciento de AP en 1986. Este ámbito de 15 puntos suponía una especie de espacio *inexplorado* en la historia electoral, y del que además desconocíamos su interacción con las reglas del sistema electoral (Penadés y Pavía, 2016: 21-26). En 2015, 2016 y las dos elecciones de 2019, hasta cinco partidos obtuvieron porcentajes de voto dentro de esa franja hasta entonces desconocida: PSOE, PP, Podemos y sus confluencias, Ciudadanos y Vox (Rama, Cordero y Zagórski, 2021). Como se aprecia en la anterior Tabla 3, el sistema electoral proyectó efectos bien distintos sobre ellos. De entrada, el PP, especialmente en las elecciones de 2015 y 2016, disfrutó de las habituales primas que otorga el sistema electoral al partido vencedor, particularmente si es conservador. Así le ocurrió asimismo al PSOE en cuanto partido más votado en las dos citas electorales de 2019. Por su parte, la suma de coaliciones en torno a Podemos optó por trenzar alianzas con distintas "confluencias", así como con IU a partir de las elecciones de 2016. Esta estrategia coalicional le permitió amortiguar en buena medida las penalizaciones del sistema electoral, obteniendo un porcentaje de escaños prácticamente equivalente al de los votos recibidos, pero resultó insuficiente cuando en las dos elecciones de 2019 cayó por debajo del 12 por ciento y recibió importantes penalizaciones. Ciudadanos ha sido sin duda el principal damnificado: con unos resultados que fluctuaron entre el 14 y el 13 por ciento, el sistema electoral le castigó con penalizaciones de 2,5 puntos en 2015 y casi 4 puntos en 2016; en las elecciones de abril de 2019 superó el 15 por ciento, lo que le sirvió para no ser penalizado por única vez; en las elecciones de noviembre de ese año, sin embargo, con menos de un 7 por ciento de los votos, las penalizaciones estuvieron de nuevo cercanas a los 4 puntos. En el caso de Vox, por último, la penalización fue importante en las elecciones de abril de 2019, cuando rebasó el 10 por ciento de los votos, pero muy liviana en noviembre de 2019, cuando superó el 15 por ciento.

¿Qué implica a efectos del sistema electoral la novedad de los partidos medianos? De entrada, ningún partido con resultados por debajo del 15,5 por ciento se ha visto nunca favorecido por el sistema electoral. Pero algunos sí han llegado a superar el umbral de rentabilidad con cifras por encima del 15,5 y debajo del 17 por ciento (PP y Cs en abril de 2019, con el 16,7 y el 15,9 por ciento de los votos, respectivamente). Por tanto, el umbral de rentabilidad, en función de los partidos, se sitúa aproximadamente entre el 15 por ciento y algo más del 20 por ciento de los votos, esto es, en ese intervalo el sistema electoral atribuye a cada partido un porcentaje de escaños equivalente a su porcentaje de votos. A medida que el número de votos aumenta a partir de este umbral, el sistema electoral comienza a premiar a los partidos con cierta sobrerrepresentación en términos de escaños, especialmente si esos partidos se encuentran entre las dos fuerzas más votadas en las circunscripciones de tamaño pequeño o moderado (es decir, en el que antes denominamos *subsistema mayoritario*). Por el contrario, nuestro sistema electoral suele castigar a los partidos con menos del 20 por ciento de los votos (aunque existen excepciones); es *cruel* cuando el porcentaje es inferior al 15,5 por ciento (todos los partidos por debajo de ese porcentaje de votos se han visto perjudicados por el sistema electoral); y lo es mucho más cuando los partidos descienden por debajo del 10 por ciento, tal y como comprobó Ciudadanos en las elecciones de noviembre de 2019 (Ortega y Montabes, 2020).

También el conocido como *sesgo mayoritario* del sistema electoral apareció en las elecciones de 2015, 2016 y 2019 sobrerrepresentando de manera sistemática a los dos partidos más votados, y en especial al vencedor. Y a lo largo de la historia electoral, ha dado lugar a la creación de mayorías *fabricadas* (Rae, 1971 [1967]: 76), es decir, mayorías parlamentarias alcanzadas por un partido con una mayoría relativa de votos, en virtud de los efectos mecánicos del sistema electoral. Es más, las cinco ocasiones en las que algún partido ha alcanzado la mayoría absoluta de escaños, siempre lo ha hecho con menos del 50 por ciento de los votos. Este sesgo es especialmente acusado en las circunscripciones de 5 o menos escaños, donde los terceros partidos tienen escasas posibilidades de obtener representación. Coinciden con las zonas sobrerrepresentadas por el sistema electoral, esto es, donde en mayor medida se rentabilizan los votos obtenidos. Confluyen, pues, dos mecanismos de ventaja, el reparto mayoritario y la sobrerrepresentación, que bonifican a los vencedores de ciertas circunscripciones (Penadés y Santiuste, 2013).

Por su parte, el *sesgo conservador* del sistema electoral está relacionado con la desviación del prorrateo y con el denominado *efecto de varianza* de las magnitudes de distrito (Lago y Montero, 2005; Penadés y Pavía, 2016: cap. 4; Penadés y Riera, 2020). El prorrateo desviado es una auténtica patología de los sistemas electorales que los dirigentes partidistas utilizan estratégicamente para mejorar sus resultados en escaños (Shugart y Taagepera, 2017: 61). Su inclusión en un sistema electoral ocasiona que el voto de los electores pertenecientes a las circunscripciones sobrerrepresentadas valga más, como si dijéramos, que el de los restantes electores. En buena parte de los países existe una pauta sistemática que favorece a los distritos rurales y, por lo tanto, a los partidos conservadores (Samuels y Snyder, 2001: 659). El sistema electoral español no supone una excepción a este fenómeno.

A los efectos mecánicos del sistema electoral hay que añadir los efectos psicológicos. En esencia, estos efectos suponen que tanto las élites partidistas como los electores adoptan estrategias para maximizar sus resultados al ser conscientes de las repercusiones que producen los efectos mecánicos del sistema. De entre los efectos psicológicos atribuidos al sistema electoral español, destaca la existencia de un comportamiento estratégico relativamente extendido, conocido como *voto estratégico* o más comúnmente como *voto útil*, por el cual los electores, sabedores de que su primera preferencia política tiene escasas o nulas posibilidades de obtener representación en su circunscripción, votan a un partido mayoritario con el fin de no desperdiciar así su voto. Así pues, la utilización estratégica del voto tiende a aumentar el apoyo electoral concedido al primer y al segundo partidos, lo que a su vez contribuye a reforzar la desproporcionalidad generada por los efectos mecánicos (Montero, 1997; Lago, 2005).

La evidencia empírica subraya la importancia del voto estratégico en el subsistema mayoritario (distritos con 5 escaños o menos en juego), donde el principal damnificado habría sido IU: muchos de sus potenciales votantes podrían haber ido a parar al PSOE (Gunther, 1989). Otros autores, sin embargo, sugieren con mayor cautela que el recurso al voto estratégico depende en gran medida de la coyuntura política, es decir, de que se trate de consultas donde los sondeos preelectorales apuntan a una alta competitividad entre los dos principales partidos y en consecuencia a situaciones donde la victoria electoral aparece como indeterminada. En estos casos, los dirigentes partidistas activan con especial intensidad los llamamientos a este tipo de voto tratando de coordinar a sus potenciales electores (Lago y Blais, 2020).

En el nuevo ciclo electoral, existen indicios sólidos de que, al igual que sucediese en las primeras elecciones democráticas de 1977, en las de 2015 muchos españoles, sobre todo en los distritos menores, volvieron, como ya hemos señalado, a votar *a ciegas* (Montero, Fernández-Esquer y Rama, 2016). Y ello porque el número de votos que en 2015 fue a parar a partidos sin representación en algunas de esas circunscripciones, según pudimos comprobar en la anterior Tabla 2, aumentó de forma significativa con respecto a consultas cercanas en el tiempo.

LAS CONTROVERSIAS SOBRE EL SISTEMA ELECTORAL

La evaluación del sistema electoral español contiene *luces* y *sombras* que han cambiado con el paso del tiempo. Si se juzga por las intenciones básicas de sus redactores, el sistema electoral español es un caso indudable de éxito institucional: sus principales efectos han sido los perseguidos por quienes participaron en su creación. Las reglas establecidas en el Decreto-ley de 1977 y consagradas en la LOREG de 1985 han gozado de una estabilidad desconocida en la historia española, que ha registrado una mareante sucesión de leyes, reales decretos y decretos: alrededor de veinte desde 1810, con un promedio de un nuevo texto legislativo cada nueve años (Linz, Montero y Ruiz, 2005). A lo largo de sus cuatro décadas de vida, el sistema electoral ha conocido sesgos mayoritarios considerables, aunque han ido disminuyendo de la mano de cambios en los resultados electorales. Y su impacto sobre la fragmentación partidista también se ha reducido progresivamente, al menos hasta las elecciones de 2015, a medida que los dirigentes políticos han ido ajustando sus estrategias a los requerimientos de las reglas electorales. De nuevo con la excepción de las elecciones de 2015, 2016 y 2019, la combinación del sistema electoral y las preferencias de voto de los españoles ha cristalizado en una especie de *trade-off* positivo entre representación y gobernabilidad; es decir, entre la presencia parlamentaria de todos los partidos en una medida u otra relevantes y la generación de condiciones favorables para la formación de gobiernos unipartidistas que han gozado de una llamativa duración. Como han subrayado Alberto Penadés y José Manuel Pavía (2016: 123), "la notable estabilidad de los gobiernos se ha logrado sin que prácticamente ningún partido haya sido excluido del Parlamento. El efecto medio del sistema electoral consiste en una moderada fragmentación y una moderada desviación de la desproporcionalidad, todo ello ayudado (…) [por] los votantes (…), [que] han elegido coordinarse en torno a pocas opciones políticas".

En esta misma línea, no sería exagerado afirmar que la del sistema electoral es una historia de éxito. En el plano partidista, ninguno de los principales partidos de la democracia española se ha mostrado hostil hacia el sistema electoral. Así, ni la UCD, ni el PSOE, ni AP/PP han mostrado crítica alguna hacia el sistema electoral, ni reivindicado de forma sistemática un cambio en las reglas del juego. Tampoco lo han hecho PNV ni CiU, los principales partidos nacionalistas. La única excepción es la del PCE/IU, ejemplo por antonomasia de tercer partido de ámbito nacional al que el sistema electoral ha penalizado consulta tras consulta; también le ocurrió más recintemente a UPyD, y a Podemos y a Ciudadanos tras las elecciones de 2015. No resulta por todo ello extraño que la atención prestada por los programas de los partidos a cuestiones relativas al sistema electoral haya sido, hasta hace poco, prácticamente inexistente, y que la inmensa mayoría de los dirigentes políticos y numerosos expertos hayan realizado durante las pasadas cuatro décadas juicios positivos sobre su funcionamiento[5].

---

[5] Pueden verse por ejemplo las opiniones recogidas en Montero, Gunther y otros (1994: 142 ss.) y en Montabes (1998: 413 ss.).

A pesar de tratarse de un sistema electoral tan estable como aparentemente exitoso, el caso español es interesante por la frecuencia con la que casi desde su nacimiento se han venido formulando propuestas críticas de reforma electoral. Las críticas se han centrado en sus dos principales dimensiones. En la interpartidista, se ha insistido en la desproporcionalidad para los pequeños partidos nacionales y al supuesto —e irreal— beneficio recibido por los partidos nacionalistas, así como en la desigualdad en el valor del voto entre electores de distintas provincias. En la interpartidista, se ha censurado el carácter cerrado y bloqueado de las listas electorales.

Estas críticas se intensificaron durante la novena legislatura (Riera y Montero, 2010). Entre abril y septiembre de 2008, varios Grupos parlamentarios presentaron hasta siete proposiciones de ley para modificar la LOREG[6], la Mesa del Congreso aprobó por unanimidad la creación de una Subcomisión dentro de la Comisión Constitucional[7] y el Gobierno de José Luis Rodríguez Zapatero solicitó al Consejo de Estado un informe sobre la "funcionalidad" de las distintas propuestas de reforma (Consejo de Estado, 2009: 3-5). En el trámite parlamentario de la Subcomisión, el sistema electoral fue calificado como adecuado o aceptable por los portavoces de todos los partidos excepto los de IU y UPyD, de modo que solo cabría considerar las propuestas que gozaran del consenso de todos los partidos —un supuesto de imposible cumplimiento.

Por su parte, el informe del Consejo de Estado (2009: 3-283), aprobado en febrero de 2009, propuso una amplia reforma del sistema electoral dentro de los límites del artículo 68 de la Constitución para remediar la desproporcionalidad e introducir el voto preferencial en las listas electorales. Sus propuestas incluían la reducción de la representación mínima provincial de dos escaños a uno, la ampliación del Congreso de 350 a 400 escaños, la sustitución de la fórmula D'Hondt por otra más proporcional como la de Hare, y el establecimiento de una distribución de restos a nivel nacional. Eran propuestas que ya habían sido formuladas por los partidos minoritarios, pero reforzadas naturalmente ahora por su inclusión en el informe del Consejo de Estado. Los resultados de las simulaciones realizadas con los anteriores criterios de reforma han solido ser positivos, pero con

---

6 Cf. *Boletín Oficial de las Cortes Generales. Congreso de los Diputados. IX Legislatura. Serie B. Proposiciones de ley*, 25-1, 62-1, 95-1, 96-1, 103-1 y 124-1.

7 Cf. *Diario de Sesiones del Congreso de los Diputados. Comisiones. IX Legislatura,* 68, 5 de septiembre de 2008; *Boletín Oficial de las Cortes Generales. Congreso de los Diputados. IX Legislatura. Serie D. General,* 64, 15 de septiembre de 2008.

reservas: se reducían en cierta medida los niveles de desproporcionalidad, pero aumentaban los de fragmentación partidista, sobre todo si se mantenía la barrera electoral (Montero y Riera, 2009: 410 ss.; Bosch, 2014). En todo caso, tanto estas propuestas como las presentadas por IU y UPyD fueron desatendidas por el Pleno del Congreso en diciembre de 2010. Las modificaciones de la LOREG se limitaron a cuestiones de Derecho electoral como la formación del Censo, la información electoral en medios de comunicación, las campañas electorales y sobre todo el cambio en el voto de los españoles residentes en el exterior por un nuevo procedimiento, el denominado *voto rogado*, que, en realidad, según ha podido comprobarse en las elecciones celebradas desde entonces, lo ha dificultado extraordinariamente.

Los intentos de reforma del sistema electoral continuaron en los años siguientes a través de tres vías de distinta naturaleza. La primera surgió en los inicios de la Gran Recesión, cuando los *indignados* acampados en la Puerta del Sol madrileña convirtieron a la reforma electoral en un elemento necesario de lo que denominaban como una "democracia *real*" para así lograr una "representación *auténtica*" (Riera y Montero, 2017: 7-8). Se trataba de una reforma consistente en la implantación de listas abiertas con el objetivo de otorgar a los ciudadanos más oportunidades de participar en el proceso político y en el establecimiento de un distrito nacional único que asegurase a cada partido la obtención de un número de escaños proporcional a los votos cosechados. El 15-M, por lo tanto, supuso un punto de inflexión en las actitudes de amplios sectores sociales hacia el sistema electoral. Convertido ya en un tema popular, la segunda se trasladó en años posteriores al propio sistema político, cuando expertos y organizaciones de todo tipo coincidieron al cifrar en el cambio del sistema electoral una de las condiciones imprescindibles para la *regeneración* política de una democracia *enferma* en medio de la crisis política que se acumuló a la económica desde 2008.

Y la tercera vía, de nuevo de tipo político, cristalizó después de las elecciones legislativas de 2015 y 2016, cuando dos de los nuevos partidos, Podemos y Ciudadanos, hicieron de la reforma electoral una de sus principales banderas en pos de la *regeneración democrática* (Rodríguez-Teruel y Barrio, 2016; Rodríguez-Teruel, Barrio y Barberá, 2016; Orriols y Cordero, 2016; Simón, 2017). La composición del nuevo Congreso facilitó que en marzo de 2017 todos los Grupos parlamentarios, a instancias del PSOE y de Ciudadanos, aprobaran en el seno de la Comisión Constitucional una nueva Subcomisión para discutir una amplia reforma del sistema electoral. En esa legislatura, Podemos y Ciudadanos anunciaron una batería de propuestas para modificar aspectos relevantes en los ámbitos del Derecho electoral y del propio sistema electoral. Por lo que hace al primero, las propuestas tenía una naturaleza no redistributiva (es decir, no beneficiaban ni perjudicaban *a priori* a ningún partido) y aspiraban a mejorar la calidad de la democracia representativa; incluían la reducción del gasto en las campañas electorales a través del envío conjunto de la publicidad electoral, la introducción de las *listas cremallera*, la revisión radical de la defectuosa regulación del llamado *voto rogado* y la reducción de la edad de votar de los 18 a los 16 años. Y con respecto al sistema electoral, su única propuesta, ya claramente redistributiva (esto es, mediante la que algunos partidos podían ganar escaños a costa de otros), consistía exclusivamente en la sustitución de la fórmula D´Hondt por la Sainte-Laguë, la más proporcional de las fórmulas electorales (Benoit, 2000).

En la dimensión intrapartidista, es decir, la centrada en el denomiando *voto personal* y materializada en la estrutura del voto, la forma de la candidatura o el procedimiento de votación, el Consejo de Estado propuso la modificación de las listas electorales para ampliar el protagonismo de los votantes a la hora de designar a sus representantes parlamentarios. En este campo, apuntó al papel que las arenas autonómicas pueden jugar como laboratorio de reformas institucionales con vistas a una eventual reforma de mayor envergadura en el sistema electoral del Congreso de los Diputados. Su opción, al igual que otras similares (Montero, 1997; Hopkin, 2005), se inclinaba por una fórmula intermedia que desbloqueara las listas, pero manteniendo a la vez su carácter cerrado. La propuesta fue asimismo desatendida por el Pleno del Congreso en diciembre de 2010: los dirigentes partidistas han demostrado en numerosas ocasiones su oposición en mayor o menor medida explícita a una reforma que incluya criterios de selección de los candidatos que compitan con el orden decidido por ellos en sus respectivas organizaciones y en todo tipo de distritos (Ortega y Oñate, 2020).

CONCLUSIONES

El sistema electoral español fue creado en 1977, constitucionalizado en 1978 e institucionalizado tras el *terremoto* electoral de 1982. Sus reglas se han adaptado a formatos diferentes del sistema de partidos, a distintos competidores y a vencedores electorales diferentes durante las cuatro últimas décadas. Sus efectos han sido intensos, tanto sobre los partidos como sobre los electores. Si para estos últimos el tamaño reducido de los distritos les obligaba a coordinarse en muchos de ellos mediante el voto útil o *estratégico*, el prorrateo desviado y en consecuencia la variabilidad de la magnitud de los distritos han producido sesgos mayoritarios, conservadores y hasta centralistas muy acusados, sobre todo en un sistema electoral perteneciente a la familia de los proporcionales. Los partidos han tratado también de ajustarse a estos sesgos mediante estrategias que, si no eran coalicionales antes o después de las elecciones, al menos evitaban las escisiones partidistas. Desde la Transición y hasta las elecciones generales de 2015, el sistema de partidos español adoptó sucesivamente el formato de pluralismo limitado con las variantes del partido *predominante* que fue el PSOE en los años ochenta y después de *dos partidos y medio*; en ambos casos generaron una dinámica mayoritaria muy intensa en las principales instituciones políticas (Gunther y Montero, 2009: cap. 2). Con ambos formatos, el sistema electoral pareció lograr un cierto ajuste entre unos sesgos mayoritarios derivados de la desproporcionalidad en la representación en el Congreso y unas condiciones favorables para la formación de gobiernos, que han oscilado entre mayorías absolutas *manufacturadas* y minorías suficientes gracias a apoyos parlamentarios externos, casi siempre de partidos nacionalistas y regionalistas.

Parecía existir así una especie de acuerdo implícito por medio del cual se aceptaba la desproporcionalidad ocasionada por el sistema electoral a cambio de que produjera gobiernos unipartidistas estables basados en mayorías parlamentarias más o menos holgadas: el peaje a pagar en términos de desproporcionalidad se contrarrestaba, al menos en parte, con la estabilidad de que disfrutaba el ejecutivo[8]. Pero ese acuerdo podría romperse si fallara uno de los términos de la ecuación. Y eso es lo que hasta el momento parece haber ocurrido en las elecciones de 2015, 2016 y en la doble cita electoral de 2019. El mismo sistema electoral ha tenido efectos relativamente diferentes al debilitarse considerablemente PP y PSOE, los dos principales partidos, y al surgir tres partidos *medianos* como Podemos, Ciudadanos y Vox. La desproporcionalidad se redujo solo moderadamente, la fragmentación partidista alcanzó máximos históricos y la formación de gobierno se convirtió tras las elecciones de 2015 en un grave problema (Simón, 2017), que volvió a repetirse de nuevo en 2019. La cambiante for-

---

8 Esta interacción entre representación y gobernabilidad aproxima el caso español a una suerte de condición óptima desde el punto de vista electoral que, según algunos expertos, permitiría un equilibrio virtuoso entre una adecuada representación de las preferencias partidistas de los votantes y la formación de gobiernos con incentivos para rendir cuentas; es lo que Carey y Hix (2011) han denominado como un *electoral sweet spot*.

tuna electoral de los partidos ha desembocado, pues, en un cambio relevante del sistema de partidos: más fragmentado y con mayor volatilidad, con un formato multipolar más complejo y con procesos de formación de gobiernos mucho más inciertos. El reproche habitual que acusaba a nuestro sistema electoral de obstaculizar la entrada de nuevas fuerzas políticas y de fomentar el llalamdo bipartidismo ha de ser, desde luego, descartado.

Esta situación revalidaría las potencialidades del sistema electoral. Sin cambio alguno, ha aumentado la fragmentación, pero la desproporcionalidad no ha disminuido demasiado. De este modo, el *trade-off* entre representación y gobernabilidad ha dejado de funcionar: si la primera ha mejorado sensiblemente, la segunda ha empeorado sustantivamente tanto por el mayor número de partidos como por la distribución de sus apoyos electorales. Parece por ello improbable que, de mantenerse esta situación, las propuestas de reforma planteadas para incrementar la proporcionalidad sigan teniendo sentido. Si eran acaso convenientes para remediar los desajustes entre votos y escaños en las primeras once elecciones al Congreso, el problema se ha trasladado ahora, tras las cuatro últimas, a la fragmentación y a la formación de gobiernos. Los partidos deben aprender a utilizar los incentivos institucionales y políticos existentes para considerar como opciones posibles los gobiernos de coalición, como demuestra la primera experiencia en el nivel nacional. Y deberán además hacerlo en un contexto de mayor crecimiento de la polarización partidista (lo que agrava la fragmentación y dificulta la formación de gobiernos de coalición) y sin el recurso antes habitual de gobiernos minoritarios con apoyos de partidos nacionalistas. En estas condiciones, no es impensable que se considere necesaria o al menos conveniente la reforma de esta deficiencia, por así decir, del sistema electoral. Pero entonces la discusión sobre su desproporcionalidad quedaría preterida por un cambio en el sentido opuesto, es decir, para buscar mecanismos que arrojen mayorías al menos suficientes y a ser posible estables. No debería olvidarse que los sistemas electorales son instituciones que aspiran a satisfacer varios objetivos, no siempre conciliables entre sí. Y que el sistema electoral debe evaluarse en interacción con otras instituciones del sistema político, entre las que destaca la forma de gobierno. Y en un sistema parlamentario racionalizado como el español, el principal cometido del Congreso de los Diputados, más allá de sus funciones legislativa, presupuestaria y de control al ejecutivo, es el de establecer —y sostener— una relación de confianza con un gobierno que pueda sacar adelante su programa político con un mínimo de garantías.

En todo caso, y como es sabido, la realización de reformas electorales es sumamente difícil en las democracias contemporáneas. De hecho, la principal regla aplicable a los sistemas electorales es la de su estabilidad (Taagepera y Shugart, 1989: cap. 18; Lijphart, 1995: 95-96). Esto no implica que no existan cambios o más frecuentemente reformas específicas, sino que ambos aparecen solo excepcionalmente y mediante la concurrencia de procesos extraordinarios, a veces inesperados (Katz, 2005; Riera, 2013). La continuidad básica de los sistemas electorales suele explicarse a través de la obvia aporía de que los únicos actores con capacidad para aprobar cambios institucionales son los máximos interesados en evitar que los intentos de reforma lleguen a buen puerto. Y más todavía si las reglas electorales, o las más relevantes de ellas, como en España, están constitucionalizadas, lo que imposibilita su reforma sin contar previamente con niveles de consenso que en la práctica se aproximen a la unanimidad. Los criterios habitualmente aducidos para justificar las reformas suelen también carecer de motivaciones bastantes como para cambiar el criterio de los partidos que sigan prefiriendo el *statu quo*. En los países europeos occidentales, la existencia de niveles aun elevados de desproporcionalidad ha sido por lo general insuficiente para justificar procesos de reforma electoral, y mucho menos si quienes lo proponen forman parte de un sistema de partidos relativamente fragmentado. Y el paso de las listas cerradas a alguna variante de las muchas existentes de voto de preferencia está normalmente vinculado a bajos niveles de satisfacción con el funcionamiento de la democracia, unos niveles que son fácilmente manipulables por las élites partidistas o que pueden desaparecer tras la llegada de un nuevo ciclo electoral (Riera, 2013). Como ha concluido Kenneth Benoit (2007: 387), "[solo] en casos extraordinarios, el cambio del sistema electoral puede provenir de acontecimientos políticos inesperados como cambios de régimen, movimientos populares, realineamientos electorales o acontecimientos externos".

De afianzarse el formato del sistema de partidos surgido tras las elecciones de 2015, y de mantenerse asimismo el papel desempeñado por las reglas electorales en las últimas cuatro elecciones, las viejas propuestas de cambio del sistema electoral pueden quedar obsoletas: se ajustaban a su rendimiento de las últimas cuatro décadas, pero ignoraban su reciente impacto en la fragmentación del sistema de partidos o en las dificultades para formar gobiernos. Los partidos y votantes tendrán que aprender el nuevo funcionamiento de los viejos elementos del sistema electoral. Por lo tanto, las discusiones sobre su reforma debieran depender de los resultados de este aprendizaje. Y, mientras tanto, la tensión entre las viejas propuestas y los nuevos problemas reforzará probablemente la continuidad de los componentes del sistema electoral. El viejo refrán del más vale malo conocido que bueno por conocer, con tantas equivalencias en muchas lenguas occidentales, se aplica también al mundo institucional de las reglas electorales: los partidos prefieren decididamente mantener los defectos que ya conocen antes que saltar hacia lo desconocido (Taagepera y Shugart,1989: 236).

Referencias

Benoit, K. (2000). Which Electoral Formula Is the Most Proportional? A New Look with New Evidence. Political Analysis, 8(4), 381-388.

Bosch, A. (2014). ¿Qué hubiera pasado si...? El 20N con otros sistemas electorales. En E. Anduiza, A. Bosch, L. Orriols, y G. Rico (Eds.), Elecciones generales 2011. Madrid: Centro de Investigaciones Sociológicas.

Carey, J. M., y Hix, S. (2011). The Electoral Sweet Spot: Low-Magnitude Proportional Electoral Systems. American Journal of Political Science, 55, 383-397.

Consejo de Estado. (2009). Informe del Consejo de Estado sobre las propuestas de modificación del régimen electoral general. En F. Rubio Llorente y P. Biglino Campos (Eds.), El informe del Consejo de Estado sobre la reforma electoral. Texto del informe y debates académicos. Madrid: Consejo de Estado/Centro de Estudios Políticos y Constitucionales.

Duverger, M. (1984 [1951]). Los partidos políticos. México: Fondo de Cultura Económica.

Gallagher, M. (1991). Proportionality, Disproportionality and Electoral Systems. Electoral Studies, 10, 33-51.

Gunther, R. (1989). Leyes electorales, sistemas de partidos y élites: el caso español. Revista Española de Investigaciones Sociológicas, 47, 73-106.

Gunther, R., y Montero, J. R. (2009). The Politics of Spain. Cambridge: Cambridge University Press.

Hopkin, J. (2005). Spain: Proportional Representation with Majoritarian Outcomes. En M. Gallagher y P. Mitchell (Eds.), The Politics of Electoral Systems. Oxford: Oxford University Press.

Laakso, M., y Taagepera, R. (1979). 'Effective' Number of Parties: A Measure with Application to West Europe. Comparative Political Studies, 12, 3-27.

Lago, I. (2005). El voto estratégico en las elecciones generales en España. 1977-2000: Efectos y mecanismos causales en la explicación del comportamiento electoral. Madrid: Centro de Investigaciones Sociológicas.

Lago, I., y Montero, J. R. (2005). 'Todavía no sé quiénes, pero ganaremos': manipulación política del sistema electoral español. Zona Abierta, 110/111, 279-348.

Lago, I., y Blais, A. (2020). El voto estratégico en las elecciones generales. En C. Ortega, J. Montabes, y P. Oñate (Eds.), Sistemas electorales en España: Caracterización, efectos, rendimientos y propuestas de reforma. Madrid: Centro de Investigaciones Sociológicas.

Lijphart, A. (1995). Sistemas electorales y sistemas de partidos. Madrid: Centro de Estudios Constitucionales.

Montabes, J. (Ed.). (1998). El sistema electoral a debate. Veinte años de rendimientos del sistema electoral español. 1977-1997. Madrid: Centro de Investigaciones Sociológicas/Parlamento de Andalucía.

Montero, J. R. (1997). El debate sobre el sistema electoral: rendimientos, criterios y propuestas de reforma. Revista de Estudios Políticos, 95, 9-46.

Montero, J. R., y Gunther, R. (1994). Sistemas 'cerrados' y listas 'abiertas': sobre algunas propuestas de reforma del sistema electoral en España. En J. R. Montero, R. Gunther, y otros, La reforma del régimen electoral. Madrid: Centro de Estudios Constitucionales.

Montero, J. R., y Riera, P. (2009). Informe sobre la reforma del sistema electoral. En F. Rubio Llorente y P. Biglino Campos (Eds.), El informe del Consejo de Estado sobre la reforma electoral. Texto del informe y debates académicos. Madrid: Consejo de Estado/Centro de Estudios Políticos y Constitucionales.

Montero, J. R., Fernández-Esquer, C., y Rama, J. (2016). Sistema electoral y votos desperdiciados: ¿votando a ciegas? Politikon, 20 de junio de 2016. Disponible en https://politikon.es/2016/06/20/sistema-electoral-y-votos-desperdiciados-votando-a-ciegas/

Montero, J. R., y Fernández-Esquer, C. (2020). Los sistemas electorales de las Cortes Generales. En C. Ortega, J. Montabes, y P. Oñate (Eds.), Sistemas electorales en España: caracterización, efectos, rendimientos y propuestas de reforma. Madrid: Centro de Investigaciones Sociológicas.

Oliver, J. (2017). Las barreras electorales. Gobernabilidad versus representatividad. Valencia: Tirant lo Blanch.

Ong, K.-M., Kasuya, Y., y Mori, K. (2017). Malapportionment and Democracy: A Curvilinear Relationship. Electoral Studies, 49, 118-227.

Orriols, L., y Cordero, G. (2016). The Breakdown of the Spanish Two-party System: The Upsurge of Podemos and Ciudadanos in the 2015 General Election. South European Society and Politics, 21(4), 469-492.

Ortega, C., y Montabes, J. (2020). Los rendimientos del sistema electoral del Congreso de los Diputados. En C. Ortega, J. Montabes, y P. Oñate (Eds.), Sistemas electorales en España: caracterización, efectos, rendimientos y propuestas de reforma. Madrid: Centro de Investigaciones Sociológicas.

Ortega, C., y Oñate, P. (2020). El desbloqueo de las listas electorales: modalidades y sus posibles consecuencias. En C. Ortega, J. Montabes, y P. Oñate (Eds.), Sistemas electorales en España: caracterización, efectos, rendimientos y propuestas de reforma. Madrid: Centro de Investigaciones Sociológicas.

Penadés, A. (1999). El sistema electoral español. 1977-1996). En J. L. Paniagua y J. C. Monedero (Eds.), En torno a la democracia en España. Temas abiertos del sistema político español. Madrid: Tecnos.

Penadés, A., y Santiuste, S. (2013). La desigualdad en el sistema electoral español y el premio a la localización del voto. Revista Española de Ciencia Política, 32, 89-116.

Penadés, A., y Pavía, J. M. (2016). La reforma electoral perfecta. Madrid: Los Libros de la Catarata.

Penadés, A., y Riera, P. (2020). La desproporcionalidad en las elecciones generales para los partidos políticos. En C. Ortega, J. Montabes, y P. Oñate (Eds.), Sistemas electorales en España: caracterización, efectos, rendimientos y propuestas de reforma. Madrid: Centro de Investigaciones Sociológicas.

Rae, D. W. (1971 [1967]). The Political Consequences of Electoral Laws. New Haven: Yale University Press, 2ª ed.

Rama, J., Cordero, G., y Zagórski, P. (2021). Three Is a Crowd? Podemos, Ciudadanos, and Vox: The End of Bipartisanship in Spain. Frontiers in Political Science, 3.

Riera, P., y Montero, J. R. (2010). La reforma del sistema electoral español: preferencias partidistas y posibles alternativas. Seguridad y Ciudadanía. Revista del Ministerio del Interior, 4, 77-113.

Riera, P., y Montero, J. R. (2017). Attempts to Reform the Electoral System in Spain: The Role of Experts. Election Law Journal, 16(3), 367-376.

Rodríguez-Teruel, J., y Barrio, A. (2016). Going National: Ciudadanos from Catalonia to Spain. South European Society and Politics, 2(4), 587-607.

Rodríguez-Teruel, J., Barrio, A., y Barberà, Ó. (2016). Fast and Furious: Podemos' Quest for Power in Multi-level Spain. South European Society and Politics, 2(4), 561-585.

Samuels, D., y Snyder, R. (2001). The Value of a Vote: Malapportionment in Comparative Perspective. British Journal of Political Science, 31, 651-671.

Sartori, G. (1994). Comparative Constitutional Engineering. An Inquiry into Structures, Incentives, and Outcomes. Londres: Macmillan.

Shugart, M. S., y Taagepera, R. (2017). Votes from Seats. Logical Models of Electoral Systems. Cambridge: Cambridge University Press.

Simón, P. (2009). La desigualdad y el valor de un voto: el malapportionment de las Cámaras bajas en perspectiva comparada. Revista de Estudios Políticos, 143, 165-188.

Simón, P. (2017). The Challenges of the New Spanish Multipartism. Goverment Formation Failure and the 2016 General Election. South European Society and Politics, 21(4), 493-517.

Taagepera, R., y Shugart, M. S. (1989). Seats and Votes: The effects and Determinants of Electoral Systems. New Haven: Yale University Press.

Capítulo 18

El proceso de institucionalización y apertura de un sistema de partidos: el caso español (2008-2020)

ALBERTO DÍAZ-MONTIEL

INTRODUCCIÓN

Desde que estallase la crisis económica en 2008, que poco después se convertiría también en política (Sánchez-Cuenca, 2014), el sistema de partidos español ha venido experimentando, de forma progresiva, profundas mutaciones. Este hecho explica que se haya transitado desde un modelo de bipartidismo imperfecto (Rodríguez-Teruel et al., 2019), a la consolidación de un sistema multipartidista, con importante presencia de un partido de derecha radical (Vox), tras las elecciones generales de noviembre de 2019. Además, se han modificado también las pautas características de formación de gobierno, dando lugar al primer gobierno de coalición, en el ámbito estatal, desde la recuperación de la democracia.

Todas estas transformaciones forman parte de un contexto que va más allá del caso español. Para Morlino y Raniolo (2017), la crisis económica conllevó la aceleración y el ensanchamiento de procesos que ya comenzaban a configurarse dentro de los sistemas políticos del sur de Europa. Costa Pinto y Texeira (2019) sintetizaban estos factores en el surgimiento de nuevos actores políticos, el cambio en una participación política cada vez más radicalizada, la reformulación del clivaje izquierda-derecha y la aparición de nuevas líneas de fracturas (como la consolidada en torno a los dos polos de proeuropeo o antieuropeo), así como una tendencia hacía la tripolarización de los sistemas de partidos.

Por otro lado, Bosco y Verney (2012) consideraban que la llegada de la crisis supuso el origen de una “democracia sin elección”. Además, las dificultades en torno a la formación y consolidación de los gobiernos y la necesidad de repetir elecciones son síntomas que se originaron en Grecia pero que amenazan con llegar para quedarse en el resto de países del sur de Europa (Bosco y Verney, 2016).

El sistema de partidos español se había venido caracterizando por una reducida fragmentación, la moderación ideológica del electorado, una competición centrípeta entre los partidos y la existencia de gobiernos estables de un solo partido (Linz y Montero, 2013). También conviene señalarse que estamos ante un ejemplo de sistema de partidos multinivel (Swenden y Maddens, 2009), con existencia de clivaje nacional en algunas de sus comunidades, en las se ha podido apreciar un comportamiento electoral diferenciado de la dinámica habitual del resto (Rodríguez-Teruel et al., 2018: 209). También se ha postulado que el importante proceso de descentralización política llevado a cabo en España generó una débil nacionalización de su sistema de partidos (Lago y Montero, 2014).

Por todo ello, el objetivo principal de este capítulo es analizar cómo ha evolucionado el sistema de partidos español desde la crisis económica de 2008 hasta la actualidad, tratando de dilucidar si algunos de los aspectos que Bosco y Verney (2012 y 2016) establecieron que podían llegar para quedarse a los países del sur de Europa (fundamentalmente inestabilidad política y repetición de elecciones debido a las dificultades para formar gobierno) se han producido en el caso español. Para tal fin, se analizará la evolución del grado de institucionalización y apertura del sistema de partidos español.

En lo que sigue, el capítulo se estructurará de la siguiente manera: en el siguiente apartado se sintetizaron algunas de las contribuciones teóricas más relevantes sobre la institucionalización de los sistemas de partidos. Tras ello, se analizará la evolución política y electoral de España durante el período abordado en el capítulo (2008-2019), para acto seguido aproximarnos a la evolución del sistema de partidos español a la luz de las citadas teorías sobre institucionalización. Finalmente, en el apartado final se desgranarán las conclusiones de todo lo abordado.

INSTITUCIONALIZACIÓN, EVOLUCIÓN Y CONDICIONANTES DE LOS SISTEMAS DE PARTIDOS

En primer lugar, y con relación a la emergencia y consolidación de los partidos y de los sistemas de partidos, Casal Bértoa y Mair (2012) distinguen cuatro fases: la primera de ellas es la que engloba a los casos que surgieron a principios del siglo XX, coincidiendo con la extensión del sufragio masculino (y, en algunos pocos casos, femenino); la segunda está constituida por aquellos sistemas de partidos nuevos o renacidos tras la caída de los autoritarismos y el final de la Segunda Guerra Mundial (como por ejemplo son los casos de Austria, Alemania Occidental o Italia), la tercera la constituyen las democracias de la tercera ola surgidas durante la década de los setenta (España se encontraría se ubicaría en este caso); y por último, un amplio grupo de casos conformado fundamentalmente por las democracias postcomunistas.

Junto a este proceso histórico, hay que tener en cuenta también otra serie de procesos que se interrelacionan y entremezclan con tales fases (Bardi y Mair, 2008): en primer lugar, el proceso de alineamiento tras la citada ola de democratización en la Europa postcomunista. En segundo lugar, el proceso de desalineamiento en democracias ya consolidadas debido al aumento de la volatilidad electoral, al cambio en los niveles de participación, así como al descenso en el compromiso de la ciudadanía respecto a los partidos políticos. Y, en tercer lugar, una experiencia más limitada que tiene que ver con el posible realineamiento en las democracias establecidas debido a determinadas discontinuidades institucionales.

Respecto a la institucionalización, señaló Peter Mair (1997) que, en primer lugar, el hecho de poder hablar de sistema de partidos como tal ya supone hablar de cierta estabilidad dentro del sistema político dado, y que, además, cuanto más predecible es un sistema de partidos más institucionalizado se encuentra. A este respecto, este autor (Mair, 1997) identificó cuatro factores para dilucidar si un sistema de partidos está más o menos institucionalizado:

1. La frecuencia del cambio. La cual se sintetiza en el reemplazo del gobierno conformado por un determinado partido por otro conformado por otro (u otros) partidos distintos. Dicho cambio puede ser total o parcial. En sistemas muy institucionalizados, lo habitual es que los cambios en el gobierno sean relativamente pocos y regulares, es decir, que habitualmente ocurran tras y no entre elecciones.

2. Alternancia en el gobierno. Existiendo tres opciones: alternancia completa (el gobierno es sustituido por un partido o grupo de partidos totalmente distinto), alternancia parcial (el nuevo gobierno lo conforman tanto nuevos partidos como otros que ya lo conformaban previamente) y no alternancia.

3. Innovación o familiaridad de las alternativas de gobierno. Analiza la conformación de la fórmula de gobierno que ostenta el poder, y quiénes forman parte de la hipotética coalición.

4. Acceso al gobierno. Mide si todos los partidos tienen opción de formar parte del ejecutivo o si, por el contrario, existen partidos que están permanente excluidos de participar en el mismo.

Tabla 1. Resumen sobre la institucionalización del sistema de partidos y formación de gobierno

Propiedades	Sistemas fuertemente institucionalizados	Sistemas débilmente institucionalizados
Frecuencia del cambio	Baja	Alta
Alternancia de gobierno	Total/ninguna	Parcial
Fórmula de gobierno	Familiar	Innovadora
Acceso al gobierno	Cerrado	Abierto

Fuente: elaboración propia a partir Mair (1997).

De tal forma, estamos ante estructuras de competencia cerrada y predecibles (Mair, 2002) cuando se produzcan pocos o ningún cambio a través del tiempo en la variedad de las alternativas gobernantes o en el patrón de alternancia. Además, puede resultar imposible a los partidos nuevos y/u *outsiders* entrar a formar parte del gobierno. Por el contrario, estamos antes estructuras abiertas e impredecibles cuando hay frecuentes cambios en la composición de las alternativas gobernantes y con nuevos partidos obteniendo acceso al gobierno de manera relativamente fácil.

Con relación a ello, se ha sostenido también que la estabilidad de un sistema de partidos puede no ser solo el resultado de legados culturales y sociales, sino también el efecto de las restricciones institucionales (sistema electoral y financiamiento de los partidos) que refuerzan el poder de los partidos políticos existentes y obstaculizan el surgimiento de nuevas fuerzas políticas (Casal Bértoa, 2014: 194).

Posteriormente, se le ha dado la vuelta al concepto de institucionalización del sistema de partidos, hablándose de desinstitucionalización (Chiaramonte y Emanuele, 2017). Para que tal situación se produzca han de producirse las tres siguientes condiciones: en primer lugar, la presencia de un escenario electoral muy inestable, con niveles muy altos de volatilidad. En segundo lugar, esta situación de inestabilidad electoral ha de generar también una regeneración del sistema de partidos, en la cual los partidos tradicionales desaparecen e irrumpen con fuerza nuevos partidos que los sustituyen. En último lugar, estas elecciones inestables (y que conllevan una regeneración significativa de los partidos que conforman el sistema) no se ha de producir una única vez.

PRINCIPALES RASGOS DE LA EVOLUCIÓN POLÍTICA Y ELECTORAL EN ESPAÑA (2008-2019)[1]

En este apartado se va a analizar la evolución política y electoral en España durante el período analizado, así como algunas de las consecuencias derivadas de dicha evolución. Para poder sintetizar y estructurar mejor el análisis, el apartado se dividirá en distintos períodos y ciclos electorales.

De la segunda legislatura de Zapatero a la mayoría absoluta de Rajoy (2008-2011)

En los comicios de 2008, el PSOE liderado José Luis Rodríguez Zapatero obtuvo la victoria, con un total 169 diputados, frente al PP, liderado por Mariano Rajoy, que consiguió 154 escaños. Se ha sostenido que estas elecciones estuvieron caracterizadas por ser un caso de continuidad respecto a lo que había ocurrido en las generales de 2004, con unas pautas similares de participación y apoyo partidista (especialmente por la fuerte concentración de votos en torno a los dos partidos dominantes, que sumarían entre ambos más del 80% de los votos). Un elemento novedoso de estos comicios fue que, por primera vez en mucho tiempo, pareció haber una concentración de apoyos en torno al PSOE provenientes de partidos de ámbito no estatal (Torcal y Lago, 2008: 372).

Varios acontecimientos ocurrieron durante esta legislatura que tuvieron consecuencias indudables en la siguiente cita electoral. El primero de ellos fue la fuerte crisis económica a nivel mundial que sacudió el mundo a partir de 2008 y que afectaría también, con profundidad y dureza, a España. Este contexto de fuerte crisis económica, el fuerte descontento se extendió rápidamente a la política (Orriols y Rico 2014; Sánchez-Cuenca 2014), y al primer partido al que le pasó factura sería al PSOE, que se encontraba al frente del gobierno por aquel entonces.

Otro acontecimiento que sacudió esta legistatura, o la parte final de la misma, y que sin duda estuvo fagocitado en gran parte por la crisis económica, fueron las manifestación iniciadas el 15 de mayo de 2011 y que, aunque estuvieron concentradas sobre todo en la Puerta del Sol de Madrid, se extendieron por toda la geografía del país. Este movimiento, conocido

---

1 En el anexo 1 de este capítulo se exponen los resultados (con porcentaje de votos y número de escaños) de los diferentes procesos electorales que se abordan en el capítulo.

como 15M, consiguió un alto grado de movilización y de apoyo ciudadano, dado que casi el 80% de los ciudadanos consultados en diversas encuestas consideraban que las principales reivindicaciones de este movimiento eran pertinentes (Calvo Borobia, Gómez-Pastrana y Mena, 2011).

Con relación a lo anterior, se ha señalado que participar o simpatizar con los postulados que representaba el 15M redujo las posibilidades de votar por uno de los dos grandes partidos (PSOE o PP) en las siguientes elecciones generales que se iban a celebrar en noviembre de 2011 (Anduiza, Martín y Mateos, 2014). Por otro lado, conviene también mencionar que las elecciones europeas que se celebraron en año 2009 ya habían sido consideradas como un primer capítulo introductorio sobre el fin del bipartidismo en España (Boix Palop y López García, 2013).

Esta era, a grandes rasgos, el contexto en el que se llegaba a la siguiente cita electoral. El resultado de las elecciones generales del 20 de noviembre de 2011 se ha explicado más como consecuencia del fuerte varapalo que sufrió el PSOE, cuyo candidato fue Alfredo Pérez Rubalcaba, quien perdió más de 4 millones de votos y pasó de 169 a 110 diputados, que por la amplia victoria obtenida por PP, partido que pasó de 154 a 186 escaños, obteniendo con ello una amplia mayoría absoluta (Martín y Urquizu, 2012).

En las elecciones generals de 2011, un 16% de los votantes que en 2008 habían votado al PSOE decidieron cruzar la frontera ideologica y transiter al PP. El segundo destino de los votantes provenientes del PSOE fue la abstención y, finalmente, pequeños partidos de ámbito nacional como Izquierda Unida (IU) y Unión Progreso y Democracia (UPyD) también recibieron el apoyo del 4 y 7%, respectivamente, de antiguos votantes socialistas (Martín y Urquizu, 2012).

La primera legislatura de Rajoy y el surgimiento de los problemas de gobernabilidad (2011-2017)

La legilastura que se extendió entre 2011 y 2015, y que legislativamente estuvo marcada por un dominio del PP dada su holgada mayoría absoluta, se vio salpicada por graves escándalos de corrupción, muchos de los cuales (los papeles de Bárcenas, la Gurtel…) efectaban directamente al partido del gobierno de ese momento. En este sentido, ya se había venido constatando cómo la sucesión de escándalos de corrupción habían generando sentimientos de desafección institucional fuertemente instaurados en la cultura política española (Montero, Gunther y Torcal, 1997).

Las elecciones europeas de mayo de 2014, pese a no ser unas generales, resultan de obligada mención por el profundo impacto que tuvieron en el devenir inmediato del sistema de partidos español. Estos comicios supusieron el punto de inflexion que condujo al fin del bipartidismo, dado que los dos partidos mayoritarios (PP y PSOE) obtuvieron menos del 50% de los votos, a lo que se une además el hecho de que fue la primera cita electoral en las que Podemos y Ciudadanos hicieron acto de aparición en el tablero politico español. Todo ello en un contexto caracterizado aún por una profunda depresión económica como consecuencia de la crisis financiera. Puede señalarse que, en definitiva, las elecciones europeas de 2014 supieron el inicio del fin de la estabilidad que había caracterizado al sistema de partidos español durante las décadas anteriores (Cordero y Montero, 2015).

Por otra parte, las elecciones generales de diciembre de 2015 supusieron el terremoto definitivo para el sistema de partidos español: el PP perdió 63 escaños, pasando de 186 a 123, mientras que el PSOE, que ya venía de una malas cifras en las generales de 2011, pasó de los 110 escaños a los 90. En este sentido, por primera vez los votos fueron a parar otros partidos de ámbito estatal distintos a los dos que habían sido los hegemónicos durante las últimas décadas: Podemos y sus confluencias irrumpió con 69 escaños, mientras que Ciudadanos lo hizo con 40. Orriols y Cordero (2016) sostienen que los factores que propiciaron tales cambios fueron: la crisis económica y de deuda, los escándalos de corrupción y el aumento de la desafección. Todo lo anterior generó una fuerte crisis política que, para estos autores, fue el factor de mayor peso para explicar el fin del bipartidismo y el auge de los nuevos partidos.

Las citadas elecciones de diciembre de 2015 condujeron a una inédita, hasta entonces, situación de bloqueo político en el sistema político español. Rajoy, en primer lugar y de forma también inédita, rechazó el encargo del rey de intentar formar gobierno, dando lugar, con ello, una situación del *impasse* de imprevistas consecuencias. Posteriormente, el ya por aquel entonces líder del PSOE, Pedro Sánchez, aceptó el encargo del rey e intentó formar gobierno, alcanzando un acuerdo con Ciudadanos que no logró los números suficientes para la investidura. Tras lo cual, la situación de falta de acuerdo y bloqueo se mantuvo, haciéndose inevitable con ello una repetición electoral que tendría lugar el 26 de junio de 2016.

En este sentido, esta repetición electoral se ha intentado explicar a través de una combinación de elementos institucionales (mezcla de parlamentarismo positivo y parlamento débil, la moción de censura de tipo constructivo…) y, especialmente, factores contextuales relacionados con el aumento de la dificultad para alcanzar un acuerdo bajo una coyuntura marcada por una alta fragmentación, polarización y volatilidad (Simón, 2016).

Al hilo de ello, se ha apreciado también que en sistemas políticos en donde hay probabilidades de repetir elecciones, los actores políticos se comportarán de una forma más estratégica (Simón, 2016). Otro de los hechos que caracterizaron este periodo fueron las continuas desavenencias y enfrentamientos entre los partidos de izquierdas, lo cual imposibilitó llegar a algún acuerdo que desatascase las negociaciones (Maraña, 2017).

La repetición electoral de 2016 trajo como consecuencia el aumento en 14 escaños del PP (que pasó de 123 a 137), un leve retroceso por parte del PSOE (que pasaría de 90 a 85), la estabilización de los resultados de Podemos (que en esta ocasión concurrió a los comicios en coalición también con IU y bajo la etiqueta de UP), hecho este que conllevó cierta frustración de expectativas dentro de la formación morada y su entorno puesto que durante toda la campaña se estuvo dando por sentado el *sorpasso* al PSOE, y un ligero retroceso por parte de Ciudadanos, que pasó de 40 a 32 escaños.

Los meses siguientes a la cita electoral de 26 de junio se caracterizaron por la negativa por parte del líder del PSOE, Pedro Sánchez, a facilitar la investidura de Mariano Rajoy (a través del conspicuo "no es no" que esgrimió Sánchez durante este período), lo cual dio lugar a unos meses en las que hubo distintas presiones hacia al PSOE a fin de que facilitara la investidura de Rajoy. Todo ello condujo al controvertido Comité Federal del PSOE del 1 de octubre en el que Pedro Sánchez terminó dimitiendo como secretario general del PSOE.

Al hilo de anterior, y vistas las consecuencias que ello ha tenido para el desarrollo del sistema político y de partidos español, conviene hacer mención también al hecho de que tras su renuncia al liderazgo del PSOE, Sánchez decidió concurrir a las primarias para dirigir al PSOE que tendrían lugar en mayo de 2017, en donde, contra todo pronóstico y a pesar de tener en contra a la gran parte del aparato del partido, logró derrotar a la otra candidata, la por aquel entonces presidenta de la Junta de Andalucía, Susana Díaz.

La caída de Rajoy y la consolidación de Pedro Sánchez (2018-2019)

Justamente un año después de su victoria en las citadas primarias del PSOE, y a raíz de la sentencia judicial sobre el caso de corrupción del Gürtel que afectaba de lleno al Partido Popular, Sánchez presentó una moción de censura contra el presidente Rajoy que, en un primer término, y al igual que había pasado con todas las mociones de censura presentadas anteriormente, no parecía que fuese a tener éxito. Sin embargo, los acontecimientos se fueron desencadenando de forma inesperada y, por primera vez en la historia reciente de España, una moción de censura terminó resultando exitosa, motivo por el cual Pedro Sánchez sustituyó a Mariano Rajoy (PP) al frente del gobierno del país (Rodríguez Teruel, 2018). A raíz de ello, Mariano Rajoy abandonó la política, siendo sustituido el frente del PP por Pablo Casado, después del Congreso extraordinario que este partido celebraría en julio de 2018.

Sin embargo, y debido en gran parte a la corta mayoría parlamentaria que sostenía al gobierno de Sánchez (con una base de tan solo 85 diputados sobre el total de 350), la legislatura iba a terminar pocos meses después, en febrero de 2019 cuando el presidente Sánchez disolvió las Cortes tras la rechazar el Congreso los presupuestos que este había acordado previamente con Podemos.

De tal forma, el 28 de abril se celebraron elecciones generales en las que el PSOE de Pedro Sánchez se hizo con la victoria consiguiendo 123 escaños, mientras el PP de Pablo Casado sufrió un fuerte retroceso electoral pasando de 137 de 2016 a tan solo 66 diputados. Por su parte, Ciudadanos logró mejorar ampliamente sus resultados de 2016, pasando de los 32 a los 57, mientras que Unidas Podemos (que al igual que en 2016, Podemos y sus confluencias concurrieron junto a IU) sufrió un fuerte retroceso pasando de los 71 escaños a 42. La gran novedad de estos comicios fue la fuerte irrupción de Vox, partido que se había creado en 2014 pero que hasta las autonómicas andaluzas de diciembre de 2018 (en las que obtuvo 12 diputados) no había conseguido representación institucional relevante. Sin embargo, tras estos buenos resultados en Andalucía, en los generales de abril de 2019 hizo una deslumbrante aparición en el Congreso de los Diputados consiguiendo 24 escaños.

Respecto a ello, Alonso y Rovira (2015) ya habían venido advirtiendo de que en España había un caldo de cultivo idóneo para el surgimiento de un partido de derecha radical, pero que, sin embargo, varios factores habían impedido hasta ese momento su éxito electoral. Tales factores eran la estructura de clivajes del país, la estrategia de competición del partido de centroderecha, así como el sistema electoral. No obstante, en las generales de abril de 2019 Vox consiguió superar ampliamente dichas barreras y hacer acto de aparición en el Congreso.

En cuanto a este partido, resulta conveniente señalar también que ideológicamente ha sido caracterizado como una organización política que se asemeja a las familias de partidos de la derecha radical y cuya ideología está marcada, fundamentalmente, por una combinación de nacionalismo y racismo/nativismo (Ferreira, 2019).

Volviendo al contexto político posterior a la celebración de las elecciones generales de abril de 2019, a pesar del infructuoso intento de PSOE y Podemos por acordar un gobierno, y ante la el mantenimiento del veto del líder de Ciudadanos, Albert Rivera, hacia Pedro Sánchez, al igual que tras las elecciones de 2015, no se pudo investir ningún presidente de Gobierno. Por tanto, las Cortes Generales se disolvieron automáticamente, volviendo a convocarse elecciones para el 10 de noviembre de 2019.

En estas elecciones generales volvió a resultar vencedor el PSOE de Pedro Sánchez, aunque perdería tres escaños respecto a abril, pasando de 123 a 120. Por su parte, el PP lograría recuperarse en parte del calamitoso resultado cosechado en primavera, pasando de los 66 escaños a 89, mientras Ciudadanos se hundía, consiguiendo tan solo 10 actas, frente a las 57 de abril, y Podemos, aun empeorando sus resultados, conseguía mantenerse (a pesar también de la candidatura que Iñigo Errejón, uno de los fundadores del partido, lanzaría para esta cita electoral) obteniendo 35 escaños frente a los 42 de abril. De nuevo, la gran sorpresa de los comicios fue Vox, partido que lograría doblar el número de escaños que consiguió en abril, pasando de 24 a 52 actas y consiguiendo la tercera posición.

EVOLUCIÓN DE LA INSTITUCIONALIZACIÓN Y APERTURA DEL SISTEMA DE PARTIDOS ESPAÑOL

En este apartado se va analizar la evolución de la institucionalización y el grado de apertura del sistema de partidos español, entre 2008 y 2019, a la luz de lo estipulado por las teorías a las que nos referíamos en el segundo apartado del capítulo. Tras las elecciones generales de marzo de 2008 volvió a resultar vencedor Rodríguez Zapatero, no produciéndose, por tanto, ningún tipo de alternancia. El presidente socialista volvió a conformar un gobierno monocolor en minoría, con una fórmula familiar, compuesta por ministros provenientes del PSOE, y manteniéndose cerrado el acceso al gobierno de otros partidos minoritarios.

Los comicios de noviembre de 2011, ya en pleno epicentro de la crisis económica, dieron lugar a una alternancia total, con un gobierno monocolor, apoyado en la mayoría absoluta obtenida por el PP Mariano Rajoy, de fórmula conocida y manteniéndose cerrado el acceso al gobierno de otros partidos.

Las elecciones de diciembre de 2015 dieron un lugar a unos meses de ingobernabilidad, en la que no se consiguió investir a un presidente, lo cual generó la primera repetición electoral del período, que tuvo lugar el 26 de junio de 2016. Tras ellas, y tras las ya mencionadas dificultades, Rajoy pudo conformar un gobierno, no produciéndose ningún tipo de alternancia, esta vez en minoría y con fórmula familiar (la totalidad de ministros provenientes del PP), a pesar de haber necesitado el apoyo explícito de otros partidos, así como la abstención del PSOE, para conseguir la investidura.

En la primavera de 2018 se produjo una de las grandes novedades el período, tras la exitosa moción de censura presentada por el PSOE, al producirse una alternancia total en el gobierno sin que se hubiesen celebrado elecciones. De esta forma, Pedro Sánchez conformaría un gobierno en minoría y de fórmula familiar. A pesar de contar con únicamente 85 diputados, Sánchez decidió no dar ministerios a ninguno del resto de partidos que habían apoyado la moción de censura que lo habían convertido en presidente.

Las elecciones de abril de 2019 dieron lugar a una situación de bloqueo en la que no se pudo investir presidente y formar gobierno, volviéndose a repetir elecciones en noviembre del mismo año. Estas elecciones dieron lugar a unas de las grandes novedades del sistema político y de partidos español de las últimas décadas, puesto que se conformó el primer gobierno de coalición, de ámbito estatal, de la historia reciente de España, conformado por PSOE y Unidas Podemos. De esta forma, por primera vez, se produce una alternancia parcial, con una fórmula innovadora y un gobierno de coalición, en el que acceden al gobierno partidos que se habían visto, tradicionalmente, apartados del mismo.

Tabla 2. Institucionalización del sistema de partidos español 2008-2019

Propiedades	2008	2011	2016	2018	2019
Alternancia	Ninguna	Completa	Ninguna	Completa	Parcial
Fórmula	Familiar (en minoría)	Familiar (mayoría absoluta)	Familiar (en minoría)	Familiar (en minoría)	Innovadora (coalición)
Acceso	Cerrado	Cerrado	Cerrado	Cerrado	Abierto

Fuente: elaboración propia a partir de Mair (1997).

Por otro lado, en cuanto a lo referido por Chiaramonte y Emanuele (2017) respecto a la desinstitucionalización de los sistemas de partidos, puede establecerse que, a pesar de las modificaciones que se han presentado a lo largo del capítulo, este proceso no se ha producido en el caso español. Y esto es así porque, por ejemplo, no se ha producido una regeneración total de su sistema de partidos. Ni, por tanto, varios procesos electorales inestables, y consecutivos, con regeneración significativa de los partidos que conforman el sistema. De hecho, los partidos que lideran cada uno de los lados del espectro ideológico siguen siendo los mismos: PSOE en el lado izquierdo y PP en el derecho.

CONCLUSIONES

Tal y como se tratado de demostrar a lo largo del presente capítulo, el grado de apertura sistema de partidos español ha experimentado profundos cambios durante el período analizado (2008-2019). La situación de inestabilidad permanente y fuertes dificultades para la formación de gobiernos que Bosco y Verney (2012 y 2016) vaticinaron que podrían llegar para quedarse en los países del sur de Europa, parecen haberse instalado en el caso español, con dos repeticiones electorales, ante la imposibilidad de formar gobierno, en poco más de tres años.

Las elecciones generales de 2015 supusieron el fin del bipartidismo que, como hemos visto, había venido siendo imperante en el caso español (Orriols y Cordero, 2016), tras la eclosión de Podemos y Ciudadanos y sus buenos resultados electorales en dichos comicios. Como veíamos, es a raíz de esta convocatoria cuando la inestabilidad política llega al sistema de partidos español, por factores tales como los diferentes intereses partidistas que dificultaron los acuerdos o la enorme transcendencia de algunos de los temas que los partidos han de tratar, como es el caso de la cuestión territorial a raíz de del conflicto independentista en Cataluña. De esto modo, la repetición electoral de junio de 2016 acabó haciéndose inevitable (Simón, 2016).

Las elecciones generales de abril de 2019 vuelven suponer un nuevo paso dentro del proceso de cambio que ha venido experimentando el sistema de partidos español. En este caso se debió a la fuerte irrupción de Vox en el Congreso de los Diputados, que pasa de no tener representación a conseguir 24 escaños. De nuevo, y al igual que pasó tras los comicios de 2015, resultó imposible la formación de un gobierno, hecho que provocó otra repetición electoral, en este caso en noviembre de 2019, repetición que trajo varias consecuencias de gran calado. La primera de ellas radicó en la enorme escalada de Vox, que pasa desde la quinta posición hasta la tercera, y desde los 24 escaños de abril hasta los 52.

Tras estas elecciones es cuando se produjo la gran novedad respecto a la institucionalización y el grado de apertura del sistema de partidos español. Como veíamos, tras un período previo en el que las pautas no habían experimentado modificaciones (con gobiernos monocolor y de fórmula familiar), tras la cita electoral de noviembre de 2019 se creó, por primera en el ámbito estatal, un gobierno de coalición, entre PSOE y Unidas Podemos. Además, ya en 2018, y tras una moción de censura exitosa, se había producido una renovación del ejecutivo sin necesidad de haber pasado previamente por las urnas. A pesar de todo ello, y tal como se señalaba, no puede hablarse de desinstitucionalización del sistema de partidos, en el sentido desarrollado por Chiaramonte y Emanuele (2017), puesto que no he producido una regeneración significativa de los partidos que lideran el sistema español en más de una elección consecutiva.

Referencias

Alonso, S., y Rovira Kaltwasser, C. (2015). Spain: No Country for the Populist Radical Right? South European Society and Politics, 20(1), 21-45.

Anduiza, E., Martín, I., y Mateos, A. (2014). Las consecuencias electorales del 15M. In Anduiza, E., Agustí, B., Orriols, L., y Rico, G. (Eds.), Elecciones generales 2011. Madrid: Centro de Investigaciones Sociológicas.

Bardi, L., y Mair, P. (2008). The parameters of party systems. Party Politics, 14(2), 147-166.

Boix Palop, Andrés, y López García, Guillermo (2013). Las elecciones europeas de 2009 en España: el comienzo de la crisis del bipartidismo. Revista Aranzadi Unión Europea, 11, 25-48.

Bosco, A., y Verney, S. (2016). From Electoral Epidemic to Government Epidemic: The Next Level of the Crisis in Southern Europe. South European Society and Politics, 21(4), 383-406.

Bosco, A., y Verney, S. (2012). Electoral Epidemic: The Political Cost of Economic Crisis in Southern Europe 2010-11, South European Society and Politics, 17(2), 129-154.

Calvo Borobia, K., Gómez-Pastrana, T., Sánchez, M. J., y Mena, L. (2011). Especial 15-M. Laboratorio de Alternativas. Colección Zoom Político.

Casal Bértoa, F. (2014). Party systems and cleavage structures revisited: A sociological explanation of party system institutionalization in East Central Europe. Party Politics, 20(1), 16-36.

Casal Bértoa, F., y Mair, P. (2012). Party system institutionalization across time in post-communist Europe. In Keman, H., y Müller-Rommel, F. (Eds.), Party government in the new Europe. London: Routledge.

Chiaramonte, A., y Emanuele, V. (2017). Party system volatility, regeneration and de-institutionalization in Western Europe (1945-2015). Party Politics, 23(4), 376-388.

Cordero, G., y Montero, J. R. (2015). Against Bipartyism, Towards Dealignment? The 2014 European Election in Spain. South European Society and Politics, 20(3).

Costa Pinto, A., y Teixeira, C. (2019). Political Institutions and Democracy in Portugal. Palgrave Macmillan Cham.

Ferreira, C. (2019). Vox como representante de la derecha radical en España: un estudio sobre su ideología. Revista Española de Ciencia Política, 51, 73-98.

Lago, I., y Montero, J. R. (2014). Defining and measuring party system nationalization. European Political Science Review, 6(2), 191-211.

Linz, J. J., y Montero, J. R. (2013). Los sistemas de partidos en España en el último cuarto del siglo XX. In Linz J. J., Montero J. R., y Jeffrey Miley T. (Eds.), Partidos y élites políticas en España. Madrid: Centro de Estudios Políticos y Constitucionales.

Lisi, M. (2019). Party system change, the European crisis and the state of democracy. New York: Routledge.

Mair, P. (1997). Party system change: approaches and interpretations. Oxford University Press.

Mair, P. (2002). Comparing party systems. In L. Leduc, R. Niemy, y P. Norrys (Eds.), Comparing Democracies. SAGE Publications.

Mair, P. (2006). Party system change, Handbook of party politics. London: SAGE.

Maraña, J. (2017). Al fondo a la izquierda. Madrid: Planeta.

Martín, I., y Urquizu-Sancho, I. (2012). The 2011 General Election in Spain: The Collapse of the Socialist Party. South European Society and Politics, 17(2), 347-363.

Montero, J. R., Gunther, R., y Torcal, M. (1997). Democracy in Spain: Legitimacy, discontent, and disaffection. Studies in Comparative International Development, 32(3), 124-160.

Morlino, L., y Raniolo, F. (2017). The Impact of the Economic crisis on the South European Democracies. London: Palgrave MacMillan.

Orriols, L., y Rico, G. (2014). El clima de opinión. In Anduiza, E., Agustí, B., Orriols, L., y Rico, G. (Eds.), Elecciones generales 2011. Madrid: Centro de Investigaciones Sociológicas.

Orriols, L., y Cordero, G. (2016). The Breakdown of the Spanish Two-Party System: The Upsurge of Podemos and Ciudadanos in the 2015 General Election. South European Society and Politics, 21(4), 469-492.

Rodríguez-Teruel, J. (2018, June 1). ¿Por qué Pedro Sánchez ha ganado una moción de censura improbable. El País. Recuperado de: http://agendapublica.elpais.com/por-que-pedro-sanchez-ha-ganado-una-mocion-de-censura-improbable/

Rodríguez-Teruel, J., Barberá, O., Barrio, A., y Casal Bértoa, F. (2019). From stability to change? The evolution of the party system in Spain. In Lisi, M. (Ed.), Party system change, the European crisis and the state of democracy. New York: Routledge.

Sánchez Cuenca, I. (2014). La impotencia democrática. Madrid: Catarata.

Simón, P. (2016). The Challenges of the New Spanish Multipartism: Government Formation Failure and the 2016 General Election. South European Society and Politics, 21(4), 493-517.

Swenden, W., y Maddens, B. (2009). Territorial party politics in Western Europe. Basingstoke: Palgrave Macmillan.

Torcal, M., y Lago, I. (2008). Electoral Coordination Strikes Again: The 2008 General Election in Spain. South European Society y Politics, 13(3), 363-375.

Anexo 1. Evolución electoral en España

	2008		2011		2015		2016		2019(a)		2019(b)	
	Votos (%)	Escaños	Votos (%)	Escaños	Votos (%)	Escaños	Votos (%)	Escaños	Votos (%)	Escaños	Votos(%)	Escaños
PP	39,94	154	44,63	186	28,7	123	33	137	16,7	66	20,82	89
PSOE	43,87	169	28,7	110	22	90	22,6	85	28,6	123	28	120
IU	3,77	2	6,92	11	3,68	2	-	-	-	-	-	-
CiU/PdCAT	3,03	10	4,17	16	2,25	8	2	8	1,9	7	2,19	8
PNV	1,19	6	1,33	5	1,2	6	1,1	5	1,5	6	1,57	6
UPyD	1,19	1	4,7	5	0,62		0,21	-	-	-	-	-
ERC	1,16	3	1,06	3	2,39	9	2,6	9	3,9	15	3,61	13
BNG	0,83	2	0,76	2	0,28	0	0,19	-	-	-	0,5	1
CC	0,68	2	0,19	2	0,32	1	0,33	1	0,5	2	0.51	2
NB/GB	0,24	1	0,17	1	-	-	-	-	-	-	-	-
Amaiur/Bildu	-		1,33	7	0,87	2	0,77	2	1	4	1,15	5
Compromis	-	-	0,51	1	-	-	-	-	0,66	1	0,73	1
FA			0,41	1								
Podemos	-		-	-	20,6	69	21,1	71	14,3	42	12,8	35
Ciudadanos	-	-	-	-	13,9	40	13	32	15,8	57	6,79	10
Vox	-	-	-	-	0,23		0,2		10,2	24	15,09	52
NS	-	-	-	-	-	-	-	-	0,41	2	0,41	2
PRC	-	-	-	-	-	-	-	-	0,2	1	0,28	1
MP/Equo	-	-	-	-	-	-	-	-	-	-	1,35	2
CUP	-	-	-	-	-	-	-	-	-	-	1,01	2
Teruel Existe	-	-	-	-	-	-	-	-	-	-	0,08	1

PARTE 5

OTROS TEMAS

Capítulo 19
Educación, internet y participación política en la era digital. Una aproximación desde Europa

JUAN MONTABES
CARMEN ORTEGA
JOSÉ MANUEL TRUJILLO
GISELLE GARCÍA HÍPOLA
ÁNGEL CAZORLA MARTÍN

INTRODUCCIÓN Y ESTADO DE LA CUESTIÓN

Una de las principales dimensiones de la praxis democrática es la forma en que una comunidad se relaciona con el poder político, o lo que es lo mismo, cómo se configuran las relaciones entre gobernantes y gobernados. En este sentido, la participación abarcaría todas aquellas actividades de la ciudadanía que están de forma más o menos directa y más o menos legal, destinadas a influir en la elección de las personas que gobiernan y/o en decisiones que adoptan (Verba y Nie, 1972; Pasquino, 1996), adquiriendo además un carácter multidimensional. Respecto a las fórmulas participativas, el debate implica consideraciones de carácter normativo y empírico-analíticas. En este segundo plano, ha habido múltiples intentos clasificatorios y, progresivamente, una expansión del repertorio de actividades desde el "simple" acto de votar a la inclusión de otras relacionadas con el proceso electoral, de contacto, de colaboración en organizaciones políticas, de protesta, el voluntariado o el compromiso cívico (Verba *et al.*, 1978; 1995; Conge, 1988; Dalton, 2000; Norris, 2001; Torcal *et al.*, 2006; Theocratis y van-Deth, 2018). Investigaciones más recientes han puesto el foco sobre el efecto que ha tenido la irrupción de Internet en el activismo político, al calor de la evolución tecnológica (Margolis y Resnick, 2000; Anduiza *et al.*, 2014; Theocratis y van-Deth, 2018). La introducción masiva de una nueva tecnología comunicativa ha supuesto un gran motor del cambio económico, social y político (McLuhan, 1969; Bennett y Segerberg, 2012; Ceron y Memoli, 2016). En este sentido, la expansión progresiva de Internet ha propiciado que se conciba como un espacio en el que podían desarrollarse algunas formas tradicionales de participación política, e incluso innovar con otras (Anduiza *et al.*, 2010; Montabes, 2017).

Diversas aproximaciones también se han preocupado por las eventuales causas y/o las consecuencias de la participación. Estas han indagado en los perfiles relacionados con cada fórmula y las razones por las que las personas desarrollarían diferentes acciones respecto a la política (Norris, 2002; Dalton, 2008; Campbell, 2009). El número de trabajos al respecto es bastante profuso (Dalton, 2000; Campbell, 2006), integrando interpretaciones desde la sociología, la psicología, la economía o la ciencia política. Así, la comprensión de los factores explicativos —particularmente, a nivel individual— ha integrado variables sociodemográficas y actitudinales, así como diversos indicadores relacionados con la toma de decisiones, el contexto institucional o los procesos comunicativos. En síntesis, se han postulado diversas explicaciones que se centran, respectivamente, en los recursos socioeconómicos, las motivaciones, la movilización y el contexto institucional (Verba y Nie, 1975; Verba *et al.*, 1978, 1995; Norris, 2002; Gallego, 2007; Anduiza *et al.*, 2014).

Entre las características socioeconómicas, la educación ha tenido un papel destacable, e incluso se ha imbricado con el estudio de las desigualdades o la propia democratización (Dahl, 1971; Marien *et al.*, 2010; Alemán y Kim, 2015). En el plano individual, la vinculación entre participación política y educación se puso de manifiesto en las investigaciones seminales, corroborándose en otros trabajos más recientes centrados en dicha variable o mediante su utilización como control (Dalton, 2008; Melo y Stockemer, 2014; Coopeland y Feezell, 2017). La fundamentación de esta relación, respecto al grado y/o las diversas fórmulas, se vincula con habilidades, recursos, competencias o actitudes asociadas al nivel educativo. Aunque con carácter general, suele esperarse que a mayor grado educativo mayor será la participación, aparecen algunos matices si se diversifica el repertorio o la identificación del efecto educativo, o si se profundiza en su naturaleza causal (Anduiza *et al.*, 2010; Persson, 2012; 2014; Theocratis y van-Deth, 2018). Múltiples trabajos han corroborado que el incremento en el nivel de estudios puede conllevar un efecto positivo en diferentes fórmulas; si bien, cuando se usa como control de otros mecanismos, la relación puede ser más difusa o no abarcar todas las actividades (Dalton, 2008; Anduiza *et al.*, 2010; Bolzendahl y Coffé, 2013; Melo y Stockemer, 2014; Coopeland y Feezell, 2017). Otros trabajos también han comprobado que dicho efecto puede estar mediado por factores contextuales (Dalton *et al.*, 2010). En lo relativo a su naturaleza causal, se han formulado dos líneas explicativas con hallazgos empíricos (Berinsky y Lenz, 2011; Mayer, 2011; Persson, 2012; 2014): por un lado, que la educación se constituya como un factor relacionado con el incremento de las competencias cívicas o cognitivas (vinculadas con una mayor participación política) y, por el otro, que su afección se produzca al representar, a modo de *proxy*, otros factores relacionados con la educación (socialización temprana, entorno familiar, etc.). En otra interpretación, el mismo efecto se puede relacionar directamente con competencias o aprendizajes, o incluso manifestar un indicador del estatus socioeconómico (Campbell, 2009).

Siguiendo este debate, la irrupción de Internet puede haber contribuido a alterar todo ello, ya que no hay espacio hoy día en el que Internet no tenga un papel significativo y transformador (Benkler, 2006). Entendido como comunidad virtual, Internet proporciona un entorno social que hace posible conectar usuarios mediante perfiles personales (Kaplan y Haenlein, 2010), situándose como un nuevo marco de interacción no solo social, sino también político. La sencillez, la celeridad y el bajo coste de su uso, el potencial de audiencia que las plataformas digitales proporcionan, así como su capacidad para movilizar y modificar ideas políticas previas (Bond *et al.*, 2012; Anderson, 2016), han situado a esta herramienta también al servicio de la política. Así, en la "era digital", el acceso a Internet no solo puede considerarse como un escenario más para el desarrollo de la actividad política, sino también como proveedor de competencias y habilidades que faciliten al individuo su implicación en la vida colectiva; y, en consecuencia, como un ámbito formativo. Dada su importancia, este trabajo pretende aportar evidencias sobre educación, Internet y participación política. En concreto, se parte de cuatro interrogantes: a) ¿en qué medida continúa siendo la educación un factor explicativo de la participación política?; b) ¿qué manifestación implica en las diferentes modalidades de participación?; c) ¿ha podido alterar el uso de Internet dicho efecto?; y d) ¿cómo se materializa dicha influencia, de modo específico, en aquellas actividades que se desarrollan genuinamente en la esfera digital?

La literatura específica y las distintas aproximaciones teóricas sobre la influencia de Internet en la participación política señalan, en primer lugar, que Internet incrementaría los niveles de participación política al facilitar un acceso rápido a la recogida de información política y a sus representantes, acercando a la población a este ámbito (Davis, 1999; Hill y Hughes, 1998; Norris, 2001; Lupia y Philpot, 2005). En este sentido, diversos trabajos han indagado en el uso político y electoral de Internet, en general, y de las comunidades virtuales, en particular, con especial atención a los modos de utilización y los tipos de contenidos (Martínez-Fuentes y García-Hípola, 2018). Además, las cualidades propias de las nuevas tecnologías podrían facilitar los flujos de comunicación que permiten plantear, desde la "democracia digital", diversas tipologías respecto a la representación y la participación directa (Harto-de-Vera, 2006). Otras propuestas ponen de relieve que el uso de Internet nos convierte en seres más atomizados, menos vinculados con nuestro entorno inmediato, menos interesados en los asuntos públicos y usuarios de la red, fundamentalmente, para aspectos relacionados con el ocio (Streck, 1998; Davis, 1999; Wilhelm, 2000; Sunstein, 2001). Así, Internet no tendría apenas efecto en la participación, ya que el mero uso no haría que las personas se interesasen por la política (Bimber, 1999; Iyengar, 2001). Desde esta perspectiva, se argumenta que las nuevas tecnologías no producen cambios significativos en las opiniones y/o los comportamientos de los ciudadanos (Norris, 2001; Bimber, 2001). En el plano más específico de la participación política, también existen diversas investigaciones que han intentado esclarecer la relación respecto al mundo *online*. En concreto, algunos trabajos se han centrado en comprobar qué factores harían más probable la actividad política a través de Internet (Anduiza *et al.*, 2010).

Además del diferente uso de Internet que puede hacer la población, también hay que considerar la posible influencia de la llamada brecha digital. Esta puede tener importantes implicaciones como barreras de acceso respecto a desigualdades socioeconómicas (Schradie, 2011; van-Deursen *et al.* 2015), donde los diversos estudios aluden a que el uso de Internet está fuertemente condicionado por la edad o el nivel de estudios (van-Deursen y van-Dijk, 2015; Xenos y Moy, 2007), o territoriales (Anduiza *et al.*, 2010; Anderson, 2015). En el caso europeo, el acceso y uso de Internet se ha incrementado progresivamente casi de manera exponencial, reduciéndose las diferencias por edad, nivel educativo y tipo de hábitat, entre otros (Eurostat, 2019). No obstante, algunos estudios apuntan que la población hace un uso diferenciado de Internet en función de su edad y nivel de estudios. Con relación a este último, mientras que la población con menor nivel de estudios haría fundamentalmente uso de Internet para actividades de ocio, entretenimiento y de interacción social, la población con mayor nivel formativo también lo utilizaría como una herramienta política (Toret *et al.*, 2013). Así, por un lado, la ampliación del uso de Internet entre la población podría facilitar que se desdibuje la barrera a la participación que tradicionalmente había supuesto el nivel educativo. Pero, por otro lado, la brecha educativa que supondría el uso de Internet en la actualidad podría acrecentarla, ya que en función del nivel educativo se producirían dos tipos de efectos: que las personas con niveles educativos más altos hagan un uso tácito y estratégico de las herramientas digitales para la organización, comunicación y la acción colectiva (Toret *et al.*, 2013), mientras que las personas con niveles educativos más bajos hagan un uso más enfocado al ocio y a la esfera personal.

Considerando todo ello, podemos formular una serie de hipótesis de trabajo sobre el efecto de la educación, el uso del Internet y de su "interacción" en la participación de la ciudadanía en la vida política:

Hipótesis 1: A mayor nivel educativo se incrementará la participación política a nivel individual.

Hipótesis 2: A mayor uso de Internet se incrementará la movilización política a nivel individual.

Por lo que se refiere a la interacción entre el efecto de la educación y el uso de Internet, es factible formular dos hipótesis alternativas:

Hipótesis 3a: Dado el aumento de la frecuencia y uso de Internet por la población general, con el descenso de la brecha digital es de esperar una menor importancia del nivel educativo sobre la participación política. Desde esta perspectiva, el acceso a Internet constituiría una experiencia de formación en habilidades, competencias y de exposición a estímulos políticos, con independencia del nivel educativo de la población.

Hipótesis 3b: Debido a los diferentes usos que la población hace del acceso a Internet en función de su nivel educativo, es de esperar que el efecto del uso de Internet sobre la participación política esté mediatizado por el nivel educativo del individuo, de tal forma que éste será mayor entre los sectores con más formación.

MATERIAL Y MÉTODOS

Para responder a los interrogantes y contrastar las hipótesis, utilizamos los resultados de la oleada 2018-2019 de la Encuesta Social Europea (EES9). Se plantea así un diseño sincrónico, de carácter cuantitativo, basado en los datos individuales recogidos para los diferentes países del contexto europeo[1]. Se ha centrado el foco en información relativamente reciente y con carácter previo a la pandemia del COVID-19, en primer lugar, porque en otros trabajos previos hay evidencias suficientes para el contraste temporal y, en segundo lugar, para diferenciar al máximo las actividades parti-

---

[1] European Social Survey, https://bit.ly/3kvVOqx (última consulta: 20/02/2021). Concretamente, se ha usado la información de la edición 3.1 de la ESS9, con un total de 29 países y un conjunto de 49.519 casos. Los países son Alemania, Austria, Bélgica, Bulgaria, Chequia, Chipre, Croacia, Dinamarca, Eslovaquia, Eslovenia, España, Estonia, Finlandia, Francia, Hungría, Irlanda, Islandia, Italia, Letonia, Lituania, Montenegro, Noruega, Países Bajos, Polonia, Portugal, Reino Unido, Serbia, Suecia y Suiza. El universo total, en cada Estado, lo compone la población de 15 o más años (European Social Survey, Round 9 Data, 2018).

cipativas. Este diseño permite la focalización en el debate sobre el efecto de la educación, el uso de Internet y su interacción sobre las diferentes modalidades antes de que la situación pandémica acrecentara el peso de Internet en al vida cotidiana. Se consideran un total de nueve variables dependientes, que responden a la totalidad de las formas de participación política incluidas en la ESS9. Estas se han codificado siguiendo un esquema dicotómico, con valor "1" para quienes han realizado la actividad en los últimos doce meses (salvo el voto, que se refiere a la última elección parlamentaria) y el valor "0" para el resto. Respecto a los factores potencialmente explicativos, las principales variables independientes son el nivel educativo, simplificado en tres categorías, en la línea de codificación que siguen algunos institutos estadísticos a nivel comparado (como, por ejemplo, Eurostat) y la frecuencia de uso de Internet, manteniendo la escala de cinco niveles que integraba el cuestionario (nunca, solo de vez en cuando, algunas veces a la semana, la mayor parte de los días y todos los días)[2]. A modo de control, se han incluido variables sociodemográficas (sexo, edad —y su cuadrado—[3], situación laboral, hábitat y religiosidad), así como algunas de las actitudes políticas relacionadas con la participación política (interés por la política, ideología y satisfacción con la democracia). La información sobre todas las variables se sintetiza en la Tabla 1 (en todas se eliminaron los casos perdidos, como no sabe, no contesta, etc.).

Tabla 1. Variables utilizadas y estadísticos descriptivos

Variables [y categorías]	Obs.	%	Mínimo	Máximo	Media	Desv. Típica
Dependientes						
Participación electoral	37.667	100	0	1	0,77	0,42
Contacto con representantes	42.301	100	0	1	0,14	0,35
Colaboración partidos	42.321	100	0	1	0,03	0,18
Colaboración organizaciones	42.299	100	0	1	0,16	0,36

2 El estudio contiene otra variable sobre el número de horas que una persona manifiesta pasar en Internet en un día normal, pero limitada a personas que usaban Internet todos o la mayor parte de los días.

3 Se han seleccionado solo los casos de más de 18 años. El cuadrado de la edad es un recurso para indagar en la supuesta relación curvilínea que múltiples estudios han demostrado que sucede con respecto a algunas fórmulas participativas, en el sentido de que las edades intermedias tendrían mayor propensión participativa respecto a personas más jóvenes y más mayores (Gallego, 2007; Theocratis & van-Deth, 2018).

Variables [y categorías]	Obs.	%	Mínimo	Máximo	Media	Desv. Típica
Portar insignias, etc.	42.283	100	0	1	0,08	0,27
Firma peticiones	42.256	100	0	1	0,28	0,45
Manifestaciones	42.299	100	0	1	0,09	0,29
Boicot productos, etc.	42.225	100	0	1	0,22	0,41
Publicación Internet	42.250	100	0	1	0,18	0,38
Independientes						
Nivel educativo	42.097	100	-	-	-	-
– [Secund. básicos o menos]	13.418	31,9	-	-	-	-
– [Secund. medios y no uni.]	19.599	46,6	-	-	-	-
– [Universitarios]	9.080	21,6	-	-	-	-
Frecuencia uso Internet[a]	42.412	100	1	5	4,04	1,51
Sexo [Mujer]	42.440	100	0	1	0,51	0,50
Edad (años)	40.791	100	18	90	46,60	18,32
Situación laboral	42.273	100	-	-	-	-
– [Trabajando]	21.489	50,8	-	-	-	-
– [Estudiando]	4.044	9,6	-	-	-	-
– [Desempleo]	2.322	5,5	-	-	-	-
– [Jubilación/pensionista]	10.769	25,5	-	-	-	-
– [Trabajo en el hogar]	2.986	7,1	-	-	-	-
– [Otros]	663	1,6	-	-	-	-
Hábitat [Urbano][a]	42.411	100	1	5	3,06	1,14
Religiosidad[a]	42.069	100	0	10	4,51	3,17
Interés por la política[a]	42.366	100	1	4	2,39	0,93
Ideología	36.971	100	-	-	-	-
– [Izquierda (0-2)]	4.939	13,4	-	-	-	-
– [Centroizquierda (3-4)]	8.203	22,2	-	-	-	-
– [Centro (5)]	12.039	32,6	-	-	-	-
– [Centroderecha (6-7)]	7.305	19,8	-	-	-	-
– [Derecha (8-10)]	4.486	12,1	-	-	-	-
Satisfacción democracia[a]	40.959	100	0	10	5,24	2,49

Nota: a) tratamiento como escalas, de menos a más grado (respecto al hábitat, se alude a "urbano" desde "granja o casa de campo" a "gran ciudad"). Fuente: Elaboración propia a partir de la European Social Survey (2018).

Tabla 2. Fórmulas de participación política en el contexto europeo, 2018-2019 (%)

País	Part. electoral	Contacto	Partidos	Organizaciones	Portar insignias, etc.	Firma peticiones	Manifestaciones	Boicot productos, etc.	Publicación Internet
Alemania	84,2	16,7	3,9	28,1	5,6	35,8	8,8	36,5	18,6
Austria	85,3	20,5	6,7	19,6	5,4	33,3	8,6	24,9	17,7
Bélgica	87,5	19,3	4,4	21,1	8,6	25,5	7,1	15,9	18,9
Bulgaria	79,0	2,2	1,3	1,1	2,2	5,8	4,1	3,3	4,7
Chequia	62,8	14,2	4,2	9,7	8,2	20,7	9,9	14,6	16,0
Chipre	71,0	14,6	4,2	7,2	6,2	8,4	6,5	9,9	7,5
Croacia	71,0	9,8	5,1	9,1	3,6	35,1	8,0	13,1	10,9
Dinamarca	92,3	16,2	4,0	29,1	12,8	37,5	7,5	25,9	26,7
Eslovaquia	68,2	8,7	1,6	6,0	4,9	30,3	7,4	4,8	6,8
Eslovenia	66,0	15,2	3,9	12,3	2,9	13,0	5,3	10,4	10,9
España	79,1	14,4	6,2	18,3	9,2	21,8	20,4	14,2	20,1
Estonia	70,9	17,3	3,8	5,9	6,4	12,7	2,5	9,3	12,6
Finlandia	85,5	20,4	3,4	36,5	20,8	40,7	4,1	39,0	19,5
Francia	65,4	11,3	3,0	14,2	12,4	32,4	14,2	32,9	22,8
Hungría	73,1	6,1	0,6	3,3	1,4	4,2	2,8	3,7	4,9
Irlanda	76,3	20,3	4,2	11,9	12,2	28,5	10,9	16,2	18,1
Islandia	88,8	24,5	11,0	36,6	29,3	45,0	20,7	42,0	23,7
Italia	79,1	9,6	1,1	6,3	6,0	13,9	8,1	7,0	14,4
Letonia	71,4	19,0	1,8	7,1	5,4	11,1	3,7	7,8	11,4
Lituania	64,7	8,2	2,3	3,0	3,0	12,9	4,2	4,5	12,4
Montenegro	85,1	15,5	10,6	10,0	6,3	19,4	7,8	8,1	8,3
Noruega	88,7	23,2	7,2	29,7	38,7	39,0	13,0	29,5	29,2
Países Bajos	82,7	18,1	3,5	32,4	4,9	26,4	3,3	13,7	15,8
Polonia	71,4	9,2	2,9	7,5	7,4	14,5	6,5	5,9	7,1
Portugal	74,8	18,6	5,8	17,5	5,6	22,7	8,1	9,4	18,9
Reino Unido	78,1	17,7	2,3	7,3	8,4	42,1	5,3	24,3	24,2
Serbia	74,5	10,1	7,2	12,9	4,4	19,6	6,4	12,2	13,3
Suecia	93,6	20,6	4,5	36,3	15,3	41,1	11,4	49,8	33,3
Suiza	65,9	15,9	6,4	17,7	6,0	34,8	5,0	31,6	15,2
Media	*77,1*	*15,1*	*4,4*	*15,8*	*9,1*	*25,1*	*8,0*	*17,9*	*16,0*

Fuente: Elaboración propia a partir de la European Social Survey (2018).

En una visión de conjunto (véase la Tabla 2), la participación electoral es la modalidad participativa más utilizada en los países europeos objeto de estudio, con una media global del 77,1%. Le sigue la firma de peticiones (25,1%) y el boicot de productos (17,9%). El uso de Internet en términos políticos alcanza un volumen del 16% de la población entrevistada, siguiéndole de cerca la colaboración con organizaciones (15,8%) y el contacto con representantes políticos y autoridades (15,1%). Las tres últimas actividades de este elenco serían portar insignias o emblemas (9,1%), acudir a manifestaciones legales (8,0%) y la colaboración con partidos (4,4%).

Observando la distribución de las principales variables independientes (Tabla 3), es importante destacar que casi tres cuartos de las personas entrevistadas (74%) acceden a Internet todos o la mayor parte de los días. Este dato confirma la tendencia señalada en la introducción y el estado de la cuestión, indicando que Internet ha alcanzado a un público amplio y diverso. Además, se observa que a medida que aumenta el nivel educativo, se registra una mayor frecuencia de uso de Internet. Por ejemplo, un 46,1% de las personas con niveles educativos más bajos declaran acceder todos los días, mientras que esta cifra aumenta al 69,7% para aquellos con estudios medios no universitarios y al 85,3% para aquellos con formación universitaria. En cambio, las tasas de no acceso son del 2,5% en el grupo más educado, del 9,5% en el grupo de formación intermedia y se elevan al 31,6% en el caso de los que respondieron respecto al nivel educativo más bajo. Estos datos sugieren una relación entre ambos indicadores, pero también plantean la pregunta de si su combinación es simplemente una manifestación de un mismo fenómeno o si es plausible esperar que integren dimensiones diferentes que puedan superponerse o yuxtaponerse en un momento dado[4].

---

[4] La distribución bivariada de los datos apunta a una relación estadística de las dos variables ($\chi 2$=5.636,34; gl=8; p<0,001). No obstante, se ha examinado su intensidad mediante diferentes procedimientos estadísticos, tratando las variables y sus categorías mediante diversas fórmulas —tanto de forma cuantitativa como cualitativa—, sin que los principales índices de asociación o correlación superasen el valor de 0,35, un valor que se suele situar de intensidad baja o débil, en términos generales, en las obras especializadas. De esta forma, se considera pertinente el planteamiento de las estrategias multivariadas incluyendo ambos indicadores.

Tabla 3. Uso de Internet respecto al nivel educativo (%)

Frecuencia uso Internet	Secund. básicos o menos	Secund. medios y no universitarios	Universitarios	Total
Nunca [1]	31,6	9,5	2,5	15,0
Solo de vez en cuando [2]	7,8	5,7	2,0	5,6
Algunas veces a la semana [3]	6,3	5,7	3,1	5,3
La mayor parte de los días [4]	8,2	9,4	7,1	8,5
Todos los días [5]	46,1	69,7	85,3	65,5
Total	100	100	100	100

Nota: los números entre corchetes tras la categoría indican la codificación en la escala. Fuente: Elaboración propia a partir de la European Social Survey (2018).

En lo que concierne a la estrategia seguida para el contraste de las hipótesis, se ha optado por la realización de modelos multivariados de regresión logística binomial, dada la operacionalización de las variables dependientes y la naturaleza de la información. A este respecto, es importante tener en cuenta que también podrían haberse considerado modelizaciones de carácter multinivel, atendiendo a la jerarquía de las observaciones respecto a los países. Más allá de las consideraciones de carácter técnico sobre el número de casos y unidades de agregación (encontrándose el estudio prácticamente en el límite de la recomendación más usual, sin entrar a valorar otras dimensiones), el interés de este trabajo está situado en los potenciales efectos de las variables de interés que, a nivel individual, puedan estar modulando los modos participativos y no tanto en ofrecer una explicación en profundidad de la participación política y los potenciales factores causales en el contexto de estudio y los diferentes países. No obstante, la exploración descriptiva de las variables dependientes consideradas ilumina una variabilidad de las actividades participativas por Estados (Tabla 2) que, como mínimo, impide plantear una estrategia analítica del conjunto de los datos que ignore dicha realidad. Por ello, en los modelos se han incorporado controles de carácter agregado mediante la corrección robusta de los errores típicos, controlando las agrupaciones de casos por país. Esta solución, por tanto, resulta acorde a los objetivos del trabajo y fiable en términos de su exploración, atendiendo a la necesidad de realización de un total de nueve modelos distintos que computen el examen de los efectos individuales sobre los modos distintos de participación[5]. Por

---

[5] En Cebolla (2013) puede consultarse más información sobre el análisis cuantitativo de carácter multinivel.

último, además de medir los efectos principales, hay que indicar que en los modelos realizados se ha incluido un término de interacción entre el nivel educativo y el uso de Internet. Esta estrategia permite examinar, de forma específica, la relación entre dichas variables y su influencia en los diferentes modos participativos.

ANÁLISIS Y RESULTADOS

Los resultados de las regresiones logísticas realizadas se representan en el Gráfico 1 en forma de efectos marginales[6]. Como puede observarse, en esta se recogen hasta un total de nueve modelos con la misma estructura. En lo que concierne a las principales variables de este estudio, hay que señalar que, en primer lugar, el efecto principal del nivel educativo solo resulta significativo en cinco actividades participativas. Concretamente, se observa que el incremento en los niveles educativos, respecto a tener estudios básicos, supone un factor influyente con carácter positivo en la colaboración con organizaciones y asociaciones, la suscripción de peticiones de firmas y el tomar parte en boicots de productos. Además, el hecho de poseer estudios universitarios también demuestra una afectación positiva respecto al contacto y la publicación en Internet. Por su parte, la mayor frecuencia en el uso de Internet demuestra una relación positiva con prácticamente la totalidad de las fórmulas, a excepción de tomar parte en manifestaciones legales. No obstante, los términos de interacción que han sido incluidos para controlar la posible superposición de estos dos efectos solo han mostrado significación estadística en tres ocasiones (contacto y publicaciones en Internet, respecto a estudios universitarios, y en colaboración con organizaciones, respecto a estudios secundarios). El signo del coeficiente de estas interacciones es negativo.

6 En el anexo I están el resto de los resultados estadísticos.

Gráfico 1. Efectos marginales de los modelos (AME, 95% IC)

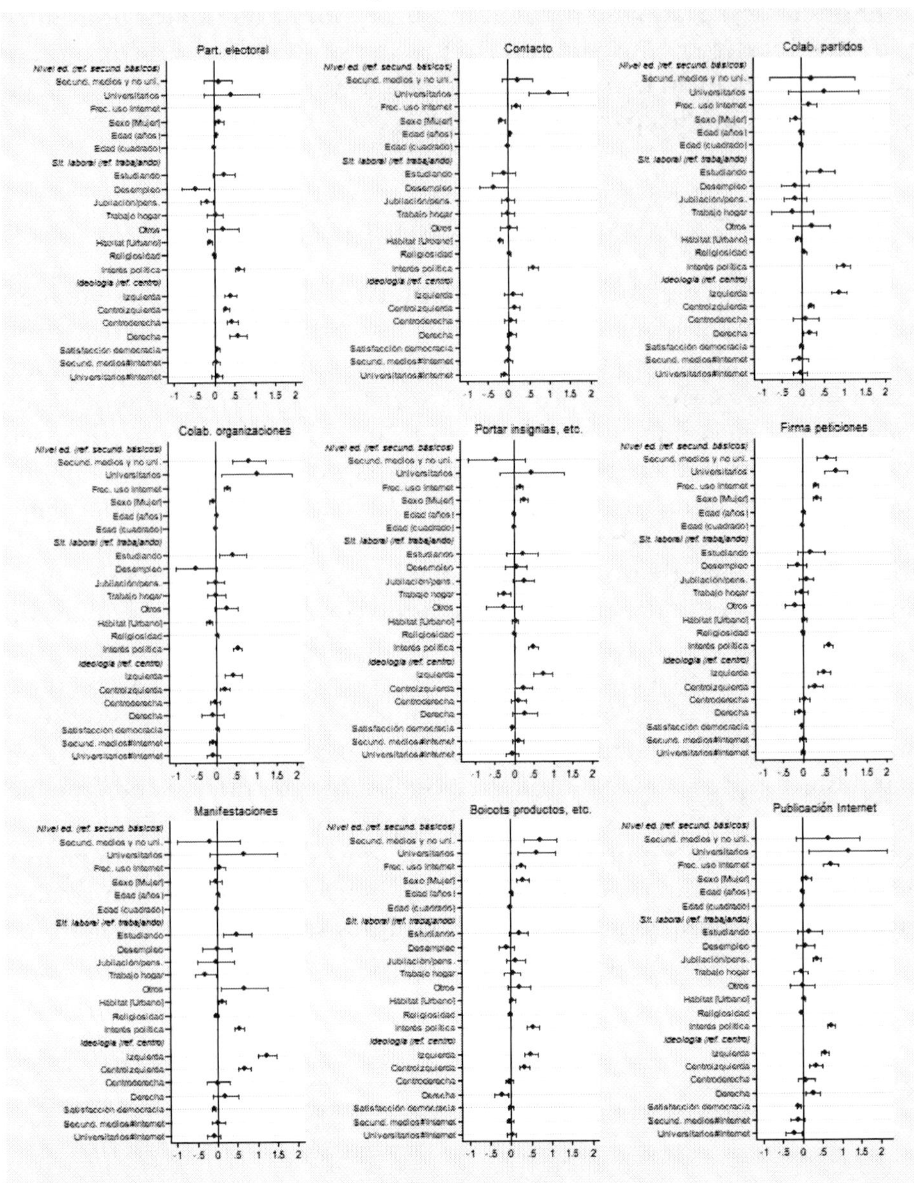

Nota: efectos marginales medios a un nivel de confianza del 95%.
Fuente: Elaboración propia a partir de la European Social Survey (2018).

Para poder esclarecer y comprender mejor la relación, en el Gráfico 2 se ha reflejado la probabilidad de participación respecto a cada nivel educativo y el máximo y mínimo nivel de uso de Internet, para cada modelo estimado. Considerando tanto dicha representación como el resto de los resultados de los análisis, se observa que existen tres tipos de fórmulas participativas en las que el incremento educativo en relación con la mayor frecuencia de uso de Internet se ve limitado. O, lo que es lo mismo, que en cierto nivel similar de uso de Internet, un mayor nivel educativo no incrementaría la participación e incluso podría producir un efecto contrario. Estas actividades serían las de contacto, colaboración con organizaciones y publicaciones en Internet. Atendiendo a la segunda figura, en ese último modo, esa interacción y su efecto diferencial se reflejan de forma más nítida. Hasta en otras dos actividades, la participación en firmas de peticiones y boicots, los dos efectos principales se producen sin que la relación entre ellos los modifique, de forma significativa, a tenor de resultados. Y en el resto de las actividades, la frecuencia de uso de Internet supondría el factor que, en términos de recursos y como efecto principal, demuestra su influencia sobre el resto de las opciones, con la salvedad de la participación en manifestaciones.

Independientemente de estos hallazgos, hay que señalar que la capacidad explicativa de todas las regresiones realizadas es relativamente débil, atendiendo a los valores de los PseudoR-cuadrado. El valor más bajo estaría en relación con la actividad de portar insignias (0,06) mientras que el más alto sería el relativo a la publicación de contenido político en Internet (0,17). Esto pone de relieve que los efectos de las variables utilizadas como independientes, aunque son significativos en términos estadísticos, también son limitados o de baja intensidad. Por lo que se refiere al resto de variables, el sexo aparece con afectación estadística significativa en todas las fórmulas participativas. En concreto, el hecho de ser mujer incrementaría la participación electoral, así como portar insignias, firmar peticiones, participación en boicots y la publicación en Internet. Por el contrario, el ser hombre incrementaría la probabilidad participativa en actividades de contacto, colaboración con partidos políticos y colaboración con organizaciones. Las variables relativas a la edad —tanto la de años cumplidos como el cuadrado de dicho indicador, lo que confirma el carácter curvilíneo del efecto—, implican significación estadística en todos los modos participativos, salvo en la colaboración con partidos y en el hecho de llevar insignias políticas.

Gráfico 2. Probabilidades estimadas: nivel educativo respecto a uso de Internet (mínimo y máximo)

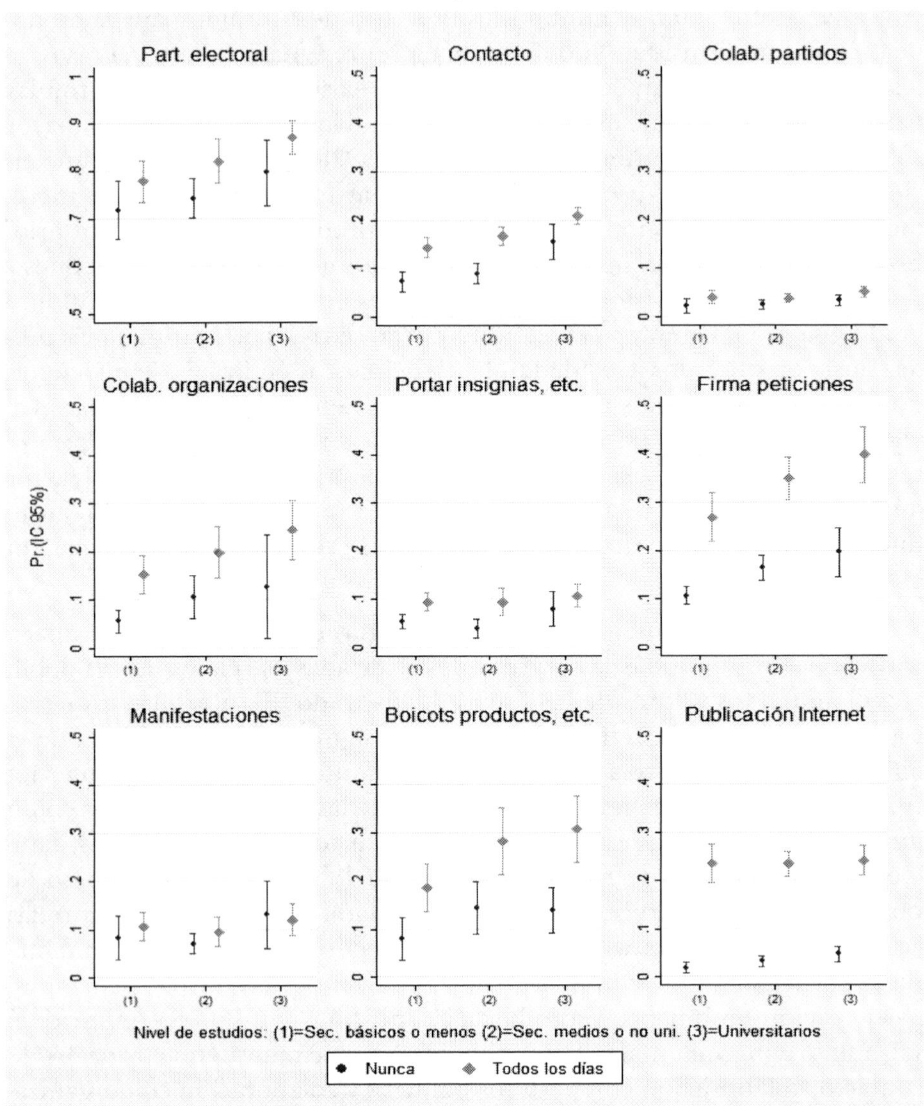

Fuente: Elaboración propia a partir de la European Social Survey (2018).

Respecto a la situación laboral, ser estudiante incrementa la probabilidad participativa frente al hecho de estar trabajando, en términos electorales, en la colaboración con partidos y organizaciones, así como en manifestaciones y boicots. Por el contrario, el hecho de encontrarse en desempleo tendría un efecto negativo respecto a encontrarse trabajando en el caso del voto, el contacto con representantes políticos y la colaboración con organizaciones. Encontrarse en situación de jubilación tiene una influencia negativa en la participación electoral respecto a encontrarse trabajando; pero, sin embargo, la ejerce de modo positivo en lo concerniente a llevar insignias o a publicar en Internet. El hecho de trabajar en el hogar disminuiría la participación respecto a portar insignias y acudir a manifestaciones. Por último, también hay un efecto de "otras situaciones" respecto a encontrarse trabajando, con carácter positivo, respecto a la colaboración con organizaciones y, con carácter negativo, respecto a la participación en firmas de peticiones. La variable que se ha incluido para capturar el efecto del lugar de residencia ha resultado significativa en un total de seis modelos: en cuatro tipos, a menor grado de urbanización, menor sería el resultado participativo (voto, contacto y colaboración con partidos y organizaciones); por el contrario, en otras dos el efecto sería positivo (manifestaciones y publicaciones en Internet). La religiosidad también ha mostrado efecto positivo en contacto con representantes políticos y colaboración con organizaciones.

En el terreno de los valores, hay que señalar que la influencia del interés por la política es significativa y positiva en todos los modelos respecto a las diferentes fórmulas. También el efecto significativo de la ideología se observa en todos los análisis. Concretamente, el hecho de situarse en las posiciones más a la izquierda incrementa la participación de todas las fórmulas, salvo en lo que concierne al contacto, mientras que situarse en la centroizquierda, lo hace directamente en todas. Por el contrario, la ubicación en posiciones hacia el centroderecha y la derecha, solo incrementaría la probabilidad de votar y, en las posiciones más extremas, también la de colaborar con organizaciones o realizar publicaciones en Internet. Por el contrario, tendría un efecto negativo en la realización de boicots. Por último, el nivel de satisfacción con la democracia ha obtenido valores significativos en todos los tipos salvo en tres. En concreto, el incremento de este valor supondría mayor propensión a votar y colaborar con organizaciones, mientras que su descenso implicaría mayor incremento participativo en el hecho de llevar insignias, suscribir peticiones de firmas, acudir a manifestaciones y publicar en Internet respecto a asuntos políticos.

DISCUSIÓN Y CONCLUSIONES

Los trabajos seminales sobre participación política alumbraron la importancia de los recursos individuales y de la educación, en particular, respecto al compromiso cívico. Trabajos posteriores han indagado, tanto teórica como empíricamente, en la naturaleza de esta relación y sus implicaciones, particularmente en la esfera democrática. El examen constante y continuo, tanto de las formas participativas como de sus eventuales factores explicativos, implica que nuevos contextos, como la irrupción del mundo digital, conlleven el reexamen del conocimiento disponible, así como su eventual extensión. En concreto, la modificación de la vida cotidiana de las personas derivada de los cambios tecnológicos está teniendo repercusiones en todas las esferas, siendo la participación política una más al respecto. Este trabajo ha partido de varios interrogantes sobre cómo el uso de Internet podía alterar, en su caso, los efectos del nivel formativo sobre la participación política. Y, del mismo modo, hemos comprobado la vinculación de la educación y el uso de Internet respecto a las fórmulas participativas.

Los hallazgos empíricos nos permiten confirmar las dos hipótesis vinculadas a los efectos principales, si bien con matices. Así, respecto al modelo empleado, en algunas fórmulas participativas no se ha encontrado una influencia motivada por un incremento en el nivel formativo. Por el contrario, el uso de Internet repercute positivamente y de forma significativa en la participación política, con la salvedad de uno de los tipos. Sin embargo, lo más relevante de esta investigación comprende la interacción entre estos factores. En tres de las fórmulas participativas (contacto, colaboración con organizaciones y publicaciones en Internet), dicha variable implicaría aceptar la hipótesis planteada como 3a, sin que se hallen evidencias para confirmar la 3b —al menos, respecto a los modelos empleados—. Por tanto, se evidencia que, en determinadas actividades y, concretamente, en la que se ha examinado con recorrido específico en el entorno digital, una mayor frecuencia en el uso de Internet puede compensar un menor nivel educativo. De esta forma, se puede confirmar que la eliminación paulatina de las brechas digitales puede ayudar a mitigar determinadas brechas políticas; y quizá, en mayor medida, las que se vinculan a los nuevos planos de interacción de las sociedades actuales. Nótese, además, que las diversas modalidades participativas están adquiriendo nuevas pautas en este sentido[7].

Con todo, debe señalarse que todos los factores aquí examinados tienen un efecto y una capacidad explicativa débil sobre el activismo político, atendiendo tanto a sus efectos marginales como al valor de algunos estadísticos (por ejemplo, los PseudoR-cuadrado). De esta forma, resulta necesario seguir examinando los mismos interrogantes de investigación

7 Ver Informe IDEA (2020), sobre participación.

para vincularlos con otros recursos, valores, etc., así como adoptar otras estrategias analíticas que exploren otras alternativas al respecto.

Referencias

Aleman, E. y Kim, Y. (2015). The democratizing effect of education. *Research and Politics, 2*(4), 1-7.

Anderson, M. (2016, November 7). Social media causes some users to rethink their views on an issue. *Pew Research Center.* https://pewrsr.ch/3uEPYrB

Anduiza, E., Cantijoch, M., Gallego, A., y Salcedo, J. (2014). Internet y participación política en España. Madrid: CIS.

Anduiza, E., Gallego, A., y Cantijoch, M. (2010). Online political participation in Spain: The impact of traditional and Internet resources. Journal of Information Technology y Politics, 7(4), 356-368.

Benkler, Y. (2006). The wealth of networks: How social production transforms markets and freedom. New Haven: Yale University Press.

Bennett, W. L., y Segerberg, A. (2012). The logic of connective action: Digital media and the personalization of contentious politics. Information. Communication y Society, 15(5), 739-768.

Berinsky, A. J., y Lenz, G. S. (2011). Education and political participation: Exploring the causal link. Political Behavior, 33(3), 357-373.

Bimber, B. (1999). The Internet and citizen communication with government: does the medium matter? Political Communication, 16(4), 409-428.

Bolzendahl, C., y Coffé, H. (2013). Are 'good' citizens 'good' participants? Testing citizenship norms and political participation across 25 nations. Political Studies, 61(S1), 45-65.

Bond, R. M., Fariss, C. J., Jones, J. J., Kramer, A. D., Marlow, C., Settle, J. E., y Fowler, J. H. (2012). A 61-million-person experiment in social influence and political mobilization. Nature, 489, 295-298.

Campbell, D. E. (2006). What is education's impact on civic and social engagement? En R. Desjardins y T. Schuller (Eds.), Measuring the Effects of Education on Health and Civic Engagement. OECD Centre for Educational Research and Innovation (pp. 25-126).

Campbell, D. E. (2009). Civic engagement and education: An empirical test of the sorting model. American Journal of Political Science, 53(4), 771-786.

Cebolla, H. (2013). Introducción al análisis multinivel. Madrid: CIS.

Ceron, A., y Memoli, V. (2016). Flames and debates: Do social media affect satisfaction with democracy? Social Indicators Research, 126(1), 225-240.

Conge, P. J. (1988). The concept of political participation. Comparative Politics, 20(2), 241-249.

Coopeland, L., y Feezell, J. T. (2017). The influence of citizenship norms and media use on different modes of participation in the US. Political Studies, 65(4), 805-823.

Dahl, R. (1971). Polyarchy: Participation and opposition. New Haven: Yale University Press.

Dalton, R. J. (2000). Citizen attitudes and political behavior. Comparative Political Studies, 33(6/7), 912-940.

Dalton, R. J. (2008). Citizenship norms and the expansion of political participation. Political Studies, 56, 76-98.

Dalton, R. J., van-Sickle, A., y Weldon, S. (2010). The individual-institutional nexus of protest behaviour. British Journal of Political Science, 40, 51-73.

Davis, R. (1999). The web of politics. The Internet's impact on the American political system. Oxford: Oxford University Press

European Social Survey Round 9 Data (2018). Data file edition 3.1. NSD -Norwegian Centre for Research Data, Norway-Data Archive and distributor of ESS data for ESS ERIC.

Eurostat (2019). European statistical database.

Gallego, A. (2007). Unequal political participation in Europe. International Journal of Sociology, 37(4), 10-25.

Harto-de-Vera, F. (2006). Tipologías y modelos de democracia electrónica. IDP. Revista Internet, Derecho y Política, 2, 32-44.

Hill, K. A., y Hughes, J. E. (1998). Cyberpolitics: Citizen activism in the age of the Internet. Rowman and Littlefield.

IDEA (2020). The global state of democracy in focus. Idea International. https://doi.org/10.31752/idea.2020.66

Iyengar, J. (2001). The method is the message. Political Communication, 18(2), 225-229.

Kaplan, A. M., y Haenlein, M. (2010). Users of the world, unite! The challenges and opportunities of Social Media. Business Horizons, 53, 59-68.

Lupia, A., y Philpot, T. (2005). Views from inside the net: How websites affect young adults' political interest. The Journal of Politics, 67(4), 1122-1142.

Margolis, M., y Resnick, D. (2000). Politics as usual: The cyberspace "revolution". London: Sage Publications.

Marien, S., Hooghe, M., y Quintelier, E. (2010). Inequalities in non-institutionalised forms of political participation: A multi-level analysis of 25 countries. Political Studies, 58, 187-213.

Martínez-Fuentes, G., y García-Hípola, G. (2018). Electores en red. En F. Llera, M. Baras y J. Montabes (Coords.), Las elecciones generales de 2015 y 2016 (pp. 111-130). Madrid: CIS.

Mayer, A. K. (2011). Does education increase political participation? The Journal of Politics, 73(3). 633-645.

McLuhan, M. (1969). La galaxia Gutemberg: Génesis del "homo typographicus". Madrid: Aguilar.

Melo, D. F., y Stockemer, D. (2014). Age and political participation in Germany, France and the UK: A comparative analysis. Comparative European Politics, 12(1), 33-53.

Montabes, J. (2017). Las modalidades de participación política previstas y ejercidas en el sistema político español. En G. Romero y G. Morales (Coords.), Mecanismos de participación ciudadana: Una experiencia global (pp. 109-142). Valencia: Tirant lo Blanch.

Norris, P. (2001). Digital divide: Civic engagement, information poverty, and the Internet worldwide. Cambridge: Cambridge University Press.

Norris, P. (2002). Democratic phoenix: Reinventing political activism. Cambridge: Cambridge University Press.

Pasquino, G. (1996). La participación política, grupos y movimientos. En G. Pasquino (Comp.), Manual de ciencia política (pp. 179-2012). Madrid: Alianza.

Persson, M. (2012). Does Type of Education Affect Political Participation? Results from a Panel Survey of Swedish Adolescents. Scandinavian Political Studies, 35(3), 198-221.

Persson, M. (2014). Testing the relationship between education and political participation using the 1970 British Cohort Study. Political Behavior, 36(4), 877-897.

Schradie, J. (2011). The digital production gap: The digital divide and Web 2.0 collide. Poetics, 39(2), 145-168.

Streck, J. (1998). Pulling the plug on electric town meeting: Participatory democracy and the reality of the usenet. In C. Toulouse y T.W. Luke (Eds.), The politics of ciberspace (pp. 18-47). London: Routledge.

Sustein, C. (2001). Republic.com. Princeton: Princeton University Press.

Theocratis, Y., y van-Deth, J.W. (2018). The continuous expansion of citizen participation: a new taxonomy. European Political Science Review, 10(1), 139-163.

Torcal, M., Montero, J.R., y Teorell, J. (2006). La participación política en España: modos y niveles en perspectiva comparada. Revista de Estudios Políticos, 132, 7-41.

Toret, J., Calleja, A., Marín, Ó., Aragón, P., Aguilera, M., y Lumbreras, A. (2013). Tecnopolítica: la potencia de las multitudes conectadas. Barcelona: Internet Interdisciplinary Institute-Universitat Oberta de Catalunya.

Van-Deursen, A., y van-Dijk, J. (2015). Internet skill levels increase, but gaps widen: a longitudinal cross-sectional analysis (2010-2013) among the Dutch population. Information, Communication y Society, 18(7), 782-797.

Van-Deursen, A., van-Dijk, J., y ten-Klooster, P.M. (2015). Increasing inequalities in what we do online: A longitudinal cross sectional analysis of Internet activities among the Dutch population (2010 to 2013) over gender, age, education, and income. Telematics and Informatics, 32(2), 259-272.

Verba, S., y Nie, N.H. (1972). Participation in America: Political democracy and social equality. New York: Harper y Row.

Verba, S., Nie, N.H., y Kim, J.O. (1978). Participation and political equality. Cambridge: Cambridge University Press.

Verba, S., Schlozman, K.L., y Brady, H.E. (1995). Voice and equality. Cambridge, Mass.: Harvard University Press.

Wilhelm, A.G. (2000). Democracy in the digital age: Political life in cyberspace. Routledge.

Xenos, M. y Moy, P. (2007). Direct and differential effects of the Internet on political and civic engagement. Journal of Communication, 57(4), 704-718.

Anexo I. Resultados de los análisis multivariados

	Part. electoral		Contacto		Partidos		Organizaciones		Portar insignias, etc.	
Nivel educativo [Secund. medios y no uni.][a]	0,113	1,120	0,227	1,255	0,244	1,276	0,832***	2,297	-0,435	0,647
	[0,180]		[0,185]		[0,519]		[0,212]		[0,378]	
Nivel educativo [Universitarios][a]	0,443	1,558	0,987***	2,682	0,520	1,682	1,025**	2,787	0,473	1,605
	[0,354]		[0,242]		[0,428]		[0,444]		[0,419]	
Frecuencia uso Internet	0,094***	1,099	0,196***	1,217	0,170*	1,186	0,294***	1,342	0,153***	1,165
	[0,035]		[0,052]		[0,091]		[0,041]		[0,043]	
Sexo [Mujer]	0,130**	1,139	-0,147***	0,863	-0,144**	0,866	-0,074*	0,929	0,271***	1,312
	[0,051]		[0,044]		[0,068]		[0,044]		[0,048]	
Edad (años)	0,056***	1,057	0,046***	1,047	-0,002	0,998	0,019***	1,019	0,004	1,004
	[0,011]		[0,009]		[0,017]		[0,004]		[0,011]	
Edad (cuadrado)	-0,000*	1,000	-0,000***	1,000	0,000	1,000	-0,000*	1,000	-0,000	1,000
	[0,000]		[0,000]		[0,000]		[0,000]		[0,000]	
Situación laboral [Estudiando][b]	0,250*	1,284	-0,109	0,896	0,437**	1,547	0,433**	1,542	0,216	1,241
	[0,138]		[0,140]		[0,175]		[0,176]		[0,199]	
Situación laboral [Desempleo][b]	-0,463***	0,629	-0,350**	0,704	-0,166	0,847	-0,478*	0,620	0,055	1,057
	[0,171]		[0,173]		[0,176]		[0,258]		[0,143]	
Situación laboral [Jubilación/pensionista][b]	-0,180**	0,835	-0,003	0,997	-0,178	0,837	0,002	1,002	0,252*	1,286
	[0,073]		[0,074]		[0,142]		[0,112]		[0,143]	
Situación laboral [Trabajo en el hogar][b]	0,017	1,017	-0,020	0,980	-0,232	0,793	0,003	1,003	-0,251***	0,778
	[0,107]		[0,078]		[0,257]		[0,118]		[0,085]	
Situación laboral [Otros][b]	0,218	1,243	0,019	1,019	0,216	1,241	0,264*	1,302	-0,261	0,770
	[0,206]		[0,101]		[0,229]		[0,146]		[0,228]	
Hábitat [Urbano]	-0,127***	0,880	-0,178***	0,837	-0,109***	0,897	-0,164***	0,849	0,026	1,026
	[0,027]		[0,027]		[0,031]		[0,040]		[0,047]	

	Part. electoral		Contacto		Partidos		Organizaciones		Portar insignias, etc.	
Religiosidad	-0,005	0,995	0,025***	1,025	0,045	1,046	0,036*	1,036	0,014	1,014
	[0,015]		[0,009]		[0,030]		[0,018]		[0,011]	
Interés por la política	0,620***	1,859	0,595***	1,813	0,979***	2,662	0,536***	1,709	0,500***	1,648
	[0,053]		[0,063]		[0,082]		[0,050]		[0,067]	
Ideología [Izquierda][c]	0,404***	1,498	0,109	1,115	0,876***	2,400	0,430***	1,538	0,741***	2,098
	[0,076]		[0,106]		[0,097]		[0,108]		[0,127]	
Ideología [Centroizquierda][c]	0,291***	1,338	0,131**	1,140	0,199***	1,220	0,218***	1,244	0,235**	1,265
	[0,043]		[0,065]		[0,035]		[0,066]		[0,111]	
Ideología [Centroderecha][c]	0,443***	1,557	0,050	1,051	0,089	1,093	-0,027	0,974	0,098	1,103
	[0,072]		[0,071]		[0,156]		[0,062]		[0,103]	
Ideología [Derecha][c]	0,580***	1,786	0,061	1,063	0,166**	1,180	-0,082	0,921	0,258	1,295
	[0,109]		[0,054]		[0,076]		[0,143]		[0,170]	
Satisfacción democracia	0,072***	1,074	-0,019	0,981	-0,025	0,975	0,034*	1,034	-0,048*	0,953
	[0,024]		[0,016]		[0,020]		[0,019]		[0,026]	
Nivel educativo [Secund. medios y no uni.] #Frecuencia uso Internet	0,036	1,037	-0,007	0,993	-0,062	0,940	-0,100***	0,905	0,087	1,090
	[0,048]		[0,041]		[0,102]		[0,035]		[0,071]	
Nivel educativo [Universitarios] #Frecuencia uso Internet	0,055	1,057	-0,100*	0,904	-0,051	0,950	-0,081	0,922	-0,067	0,935
	[0,072]		[0,053]		[0,087]		[0,084]		[0,081]	
Constante	-2,985***	0,051	-5,046***	0,006	-6,865***	0,001	-5,232***	0,005	-4,544***	0,011
	[0,288]		[0,500]		[0,824]		[0,369]		[0,325]	
Observaciones	37.783		40.025		40.039		40.017		40.014	
PseudoR^2	0,121		0,080		0,111		0,086		0,058	

Notas: análisis mediante regresión logística con corrección de los errores típicos a nivel país (29 grupos). Para cada fórmula participativa y variable se muestra, en la primera columna, el coeficiente de la regresión, su significación (***p<0,01; **p<0,05; *p<0,10) y debajo, entre corchetes, el error típico robusto; en la segunda columna, aparece la *odds ratio*. [a]Referencia nivel educativo: Secund. básicos o menos; [b]Referencia situación laboral: Trabajando; [c]Referencia ideología: Centro. Fuente: Elaboración propia a partir de la European Social Survey, Round 9 Data (2018).

Anexo I. Resultados de los análisis multivariados (continuación)

	Firma peticiones		Manifestaciones		Boicot productos, etc.		Publicación Internet	
Nivel educativo [Secund. medios y no uni.][a]	0,551***	1,734	-0,188	0,829	0,718***	2,051	0,664	1,943
	[0,117]		[0,398]		[0,203]		[0,411]	
Nivel educativo [Universitarios][a]	0,781***	2,183	0,660	1,936	0,640***	1,896	1,170**	3,222
	[0,140]		[0,429]		[0,236]		[0,509]	
Frecuencia uso Internet	0,299***	1,348	0,0760	1,079	0,253***	1,288	0,728***	2,072
	[0,030]		[0,064]		[0,050]		[0,099]	
Sexo [Mujer]	0,319***	1,375	-0,024	0,976	0,302***	1,353	0,110*	1,116
	[0,040]		[0,081]		[0,074]		[0,063]	
Edad (años)	0,016*	1,016	0,029**	1,029	0,033***	1,034	0,014**	1,015
	[0,008]		[0,013]		[0,008]		[0,007]	
Edad (cuadrado)	-0,000***	1,000	-0,000**	1,000	-0,000***	1,000	-0,000***	1,000
	[0,000]		[0,000]		[0,000]		[0,000]	
Situación laboral [Estudiando][b]	0,176	1,192	0,502***	1,652	0,198*	1,219	0,175	1,191
	[0,160]		[0,184]		[0,114]		[0,155]	
Situación laboral [Desempleo][b]	-0,149	0,862	-0,008	0,992	-0,096	0,909	0,062	1,064
	[0,120]		[0,185]		[0,093]		[0,116]	
Situación laboral [Jubilación/pensionista][b]	0,066	1,068	-0,030	0,970	0,124	1,132	0,363***	1,437
	[0,087]		[0,231]		[0,116]		[0,046]	
Situación laboral [Trabajo en el hogar][b]	-0,039	0,962	-0,293**	0,746	0,042	1,043	-0,034	0,966
	[0,078]		[0,137]		[0,099]		[0,087]	
Situación laboral [Otros][b]	-0,209*	0,812	0,673**	1,960	0,211	1,235	-0,007	0,993
	[0,113]		[0,293]		[0,143]		[0,153]	
Hábitat [Urbano]	0,013	1,014	0,124***	1,132	0,038	1,038	0,030*	1,031
	[0,037]		[0,047]		[0,033]		[0,018]	

	Firma peticiones		Manifestaciones		Boicot productos, etc.		Publicación Internet	
Religiosidad	-0,022	0,978	-0,032	0,968	-0,021	0,979	-0,013	0,987
	[0,015]		[0,028]		[0,018]		[0,013]	
Interés por la política	0,586***	1,796	0,551***	1,735	0,539***	1,715	0,719***	2,052
	[0,052]		[0,060]		[0,073]		[0,044]	
Ideología [Izquierda][c]	0,461***	1,585	1,237***	3,445	0,489***	1,631	0,565***	1,760
	[0,077]		[0,116]		[0,085]		[0,048]	
Ideología [Centroizquierda][c]	0,272***	1,312	0,667***	1,948	0,321***	1,379	0,335***	1,398
	[0,091]		[0,081]		[0,066]		[0,078]	
Ideología [Centroderecha][c]	0,008	1,008	0,006	1,006	-0,029	0,971	0,083	1,086
	[0,060]		[0,147]		[0,048]		[0,102]	
Ideología [Derecha][c]	-0,101	0,904	0,196	1,217	-0,226***	0,798	0,252***	1,287
	[0,065]		[0,162]		[0,087]		[0,084]	
Satisfacción democracia	-0,045***	0,956	-0,094***	0,910	-0,018	0,982	-0,107***	0,899
	[0,016]		[0,024]		[0,031]		[0,020]	
Nivel educativo [Secund. medios y no uni.] #Frecuencia uso Internet	-0,029	0,971	0,012	1,012	-0,028	0,972	-0,133	0,875
	[0,033]		[0,088]		[0,042]		[0,091]	
Nivel educativo [Universitarios] #Frecuencia uso Internet	-0,030	0,971	-0,102	0,903	0,012	1,013	-0,226**	0,798
	[0,029]		[0,091]		[0,056]		[0,109]	
Constante	-4,210***	0,015	-4,590***	0,010	-5,228***	0,005	-6,097***	0,002
	[0,373]		[0,515]		[0,682]		[0,327]	
Observaciones	39.952		40.028		39.958		39.989	
PseudoR^2	0,112		0,108		0,097		0,166	

Notas: análisis mediante regresión logística con corrección de los errores típicos a nivel país (29 grupos). Para cada fórmula participativa y variable se muestra, en la primera columna, el coeficiente de la regresión, su significación (***p<0,01; **p<0,05; *p<0,10) y debajo, entre corchetes, el error típico robusto; en la segunda columna, aparece la *odds ratio*. [a]Referencia nivel educativo: Secund. básicos o menos; [b]Referencia situación laboral: Trabajando; [c]Referencia ideología: Centro. Fuente: Elaboración propia a partir de la European Social Survey, Round 9 Data (2018).

Capítulo 20
Covid-19, ética y política

KIVANÇ ULUSOY

INTRODUCCIÓN

La globalización y la democratización ganaron fuerza a nivel mundial tras la Segunda Guerra Mundial. Nunca antes en la historia mundial había surgido una interacción económica y social a esta escala. Ni un sistema político ni una ideología han sido hegemónicamente activos a nivel mundial. Esta situación, considerada como una dominación sistémica creada por el capitalismo y la democracia liberal a nivel global, no puede explicarse independientemente de la estructura política internacional y las relaciones de poder de la posguerra.

Recientemente, la globalización y la democratización posteriores a la Segunda Guerra Mundial han sido cuestionadas por poderosos países de Europa Occidental como Estados Unidos, Francia y Gran Bretaña, al ver esto como un elemento casi orgánico de su política exterior. Han respaldado las relaciones políticas y económicas internacionales construidas en torno a la estructura institucional global centrada principalmente en las capitales occidentales, incluidos el Banco Mundial, el FMI, la Organización Mundial del Comercio y la Unión Europea (UE). Este cuestionamiento, intensificado con la agudización de las condiciones económicas internacionales, especialmente después de la crisis financiera de 2008, tendría consecuencias sobre el futuro de la Alianza Occidental que tomó terreno durante la era de la Guerra Fría.

En los últimos setenta años, la estructura tradicional de la política internacional desde el siglo XIX, basada en el equilibrio de poder y las alianzas temporales, ha experimentado cambios significativos. Después de las dos guerras mundiales, el sistema internacional se tejió con estructuras institucionales que se extendieron a casi todos los asuntos públicos con su alcance en expansión. Después de más de cuarenta años, la estructura bipolar conformada por la competencia ideológica entre el Bloque del Este, liderado por la Unión Soviética (URSS), y la Alianza Occidental, bajo el liderazgo de los Estados Unidos desde el final de la Segunda Guerra Mundial, colapsó inesperadamente. Después de la Segunda Guerra Mundial, los regímenes democráticos liberales establecidos en Europa Occidental y la estructura económica y política internacional multilateral que los respalda emergieron como el bloque de construcción básico del sistema internacional. Ahora, casi treinta años después del fin de la Guerra Fría, los fundamentos de este sistema están cuestionados. Han pasado a primer plano los centros de poder alternativos, los actores no estatales que no se limitan a las instituciones, sino que incluyen a los individuos, y diferentes áreas temáticas y valores.

Este nuevo sistema emergente no es independiente de las relaciones de poder. Tras el final de la Guerra Fría, la democracia liberal, que se esperaba que tuviera una validez global, ha entrado en un período en el que ha sido percibida como una "ideología de gran potencia" y ha perdido su valor anterior. Por otro lado, el libre comercio se ha convertido en una utopía debido al creciente proteccionismo de EEUU, China y la UE. Poco a poco nos encontramos con un orden en el que el "desarrollo" se mide nuevamente a escala nacional. El papel de Estados Unidos como garante del orden de la posguerra ha sido cuestionado por Rusia, China y la UE. El orden liberal global ahora se ve dramáticamente debilitado por el surgimiento de una China casi con el mismo poder que Estados Unidos, pero con valores profundamente diferentes. El enfrentamiento derivado de esta diferencia parece inevitable. Pero Estados Unidos no está muy interesado en llevar estas estructuras institucionales multilaterales y un orden basado en la diplomacia que durante mucho tiempo ha funcionado en su propio interés. Por otro lado, esta nueva era viene con dilemas éticos y políticos que afectarán profundamente la visión del individuo moderno de la política mundial. A pesar de todos los esfuerzos de institucionalización internacional de la era posterior a la Segunda Guerra Mundial, la protesta masiva y un cuestionamiento moral destructivo son inevitables en un sistema internacional donde los mecanismos que permiten a los actores no estatales —individuos, clases, grupos étnicos y religiosos— participar de manera efectiva en el gobierno a escala global no se forman.

Esta situación se ha hecho evidente con el nuevo tipo de pandemia Covid-19, que ha sacudido al mundo desde principios de 2020. En este período en el que Covid-19 detuvo la economía global, los líderes de importantes países occidentales argumentaron seriamente que algunos deberían morir para que la mayoría sobreviva y se beneficie o para salvar la economía. Esta propuesta, que no es más que una bancarrota moral, mostró cuán trágica es la situación. Mientras tanto, los trabajadores de la salud al frente de la epidemia, abrumados por casos, tuvieron que tomar decisiones difíciles para garantizar la supervivencia de los pacientes. La carga moral para una persona consciente de tal elección no es fácil de soportar. La situación enfrentada fue una prueba de creencias religiosas para los creyentes y una prueba de tolerancia para las personas seculares.

La epidemia mundial, literalmente una prueba, ha empujado a personas de todo el mundo a tomar una posición sobre cuestiones morales fundamentales. ¿Cuál es la elección correcta e incorrecta? ¿Qué puede esperar el individuo de la sociedad? ¿Qué puede esperar la sociedad del individuo? ¿Deberían otros sacrificarse por mí? ¿Qué puedo hacer por ellos? ¿Deberíamos limitar la vida económica para luchar contra una enfermedad mortal? ¿Debemos arriesgarnos a la incertidumbre y la miseria prolongadas para salvar la vida de alguien? Los políticos (supuestamente responsables del beneficio de todos) responden a estas preguntas desde una ventana, y los individuos (supuestamente responsables ante la sociedad) desde otra aislándose (o no) por el bien de la salud de los demás. A medida que la pandemia empeora y la enfermedad equipara a todos, la idea de amar a nuestro prójimo como a nosotros mismos se vuelve más fuerte. Pero el tiempo podría fácilmente revertir los sentimientos en tales situaciones. La prolongación del proceso pandémico, el retraso en la disponibilidad de la vacuna hará que los individuos se opongan entre sí, así como el proceso de cierre económico y los crecientes problemas sociales pueden hacer inevitable pagar una dieta humanitaria para mantener el bienestar.

En este contexto, la pandemia pronto planteó una serie de dilemas éticos y emergió como una aguda crisis de la gobernanza global. En primer lugar, tanto las decisiones políticas de los gobiernos como las decisiones personales de los individuos trajeron consigo un profundo cuestionamiento ético. China, donde se observaron por primera vez los casos de virus, tenía la responsabilidad de informar de estos casos al resto del mundo y, por lo tanto, tenía la oportunidad de asegurarse de que otros países tomaran las precauciones necesarias a tiempo. Aunque la Organización Mundial de la Salud (OMS) lleva tiempo informando a los países desarrollados sobre una posible pandemia, resulta que esta organización, como muchas otras organizaciones internacionales, ha perdido su función y no se la toma en serio. En un área de política pública tan crítica, vemos que la OMS no tiene poder para dirigir a los países, y mucho menos para gobernar la lucha global contra el virus. El proceso de institucionalización internacional en la era posterior a la Segunda Guerra Mundial trajo instituciones sin poder sancionador. Hemos visto que los sistemas de salud, salud pública y seguridad social esenciales para la legitimidad de los Estados están al borde del colapso. Resultó que la razón de esto fueron las políticas económicas neoliberales seguidas durante mucho tiempo. La crisis financiera de 2008 trajo consigo una recesión mundial que no se veía desde la Depresión de 1929. Sin embargo, la salida de la crisis no fue más allá de inyectar dinero en los mercados y el objetivo final era salvar la economía en un corto plazo. tiempo con el menor daño, evitando el malestar social y el posible caos. Más allá de eso, las propuestas para una reestructuración seria en la producción global y los esquemas comerciales aún no han venido ni de intelectuales ni de políticos activos.

Este artículo se centra en los dilemas políticos y éticos frente a los cambios radicales que afloran en el contexto global. La primera sección resume los desarrollos críticos experimentados en todo el mundo en el efecto del nuevo tipo de pandemia del virus corona. Se centra en las políticas seguidas por los gobiernos de los países occidentales desarrollados y sus posibles efectos morales, políticos y económicos. Intentamos situar esto en la perspectiva de la política internacional dentro del contexto de las indagaciones éticas y los debates teóricos. Nuestra evaluación se relaciona estrechamente con la dinámica de cambio en el sistema internacional de posguerra y la posibilidad de establecer una nueva estructura. Las observaciones finales vuelven a la discusión sobre Covid-19 y presentan los enfoques políticos y económicos alternativos, aunque débiles, creados por la epidemia global en Occidente.

EPIDEMIA, DEMOCRACIA Y GOBERNABILIDAD

Europa se convirtió en el epicentro del nuevo tipo de epidemia del coronavirus a principios de marzo de 2020. En poco tiempo, Italia se convirtió en el país donde el Covid-19 golpeó con más fuerza después de China. Después de semanas de estricta política de "quedarse en casa", las tasas de mortalidad en Italia disminuyeron. Pero en Estados Unidos la situación no cambió durante mucho tiempo. Las estadísticas de muertes diarias rápidamente sobrepasaron cientos o incluso miles. Los casos no se han distribuido de manera uniforme en todo el mundo. Lombardía en Italia, Madrid en España, Wuhan en China y Nueva York en Estados Unidos fueron los lugares más afectados por Covid-19. Turquía tuvo el mayor número de casos fuera de Europa y Estados Unidos. Con el tiempo, la tasa de mortalidad diaria en las dos regiones de Europa antes mencionadas, donde la epidemia aumentó rápidamente, comenzó a tener una tendencia horizontal.

La ciudad en la situación más difícil en términos de combatir el Covid-19 en el mundo siguió siendo Nueva York durante mucho tiempo. A pesar de la alerta roja en el período en que el nuevo tipo de coronavirus se propagaba rápidamente en el Occidente desarrollado, la respuesta internacional siguió siendo tardía, ineficaz e incompleta. No fue posible dar una respuesta global a la epidemia, que se manifestó como un problema mundial de gobernanza y liderazgo (Tisdall, 2020). Especialmente las empresas de alimentos, los agricultores y las organizaciones no gubernamentales comenzaron a señalar la posibilidad de una ola de hambre debido al posible colapso de las cadenas de suministro de alimentos y el cierre de fronteras. Aunque la necesidad de evitar que la pandemia se convierta en una crisis humanitaria mundial obligó a la coordinación interestatal, la OMS, que se esperaba que fuera el actor principal para una respuesta coordinada a esta epidemia, fue ineficaz desde el principio.

La pandemia, considerada como el mayor fracaso de la política científica mundial, fue una prueba de la capacidad médica y la voluntad política, por un lado, y reveló la bancarrota de la política científica, por el otro (Horton, 2020).

Si bien la mayoría de los países europeos estaban implementando una "política de cierre" para detener la propagación de la pandemia, varios países prefirieron una estrategia diferente. Esta estrategia se denominó "inmunidad colectiva", propuesta por primera vez por el primer ministro británico, Boris Johnson, quien se negó a implementar medidas de "distancia social". Johnson, después de dar positivo en la prueba del coronavirus a principios de marzo, pidió al pueblo británico que "esté preparado para perder a sus seres queridos". El gobierno británico permitió que el virus se propagara sin control con la esperanza de obtener "inmunidad colectiva". El asesor de Johnson, Cummings, argumentó en una reunión privada que, si la "inmunidad colectiva" a nivel nacional significaba la muerte de algunos jubilados para salvar la economía, se debería permitir que suficientes personas se enfermen.

En esta ecuación, el gobierno británico argumentó que para que alguien pudiera vivir, había que dejar que alguien muriera. Tras estas declaraciones retóricas, Downing Street siguió inmediatamente una política de negación. Johnson y Cummings tuvieron que rechazar esta política "utilitaria" ante la indignación social contra las declaraciones. Es una característica de la política conservadora británica ver los problemas morales a través de una lente "utilitaria" y ver que entran en conflicto con los principios morales básicos frente a sus desagradables consecuencias. La pandemia demostró trágicamente que el pensamiento y la política "utilitaristas" británicos siguen en pie. Sin embargo, no se puede decir que este argumento sea una coincidencia. Por el contrario, se consideró parte de una estrategia política integral. Si bien la "inmunidad colectiva", la política de ver la muerte de algunas personas para salvar la economía, horrorizó al pueblo británico, muchos acordaron en silencio que se trataba de una dieta para salvar el capitalismo.

Sin embargo, en otros países, como la India, Cuba, Sudáfrica o los Balcanes, se han registrado fenómenos similares. En todos ellos, las reiteradas manifestaciones públicas reflejan quejas legítimas de la población por la falta de un seguro médico adecuado, así como por la libertad de expresión y la libertad de prensa. Paralelamente a la situación de Covid-19, estos agravios han creado un aumento en la demanda de derechos civiles y políticos, y de democracia.

La elección de quién vive y quién puede morir no puede parecer una elección inevitable. Según las reglas éticas básicas en las que se basa la política, los políticos deben hacer todo lo posible para proteger a todos, especialmente a los más débiles. Sin embargo, la implementación de estrictas medidas de "bloqueo" ha demostrado que los sistemas de salud están al borde del colapso, ya que en muchos casos las políticas económicas neoliberales se han seguido durante años.

El enfoque de "inmunidad colectiva" que el gobierno británico intentó inicialmente, en realidad parece ser parte de las estrategias de eliminación al culpar al virus del fracaso del sistema de salud en lugar de admitir un fracaso de la política y una mala gestión. El siguiente paso es culpar a las personas pobres y enfermas que tienen que dejar sus hogares y trabajar por no seguir las medidas de cuarentena. Para los políticos, es aceptable ser individuos responsables de la naturaleza, el destino o su propia culpa y enfrentar las consecuencias de sus propias decisiones, siempre que la responsabilidad de sus muertes no recaiga en el gobierno (Frey, 2020).

El presidente de Estados Unidos, Donald Trump, también abogó por una versión mucho más oscura de la misma ecuación. Trump y funcionarios estadounidenses de ideas afines dijeron que no se puede permitir que la economía colapse, incluso si eso significa sacrificar algunas vidas. Tres días antes de que Estados Unidos tomara la iniciativa para convertirse en el país con el mayor número de casos confirmados de Covid-19, Trump dijo que pronto volvería a la vida laboral normal, a pesar de las advertencias de los profesionales de la salud. Es difícil de creer, pero el regreso a la era del sacrificio humano en Occidente en el siglo XXI fue casi real. El vicegobernador de Texas, Dan Patrick, dijo en Fox News que los ancianos podrían ser sacrificados por los intereses económicos de los jóvenes y que lo aceptaría como un ciudadano mayor de 70 años que probablemente se verá afectado por el virus. Este punto de vista ha sido defendido por muchos comentaristas en los medios conservadores estadounidenses. Esto demostró que la brutalidad política era más que una voz marginal, sino el epítome de la perspectiva republicana. Una vez más, Trump dijo en un tuit: "No podemos permitir que la cura sea peor que el problema". Pero se sorprendió cuando Nueva York tuvo un estimado del 5 por ciento de los casos en el mundo debido a las políticas inconsistentes que se siguieron desde el comienzo de la pandemia (LeBlanc, 2020a; 2020b).

Sin embargo, la idea de que las medidas de 'distanciamiento social' que paralizarían la economía provocarían una devastación (estimaciones de desempleo del 20% o 30% en el segundo trimestre de 2020) empujó a Trump (y a sus partidarios conservadores) a insistir en esta retórica. Después de todo, la idea de no sacrificar la economía a expensas de la vida de los ancianos se consideraba una salida adecuada. Alguien podría argumentar que este punto de vista incluye la siguiente expectativa: los ancianos, discapacitados, ineficientes, social y económicamente ineptos desaparecerán con la pandemia. El debate en términos de elegir salvar vidas o salvar la economía planteó un dilema moral que indujo a error al público. Equiparar la vida humana con el dinero es un punto de vista moral inaceptable para algunos sectores prudentes de la sociedad estadounidense. Pero la pandemia demostró que, al igual que las anteriores, esa forma de pensar de "suma cero" es posible para quienes buscan intereses políticos o financieros, independientemente del costo (Gak, 2020).

Las decisiones que tomemos como sociedad durante esta crisis determinarán en gran medida quiénes somos después de la pandemia. Pero las decisiones tomadas por políticos e individuos, conscientemente o no, se encuentran en diferentes tradiciones morales. La pandemia ha suscitado profundas interrogantes filosóficas y sigue sacudiendo profundamente el universo moral del hombre moderno.

Cuando comenzó la pandemia, los líderes y los principales medios de comunicación decidieron definirla como una "guerra". Sin embargo, afirmar que se trata de una situación extraordinaria y atribuir a la crisis actual un estado de "guerra" total que requiere una "movilización" completa sólo sirvió para disipar un debate político saludable. Después de la pandemia, como afirmaron la mayoría de los periodistas, académicos e intelectuales de los principales medios de comunicación occidentales, esta crisis demostró que los Estados-nación eran importantes, a pesar de la declaración de globalización y disolución de la soberanía de los Estados ampliamente aceptada. Sin embargo, este nuevo proceso abierto por la Covid-19 muestra que de qué Estados somos ciudadanos es igualmente importante. Aunque la pandemia es un fenómeno global, como hemos intentado demostrar en los ejemplos anteriores del Reino Unido y EEUU, el impacto de la enfermedad depende en gran medida de las decisiones de los gobiernos —o, lo que es lo mismo, los países están a merced de sus propios líderes y élites políticas. Las diferencias en cuándo actuar y hasta dónde llegar separan a los países entre sí. Con el tiempo, se verá más claramente qué país hizo lo correcto y lo incorrecto.

El filósofo inglés Thomas Hobbes hablaba exactamente de esto hace unos 400 años. Hobbes subraya que, en esencia, los juicios políticos individuales de países y líderes son completamente arbitrarios. Según él, es imposible evitar el elemento de "arbitrariedad" en el centro de la política. Los aspectos comunes de las democracias con otros regímenes políticos son evidentes bajo los tipos de crisis políticas provocadas por las políticas de emergencia como el "cierre" y la "distancia social" que surgieron con la pandemia. Desde este punto de vista, parece que la política se trata básicamente de "poder" y "orden" y, por su propia naturaleza, las decisiones finales están profundamente relacionadas con cómo se utilizará el poder. Más allá de ser un problema técnico, esta es una situación que hace inevitable la arbitrariedad. Democrática o autocrática, la forma en que se usa el poder con estas decisiones da forma a nuestras vidas. Estamos lejos del mundo violento del que Hobbes intentó escapar, pero nuestro mundo político sigue siendo un mundo que Hobbes reconocería (Runciman, 2020).

En este contexto, quizás las herramientas conceptuales más serias que nos ayudarán a descifrar la crisis social, política y económica provocada por la pandemia son las ideas del filósofo francés Foucault sobre la "soberanía" y los "regímenes de poder". Las opiniones de Foucault sobre la "biopolítica" y la "gubernamentalidad" apuntaban a un nuevo modo de "poder" que surgió en Occidente bastante temprano. Desde el punto de vista de Foucault, la pandemia ha dejado claro que el "soberano" ya no es hegemónico. Por el contrario, el soberano está totalmente subordinado al dominio de la economía política, a las condiciones sociológicas y económicas creadas por el capital y por la fuerza. Para Foucault, que descifró la racionalidad de la era "neoliberal" que ha marcado nuestras vidas en casi los últimos casi cuarenta años, el Estado ni siquiera es un Estado "vigilante nocturno" como en el período liberal clásico. No es más que una herramienta regida por la lógica económica y el capital. En este contexto, la idea de "dejar que la muerte salve vidas" revela la lógica real de los discursos de políticos como Johnson y Trump, donde la idea de crear empleo y consumo bajo el dominio del mercado es el impulso real detrás del orden social (Clover, 2020).

Desde la década de 1930, no ha habido un colapso aparente en el comercio mundial con una caída en los precios y un declive económico simultáneo hasta el brote de Covid-19. Aunque los orígenes del actual shock y las políticas aplicadas contra él son diferentes, las medidas de "bloqueo" y "distanciamiento social" trajeron grandes costos. Esta emergencia sanitaria, que ahora viene acompañada de una epidemia mundial, está a punto de convertirse en una profunda crisis financiera. Si bien los países se ven afectados de manera diferente por esta crisis, dada la magnitud de este choque que contrae la demanda y perturba la oferta, es probable que sus efectos sobre la economía superen la crisis financiera de 2008. La historia ha demostrado que las pandemias rara vez crean crisis económicas. No hay muchos ejemplos comparables disponibles, a excepción de la "gripe española" que estalló durante la Primera Guerra Mundial. Sin embargo, esta vez la situación parece diferente debido a las políticas seguidas (Reinhart, 2020).

Inmediatamente después de que comenzara el brote de Covid-19, los bancos centrales de todo el mundo redujeron las tasas de interés a cero o menos, y se inyectó dinero en las economías. Inicialmente, el banco central de EE. UU., la FED, y otros bancos centrales ampliaron el alcance de las compras de bonos del Tesoro y valores a bonos corporativos y fondos mutuos, y anunciaron paquetes de estímulo fiscal extraordinarios para controlar la situación bajo el pánico del colapso de las bolsas de valores. En 35 países de la OCDE, donde viven alrededor de 10 mil millones de personas, el producto nacional bruto cayó más del 1,3 por ciento en el segundo trimestre de 2020. Esta disminución fue pronunciada en los países que se vieron más gravemente afectados por el virus y era fácil ver que el resto de 2020 también sería económicamente malo (Blanchflower, 2020), tal y como así sucedió.

LA EPIDEMIA Y EL ESTADO HEGELIANO

Quizás uno de los pilares más importantes del realismo, que puede considerarse como el enfoque fundacional de la disciplina de Relaciones Internacionales, es la definición del campo político como un área autónoma de otros campos y su actitud estricta de que las prácticas políticas deben ser evaluadas de acuerdo con criterios políticos (Morgenthau, 1964). En esta ocasión, los realistas atribuyen un nivel autónomo al campo político y enfatizan que tiene su propio conjunto de reglas morales. Los valores morales de este campo, es decir, los valores que se pueden evaluar como 'buenos' y 'malos', se pueden entender directamente con la realidad política. En este contexto, un estadista puede ser evaluado solo sobre la base de resultados políticos, así como moralmente, solo con referencia a condiciones reales.

Por un lado, el estadista, que se evalúa a sí mismo en términos de poder y supervivencia en la política interna, tiene el escudo del interés nacional, que es considerado el más alto valor. Por otro lado, su única brújula, en un entorno anárquico donde la moral y los valores legales están relativamente determinados, es cómo se maximizan estos intereses (Nardin, 2011). Este Estado, determinado por el filósofo alemán Hegel de la manera más ideal, se encuentra en la cúspide moral de la sociedad donde refleja no solo la transferencia de autoridad y capacidad a través de un contrato, sino también la acumulación cultural, étnica, tradicional y moral de la sociedad en cuestión. Como afirmó el teórico político Andrew Vincent, es posible que este estado coexista con otros Estados y las reglas, valores y prácticas que se desarrollarán entre los Estados a lo largo del tiempo crearán un modus vivendi (Vincent, 1983). También es posible vivir juntos en paz, no en un estado de guerra absoluta. Pero, un gobierno mundial o una unidad legal, un estado 'soberano' que domine a los Estados no es posible porque cada estado es el máximo representante de estos valores morales, el bien y el derecho.

En este caso, no solo por intereses irreconciliables o la estructura anárquica, como sostienen muchos pensadores realistas, sino que ser un Estado presupone en sí mismo una comprensión que literalmente aprisiona las discusiones éticas dentro de las fronteras de los Estados. En una estructura tan relativa, no es posible prolongar el debate ético y moral (Rengger, 1997). Es más, no es posible poner los valores morales y normativos supranacionales, que aceptan la racionalidad kantiana, como referencia, ni tampoco pensar que esos valores afectarán el comportamiento de los Estados, como sostienen los seguidores contemporáneos del filósofo de Königsberg (Lijphardt, 2008). En resumen, en las relaciones internacionales dominadas por la idea del Estado hegeliano, la 'ética' se corresponde todavía con la ética de la 'soberanía' (Boucher, 1994).

Sin embargo, la crisis política y económica mundial que surgió con la pandemia de Covid-19 ha arrastrado a la 'turbulencia' tanto al 'orden' en el sistema internacional, definido como una 'falta de guerra' a largo plazo, como a la 'estabilidad' del Estado hegeliano (Rosenau, 1992). Como se destacó anteriormente, la pandemia ha dejado a los gobiernos de todo el mundo frente a la decisión crítica de "salvar la economía o la vida humana". Si durante mucho tiempo, especialmente con el efecto de la globalización económica y los desarrollos tecnológicos, el cambio en la política internacional requirió una transición de un enfoque 'centrado en el Estado' a uno 'centrado en la sociedad', la pandemia nos muestra trágicamente que este cambio de perspectiva ideológica no será suficiente sin un cuestionamiento moral. En este contexto, la cuestión no es solo el entendimiento generalizado de que los Estados son los actores únicos y más determinantes del sistema internacional, sino también que las desigualdades económicas, que durante mucho tiempo han sido vistas como un problema de desarrollo, no pueden eliminarse sin transparencia y solidaridad a nivel global (Ellis, 2009).

Un estado de 'turbulencia' causado por la pandemia puede actuar como un catalizador para la transición del 'gobierno' a la 'gobernanza', que se ha debatido durante mucho tiempo en los círculos académicos. El tiempo lo demostrará. El sistema político que surge de la naturaleza anárquica de las relaciones internacionales en realidad predice no un gobierno desde arriba, un estado mundial, sino, por el contrario, una relación administrativa horizontal. Asegurar el interés nacional y la soberanía debería ser posible dentro de un sistema de valores comunes —libertad, justicia y medio ambiente— que se puede lograr sin un Estado mundial. Sin embargo, esta situación requiere un enfoque ético más allá de la ética de la 'soberanía', la única ética en la que se basan las relaciones internacionales. El enfoque tradicional de las relaciones internacionales considera a los estadistas como elementos transformadores del sistema internacional, como los actores principales que toman decisiones morales: decisiones reales sobre el bien y el mal, la guerra y la paz (Zurn, 2000).

Esta perspectiva política internacional tradicional descuida el creciente pluralismo en las relaciones internacionales y no responde al efecto radicalmente transformador de la tecnología en estas relaciones. La pandemia ha revelado claramente un tema que lleva mucho tiempo en la agenda: que la tecnología ha dejado de ser función del interés y poder del Estado, pero ahora determina sus decisiones. Las primeras discusiones sobre la tecnología tan determinante salieron a la luz con los desarrollos de la energía atómica después de la Segunda Guerra Mundial. La pandemia ha vuelto a poner este tema en la agenda. Con el Covid-19, comenzó un acalorado debate ético al darse cuenta de que la tecnología es un fenómeno que da forma a las condiciones para las decisiones públicas críticas. Esto se relaciona con el debate sobre el objetivo último de la tecnología y la ciencia, desproporcionando las relaciones de poder entre Estados. En este contexto, una responsabilidad moral de vital importancia recae sobre los científicos. Especialmente durante la pandemia, se ha demostrado que el científico que dice la verdad, defiende a la sociedad y hace sacrificios, se convierte en un actor respetado en la nueva estructura social, política y económica global después de la pandemia.

LA PANDEMIA COMO CRISIS DE GOBIERNO

Como resultado de un período de rápida globalización, en el que la producción se ha trasladado al este de Asia debido a la mano de obra barata, los países desarrollados se quedan con una población que envejece, problemas de inmigración y refugiados que han alcanzado niveles increíbles. Problemas ambientales han hecho que algunas partes del mundo sean inhabitables. La pandemia puso de manifiesto el debilitamiento de la solidaridad en respuesta conjunta a los problemas comunes. Con el Covid-19, el debilitamiento de estos elementos fundadores de la UE, ya sacudida por la crisis económica de 2008, se profundizó en los primeros momentos, si bien luego fue reconducido en un esfuerzo conjunto de solidaridad que ha contribuido a fortalecer la Unión.

Por otro lado, lo que durante mucho tiempo se ha llamado el "Sur global", una gran parte de los países subdesarrollados y en desarrollo, está completamente abandonado a su propio destino. La pandemia en expansión en estos países ha mostrado su falta de "capacidad estatal" para persuadir a las personas de que se queden en casa para evitar el colapso del sistema de salud. Algunos de ellos no tienen el sistema de atención médica básico y el poder financiero suficiente para combatir una epidemia masiva. En estos países, las medidas de "aislamiento social" han revelado que un pequeño número de la clase media educada y un pequeño grupo de poder institucional que opera con fuerza bruta constituyen las estructuras políticas básicas que sufren graves problemas de legitimidad. La muerte de las masas parece inevitable en estos países. No se espera que estas estructuras, que evitan la transparencia incluso en asuntos financieros simples o violaciones de derechos humanos, informen de tal situación de manera transparente.

Otro tema importante son los graves problemas de inmigración y refugiados que se manifiestan después de las intervenciones militares y las guerras civiles en Afganistán, Irak, Libia y Siria. Los campos de refugiados de todo el mundo han sido los centros u objetivos más obvios del virus Covid-19. En la lucha contra la pandemia, el "aislamiento social" y la "higiene", que surgieron como el único y más eficaz método por el momento, parecen imposibles de aplicar en estos campos, problema al que habría que sumar la falta de personal y equipo médico suficientes.

La pandemia reveló una crisis mundial de "gobernanza". Una transición del "gobierno" a la "gobernanza" prevé la aparición gradual de un mecanismo de resolución de problemas, de uno centrado en el Estado a uno horizontal que tenga en cuenta tantos actores como sea posible y permita su participación. El uso cada vez mayor de la "gobernanza" preveía una estructura más participativa que incluyera a actores no estatales en su agenda. Pero, como muestra el Covid-19, la situación actual es completamente ingobernable. Ya antes, la crisis financiera de 2008 había proporcionado algunas pistas sobre el estado actual de ingobernabilidad. Reveló una serie de problemas estructurales en la política y la economía globales: profundización de las diferencias en los niveles de desarrollo y aumento de la desigualdad; falta de transparencia financiera; fácil recurso al proteccionismo en las economías nacionales; e instituciones internacionales que no logran formular una respuesta común.

El tema de la interdependencia global en política y economía es otro caso que debe ser reconsiderado en el contexto de la pandemia. Se sabe desde hace mucho tiempo en los círculos académicos de los países desarrollados y en desarrollo que no existe una interdependencia real y que las relaciones comerciales y de capital en cuestión se concentran principalmente entre los países desarrollados. Más allá de estas geografías, que son la fuente y los puntos focales de los desarrollos tecnológicos y científicos, resultó que existe una dependencia de estas regiones por parte del resto del mundo, a veces indirectamente y a veces directamente, a nivel colonial, en términos de tecnología y capital. Esta situación surgió dramáticamente, especialmente en el período posterior a la Guerra Fría, debido a la creciente inestabilidad política, los Estados colapsados y las estructuras económicas en el llamado "Sur global". Se sabe que estos países, que ya no tienen nada que vender para comprar tecnología e industrializarse, son en su mayoría utilizados por empresas internacionales para procesar sus recursos naturales y trasladarlos y utilizarlos a países centrales. Los poderes políticos de estos países se han convertido en rehenes de actores políticos, económicos y mafiosos en los países desarrollados debido a la corrupción que los ha hundido hasta el cuello. Estos gobiernos corruptos, que en su mayoría son perseguidos por tribunales y jueces penales internacionales, son incapaces de desarrollar una movilización masiva o incluso una política común a nivel de la ONU que apoye la formación de un mundo más justo. En este sentido, no es fácil sostener la visión realista de que el Estado se mantiene firme y bien.

LA EPIDEMIA COMO CRISIS DE LA DEMOCRACIA

El brote de Covid-19 también fue una prueba para el liderazgo mundial estadounidense. El sistema político democrático liberal posterior a la Segunda Guerra Mundial y la estructura económica liberal globalizada sobrevivieron, en gran parte, gracias al liderazgo estadounidense global. El orden institucional político y económico democrático liberal sobrevivió en la medida en que el poder político y económico estadounidense lo apoyó. Este tema es una realidad indiscutible en muchos sentidos. Aquí es necesario responder dos preguntas. La primera es por qué el liderazgo estadounidense muestra este apoyo político y económico. A esta pregunta, algunos argumentan que Estados Unidos ya se ha atribuido esa misión moral a sí mismo. En este contexto, la lucha contra el comunismo ganaba ya significación moral y legitimidad ideológica. Los idealistas estadounidenses y algunos realistas defendieron e idealizaron vigorosamente esta política exterior.

Un enfoque multilateral, que concede especial importancia a que Estados Unidos actúe con aliados, coordinándolos y dirigiéndolos, ha sido defendido en gran medida por los cuadros de la élite, no solo en Estados Unidos, sino también en los países aliados, principalmente en Europa.

Sin embargo, según algunos enfoques vigilantes y realistas, ni Estados Unidos ni ningún otro estado tendrían muchas oportunidades en la estructura política internacional (anárquica) existente. Algunos realistas clásicos, como Carr, objetaron esto desde el principio (Carr, 1945). En períodos posteriores, algunos teóricos estructuralistas como Waltz (1993) argumentaron que el sistema internacional no permitiría esto. Se pueden decir dos cosas en este contexto. El enfoque multilateral estadounidense solo puede defenderse mientras sirva a los intereses estadounidenses. Estados Unidos no quiere atarse a una cadena institucional que debilite su campo de acción y mano dura. En este nivel, un enfoque basado en la superioridad moral solo puede aparecer como un enfoque ideológico que apoye los intereses estadounidenses. De hecho, Gran Bretaña adoptó un enfoque similar hasta 1918, el período antes de que Estados Unidos asumiera el liderazgo después de 1945.

La primera hegemonía global del liberalismo se logró a través de las armas y el poder monetario británicos. De hecho, el multilateralismo estadounidense está estrechamente vinculado al interés y la hegemonía estadounidenses, más allá de las perspectivas idealistas y misioneras. Estados Unidos ha reclamado el liderazgo del mundo liberal y libre del sistema bipolar en el sistema global. Este liderazgo ha sido inevitable en cierto sentido, el vacío político y de poder de la posguerra en el sistema internacional. EEUU también tiene interés en esto.

Para llevar este punto de vista un paso más allá, las estructuras democráticas liberales multipartidistas o los regímenes políticos autoritarios defendidos para prevenir los deslizamientos socialistas que dominan cada parte del mundo capitalista, parecían viables solo gracias al liderazgo estadounidense. Este enfoque, sin embargo, ignora dos cuestiones. Las instituciones internacionales demuestran una auto-resiliencia y una continuidad derivada de su misión, que les permite sobrevivir una vez establecidas. Además, los regímenes democráticos continúan tanto como estructura institucional como por razones derivadas del pluralismo político propio de los países.

En este sentido, el argumento de que el orden democrático liberal internacional o los regímenes democráticos no pueden sobrevivir sin el liderazgo y la protección estadounidenses es cuestionable. Estas instituciones democráticas deben ser propiedad de una base popular y una legitimidad política más amplia. Sobre todo, deben tener capacidad para responder a problemas políticos y económicos prácticos. De lo contrario, las democracias liberales, como en el período entre las dos guerras mundiales, pronto se convertirán en regímenes autoritarios y estructuras totalitarias (Mazower, 1998). Al menos la experiencia histórica lo demuestra. La tecnología solo ayudaría a un mayor control de las masas. Cuán duradero será este orden internacional de posguerra con una estructura institucional, política y económica profundamente integrada en la historia es una cuestión clave.

Quizás la realidad más importante que pronto reveló el final de la Guerra Fría es que Estados Unidos ya no tiene la intención ni el poder de llevar ese liderazgo. Las pistas de esto han sido evidentes durante algún tiempo. La pandemia, por otro lado, ha socavado literalmente el enfoque internacional multilateral estadounidense, que ha estado en una crisis de legitimidad y liderazgo durante mucho tiempo.

La pregunta que requiere una respuesta es si es posible escapar de la turbulencia global resultante de la pandemia. El político y diplomático sueco Carl Bildt (2020) subrayó cómo los países líderes y las instituciones globales no tuvieron mucho éxito en la lucha contra la pandemia de Covid-19. Según un estudio mencionado por Bildt, si las autoridades chinas hubieran dado una respuesta seria y saludable al peligro solo tres semanas antes de responder, el daño extraordinario experimentado hoy no lo habría experimentado el 95 por ciento. Lo importante era por qué las medidas se tomaron tan tarde. En este contexto, el nuevo tipo de pandemia de coronavirus, que se extendió rápidamente debido a la demora de China en informar al mundo y la incapacidad de la OMS para brindar coordinación entre las grandes potencias durante mucho tiempo, se manifiesta como un grave problema de transparencia a nivel mundial. Por otro lado, para Bildt, es una cuestión de gobernanza, democracia y solidaridad.

Sin embargo, ahora el problema real ha evolucionado a otro punto. ¿Qué pasará en el mundo post-pandemia? Ya en los primeros momentos se daban algunas pistas, y merece la pena recordarlas para finalizar estas reflexiones. Según Joseph Stiglitz (2020), las medidas económicas tomadas después de la crisis financiera de 2008 no se adoptaron cuidadosamente en consideración a las prioridades. Como aprendizaje, las medidas que se aprobasen ahora deberían reflejar mejor cuáles deberían ser las prioridades, principalmente, ayudar a los grupos más vulnerables y proporcionar un entorno propicio para una recuperación sólida y recuperar el equilibrio. Igualmente, para Stiglitz, también debería ser prioritario protegerse contra los riesgos que enfrenta una estructura social particularmente compleja y financiar los avances en la ciencia y la educación de alta calidad de los que depende el bienestar a largo plazo.

Otro planteamiento en los primeros instantes del brote de Covid-19 sobre el futuro tras la pandemia que merece atención fue el de Javier Solana. En su artículo que escribió en un hospital, Solana subrayaba que con la pandemia Europa se enfrentaba a una crisis de proporciones históricas. En este contexto de crisis, señalaba, no deberíamos mezclar un liderazgo inflexible con un liderazgo fuerte que se necesita. Dar a los gobiernos suficiente espacio para tomar decisiones de emergencia no es lo mismo que dar una carta completamente abierta que puede significar hacer lo que quieran. Según Solana, mantener la máxima protección de las libertades y responsabilizar a los líderes es tanto un imperativo ético como la mejor línea de defensa contra amenazas como la epidemia global. Solana afirmaba que hacerlo no debilitaría a las sociedades, sino que enriquecería el debate público y aumentaría las posibilidades de identificar las respuestas más adecuadas.

En segundo lugar, Solana advertía sobre la necesidad de ser capaces de distinguir entre formas excluyentes de nacionalismo y responsabilidad patriótica que realmente se necesita. La crisis solo pueden resolverse con racionalidad y entendimiento mutuo. Todas las formas de cooperación científica y tecnológica internacional deberían explorarse con un espíritu de solidaridad que coincida hoy más que nunca con nuestros propios intereses. La clave para superar la crisis sería garantizar que la propagación mundial de las mejores prácticas supere la propagación mundial del virus, según Solana. Finalmente, Solana advertía de que la reconstrucción tras la pandemia debería diseñarse como preventiva en lugar de reactiva, y los mecanismos de absorción de impactos deben funcionar a toda velocidad de inmediato. En este contexto, las instituciones de la UE deberían hacer todo lo posible para asumir una responsabilidad global. Refiriéndose a la importancia indispensable de diseñar una respuesta conjunta efectiva con otras plataformas multilaterales, Solana sostenía que los logros de la globalización no deberían ser olvidados, si bien también debería reconsiderarse en base a una evaluación cuidadosa.

Referencias

Authers, J. (2020, 29 de marzo). "How Coronavirus Is Shaking Up the Moral Universe", Bloomberg Opinion.

Bildt, C. (2020, 25 de marzo). "The responsibility to report", Project Syndicate.

Blanchflower, D. (2020, 26 de marzo). "Pandemic Economics: 'Much Worse, Very Quickly'", The New York Review of Books.

Boucher, D. (1994). "British idealism, the state and international relations", Journal of the History of Ideas, 55 (4), 671-694.

Carr, E.H. (1945). The Twenty Years' Crisis: 1919-1939. Nueva York: Perennial.

Clover, J. (2020, 29 de marzo). "The rise and fall of biopolitics: A response to Bruno Latour", Critical Inquiry.

Ellis, David (2009). "On the possibility of 'international community", International Studies Review, 11 (1).

Frey, I. (2020, 19 de marzo). "'Herd Immunity" is Epidemiological Neoliberalism", https://thequarantimes.wordpress.com.

Gak, M. (2020, 27 de marzo). "Economy vs. human life is not a moral dilemma", DW Opinion, https://www.dw.com/en/opinion-economy-vs-hu man-life-is-not-a-moral-dilemma/a-52942552.

Horton, R. (2020, 9 de abril). "Coronavirus is the greatest global science policy failure in a generation", The Guardian.

LeBlanc, P. (2020, 20 de marzo). "Texas Lt. Gov. Dan Patrick: 'I'm all in' on risking my health to lift social distancing guidelines for economic boost", CNN.

Leblanc, P. (2020, 23 de marzo). "Trump says 'We can't let the cure be worse than the problem itself'", New York Times.

Lijphardt, A. (2008). Thinking about democracy: power sharing and majority rule in theory and practice. Londres: Routledge.

Mazower, M. (1998). Dark Continent: Europe's Twentieth Century. Nueva York: Vintage Books.

Nardin, Terry (2011). Middle-ground ethics: can one be politically realistic without being a political realist? Ethics and International Affairs, 25 (1), 7-16.

Morgenthau, H. (1964). Scientific Man Vs. Power Politics. Chicago: The Chicago University Press.

Reinhart, C. (2020, 23 de marzo). "This time is truly different", Project Syndicate.

Rengger, N. (1997). The ethics of trust in world politics. International Affairs, 73 (3), 469-487.

Rosenau, J. (1992). "Governance, order and change in world politics". En J. Rosenau y E-O. Czempiel (Eds.) Governance without government: order and change in world politics (pp. 1-29). Cambridge: Cambridge University Press.

Runciman, D. (2020, 27 de marzo). "Coronavirus has not suspended politics- it has revealed the nature of power", The Guardian.

Solana, J. (2020, 28 de marzo). "Our Finest Hour", Project Syndicate.

Stiglitz, J. (2020, 11 de abril). "A Lasting Remedy for the Covid-19 Pandemic's Economic Crisis", The New York Review of Books.

Tisdall, S. (2020, 11 de abril). "Leaderless, lacking and late: a global plan to fight coronavirus is desperately needed", The Guardian.